AF565013

Diese Druckausgabe ist auf Recyclingpapier gedruckt.

Impressum

ARTHUR
Die Schwarze Madonna von Montserrat, Band 2
Uwe Rademacher
2024

Herausgeber:

www.feuertanz-verlag.de • kontakt@feuertanz-verlag.de
www.va-verlag.de • info@va-verlag.de
Veronika Aretz, Vennstraße 30, 52134 Herzogenrath

Lektorat: Rich Schwab, www.lektorat-und-tat.de
Korrektorat: Brigitte Schwab
Coverbild & Rückseite: Christian-Mark Morariu / Markison von Fiverr.com
Druck: WIRmachenDRUCK, Backnang

ISBN: 978-3-910619-07-14-2

ARTHUR

Die Schwarze Madonna von Montserrat

Band 2

Uwe Rademacher

Für meine Eltern,
die dieses Buch sicher geliebt hätten.

Die Schwarze Madonna
von Montserrat

UWE RADEMACHER

Inhalt

Prolog

Endlich war die Tortur vorüber!

Acht Lesungen in *Good Old Britain*, sieben in Deutschland, das alles in knapp drei Wochen. Prost Mahlzeit, ich war so was von bedient. Immerhin war ich keine dreißig mehr, sondern kurz vor meinem dreiundsechzigsten Geburtstag. Nun gut, die Fortsetzung meines Fantasy-Epos *Die Insel-Chroniken* wollte vermarktet werden, also hatte mich meine Agentin Audrey Parker auf eine Lesereise geschickt. Arthur Crawley liest … Signierstunde inklusive.

»Na, mein geliebter Brummbär.« Alicia Nuñez, ihres Zeichens Bäckerin und Inhaberin des *Pa y Vi* in Platja D'Aro und seit einem Jahr meine Lebensgefährtin, nahm gutmütig schmunzelnd meine Hand. »Jetzt haben wir es doch geschafft – kein Grund mehr, so ein Gesicht zu ziehen. Ich kann die Landebahn schon erkennen.«

Der Flughafen *Josep Tarradellas Barcelona-El Prat* war tatsächlich bereits gut zu sehen. Ich sehnte mich nach gelassener Ruhe in unserer Finca und freute mich wie bescheuert auf das Wiedersehen mit meiner Adoptivtochter Luisa. Gott, was hatten wir im letzten Jahr nicht alles zusammen durchgestanden.

»Ich werde unter einem furchtbaren Jetlag leiden«, kündigte ich seufzend an.

»Sicher, so ein Langstreckenflug von fast zwei Stunden ist schon eine gewaltige Hausnummer. Du armer, armer Mann. Soll ich

Luisa anrufen, damit sie einen Rollstuhl besorgt?« Alicia konnte ein Lachen kaum unterdrücken.

»Unterstehe dich.« Ich versuchte, meinen Körper zu straffen. »Ich werde mich zusammenreißen.«

Sie kniff ihr linkes Auge zusammen. »Du bist mein Held, Arty.«

Was man als leicht angegrauter Schriftsteller nicht alles ertragen muss. Aber für kein Geld der Welt hätte man mich zu einem anderen Leben überreden können. Alicia war mein Stern, mein Licht, meine späte große Liebe.

Der Flieger setzte sanft auf. Die Sonne schien über der schönsten Großstadt der Welt. Sollten die Amis ihr niemals schlafendes New York behalten, die Frenchies die Stadt der Liebe und die Römer ihre alten Steine – für mich war Barcelona das Juwel unter der Sonne.

Hand in Hand trabten wir die Gangway hinunter. Mitte Juni, die Sonne brezelte schon ordentlich aus einem wolkenlosen blauen Himmel auf uns herab. Die Gepäckabfertigung funktionierte ausnahmsweise mal perfekt. Ich sah Luisa schon von Weitem winken.

»Ich glaube, sie ist noch ein Stück gewachsen.« Ich konnte es kaum erwarten, sie in meine Arme zu nehmen.

»Klar, mit fast fünfundzwanzig ist sie ja noch voll in der Entwicklung.« So locker und schelmisch war Alicia erst seit kurzer Zeit. Der tragische Tod ihres Mannes Victor lag jetzt etwa ein Jahr zurück. Der Kerl war ein Säufer und ein Schläger gewesen, trotzdem blieb ein Schatten zurück, zurückzuführen auf die unrühmlichen Umstände, die zu seinem Ableben geführt hatten. »Sieh mal, Audrey ist auch da«, freute sich Alicia.

Luisa umarmte mich fest, pflasterte mein Gesicht mit dicken Schmatzern zu. Ihre blonden Haare reichten fast bis zur Hüfte. Vor meinem inneren Auge sah ich sie verschwitzt und am Ende ihrer Kräfte vor meiner Finca stehen, mein größter Fan, mit genau einem Euro sechzig Barvermögen, auf der Flucht vor ihrem Freund, der das Mädchen in die Prostitution zwingen wollte.

»*Padre,* was habe ich dich vermisst.« Ihre blauen Augen leuchteten fröhlich. »Endlich ist das Dreamteam wieder vollständig.« Schon wandte sich der Wirbelwind Alicia zu. »Dich natürlich auch, Alicia. Im Laden ist alles glatt gegangen. Wir haben jede Menge Kohle verdient. Carmina hat sich echt gemacht, denkt neuerdings richtig mit. Ach ja, der Rioja ist fast alle …«

»Ich habe nichts anderes erwartet.« Alicia strich ihr sanft eine Strähne aus dem Gesicht. »*Madre mia*, du bist noch hübscher geworden, *princesa*.«

Verlegen sah Luisa zu Boden.

Jetzt war meine Agentin an der Reihe. Mehr als einen Augenblick lang standen wir uns stumm gegenüber, dann wagte ich es, die linke Braue anzuheben. »Und?«, fragte ich kläglich.

»Maestro, was soll ich sagen?« Verdammt, sie ließ mich zappeln. »Du hast die Insel gerockt.« Erleichtert atmete ich auf. »Und die Alemannen auch. Guck mal eben weg, Alicia.« Unvorbereitet bekam ich einen dicken Kuss. »Super Kritiken in England, wohlwollende Besprechungen im Sauerkrautland. Läuft!«

»Das müssen wir feiern«, forderte ich aufgekratzt.

»Aber der Jetlag …«, erinnerte Alicia mich feixend.

»Jetlag …?« Luisa zog irritiert die Stirn kraus.

»Ach, woher denn«, wehrte ich generös ab. »Schlaf wird überbewertet.«

In bester katalanischer Tradition laut schwatzend verließen wir den Flughafen. Audrey hatte den Jeep ihrer Freundin Flores Rubio ausgeliehen. Ich durfte vorn sitzen. Das Privileg des Alterspräsidenten. Schon waren wir auf der *autopista.*

»Ich habe einen Song von einer deiner Kultbands gecovert.« Luisas gerötetes Gesicht in meinem Nacken. »Schmeiß mal das Radio an. Der Stick ist schon drin. Die Aufnahme ist mit dem Handy gemacht, also nur so lala.«

Neugierig schaltete ich ein. Ein starkes, virtuoses Gitarren-Intro, dann Luisas einfühlsame Stimme. Endlich konnte ich den Song identifizieren.

»Wow, das ist ja *Return To Fantasy* von Uriah Heep! Du machst aus der Rocknummer eine Ballade – Das ist … genial!« Ich drehte mich zu ihr herum. Sie leuchtete vor Begeisterung.

»Siehst du.« Audrey schob ihre Sonnenbrille hoch. »Ich wusste doch, dass du den alten Siebziger-Jahre-Veteranen damit begeistern kannst.«

Bis der Jeep in Calonge den Berg hinauf zu meiner Finca erklommen hatte, lief Luisas neues Werk gefühlt hundert Mal. Audrey parkte direkt vor dem Törchen. Ich stieg aus, traute meinen Augen nicht.

»Was, bei unserer Hohen Mutter, ist *das* denn?« Ich wies anklagend auf zwei schwarze SUVs, die am Rand des Wendehammers parkten. Seit der letzte russische Eigentümer sturzbetrunken in seinem Pool ersoffen war, stand die gegenüberliegende Finca leer. Die wunderbare Periode der Abgeschiedenheit schien beendet zu sein. »Das sind doch hoffentlich nur ein paar Urlauber, die bald wieder verschwinden«, wagte ich zu hoffen.

»Nee, leider nicht.« Audrey, die zusammen mit Luisa und der Veterinärin Flores eine Villa unterhalb der meinen bewohnte, schüttelte den Kopf. »Ich fürchte, die haben die Hütte gekauft.«

»Was heißt denn *die*?« Irgendwie wollte mir ihr Tonfall nicht gefallen.

»Na ja, es sind wohl mindestens drei Männer. Wie soll ich es sagen, Arty? Die sind ein bisschen … unheimlich.«

»Definiere unheimlich!«

»Ihr solltet euch selbst ein Bild von den Herrschaften machen. Es ist Montag, das *Samal* hat geschlossen. Javier und Catalina haben alles für deine triumphale Rückkehr vorbereitet. Also, duschen, umziehen, ein anderes Gesicht aufsetzen, und dann ab die Post. Du wolltest doch feiern.«

Ich warf einen letzten grimmigen Blick auf die schwarzen PS-Schleudern, dann begrüßte ich erst einmal unsere fünf Mitbewohner. Fein aufgereiht saß die Katzenbande parat – Joschi, Luzifer, Trine, Manita und der dicke Karlo.

Wunderbar, wieder zu Hause zu sein.

Neue Nachbarn

Es wurde eine feucht-fröhliche Wiedersehensparty. Fast alle unsere Freunde waren da: unsere Gastgeber Javier und Catalina Esteban, die Besitzer des Restaurants *Samal*, Sergio und Esteva Montanes, die meine Lieblingsbar, den *Cactus,* bewirtschafteten. Natürlich durfte auch Audreys Lebensgefährtin Flores nicht fehlen. Javier hatte eine fantastische *Arroz Negro*, eine schwarze Paella, vorbereitet. Tintenfischstreifen und Gambas auf schwarz eingefärbtem Rundkornreis. Dazu frische Zitronenscheiben und ein verboten guter *Cariñena*, ein kraftvoller Rotwein aus der Region.

Weit nach Mitternacht quetschten sich die drei Bewohnerinnen der *Casa Tres Mujeres* (Luisa, Flores und Audrey), Alicia und ich in den Jeep der Veterinärin, die sich freiwillig angeboten hatte, in dieser Nacht der Heimkehr die Chauffeurin zu sein.

Alicia und ich stiegen am Haus der drei Frauen aus, wir bewältigten die letzte sanfte Serpentine zu Fuß. Ein fast voller Mond zauberte ein überirdisches Licht über die Bucht von Palamos. Alicia hakte sich bei mir ein. Die kleine Trine hatte uns bemerkt, flitzte durch den hängenden Garten herunter auf die Straße, maunzte zur Begrüßung und lief dann geschmeidig neben uns her. Im Wendehammer fiel unser Blick auf die neuerdings bewohnte *Casa* gegenüber.

Der Schotter unter unseren Espadrilles knirschte, aber da war noch ein ganz anderes Geräusch.

»Hörst du das?«, flüsterte ich, plötzlich hellwach. »Das kommt doch aus der Hütte drüben.« Hinter den zugezogenen Fensterläden flackerte es. Kaminfeuer bei den Temperaturen?

»Aber was soll das sein? Ist es eine Art … Gesang?« Ich spürte Alicias Schaudern und wahrlich, diese getragenen Stimmen waren unheimlich. »Das erinnert mich an die Gesänge von Mönchen. Ich verstehe allerdings kein Wort.«

»Ja, das trifft es ziemlich gut«, stimmte ich zu. »Allerdings sind das wohl Mönche, die entweder schlechten Stoff genommen haben oder aber kurz vor dem Abstieg in die Hölle stehen. Trine scheint der Sound auch nicht zu gefallen.« Das Kätzchen machte einen ordentlichen Buckel.

Unwillkürlich waren wir vor unserem Gartentörchen stehengeblieben. Die Stimmen vereinten sich zu einem monotonen Summen, als würde ein Schwarm Hummeln vorbeiziehen, dann ein tiefes, erdiges Grollen, gefolgt von herzzerreißendem Schluchzen, ehe sich Stille auf dem Plateau breit machte.

»Das ist gruselig. Lass uns bitte reingehen, Arthur.«

Der Zauber des Abends war dahin. Ich konnte mich nicht erinnern, jemals solch einen verstörenden Gesang gehört zu haben. Es war wahrscheinlich das erste Mal, dass ich die Tür unserer Finca abschloss und auch noch den Sperrriegel zuschob.

Wenn die Morgensonne die Wellenkronen wie Diamanten funkeln lässt, sieht die Welt vollkommen aus. Eine leichte, vom Meer kommende Brise fuhr durch mein ungekämmtes Haar. Ein kurzer Blick hinüber zur *Casa Gorbatschow*, nun, wahrscheinlich hieß der Kasten jetzt *Casa Frankenstein*. Alles ruhig. Vielleicht hatten wir doch ein wenig überreagiert, schließlich war der Wein reichlich geflossen. Erst mal Teewasser aufsetzen. Ein duftender Earl Grey, dann würde die Welt wieder im Gleichgewicht sein.

Alicia kam, noch schlaftrunken, in die Küche geschlurft. Strähnen ihrer schulterlangen dunkelbraunen Haare fielen ihr ins Gesicht. Eine Königin, bezaubernd, auch in meinem schlabbrigen Barça-T-Shirt.

»Ich weiß, ich bin noch nicht vorzeigbar.« Lächelnd versuchte sie ein Gähnen zu unterdrücken.

»Du bist immer perfekt, *mi ángel*.«

»Ach, ihr Schriftsteller, immer ein passendes Kompliment parat. Sag, wann warst du eigentlich das letzte Mal beim Friseur?«

Schuldbewusst runzelte ich die Stirn. »Ist wohl schon ein paar Tage her.«

»Eher ein paar Wochen. Komm her, du Zausel.«

Wir umarmten uns still. Wunderbare Augenblicke, aber auch Momente, in denen wir uns daran erinnerten, was im letzten Jahr geschehen war. Unsere verbotene Liebe, die Rachepläne ihres schrecklichen Ehemannes, der geschworen hatte, mich umzubringen, nachdem wir aufgeflogen waren. Alicias verzweifelte Reaktion, das Küchenmesser, das sie Victor in die Brust gerammt hatte, nur um mich zu schützen. Meine Tollpatschigkeit, die letztendlich zu seinem Tod führte, als ich versuchte, das Messer aus seinem Körper zu ziehen, dabei aber ausrutschte und es stattdessen tiefer in den Brustkorb getrieben hatte. Ein gestohlenes Glück? Ich war freigesprochen worden, aber dennoch, dieser Schatten würde für den Rest unserer Leben bleiben.

»Alles gut?« Alicias braune Augen wussten mich so gut zu lesen.

»Ich liebe dich.«

Sie nickte sanft. »Ich weiß.« Ihre Fingerkuppen strichen über meine stoppelige Wange. »Wir sind Sünder, du und ich.«

»Aber liebenswerte Sünder. Wir beide wollten das nicht, wir wollten nur …« Ihr Kuss raubte mir die Sinne. Er war voller Zuversicht.

»Wenn wir einst diese Welt verlassen, dann wünsche ich mir nur, dass wir gemeinsam in einem Topf der Hölle schmoren. Mit dir zusammen kann ich alles ertragen, Arthur Crawley.«

»So soll es sein«, gab ich rau zurück. »Wie sieht der Plan für heute aus?«

»Es ist noch früh, Carmina kann den Laden aufmachen.«

»Na, so was, das ist ja mal ein genialer Plan, *milady*.«

»Grins nicht so anzüglich, *el escribar*.«

Kurz vor vier hörte ich erfreut Alicias Roller die Straße hinauftuckern. Ungewöhnlich, denn sie blieb im Regelfall bis zur Schließung des *Pa y Vi*, und das war Anfang Juni meistens gegen einundzwanzig Uhr. Die Vorsaison war angebrochen, das hieß, jede Menge Familien mit noch nicht schulpflichtigen Kindern und Rentner bevölkerten die Hotels und Campingplätze in und rund um Platja D'Aro.

Alicia balancierte eine große Pappschachtel in der rechten und eine Tüte mit Baguettes in der linken Hand.

»Klasse, Kuchen!«, freute ich mich.

»Nicht für uns, Leckermaul.« Sie drückte mir den Karton in die Hände. »Das ist für unsere neuen Nachbarn.«

»Ach …«, brummte ich enttäuscht.

»Ich dachte, wir stellen uns mal vor. Dann sehen wir, mit wem wir es zu tun haben. Vielleicht sind die ganz nett.«

»Wer so schräg singt, kann nicht nett sein«, stellte ich richtig. »Aber die Idee ist trotzdem in Ordnung. Es ist immer gut, wenn man seinen Feind kennt.«

»Ach, Arty, sei unvoreingenommen, bestimmt entpuppen sich die Herren als liebenswerte Menschen.«

Ich schnüffelte an dem Gebäck. »Auch noch *manzanas*, mein Lieblingskuchen, bestimmt mit Äpfeln vom Markt! Das ist gemein!«

»Jetzt hör auf zu maulen.« Alicia schob mich und den Apfelkuchen in die Casa. »Zieh dir ein frisches Hemd an, dann machen wir unsere Aufwartung.«

Manita und Joschi blickten mich erwartungsvoll an. »Ihr braucht gar nicht so große Augen zu machen, das Leckerli ist nicht für uns.«

Im Gegensatz zu unserer Casa verfügte der neu verkaufte Bungalow über keinen Vorgarten. Überhaupt sah alles richtig heruntergekommen aus. Die beiden SUVs parkten noch immer an derselben Stelle. Auch hatte ich, trotz ziemlich lückenloser Observation den Tag über, keinen der Bewohner in Augenschein nehmen dürfen.

Alicia betätigte den Klingelknopf. Nichts läutete.

»Vielleicht haben die noch keinen Strom«, vermutete sie.

Also, klopfen. Dreimal. Keine Reaktion. Meine Hoffnung auf frischen Apfelkuchen stieg, aber Alicia ließ nicht locker. Gerade wollte ich vorschlagen, aufzugeben, da öffnete sich die Tür. Ein Schrank von einem Mann, ganz in Schwarz gekleidet, füllte fast den Türrahmen aus. Lange Hose, langärmeliger Rollkragenpullover. Mir brach schon vom Hingucken der Schweiß aus. Irgendwie erinnerte mich der Typ an den Beißer aus diversen James-Bond-Filmen. Fehlte eigentlich nur noch das Metallgebiss.

»*Hola*, Señor.« Alicia setzte ihr umwerfendes Lächeln auf. »Wir sind ihre Nachbarn aus der Casa dort drüben.« Keine Reaktion. »Wir wollten uns nur kurz vorstellen. Zur Begrüßung haben wir was Leckeres mitgebracht. Wir hoffen, Sie mögen Apfelkuchen.«

»Es ist gut, Bruder Jorge, du kannst Bruder Jaime im Garten zur Hand gehen.« Das Muskelpaket wurde von einem drahtigen Leuchtturm abgelöst. Ich schätzte den Mann auf gut zwei Meter. Das Outfit allerdings war identisch. Offensichtlich Geistliche, womöglich irgendein Orden. Jetzt erklärte sich der gruselige Singsang der vergangenen Nacht. »Sie müssen Bruder Jorges Auftreten entschuldigen. Er und Bruder Jaime haben ein Schweigegelübde abgelegt.«

»Wer weiß, wozu das gut ist. Die meisten Fehler werden heutzutage beim Sprechen gemacht«, versuchte ich einen Scherz. Ein eisiger Blick war der Dank.

»Sie sind dann wohl dieser Schriftsteller.« Worte wie giftige Pfeile. »Arthur Crawley, wenn ich mich nicht irre, der Verfasser der sogenannten Insel-*Chroniken*. Ein gar schändliches Werk.«

»Und Sie wollen also einen Fanclub in der Mas Cabanes für mich gründen?«

»Ihre Ironie können Sie sich sparen, Ihre Bücher sind flach, ohne jeglichen Esprit, total überflüssig. Zu viele Worte für eine papierdünne Story.«

»Was missfällt Ihnen denn an Señor Crawleys Werk?«, fragte Alicia beschwichtigend. »Wir sind immer dankbar für konstruktive Kritik.«

»Schlicht gesagt … alles. Tausende Seiten für eine fiktive Wasserwelt, die ein einziger Sündenpfuhl ist. Ein alternder Offizier, der es mit seiner Ziehtochter treibt, Kriege zu Land und auf dem

Wasser, gleichgeschlechtliche Unzucht, pornographische Szenen …« Der Geistliche verzog sein Gesicht, als hätte er in eine Zitrone gebissen. »Diese frivolen Einschübe sind vollkommen unangebracht.«

»Die haben Ihnen doch sicher besonders gut gefallen«, unterbrach ich ihn provozierend. Also, das war alles andere als ein guter Start nachbarschaftlicher Beziehungen.

»Mit solchem Schund verderben Sie die Menschen nur. Man sollte solcherlei Machwerke verbrennen.«

»Ach ja, hatten wir das nicht schon des Öfteren in der Geschichte der Menschheit? Mir würden da ein paar Ereignisse einfallen. Ihr Verein war da meistens ganz weit vorne.« Ich war wirklich auf hundertachtzig. Verdammte scheinheilige Bande! »Alles weg, was nicht in die eigene Ideologie passt. Super! Meine fiktive Welt ist nur ein Spiegelbild unserer Gesellschaft.« Unsere Blicke begegneten sich auf wenig freundschaftliche Weise. Ich atmete dreimal tief durch. »Wie heißen Sie eigentlich?«

»Mein Name ist Bruder Malachias. Sie mögen wohl keine Kritik?«

»Wie gesagt … nur konstruktive. Wollen Sie jetzt den Kuchen oder nicht?«

»Auf solcherart Genüsse verzichten wir natürlich.« Malachias verschränkte seine Finger und bog die Hände nach außen, sodass ein ungesundes Knacken zu hören war.

»Prima, mehr Süßes für uns und unsere Katzen.«

»Nur zu, geben Sie sich ruhig der Völlerei hin«, beschied unser neuer Nachbar ironisch. »Das wird sicher ihr Leben verkürzen.«

»Darf ich fragen, warum drei Ordensbrüder eine Finca in diesem Touristengebiet gekauft haben?« Alicia versuchte, sachlich zu bleiben. »Welcher Gemeinschaft gehören Sie eigentlich an?«

»Viele Fragen von einer in Ungnade lebenden Witwe.« Er lachte trocken. »Ich wüsste nicht, was Sie das angeht.«

Grau, die verdammten Augen sind aschgrau, schoss es mir durch den Kopf. Ich erinnerte mich nicht daran, jemals so eiskalte Augen gesehen zu haben. *Und wieso weiß der Kerl so viel von uns?*

»Fragen einer interessierten Anwohnerin«, gab Alicia, wenig beeindruckt, zurück. »Aber Sie müssen nicht antworten, es gibt hinreichend andere Quellen.« Sie lächelte verbindlich. »Und meine Beziehung zu diesem wunderbaren Autor geht Sie einen feuchten Kehricht an.«

Joschi scharwenzelte um meine Beine, dann baute er sich vor dem schwarzen Mann auf und fauchte angriffslustig. Dafür hatte sich mein Kater eine Sonderration Salami verdient.

»Sehen Sie, mein lieber Malachias, unser Chefkater mag Sie nicht. Tiere haben einen tollen Instinkt, finden Sie nicht auch?«

Erhobenen Hauptes marschierten wir drei zurück in unsere Festung.

~

Um einundzwanzig Uhr war die Familie zum Abendessen vereint. Ich hatte den ganzen Tag über keine vernünftige Zeile zustande gebracht. Der fünfte Band der *Chroniken* war in Arbeit, nun, sagen wir lieber, es ging in Mäuseschritten voran, aber immerhin hatte mir mein Verleger achtzehn Monate zugestanden, von denen erst zwei vergangen waren. Die Begegnung mit den gruseligen Nachbarn ging mir nicht aus dem Kopf. Da stimmte doch vorne und hinten nichts. Drei verschrobene Ordensmänner in einer Siedlung voller Touristen – also wirklich! Diese Gleichung wollte mir nicht aufgehen.

Gedankenverloren rührte ich in dem Topf mit einer Currycreme für die ausgelösten Muscheln, die in einer großen Pfanne köchelten. Luisa und Alicia trugen Oliven, getrocknete Tomaten und *Pimientos* (kleine gebratene Paprika) hinunter zum Pool, dazu servierte ich Salzgebäck und einen leichten Rosé.

Ich öffnete die gut gekühlte Flasche und goss ein. Die beiden Frauen warfen sich verschwörerische Blicke zu. Da war eindeutig was im Busch. Wir stießen an, dann platzte es aus mir heraus: »Also schön, was ist hier los?«

»Ich habe uns bei Luna Moreno zum Sardana-Kurs angemeldet«, verkündete Luisa.

»Das ist ein Witz, oder?« Die Sardana ist ein katalanischer Volkstanz, der eine äußerst komplizierte Schrittfolge verlangt. »Luisa, ich habe zwei linke Füße, ich kann schon keinen simplen Foxtrott. Das überfordert mich total.«

»Ich bin ja bei dir.« Alicia verkniff sich derweil ein Lachen.

»Diese ganzen Schritte kann ich mir keinesfalls merken«, argumentierte ich.

»Dazu gehen wir ja in die Schule, Väterchen.«

»Das ist ja der helle Wahnsinn. Nun sag doch auch mal was, Alicia.«

»Ich finde die Idee ausgesprochen gut. Du lebst in Katalonien, du liebst Land und Leute, da liegt es nicht fern, sich mal mit den Sitten und Gebräuchen vertrauter zu machen.«

»Ihr seid ja beide übergeschnappt. Das wird eine Katastrophe.«

»Luna freut sich schon auf den Autor und Herrn Stadtrat«, feixte Luisa.

»Ich könnte mich weigern.« Okay, das war nur noch ein Rückzugsgefecht.

»Ja, könntest du, Weichei.« Sie verabreichte mir einen Kuss auf die Wange. »Aber du kannst doch deine Lieblingsfrauen nicht dermaßen enttäuschen.«

»Ach, kommt schon, kann ich nicht was anderes machen?«, flehte ich.

»Klar, du kannst lernen, die *Flabiol* (Einhandflöte) zu spielen, ersatzweise auch ein Fagott«, bot Luisa an.

»Großartige Alternativen. Ich melde mich einfach krank.«

»Dann bekommst du einen doppelten Brandy, und es geht wieder«, beschied Alicia trocken.

»Du wirst mit mir üben, und ich werde deine Zehen platt treten«, drohte ich ihr. »Und du auch, junges Fräulein. Ihr werdet schon sehen, was ihr davon habt.«

»Im nächsten Sommer können wir endlich guten Gewissens auf der Plaza Santa Maria mitmachen«, frohlockte Luisa. »Das ist doch mal ein Ziel.«

»Pferden kann man auch nicht das Fliegen beibringen.«

»In Fantasy-Romanen schon.«

Dieses Mädchen war einfach nicht mundtot zu bekommen. Ich würde mich wohl oder übel in mein Schicksal fügen müssen. Tanzen. *Nun sei nicht so ein sturer Bock,* schalt mich mein Unterbewusstsein. *Das wird bestimmt lustig.*

»Was ist das für ein Ding mit diesen schwarzen Eroberern da drüben?«, fragte Luisa.

»Tja, wenn wir das mal wüssten. Die passen hierher wie Engelbert Humperdinck zu AC/DC.« Ich schüttelte griesgrämig den Kopf. »Apropos, Kleine, ich habe ein Studio in Girona aufgetan, die haben noch Termine frei.«

»Auweia, es wird ernst.« Luisa atmete schwer durch.

»Das wird es. Du bist großartig, es ist an der Zeit, ein Demo-Tape aufzunehmen. Danach werde ich Audrey einspannen. Sie hat sicher ein paar lohnenswerte Kontakte im Ärmel.«

»Ich weiß nicht, ob ich gut genug bin.«

Das war typisch für sie. Selbstbewusstsein gehört nicht zu ihren hervorstechenden Eigenschaften. Daran waren sicher auch die schrecklichen Erlebnisse mit ihrem Ex-Lover Steve Ford schuld.

Wie konnte man nur auf die perverse Idee kommen, dieses wunderbare Menschenkind in die Prostitution zu zwingen.

»Papperlapapp«, wehrte ich entschieden ab. »Wer sich zutraut, die Sardana zu lernen, der kann auch ins Studio gehen, Gitarre spielen und singen.«

»Der ist echt streng geworden, findest du nicht auch?«, wandte sich Luisa an Alicia.

»Manche Männer werden im Alter milde, andere garstig und starrsinnig.« Nun bekam ich einen Kuss von meiner Lebensgefährtin. »Ich denke, mit diesem Exemplar lässt es sich aushalten.«

»*Muchas gracias.*«

Man muss wissen, wann es an der Zeit ist zu kapitulieren.

Dunkle Wolken ziehen auf

Am nächsten Vormittag absolvierte ich meinen Pflichtbesuch im Rathaus von Calonge, immerhin war ich seit einem Jahr gewählter Stadtrat.

»Señor Crawley, auf ein Wort.« Carles Gonzales Garcia, seit mehr als zwanzig Jahren Bürgermeister der Gemeinde. »Ich habe schlechte Nachrichten für uns alle, aber insbesondere für Sie.«

»Tja, das ist ja mal was Neues. Wo drückt denn der Schuh?«

»Sie haben Reyes entlassen.«

»Was? Wie ist das denn möglich?«

Gerard Reyes, ein korrupter Bauunternehmer, der versucht hatte, mir den Mord an Victor Nuñez durch gekaufte Zeugenaussagen in die Schuhe zu schieben, um mich hinter Gitter zu bringen. Zum Glück konnten seine Machenschaften aufgedeckt werden, ich wurde freigesprochen und er zu fünf Jahren ohne Bewährung verurteilt. Okay, wir hatten ihm im Vorfeld ein Millionengeschäft mit einem chinesischen Investor versaut, aber bitte … ein Hotelklotz auf unserer wunderbaren Plaza vor der alten Kirche? Das konnten wir nicht zulassen.

»Irgendein Verfahrensfehler.« Garcia wirkte heute noch kleiner und schmächtiger als sonst. »Sie haben seine Strafe nicht aufgehoben, aber auf Bewährung abgemildert. Das ist nicht gut, Arthur. Auf jeden Fall ist der Verbrecher draußen, und er schwingt verdammt große Reden. Er hat angekündigt, die Gemeinde Calonge und deren gewählte Vertreter fertig zu machen. Der ist richtig sauer auf uns.«

»So, und was heißt das konkret?«

»Wenn ich das wüsste, wäre mir wohler.«

»Carles, ich finde, wir sollten Ruhe bewahren, sicher ist Reyes mit Auflagen entlassen worden. Er wird sich hüten, über die Stränge zu schlagen, weil er sonst schnell wieder im Knast sitzt. Womöglich muss er sogar eine Fußfessel tragen.«

»Er ist ein Scheißkerl.«

»Klar, das ist er, aber das wussten wir doch schon vorher.«

»Ich dachte, Sie könnten vielleicht was tun, Arthur.« Hoffnungsvolle Augen blickten mich an.

»Ich? Aber was denn?« Ich war wirklich verblüfft, schließlich war ich Schriftsteller und kein Zauberer.

»Wir müssen uns schützen.« Gonzales wirkte richtig ängstlich.

»Wollen Sie Bodyguards?«

»Das gibt der Haushalt nicht her, das müssten Sie doch wissen.«

»Meiner auch nicht, ich muss erst mal Bücher verkaufen.«

»Ach, Herr Stadtrat. In diesen schweren Zeiten müssen wir zusammenhalten. Wir müssen ihn im Auge behalten, Reyes plant ganz sicher einen Rachefeldzug. Wir sollten ihn nicht unterschätzen.«

»Hört denn dieser Mist niemals auf?«, seufzte ich.

»Der Herr nimmt, und der Herr gibt«, psalmodierte er ergriffen.

Ich wusste nicht so genau, ob mich das beruhigen oder eher aufregen sollte.

»Na schön, bleiben wir wachsam.« Was Besseres fiel mir gerade nicht ein.

Nach meiner Runde im Rathaus tuckerte ich gemütlich mit meinem Méhari hinunter nach Platja. Der gelbe Plastikbomber hielt noch immer durch. Zwar gurgelte der Motor oft schwindsüchtig vor sich hin, aber er ließ mich nicht im Stich. Ich stibitzte eine *Ensaimada,* die mallorquinische Hefeteigschnecke, aus dem *Pa Y Vi*, was mir einen strengen Verweis der Inhaberin einbrachte, und schlenderte an der Promenade Richtung *Friends*, der wunderbaren Strandbar, die von meiner Freundin Mareike Jannike bewirtschaftet wurde.

»*Hola*, Arthur«, begrüßte mich die blonde Holländerin, es folgten die üblichen Schmatzer auf beide Wangen. »Was treibt dich so früh in die Stadt, du verlässt doch sonst deinen geliebten Berg erst nach der Siesta.« Das war in den Sommermonaten so gegen siebzehn Uhr. »Kaffee?«

»Unbedingt.« Ich fläzte mich gemütlich in eine der Couchen. »Ich bin als Ermittler unterwegs.«

»Du schreibst jetzt einen Krimi?«, wunderte sie sich.

»Nee, das Genre liegt mir nicht. Die Finca gegenüber wurde offensichtlich verkauft. Da hausen drei gruselige Gesellen, irgendwelche Ordensbrüder.«

»Lieber Himmel! Seit ich damals *Der schwarze Abt* gesehen habe, sind mir Mönche unheimlich. War eine deutsche Edgar Wallace-Verfilmung.«

»Du sagst es. Ich habe den Schinken auch geschaut, war für die sechziger Jahre gar nicht mal übel. Weißt du, ich versuche rauszubekommen, welcher Immobilienhai die Casa verkauft hat, und an wen genau.«

Der Kaffee wurde serviert, schwarzes Gold, mit einem ordentlichen Schuss Milch für den verweichlichten Briten. Mareike runzelte skeptisch die Stirn.

»Versuch's mal bei Jesus Fuentes, der ist ganz gut im Geschäft.«

»Danke für den Tipp!«

Auf der Hauptstraße erspähte mich Audrey. Seit geraumer Zeit ließ sie ihre dunkelblonden Haare wachsen. Heute sah ich sie zum ersten Mal mit einem kunstvoll geflochtenen Zopf, in den ein grünes Band eingearbeitet war.

Sie sah mich fragend an. »Und …?«

»Wahnsinn, das ist … mega sexy«, verkündete ich, ehrlich beeindruckt.

»Findet Flores auch.«

Täuschte ich mich, oder war da eine leichte Röte auf ihrem Gesicht? Nach unzähligen, mehr oder weniger glamourösen Abenteuern mit Männern hatte sich meine Agentin im letzten Sommer in die Veterinärin des Ortes verliebt: Flores Rubio, der rettende Engel meiner fünf Katzen. Die beiden gaben ein wundervolles Paar ab. Beide Ende dreißig, Audrey verboten blond, Flores ein schwarzer Teufel.

»Warum sitzt du nicht am Computer und schreibst?« Sie tippte nachdrücklich auf ihre Armbanduhr. »Kurz nach elf.«

»Alte Sklaventreiberin«, beschwerte ich mich halbherzig. »Ich habe im Moment andere Sorgen.«

»Die Mönche.«

»Liebe Güte, weiß das eigentlich schon ganz Platja?«

»Das ist Tagesgespräch, mein Lieber. *El escribar* und die schwarzen Mönche.« Sie grinste unverschämt. »Bau doch mal einen mysteriösen Orden in das nächste Buch ein. Kommt immer gut.«

»Du bist ein nie versiegender Quell an Inspirationen, Audrey.«

»Deshalb liebst du mich doch.« Sie blinzelte vergnügt. Es schien ihr wirklich richtig gut zu gehen, was mich überaus freute.

»Unter anderem. Jetzt muss ich aber los. Ach, ... du kannst auch mal was tun für die vielen Euros, die du durch mich verdienst. Luisa und ich gehen nächste Woche in ein Studio in Girona. Wir nehmen ein Demo-Tape auf.«

»Wunderbar, was spielst du denn? Ukulele?«

»Agent Parker ...«

»Schon gut«, lenkte sie ein. »Das hat deine Kleine wirklich verdient. Sie ist toll, nein, wirklich großartig, und ja ... ich lasse meine Beziehungen spielen. Wäre doch gelacht, wenn wir sie nicht bei einem Label unterbringen könnten.«

»Ich liebe es, wenn du meine Gedanken liest.«

»Ist alles inklusive, Arty.« Diesmal nur ein Kuss, immerhin. »Ehe ich es vergesse, du hast Flores' Geburtstag auf dem Schirm, oder?«

»Ähm ...« Verdammt, natürlich nicht. »Aber sicher.«

»Ach, Arty, komm schon, Samstag im Drei-Mädel-Haus. Das ist gefühlt die hundertste Erinnerung.« Herrje, wer kann sich auch schon so viele Termine merken? »Bin auf dein, beziehungsweise, euer Geschenk gespannt.«

Geschenk?

Auweia. Ich setzte alle meine Hoffnung auf Alicia.

~

Agentes Inmobiliarios Fuentes verkündete ein grell angeleuchtetes Schild oberhalb des großen Fensters, in dem Dutzende Inserate von zum Verkauf stehenden Fincas und Appartements zu bewundern waren.

»Ah, Señor Crawley, welch Glanz in meiner bescheidenen Agentur! Ich freue mich sehr, dass wir uns endlich einmal persönlich kennenlernen.« Jesus Fuentes schüttelte mir ausdauernd beide Hände. Ich schätzte den elegant in einen beigen Sommeranzug gekleideten Mann auf etwa vierzig Jahre. Hervorstechendes Merkmal war eine Art Kinnbärtchen, das nicht so recht zum Gesamtbild passen wollte. »Ich hoffe doch, dass der vierte Band der *Chroniken* endlich übersetzt wird. Meine beiden Söhne scharren schon mit den Hufen.«

»Das hoffe ich auch.«

Das tat ich tatsächlich. Ich musste mal ein ernstes Wort mit meinem Verleger wechseln. Überlass das lieber Audrey, die ist knallhart. Auch wieder wahr.

»Wollen Sie womöglich Großgrundbesitzer werden und ein drittes Haus kaufen?« Jetzt war der Mann zum Hai mutiert, der fette Beute witterte.

»Ich muss Sie enttäuschen, Señor Fuentes. Ich bin nur wegen einer Auskunft hier.« Und schon war die Enttäuschung greifbar. »Es geht um die Finca oben in der Mas Cabanes, direkt gegenüber meiner Behausung.«

»Die Hütte des abgesoffenen Russen.«

»Ganz genau. Ist der Verkauf womöglich über Ihre Agentur gelaufen?«

Jesus Fuentes tänzelte um seinen Schreibtisch herum, setzte sich und bot mir einen Besucherstuhl an. Unvermittelt standen zwei Cognacschwenker auf der Arbeitsplatte, die der Makler unanständig großzügig vollgoss.

»Das Objekt hatte ich seit dem Dahinscheiden des Oligarchen in meiner Obhut.« Volltreffer, ich war am richtigen Ort. »Niemand wollte die Finca – schlechtes Karma, böses Omen, russische Geister, Sie verstehen.« Ich nickte brav. »Dann kamen vor etwa einer Woche diese drei schwarzen Geier zu mir. Ich traue mich kaum, es zuzugeben, aber ich habe die ganz schön über den Tisch gezogen. Die haben fast das Doppelte des ausgeschilderten Betrags bezahlt. Wahrscheinlich hätte ich noch höher gehen können, aber na ja, es sind halt Kirchenmänner.«

»Die zahlen eben nur das Doppelte.« Ich lächelte verschwörerisch.

»Man muss sehen, wo man bleibt. Ich habe zwei Kinder und eine Frau, die alle drei Wochen nach Barcelona zum Shoppen fährt.«

»Ich fühle mit Ihnen.«

»Salud!« Wir stießen an wie zwei alte Kumpel.

»Was ich gerne wüsste, Señor Fuentes, ist, wer den Kaufvertrag unterschrieben hat und woher die viele Kohle für die Russenvilla kommt.«

Er zupfte an seinem Bärtchen. »Sie wissen schon, dass ich solche Informationen nicht an unbeteiligte Dritte weitergeben darf, oder?«

»Zwei handsignierte Erstausgaben von Band vier.«

»Und eine Stunde Interview mit meinen beiden Jungs.« Fuentes lächelte leutselig. Ein echter Feilscher vor dem Herrn. »Wie gesagt: sind echte Fans.«

»Abgemacht.« Wir stießen wieder an. So viel Brandy vor zwölf ist nicht gut, aber was tut man nicht alles, um ans Ziel zu kommen. »Also, wer steckt dahinter?«

»Unterschrieben hat den Vertrag ein gewisser Gabriel Soler, allerdings nicht persönlich vor Ort, ich habe den Wisch nur unterschrieben zurückbekommen.«

»Der Name sagt mir nichts«, musste ich zugeben.

»Seines Zeichens der Abt des Klosters von Montserrat.«

»Das ist ja …« Ich war total perplex. Vor Jahren schon hatte ich das gut einhundertvierzig Kilometer entfernte Benediktinerkloster besucht. Ein Touristenmagnet und eine Wallfahrtsstätte. *La Moreneta*, die Kleine Braune, eine schwarze Madonna, befand sich in der Apsis des Klosters. Die Schutzheilige Kataloniens.

»Tja, ich habe mich auch gewundert, allerdings war ich mehr als begeistert, das Objekt endlich verkaufen zu können.« Fuentes zuckte mit den Schultern. »Vielleicht suchen die einen Erholungsort für verdiente Mönche, wer weiß?« Seine Haltung machte sehr deutlich, dass ihn die Hintergründe des Verkaufs nicht die Bohne interessierten.

»Ich danke Ihnen für die Informationen, Señor Fuentes.«

»*De nada,* Señor Crawley. Und wenn Sie mal wieder was kaufen wollen, wissen Sie, wo Sie mich finden.« Immerhin war ich einen kleinen Schritt weitergekommen. Der Abt von Montserrat! Das war ja mal ein Ding. »Wann kommt eigentlich endlich die spanische Übersetzung von Band vier?«

Gute Frage.

Stellungskrieg

»Ah, das ist ja mein Lieblingsautor.« Mein Verleger Herbert Wegener schien in bester Stimmung zu sein. Also passten die Verkaufszahlen anscheinend. »Ich hoffe doch, Sie kommen mit der Fortsetzung gut voran, Arthur.«

»Ja, sicher, aber deswegen rufe ich nicht an.«

»Sondern?« Jetzt bekam die Stimme einen lauernden Unterton.

»Ich hätte gern gewusst, wann der vierte Teil der *Chroniken* in Spanien auf den Markt kommt«, erklärte ich.

»Gut, dass wir darüber sprechen.«

Ach wirklich, dachte ich. Das Gegenteil schien mir der Fall zu sein. »Wir stecken da in einer Zwickmühle.«

»Das wäre mir neu. Das Buch verkauft sich mehr als gut«, gab ich misstrauisch zurück. »Ich sehe keine Zwickmühle.«

»Im Königreich, den Vereinigten Staaten, überall dort, wo man der englischen Sprache mächtig ist, und im deutschsprachigen Raum.« Ich hörte Wegener angestrengt schnaufen. »Wissen Sie eigentlich, was es kostet, ihr Mammutwerk ins Spanische zu übersetzen?«

»Nein, weiß ich nicht, ist schließlich Ihre Baustelle.« So langsam erhöhte sich mein Stresspegel.

»Knapp dreizehn Euro pro Seite.« Er schluchzte ein wenig.

»So? Na und?«

»Band vier – *Auferstehung* – umfasst neunhundertzwanzig Seiten.«

»Da sehen Sie mal, was ich mir für eine Mühe gemacht habe. Da bekommen die Leute was für ihr Geld.«

»Arthur, das sind fast zwölftausend Euro, nur für die Übersetzung! Und das Papier kostet heutzutage ein Vermögen.«

»Gut angelegtes Geld.« Was sollte das bedeuten? Wollte er meine Fortsetzung den Spaniern vorenthalten? »Jeder zweite Bewohner von Calonge und Platja D'Aro wartet darauf, das Buch erwerben zu können.«

»Aber auch nur dort, Arthur, fast nur dort. In Barcelona und Umgebung haben wir ja noch ein bisschen was von der Trilogie verkauft, aber darüber hinaus leider nicht. Die Iberer stehen nicht so auf Fantasy. Die spanische Ausgabe hat kaum die Unkosten gedeckt.« Wegener seufzte tief. »Sehen Sie, Arthur, wir müssen der Wahrheit ins Auge blicken. Ich bin wirklich stolz darauf, die *Chroniken* verlegen zu dürfen, aber ich bin auch Geschäftsmann, und wenn ein Produkt droht, rote Zahlen zu schreiben, dann muss ich eingreifen.«

»Sie wollen mein viertes Buch in Spanien nicht auf den Markt bringen?«, resümierte ich geschockt. »Das glaube ich doch wohl nicht.«

»Mein Herz blutet.«

»Sie können froh sein, dass ich nicht vor Ort bin, sonst würde nämlich jetzt Ihre Nase bluten.«

»Also wirklich, Arthur, wir müssen realistisch denken.«

»Ich schreibe Fantasy-Romane, Herbert. Da ist Realismus nicht gefragt. Ich sage es nur einmal, also sollten Sie mir jetzt gut zuhören.« Ich war jetzt richtig in Fahrt. »Wissen Sie, was *huelga* übersetzt heißt?«

»Ähm … nein.«

»Streik, mein Guter. In selbigen trete ich ab sofort, und zwar unbefristet, wenn Band vier nicht ins Spanische übersetzt wird. Ergo können Sie sich Band fünf in die Haare schmieren.«

Schweigen in der Leitung. Ich hörte sein hektisches, ungesundes Atmen. »Ich würde nur ungern an den von Ihnen unterschriebenen Vertrag erinnern, Arthur.«

»Dann lassen Sie es doch einfach«, gab ich wütend zurück.

»Aber darin verpflichten Sie sich, innerhalb der nächsten fünf Jahre zwei weitere Bände zu verfassen. Das wären dann die Bände fünf und sechs.«

Mein vor Wut und Enttäuschung auf Hochtouren arbeitender Verstand ermutigte mich, ernsthaften Widerstand zu leisten. »Da steht aber nichts über den Umfang, wenn ich nicht irre, keine Vorgaben in dieser Hinsicht.«

»Was wollen Sie damit andeuten?«, fragte er verunsichert.

»So ein Buch kann auch mal nur … sagen wir: fünfzig Seiten umfassen. So ’ne Art verlängerte Short Story.«

»Das ist nicht Ihr Ernst!«

»Lassen Sie die *Auferstehung* übersetzen und drucken, dann bleiben wir beste Freunde, Herbert«, schlug ich zuckersüß vor. »Klappt das nicht, schicke ich Audrey sofort nach Manchester.« Kunstpause. »Sie wissen ja, was das heißt. Himmel, ich möchte nicht in Ihrer Haut stecken.«

»Mister Crawley, Sie sind ein verdammt harter Hund.«

»Autoren haben es nicht leicht, Mister Wegener.«

»Sie treiben mich, und damit auch sich selbst, in den Ruin!«, lamentierte mein Verleger, aber es war nur noch ein Rückzugsgefecht. »Ich sehe uns schon unter einer Brücke hausen und kalte Bohnen aus verbeulten Dosen mümmeln, dazu Wasser aus der Themse und drei Tage alte Brotkanten.«

»Mir kommen die Tränen.«

»Na schön, aber nur einfaches Papier, keine Illustrationen im Innenteil, kein Inhaltsverzeichnis.« *Spiel, Satz und Sieg Crawley*, jubilierte ich innerlich. »Vielleicht könnten Sie sich mit einem Obolus beteiligen.«

»Ich rufe meine Agentin mal an.«

Ein sattes Schnaufen. »Ich wünsche einen kreativen Sommer.« Aufgelegt.

Na bitte … geht doch!

In meiner Finca versorgte ich zunächst die Katzenbande, dann startete ich meinen PC. Gabriel Soler, Benediktinerabt in Montserrat. Das *World Wide Web* findet immer was. Ich hörte Luisas Roller auf dem Schotter im Wendekreis. Leicht erhitzt stürmte der Wirbelwind in mein Arbeitszimmer.

»Gute Güte, wer ist der Kerl?«

Sie sah mir über die Schulter, schlang beide Arme um meine Brust und gab mir einen feuchten Kuss auf die Wange. Mein Herz tat einen liebevollen Sprung. Wir kannten uns jetzt erst ein gutes Jahr, aber ich mochte mir ein Leben ohne diese wunderbare junge Frau nicht vorstellen. In manchen Nächten wachte ich noch immer schweißgebadet auf und sah sie, gefesselt an einen Holzbalken, nackt, die Augen verbunden, geknebelt. Es gelang Audrey und mir, sie zu befreien, ehe ihr Peiniger sie missbrauchen oder umbringen konnte. Das Trauma allerdings wirkte nach.

»Der Boss vom Kloster Montserrat«, antwortete ich.

»Was hast du mit dem zu schaffen?«

»Erst mal nichts, aber ich habe herausbekommen, dass er den drei Schwarzröcken die Casa gegenüber gekauft hat.«

»So?« Luisa löste sich von mir. »Klingt merkwürdig. Was treiben denn Mönche hier auf unserem Wohlfühlberg?«

»Genau das ist die Frage. Kannst du uns bitte ein *San Miguel* aus dem Kühlschrank holen?«

»Ich dachte schon, du fragst nie«, erwidert sie grinsend. »Ich habe heute Abend übrigens einen Auftritt im *Samal*.«

»Prima, ich schaue mal, was Alicia geplant hat, aber ich denke, wir werden da sein.« Sie reichte mir die gut gekühlte *cerveza*. Wir stießen an. »Ah, da ist endlich mal ein Bild von Señor Soler, auf dem man ihn gut erkennen kann.«

»Wirkt wie ein Gelehrter«, stellte sie fest. »Die Brille ist allerdings aus den Siebzigern, oder? So ein klobiges, altmodisches Gestell habe ich ja lange nicht mehr gesehen. Ziemlich groß und hager, der Typ. Kahler Schädel, da stehe ich nicht drauf. Immerhin 'ne schicke Kapuze, alles in Schwarz. Was will der gemeine Mönch mehr?«

»Das Kloster ist hundertvierzig Kilometer entfernt. Hier steht, da leben aktuell achtzig Mönche. Drei davon schickt der Abt hier auf unseren Berg und kauft eine überteuerte Finca.« Ich sah Luisa ratlos an. »Da stimmt doch was nicht.«

»Tja, merkwürdig ist das allemal, aber vielleicht gibt es eine ganz einfache logische Erklärung.« Sie schob die blonde Mähne hinter ihre Ohren. Das würde genau zwanzig Sekunden halten. »Ist womöglich so eine Art Belohnung für den zweitausendsten gebeteten Rosenkranz in einem Jahr.« Sie trank ihr Bier aus. »Ich muss jetzt los, noch ein bisschen üben. Audrey ist bei Flores in der Tierklinik, da habe ich sturmfreie Bude.«

»Du hast es ja nicht weit, Kleines.« Wir lächelten uns an.

»Ich mag das, wenn du mich so nennst. Das gibt mir das Gefühl, geliebt und behütet zu sein.« Da war er wieder, der dunkle Schatten der Erinnerung, die Entführung, die Erniedrigung.

»Das bist du. Ich würde Drachen für dich töten.«

»Ja,« flüsterte sie. »Das würdest du. Gegen dich ist dieser Heilige *San Jorge* nur ein Lakai. Dafür, und für alles andere, was du für mich getan hast, liebe ich dich so sehr.«

»Du bist meine Tochter«, gab ich tief bewegt zurück. Sie lachte schon wieder. »Und jetzt geh üben, ich will dich heute Abend in Höchstform erleben.«

»Zieh dich schnell um, Liebes, wir speisen bei Javier. Luisa tritt um zehn auf.« Alicia sah mich mit müden Augen an. »Stressiger Tag?«

»Der erste Schwung deiner Landsleute ist da. Die haben mir den halben Laden leergekauft.« Meine Bäckerin schlüpfte elegant aus Rock und Bluse. »Ist ja eigentlich schön, aber bis die sich mal entscheiden. *Rioja* oder *Tempranillo* oder doch lieber einen weißen *Verdejo*? Wie ist denn der Portwein? Kein Wunder, dass das Empire nicht überlebt hat.«

Manita schleppte eine winzige Maus an. In Erwartung einer Belobigung, selbstredend in Form von Nassfutter, sah sie Alicia und mich abwechselnd an.

»Na ja, eine Heldentat war das aber nicht«, kommentierte ich streng. Dennoch öffnete ich die heiß begehrte Dose und schaufelte einen Löffel Hühnchen in Gelee in ihren Napf. »Mehari oder Roller?«, rief ich ins Schlafzimmer.

»Lieber das elegante Cabrio.« Gut, meine zitronengelbe Klapperkiste ein Cabrio zu nennen war gewagt. »Hast du was von unseren Nachbarn gehört?«

»*Nada,* keinen Mucks. Einer der schrecklichen SUVs war schon weg, als ich aus Platja gekommen bin.« Verdammt, wo hatte ich nur den Wagenschlüssel abgelegt? »Ich muss dir gleich noch berichten, was ich heute recherchiert habe.«

»Oh, Scotland Yard schickt seinen besten Mann.« Ich hörte Alicia leise kichern. »Das blaue oder das gelbe Kleid?«

»Gelb passt zu unserer Luxuskarosse.« Fünf Minuten, und die züchtige Bäckerin hatte sich in einen schwarzhaarigen katalanischen Teufel verwandelt. »Bezaubernd.«

»Na los, Casanova, deine Tochter hat gleich einen Auftritt, und deine Frau verhungert gerade.«

Meine Frau, wie sich das anhörte … einfach großartig!

»Wenn ich nur wüsste …«

»In der Obstschale.« Ein dezentes Schmunzeln.

Der Wagen sprang bereits nach nur drei Zündversuchen an. Um mit der Handkupplung den ersten Gang einzulegen, bedurfte es inzwischen einer gewissen Technik. Ich lenkte den Mehari so nah wie möglich an der *Villa Benediktus,* wie ich die okkupierte Casa inzwischen nannte, vorbei. Nichts. Alles dunkel. Kein

Geräusch, kein Licht in den Fenstern. Vielleicht waren alle drei Brüder mit einem SUV unterwegs.

»Arty?« Ich schreckte aus einer düsteren Version von *Der Exorzist Teil eins* auf. Ein brennendes Kruzifix senkte sich auf eine über dem Bett schwebende Frau im Büßergewand. Nun ja, eigentlich war es Alicias Hand, die sich auf meinen Unterarm legte. »Fahren wir denn heute noch zum *Samal*?«

Ich ließ den Motor mal richtig aufheulen. Coole Nummer. Im CD-Player steckte das legendäre Live-Konzert *No Nukes* aus dem Jahr 1982. Ein Event gegen die Aufrüstung mit nuklearen Waffen. Großartige Besetzung: Jackson Browne, Graham Nash, James Taylor, der Boss und viele andere.

»Kannst du morgen frei machen?«, fragte ich.

»Eigentlich nicht. Carmina ist zwar da, aber den ganzen Tag kann ich sie mit dem Laden nicht allein lassen. Langsam geht die Saison richtig los. Worum geht es denn?«

»Ich würde gerne einen Ausflug machen.«

»So?« Alicia klang verwundert. »Wo soll es denn hingehen?«

»Ins Kloster von Montserrat:«

»Arty, das ist eine Schnapsidee. Was versprichst du dir davon?«

»Der Abt hat die Finca gekauft«, trumpfte ich auf. »Ich finde das mehr als merkwürdig.«

»Aha, na und? Was willst du jetzt tun? Den Mann Gottes zur Rede stellen? *Hola, ich bin der berühmte Autor Arthur Crawley und ich hätte da mal eine Frage: Wie kommen Sie dazu, die heilige Ruhe auf meinem Berg zu stören?*« Sie lachte gutmütig. »Um überhaupt mit dem reden zu können, wirst du wohl einen Termin beantragen müssen, besser gesagt, demütig um eine Audienz bitten.«

»Meinst du?« Alicias Einstellung gegenüber der katholischen Kirche hatte sich nach dem Verrat des Dorfpriesters im letzten

Jahr reichlich abgekühlt. »Sollten die nicht zu jeder Zeit für jeden armen Sünder zu sprechen sein?«

»Meinst du dich etwa mit dem armen Sünder? Um all deine Sünden zu beichten, solltest du dir ein Zehnerticket kaufen.« Sie lehnte ihren Kopf an meine Schulter. »Lass uns doch erstmal ein paar Tage abwarten, mal sehen, was passiert. Wahrscheinlich gar nichts.«

Das *Samal* war rappelvoll. Ich erkannte nicht wenige junge Leute, die ich schon oft bei Auftritten von Luisa gesehen hatte. Ein erster Fanclub. Wir bestellten *Conejo con caracoles,* Kaninchen mit Schnecken, eine von Javiers Spezialitäten. Luisa begrüßte uns nur kurz und verschwand dann im Restaurant. Vor jedem Auftritt, und sei er auch noch so klein oder rein privat, war sie angespannt und nervös. Sie brauchte dann einfach Ruhe, um sich zu sammeln. Mir war es bei meinen ersten Lesungen nicht anders ergangen.

Pünktlich um zehn legte sie los. Die Haare hochgesteckt, lange Ohrringe mit bunten Federn verziert, ein schlichtes weißes Kleid, dazu Sandalen mit goldenen Riemchen. Was für ein Anblick. Ich war mal wieder mehr als begeistert.

»Schick, oder?«, flüsterte Alicia mir ins Ohr. »Das Outfit haben wir zusammen ausgesucht.«

Da viele Gäste noch mit den kulinarischen Genüssen beschäftigt waren, verzichtete Luisa zunächst auf Gesang. Sie spielte Stücke von den Gypsy Kings, Eric Clapton und Katie Melua. Etwa eine Stunde später war auch der Nachtisch erledigt. *Moonlight Shadow* von Cat Stevens, *Suzanne* von dem großartigen Leonard Cohen – das Publikum war begeistert. Kurz nach Mitternacht war die Terrasse noch immer gut gefüllt. Luisa verabschiedete sich mit einer Zugabe: *Hotel California* von den Eagles, spanischer Text. Ein Highlight in ihrem Repertoire. Tosender Applaus. Ein gutaussehender junger Mann, Mitte zwanzig, Drei-Tage-Bart, ziemlich weit geöffnetes blaues Hemd und knackig eng sitzenden Shorts, ging zu Luisa auf die kleine Bühne und überreichte ihr einen Strauß roter Rosen.

Sichtlich verlegen ließ sie eine kleine Umarmung und einen Kuss auf die Wange über sich ergehen. Schon war ich aufgestanden. Alicia legte mir eine Hand auf die Schulter.

»Nicht, Arthur, sie hat das im Griff.«

»Wer ist der Kerl?« Luisas Verehrer erinnerte mich fatal an Steve Ford, ihren kriminellen Peiniger.

»Keine Ahnung, aber wenn sie Hilfe benötigt, werden wir da sein. Das sieht aber nicht danach aus. Sie muss auch, was Freundschaft und Beziehungen angeht, wieder ins Leben zurückfinden.« Alicia goss mir den Rest *Garnacha* ein. Der kräftige Rotwein passte vorzüglich zu dem Kaninchen.

»Du hast natürlich recht, aber ich bin mir nicht sicher, ob sie schon so weit ist«, brummte ich besorgt.

»Erstens kann das nur Luisa selber entscheiden, und zweitens bist du offensichtlich noch nicht bereit, deine Beschützerrolle zu reduzieren.«

Ich nickte, wenig begeistert. Immerhin war der Gigolo wieder zu seiner Clique zurückgekehrt. Luisa bedankte sich ein letztes Mal, hüpfte von der kleinen Außenbühne und verschwand dann im Inneren des *Samal*. Ein halbvoller Mond beleuchtete die Terrasse.

»Wo stecken eigentlich Audrey und Flores?«, wunderte ich mich. »Die verpassen doch sonst keinen Auftritt.«

»Junge Liebe, Arthur.« Alicia lächelte hintergründig. »Die zwei genießen womöglich mal traute Zweisamkeit in der Casa.«

»Oh, ja, natürlich.«

»Wie süß, du hast rote Ohren bekommen.«

»Du hast deine katholische Prüderie erstaunlich schnell abgelegt«, stellte ich fest. »Das finde ich gut.« Wenn ich an unsere ersten geheimen Zusammentreffen dachte, konnte ich kaum glauben, welch aufgeschlossene, lebenslustige Frau mir gegenübersaß. Die Befreiung von ihrem erdrückenden Macho-Ehemann und den engen Moralvorstellungen der Amtskirche hatte ein Wunder bewirkt.

Langsam löste sich die fröhliche Gesellschaft auf. Javier und Catalina setzten sich zu uns an den Tisch, natürlich nicht ohne eine Flasche Brandy.

»Wir würden gern Luisa für den ganzen Sommer fest buchen, zumindest einen Tag am Wochenende«, eröffnete mir Javier gut gelaunt. »Das war heute Abend der beste Umsatz des Jahres. Sie ist wirklich umwerfend.«

»Nicht wahr?« Ich war wirklich mächtig stolz. »Nächste Woche gehen wir ins Studio nach Girona.«

»Gute Idee, das hat das Mädchen verdient.«

»Kennst du den Charmeur mit den Rosen?«, fragte ich.

Catalina boxte mir spielerisch auf die Brust. »Der misstrauische Papa, hm?«

»Die Kleine hat genug durchgemacht«, verteidigte ich mich.

»Aber die Kleine wird bald fünfundzwanzig, das solltest du, bei allem Verständnis für deine Fürsorge, nicht vergessen. Salud!« Der dunkelbraune, nach Honig und Abenteuer schmeckende Brandy floss warm durch meinen Körper. »Im Übrigen kenne ich den Sonnyboy nicht.«

»Der ist mir zu schnieke.«

»Zum Glück muss er ja nicht dir gefallen, Brummbär«, wandte Alicia ein.

Mein Handy bimmelte. *We will rock you*, mein neuer Klingelton.

»Das ist Audrey.« Ich nahm den Ruf an. »Was kann ich für dich tun? Ist euch etwa das Bier ausgegangen?« Im Gegensatz zu mir war meine Agentin eine passionierte Biertrinkerin. Beim Whiskey waren wir dann wieder auf einem Nenner. »Was?« Ich musste wohl ordentlich erschreckt reagiert haben. Die Blicke aller Anwesenden richteten sich neugierig auf mich. »Na klar, wir kommen sofort.«

»Arty, was ist los?« Alicias Stimme klang ängstlich.

»Nichts Weltbewegendes.«

»So siehst du aber nicht aus, mein Lieber«, bemerkte Javier skeptisch. Auch Luisa war inzwischen zu uns gestoßen. Jetzt wieder in einer blauen Jeans-Shorts und einem Green Day-T-Shirt. »Also, raus damit.«

»In unserem Pool schwimmt eine Leiche.«

Wiedersehen mit einem alten Bekannten

Der ganze Wendehammer war in flackerndes Blaulicht gehüllt. Das sah gespenstisch aus. Drei Streifenwagen und ein ziviles Fahrzeug parkten auf dem Plateau. In meinem Garten verbreiteten auf Stative montierte Scheinwerfer gleißende Helligkeit. Von meinen Katzen war weit und breit nichts zu sehen. Männer und Frauen in hellblauen Schutzanzügen wuselten über das Grundstück. Am Kopfende des Pools, direkt vor der Hollywoodschaukel, lag ein lebloser Körper, daneben knieten zwei Personen, vermutlich die Spurensicherung.

Audrey und Flores kamen uns entgegen. Ein wildes Umarmen. So ist das nun mal im Süden. Erstmal knuddeln, dann sieht man weiter.

Ein kleiner drahtiger, in Ehren ergrauter Mann, stilvoll in einen hellen Leinenanzug mit Krawatte gewandet, kaum auf uns zu.

»Inspektor Robles«, stöhnte ich. »Na klar, wer denn sonst.«

Der Kriminalbeamte aus Girona hatte mich und Alicia im letzten Jahr gnadenlos gejagt. Er war fest davon überzeugt, dass ich, oder wir beide, Alicias Ehemann umgebracht hatten. Damit lag er natürlich nicht falsch, nur war Victors Ableben mehr oder weniger ein Unfall gewesen, welchen wir allerdings nicht zugeben konnten, ohne Gefahr zu laufen, im Gefängnis zu landen. Vor Gericht war ich der Hauptverdächtigte gewesen, aber dank eines famosen Anwalts und einer dilettantischen Beweisführung der Staatsanwaltschaft war ich freigesprochen worden. Der verbissene Ermittler allerdings war weiterhin von meiner Schuld überzeugt. Zum Glück war dieses düstere Kapitel jedoch beendet. Freispruch war Freispruch. Basta.

»Señor Crawley, so sehen wir uns also wieder.« Er strich milde lächelnd über seinen gepflegten Schnauzbart. »Im Schatten einer Leiche.«

»Liebe Güte, sind Sie zum Poeten geworden, Inspektor?«

»Wie ich sehe, haben Sie direkt Ihre ganze Mannschaft zur Verstärkung aufgeboten.« Er nickte den Frauen jovial zu. »Eine lauschige Nacht für ein Bad im Pool, finden Sie nicht auch?«

»Wann können wir ins Haus?«, fragte Alicia. »Wir kommen von einem Konzert und sind todmüde.«

»Señora Nuñez, ich muss Sie enttäuschen. Die Spurensicherung wird sicher noch ein paar Stunden benötigen, wir müssen schließlich noch die gesamte Casa untersuchen.«

»Das glauben Sie wohl selber nicht«, beschwerte ich mich.

»Der Durchsuchungsbeschluss liegt natürlich schon vor. Das digitale Zeitalter hat doch auch Vorteile.« Robles zückte sein Smartphone und hielt mir eine geöffnete Seite unter die Nase. »Das hat alles seine Richtigkeit.«

»Ihr könnt bei uns schlafen«, bot Audrey sofort an. »Dann kann sich der Herr Kommissar richtig austoben.« Sie machte einen reichlich zerzausten, aber nicht weniger kampfbereiten Eindruck.

»Das ist eine gute Idee«, stimmte Alicia sofort zu.

»Na schön«, sagte ich. Kurz kreuzten sich Robles' und meine Blicke. »Finger weg vom Weinkeller! Ach, noch etwas.« Er wippte auf den Fußballen vor und zurück. Das tat er immer, wenn er nervös war. »Wenn Sie so gut wären, die Katzen zu füttern.«

»Ich muss doch sehr bitten, Mister Crawley!« Schon war ich wieder nur ein *Mister* und kein *Se*ñor mehr.

»Können Sie uns vielleicht schon mehr über das Opfer sagen?«, hakte Audrey nach.

Er schien einen Moment nachzudenken, dann gab er Auskunft. »Allem Anschein nach handelt es sich um einen Geistlichen. Zumindest lässt die Kutte darauf schließen.«

»Ich wusste, dass das Ärger gibt«, bekräftigte ich.

»Ach, Sie kennen womöglich den Mann?« Da war er wieder, der lauernde Terrier, der sich einmal in ein Hosenbein verbeißt und nie mehr loslässt. »Wie wir aus unserer gemeinsamen Geschichte wissen, stehen Sie ja beständig auf dem Kriegsfuß mit Mutter Kirche.«

»Schnee von vorgestern.« Ich deutete auf die Finca Benediktus. »Da wohnen seit ein paar Tagen drei Ordensbrüder, das ist auch schon alles, was ich weiß. Vielleicht haben die irgendwelche dunklen Rituale durchgeführt, dabei ist dann einer geopfert worden.« Die Info über den Abt behielt ich erstmal für mich. »Sie wissen schon, schwarze Magie und Teufelsanbetung.«

»An Ihre gotteslästerlichen Sprüche werde ich mich wohl nie gewöhnen«, erwiderte Robles.

Luisa gähnte laut. »Kann ich meinen Vater jetzt zur Ruhe betten, ist ja nicht mehr der Jüngste, es war für uns alle ein langer Tag.«

»Ich wünsche Ihnen angenehme Träume.« Er wedelte großzügig mit der Hand. Wir waren entlassen. Wie gnädig. Wir gingen die wenigen Schritte hinunter zur Finca der drei Frauen zu Fuß. »Wenn wir den Todeszeitpunkt eingegrenzt haben, werden wir uns über Ihr Alibi unterhalten«, rief uns Robles hinterher.

»Arthur, was ist denn das wieder für eine Geschichte?«, wollte Flores wissen. Sie trug einen sündhaft kurzen Rock und ein bauchfreies Shirt.

»Keine Ahnung, wirklich.« Alicia und Luisa hatten sich bei mir eingehakt. »Ich hoffe nur, dass die Tatzeit uns ein wasserdichtes Alibi beschert, damit wir Robles nicht wieder am Bein haben.«

»Du meinst, er hat die Sache mit Victor noch nicht ad acta gelegt?«, vermutete Luisa.

»Vordergründig sicher, schließlich wurde ich freigesprochen, aber wenn sich die Gelegenheit bietet, wird er alles versuchen, um mich doch noch hinter Gitter zu bringen.« Im Vorgarten erwarteten uns vier verängstigte Katzen. Nur Joschi, der fette Patron der Bande, war nirgends zu sehen.

Wir Zweibeiner diskutierten fast bis drei Uhr morgens, ehe wir kollektiv ins Koma fielen.

Reichlich verkatert hatten sich Alicia und Flores auf den Weg nach Platja gemacht. Die Tierarztpraxis öffnete um zehn und meine Bäckerin den Laden um neun. Audrey kochte die dritte Kanne Kaffee, als es an der Tür klingelte. Fassungslos taxierte ich Horatio Robles. Der Mann sah aus wie das blühende Leben.

Frisch rasiert, ein diesmal dunkler Anzug, eine grüne Krawatte, geradezu revolutionär.

»*Madre mia,* ich denke fast, Sie sind ein Alien«, begrüßte ich den Ermittler. »Schlafen Sie eigentlich nie? Und warum sehen Sie so ekelhaft frisch aus?«

»Disziplin, Señor Crawley. Wahrscheinlich ein Fremdwort für Sie.«

»Ich bin Schriftsteller.«

»Da haben wir ja schon die Erklärung.«

»Kaffee?«, rief Audrey aus der Küche. »Bitte den Herrn Kommissar doch herein, Arthur.«

»Sehr gerne, bitte mit drei Stück Zucker, wenn möglich.« Das kam überraschend. In der Vergangenheit hatte er jegliches Angebot eines Getränks abgelehnt. Ich geleitete ihn durch das Wohn-/Esszimmer auf die südliche Veranda, die noch im Schatten lag, Audrey brachte eine frisch aufgebrühte Kanne Kaffee, Milch und eine Zuckerdose.

»Nach einer ersten Einschätzung des Gerichtsmediziners verstarb der Mann durch einen Genickschuss gestern Abend zwischen einundzwanzig und zweiundzwanzig Uhr.« Ich atmete erleichtert auf. *Samal*, perfektes Alibi. »Es handelte sich ergo keineswegs um irgendwelche abstrusen Riten, die zum Tod geführt haben, sondern um einen schlichten Mord.«

»Wie langweilig.« Himmel, ich konnte mich aber auch nicht zurückhalten, wenn ich diesem steifen Kerl gegenübersaß. Ich fragte mich ernsthaft, ob Robles jemals in seinem Leben gelacht hatte. »Ich hoffe, Ihre Leute haben mein Haus in einem einwandfreien Zustand hinterlassen. Wann können wir zurück?«

Er schaufelte ordentlich Zucker in seinen Kaffee. »Die Spurensicherung ist heute Morgen fertiggeworden. Sie können also wieder einziehen.«

»Sehr schön.« Audrey setzte sich zu uns. »Wie geht es jetzt weiter?«

»Sie sprachen von drei Ordensbrüdern in der Casa gegenüber.« Er spreizte tatsächlich den kleinen Finger ab, als er die Tasse zum Mund führte. »Ein sehr guter Kaffee, Miss Parker.« Er schob mir ein Foto über den Tisch. »Erkennen Sie in dem Opfer einen der drei Männer?«

»Das ist Bruder Jorge«, bestätigte ich. »Womöglich hat er sein Schweigegelübde gebrochen.«

»Und wird mit dem Tod bestraft?« Robles schnaubte. »Es wurde ein Mensch getötet, da sollten Sie ein wenig mehr Empathie an den Tag legen.«

»Ich ziehe die Schlussfolgerung zurück. Sprechen darf wohl nur Bruder Malachias, ein unangenehmer Zeitgenosse, wenn ich das bemerken darf.«

»Unangenehm? In welcher Hinsicht?«

»Er hasst meine Fantasy-Trilogie.«

»Nun, da ist er sicher nicht der Einzige.« Robles deutete ein Grinsen an. »Aber Spaß beiseite.«

»Spaß?«, japste ich.

Audrey grinste verschmitzt. »Also wirklich, Arty, ich fand Inspektor Robles' Bemerkung wohlwollend ironisch.« Sie füllte erneut seine Tasse. »Können wir noch irgendwie helfen?«

»Das können Sie in der Tat. Bitte informieren Sie meine Dienststelle unverzüglich, sollten die Ordensbrüder hier auftauchen.« Er reichte uns beiden seine Karte. »Die sind nämlich nicht auffindbar.«

»Werden wir zu Hilfssheriffs ernannt?«, fragte ich.

»Señor Crawley, was werde ich Ihre heiteren und doch so sinnfreien Bemerkungen vermissen, wenn ich in Pension gehe.«

»Was hoffentlich sehr bald der Fall sein wird«, bekräftigte ich.

Fast, aber nur fast, hätte Robles gelacht!

»Sie sollten es in Montserrat versuchen, Inspektor«, schlug ich vor.

»Warum denn das?«

»Ich habe mir erlaubt, etwas zu recherchieren.« Ich beschloss, doch nicht weiter mit meinen Erkenntnissen hinter dem Berg zu halten. »Ich vermute, dass die drei Ordensmännern Benediktiner sind.«

»Und das vermuten Sie, weil …«

»Der Abt des Klosters die Casa bezahlt hat.«

Robles schüttelte den Kopf. »Sie verblüffen mich immer wieder.« Er leerte seine Tasse und erhob sich. »Ich werde der Sache nachgehen, Deputy Crawley.« Bei unserer Hohen Mutter, der Mann besaß ja doch Humor. »Halten Sie bitte die Augen offen. Wie sagen die Engländer doch so treffend: Diesmal sind wir im selben Team. *Hasta luego.*«

Luisa wankte aus dem Gästezimmer, den rechten Zeigefinger mit einem Papiertaschentuch umwickelt. »Die blöden Rosen haben ätzend scharfe Dornen.«

»Was ist mit deiner Stimme? Klingt wie ein Reibeisen«, stellte Audrey fest.

»Vielleicht ein Brandy zu viel gestern Nacht.« Sie setzte sich zu uns an den Tisch. »Steht heute was auf dem Programm?«

»Wenn du magst, kannst du mich nach Girona begleiten«, schlug ich vor. »Wir können uns das Studio vorab schon mal ansehen.«

»Bin dabei.«

»Dann mal los, der frühe Vogel fängt die Mücken … oder so ähnlich.«

Unsichtbare Fallen

Luisa war regelrecht begeistert von dem kleinen Studio *Rock The World*, das direkt am *Onyar* lag, der aus den Bergen hinab in die Ebene fließt und in Girona in den *Ter* mündet. Alvaro Morata, Manager, Toningenieur und Produzent in Personalunion, hatte tatsächlich schon von meinem Schützling gehört. Schnell waren wir uns einig. Am nächsten Montag gehörte das Studio für einen ganzen Vormittag Luisa. Der Preis war akzeptabel.

Am Abend führte ich meine beiden Herzensdamen aus. Über die Serpentinen der Küstenstraße von Sant Feliu zuckelten wir nach Tossa de Mar. Ziel war das Restaurant *Can Sophia* in der Altstadt. Von der Terrasse aus hatte man einen herrlichen Blick über die langgezogene Bucht. Als Aperitif bestellten wir ausnahmsweise mal einen französischen *Pastis*. Alicia und Luisa trugen zu meiner Freude beide ihr Haar offen. Ich hatte wahrhaftig eine Familie, ich konnte es immer noch nicht fassen. Vor einem Jahr noch eine Vision, über die ich herzlich gelacht hätte. Wir stießen an. Die Eiswürfel klimperten hell in den beschlagenen Gläsern. Eine heitere, gelassene Atmosphäre machte sich breit. Genauso hatte ich mir das vorgestellt.

Der Kellner brachte die Vorspeise. Genüsslich löffelten wir unseren Suppeneintopf mit Möhren, Kartoffeln, weißen und gelben Rüben, Sellerie, Lauch und Zwiebeln, fein abgeschmeckt mit Salz, Pfeffer, Petersilie. Basis ist das *Espinazo de Pollo*, gemeinhin auch Hühnerklein.

»Ich habe einen merkwürdigen Brief von Batista Coreos bekommen«, sagte Alicia ernst.

»So? Was will er denn?«, fragte ich verwundert. Coreos war der Winzer, der ihr die offenen Weine für die sieben riesigen Fässer im *Pa y Vi* lieferte.

»Er weiß nicht, ob er die gewünschte Menge auf Lager hat.«

»Was ist das für ein Unsinn? Du kaufst seit Jahren bei ihm, außerdem verfügt er über eine verdammt große Anbaufläche, die letzte Ernte war gut. Was soll das also?«

»Ich weiß es noch nicht.« Sie zuckte resignierend mit den Achseln.

»Vielleicht will er einfach mehr Kohle.« Luisas Stimme klang schon wieder nach Reibeisen, dabei hatte sie sich augenscheinlich zurückgehalten.

Der Kellner räumte ab und brachte einen leichten *Albariño*, einen duftenden, nach Zitrusfrüchten schmeckenden Weißwein aus Galicien.

Luisa nahm nur ein halbes Glas. »Du zahlst, ich fahre.«

»Deal.«

Alicia kramte aus ihrer Handtasche einige Umschläge hervor. »Stört es euch, wenn ich die Post schnell aufmache? Ich bin heute den Tag über zu nichts gekommen, aber dafür haben wir die Bücher glattgezogen.«

»Nur zu, bis zur Paella wird es noch ein Weilchen dauern«, vermutete ich.

Ich saß den beiden Damen gegenüber. Alicia öffnete einige Briefe.

»Das gibt's doch nicht! Aranxa Colina kann mir keine Backwaren mehr liefern. Sie schreibt, es täte ihr furchtbar leid, aber die Geschäfte mit Kleinabnehmern wie mir wären unrentabel geworden.«

»Dann holen wir die Rohlinge eben woanders«, versuchte ich, sie zu beruhigen.

»Darum geht es nicht, Arthur. Da steckt doch was dahinter, das ist doch nicht normal, nach all den Jahren.«

»Da könntest du recht haben.« Tatsächlich kam auch mir diese zeitgleiche Stornierung von Bestellungen äußerst merkwürdig vor. Ein übler Verdacht keimte in mir auf.

»Woran denkst du denn gerade?«, fragte Alicia.

»Ach, nichts Besonderes.«

»Du bist ein ausnehmend schlechter Lügner.«

»Ah, da kommt unser Essen«, lenkte ich ab. Sie verstaute die Post in ihrer Tasche. Die Paella mit Meeresfrüchten und Kaninchenfleisch schmeckte vorzüglich. Trotzdem war die schöne Stimmung dahin.

Um Mitternacht kehrten wir zu protestierend miauenden Katzen zurück, die sich schrecklich vereinsamt vorkamen und herzerweichend jammerten. Luisa fütterte sie, gab Alicia und mir einen Kuss und ging mit Trine auf dem Arm durch den hängenden Garten zur eigenen Casa.

»Langsam mache ich mir ernsthafte Sorgen«, murmelte ich müde.

»Wegen Luisas Stimme? Pack sie einfach morgen ins Auto und ab nach Figueras zu einem Facharzt.«

»So werden wir das machen.« Ich sah durch das Küchenfenster hinunter auf den Pool. Das Wasser hatte ich komplett ausgetauscht, schließlich hatte eine Leiche dort ein letztes Bad genommen. Kein schöner Gedanke, in so einem Wasser zu plantschen.

Vendetta

»Ich weiß jetzt, wer dahintersteckt!« So wütend hatte ich Alicia noch nie erlebt. Noch bevor ich mit Luisa zum Arzt fahren konnte, war meine Bäckerin mit ihrem Roller auf den Berg gekommen.

»Wer steckt wohinter?«

»Na, der Wein, das Brot, Arthur.«

»Na klar, okay. Entschuldige, ich bin noch nicht von dieser Welt.«

»Es ist natürlich Reyes. Wahrscheinlich will er sich rächen. Er weiß über unsere Beziehung Bescheid, also nimmt er sich erst mal mein Geschäft vor.« Sie stampfte schnaubend auf. »Er hat Batista und Aranxa unter Druck gesetzt, damit sie mir nichts mehr verkaufen.«

»Wie blöd ist das denn? Wir suchen halt neue Anbieter, das sind ja wohl nicht die einzigen Lieferanten in der Region.«

»Reyes ist Bauunternehmer, das weißt du doch. Der hat Geld ohne Ende. Ich traue ihm zu, dass er alle Optionen in erreichbarer Nähe abgeklopft hat.«

»Woher weißt du denn, dass der Schweinepriester die Fäden zieht?«, fragte ich gähnend. Was für eine schreckliche Nacht. Die Sorgen, die ich mir um Luisa und Alicia machte, hatten mir weitestgehend den Schlaf geraubt.

»Aranxa hat ein so schlechtes Gewissen, wir sind praktisch Freundinnen, da hat sie mir die Wahrheit verraten. Es ist Reyes, da besteht kein Zweifel. Arty … er will uns fertigmachen.«

»Soll er es doch versuchen, der Vollpfosten.«

»Hast du eine Idee?«

»Lass mich mal ein bisschen rumtelefonieren, wir bekommen das hin, keine Bange.« Ich goss uns gut gekühlten Orangensaft ein. »Wie sehen denn die Vorräte aus?«

»Der Rioja ist fast alle, genauso wie der Moscatel. Was noch in den Fässern ist, wird nicht mehr lange reichen. Der vorgefertigte Teig für Baguettes ist morgen aufgebraucht, von Teilchen ganz zu schweigen.«

»Gut, da ist Soforthilfe vonnöten.« Ich grinste diabolisch. »Lass mich mal machen, Liebes. Ich habe da ein paar Ideen. Wenn der Drecksack Ärger haben will, dann soll er ihn bekommen. Wir haben ihn schon zweimal besiegt. Bekanntlich sind aller guten Dinge drei. Ich rufe jetzt Audrey an und bitte sie, mit Luisa zum Arzt zu fahren.«

Ich bekam einen dicken Kuss. »Du bist mein Held! Wie Jack Dawson in deinen Büchern.«

»Der ist zwanzig Jahre jünger, wiegt zwanzig Kilo weniger und kommandiert eine ganze Flotte von Kriegsschiffen«, gab ich zu bedenken.

»Trotzdem verliert er, im Gegensatz zu dir, wichtige Schlachten.« Sie warf ihr Haar zurück. »Außerdem … was sind die paar Jahre mehr oder weniger?«

»Darüber sprechen wir, wenn du mich im Rollstuhl den Berg hochschieben musst.«

Sie lachte herzlich. »Los, Capitan, setz alle Segel und lass dir was einfallen.«

»Du willst Wein bei mir kaufen, Arthur? Das finde ich gut, wo ist das Problem?« Maria Sineiro lachte mich über Skype an. Ich hatte die sympathische Mittvierzigerin vor fünf Jahren auf einer Verkostung im galizischen Pontevedra kennengelernt. Sehr schnell waren wir auf einer Wellenlänge, aber, nun ja, das Leben ist leider auch an Fakten gebunden. Dieser spezielle Fakt besagte, dass zwischen ihren Rebstöcken und meiner Finca gut eintausendzweihundert Kilometer lagen und mein Urlaub am übernächsten Tag endete. Schweren Herzens blieben wir auf Distanz. »Falls du es vergessen haben solltest, du sprichst mit einer Winzerin, die über ein recht ansehnliches Weingut verfügt.«

»Wir brauchen eine etwas größere Menge.« Ich wollte direkt mit offenen Karten spielen.

»Nun ja, auch das lässt sich sicher bewerkstelligen.«

»Und es darf nicht so teuer sein.«

»Sonst noch was?«, fragte die dunkel gelockte Önologin ironisch.

»Nee, ich denke, das wäre es so weit.« Ich produzierte ein entschuldigendes Lächeln.

»Wie viele Flaschen brauchst du denn?«, fragte sie.

»Keine Flaschen, wir müssen Alicias Fässer füllen«, erklärte ich. Durch die Ereignisse im chaotischen letzten Jahr war Maria über meine aktuelle Lage informiert. Ich hatte versucht, Alicias schrecklichen Ehemann zu Maria in den Nordwesten Spaniens zu locken, vordergründig, um Wein zu kaufen. Sie hatte eingewilligt, Victor so lange wie möglich auf dem Weingut festzuhalten. Es kam zwar nicht mehr zu der geplanten Aktion, weil uns die Saufnase durchschaut hatte, aber ich war Maria immer noch dankbar für die angebotene Hilfe.

»Aha, dann sag mal was an, Arty.«

»Für das *Pa y Vi* benötigen wir fünfhundert Liter einfachen *Tempranillo*, fünfhundert Liter höherwertigen *Monastrell* oder eine vergleichbare Traube, dreihundertfünfzig Liter Weißwein, vorzugsweise *Verdejo*, und einhundert Liter *Moscatel.* Machst du überhaupt so eine Plörre?«

»Immer langsam, weißer Ritter vom Orden der ahnungslosen Weintrinker! Es gibt auch guten, ausgewogenen *Moscatel*, für den man keine Kopfschmerztabletten benötigt.«

»Den kann man trinken, ohne einen Zuckerschock zu bekommen?«

»Meinen schon.«

»Ups, ich wollte dich nicht beleidigen.«

»Hast du nicht.« Maria lachte fröhlich. »Ich stehe selbst nicht drauf.«

»Okay, also, über den Preis werden wir nicht verhandeln. Ich vertraue dir vollkommen.«

Sie schob nachdenklich ihre Locken aus der Stirn. »Wie bekommen wir den Wein nach Katalonien? Ich kann in Fünfzig-Liter-Fässer abfüllen und meine Laster schicken.«

»Absolut perfekt!«, freute ich mich diebisch. »Wie schnell kannst du deine Flotte in Marsch setzen?«

»Gestern?« Maria streckte einen erhobenen Daumen vor die Kamera.

»Grandios. *Muchas gracias.* Ich bin dir unendlich dankbar.«

»Ich freue mich immer, wenn ich helfen kann, aber du musst mir versprechen, mich mit deinen beiden Mädels besuchen zu kommen.«

»Prima Idee, wir müssen sowieso mal runter von unserem Berg.« Ich schnaufte tief durch. »Sobald dieser Schlamassel erledigt ist. Versprochen. Jetzt werde ich mich erst mal um Brot kümmern.«

Phase eins der Rettungsaktion war in trockenen Tüchern.

»Paco, hey!«

»Arthur.« Immerhin, der wortkarge Kellner des *Cactus* hatte meinen Namen gesagt.

»Du kennst doch die Inder, Thai oder was immer das für Landsleute sind, aus den beiden Dönerbuden auf der anderen Straßenseite.« Er nickte. »Kannst du was für mich einfädeln?« Die linke Augenbraue hob sich fragend. »Alicia braucht Brot.« Jetzt war das ganze Gesicht ein Fragezeichen. »Reyes hat uns den Hahn zugedreht, der will uns ausbluten.«

»Reyes ist ein böser Mann.« Das war fast eine Ansprache.

»Was ich damit sagen will, Paco, vielleicht können die netten Männer von der Döner-Mafia einfach Brot für das *Pa y Vi* mitbestellen. Die Läden liegen ja fast direkt nebeneinander. Was meinst du, könnte das hinhauen?«

»Die verkaufen Fladenbrot.« Ein hammermäßiges Argument.

»Na und? Wo das Zeug herkommt, da wird es sicher auch Fertigteig für Baguette, Hörnchen und den anderen Kram geben.«

Paco verschränkte die Arme vor seiner schmalen Brust und zog die Nase kraus, nickte dann sacht. »Könnte hinhauen.«

»Perfekt, mein Freund, ich danke dir.« Phase zwei meines Plans war ebenfalls eingestielt.

»Kein Ding.«

»Arthur, wie schön, dass du vorbeischaust. Willst du was essen? Ich kann dir schnell eine Tortilla machen.« Das *Samal* war gegen sechzehn Uhr noch geschlossen. Die Chefin war gerade dabei, frisch gewaschene Stoffservietten zu falten.

»Danke, ich komme grad aus Platja und hab noch einiges zu erledigen.« Catalina und ich küssten uns auf beide Wangen. »Was machen die Mädchen?«

»Im Moment alles gut. Mal sehen, wie es wird, wenn die Zwillinge nach den Sommerferien die Schule wechseln.«

»Ich bin gut in Erdkunde, Geschichte und Dummschwätzen.«

»Letzteres können sie jetzt schon perfekt.« Sie stieß einen tiefen Seufzer aus. »Kann ich was für dich tun?«

»*Si, claro*. Sieh mal, ich habe einen Flyer entworfen.«

»*Vino nuevo*?«

»Aus Galizien, von einer Freundin. Ganz große Klasse. Reyes will Alicia austrocknen. Für die nächsten Wochen, vielleicht auch Monate, beziehen wir den Wein halt aus einer anderen Quelle«, klärte ich sie auf.

»Erst will er den Kirchplatz an Chinesen verhökern, dann will er dich ins Gefängnis bringen, jetzt hat er sich das *Pa y Vi* vorgenommen? Die arme Alicia.« Sie schüttelte grimmig den Kopf. »Ein schrecklicher Mensch.«

»Ihr lasst doch auch immer mal Werbematerial für das Restaurant drucken. Könntest du den Flyer für mich in Auftrag geben?«

»Sicher, aber warum machst du es nicht selbst?«

»Weil ich nicht weiß, wie weit Reyes' Einfluss reicht. Okay, das klingt übertrieben, aber sicher ist sicher. Er soll auf keinen Fall mitbekommen, woher der Wind weht.«

»Ehrensache, morgen Mittag hast du deine Flyer.«

Check. Phase drei abgeschlossen.

Kurz vor zwanzig Uhr war der ganze Clan wieder vereint. Im Schatten meiner zwei ausgewachsenen Palmen an der Südseite des Pools gönnten wir uns geröstete Baguettescheiben, die ich mit Tomatenpaste bestrichen und mit *Anchovis* belegt hatte. Dazu reichte ich einen rosaroten Merlot. Aus dem Bluetooth-Lautsprecher erklang Joan Baez' markante Stimme, *Diamonds And Rust*.

»Was sagt denn der Arzt?«, fragte Alicia Luisa, die erfolglos versuchte, eine schwarze Olive mit einem Holzstäbchen aufzuspießen.

»Ist wohl eine Kehlkopfentzündung.« Manita sprang auf ihren Schoß. Der Geruch der kleinen Fische machte die Katzen furchtbar nervös. »Ich habe was zum Gurgeln und Tabletten bekommen. Ich hoffe nur, das Zeug wirkt. Wir wollen doch nächsten Montag ins Studio.«

»Das können wir notfalls verschieben«, beruhigte ich. »Du solltest erst ganz gesund werden.«

»So 'n Mist.« Sie wirkte total niedergeschlagen. »Jetzt kann ich auch nichts verdienen. Keine Stimme, keine Auftritte, keine Kohle.«

»Quatsch, wozu hast du denn einen Manager? Du bist eine fantastische Gitarristin. Ich besorge dir Auftritte ohne Gesang.«

Ein winziges Lächeln. Immerhin.

Bevor ich den Grill anwarf, erklärte ich meinen Plan. Vier kampfbereite Amazonen waren begeistert.

The Final Countdown

Am Sonntagnachmittag kam die Lieferung aus Galizien. Die Laster vom Weingut Sineiro erregten doch allgemeines Aufsehen, ebenso wie die Werbeaktion, die unsere Bande seit drei Tagen unter die Leute gebracht hatte.

Um zwanzig Uhr, die Sonne war gerade hinter den Häusern und Hotels der Hauptstraße untergegangen, starteten wir eine kostenlose Weinverkostung. Alles, was in Calonge, Sant Antoni und Platja D'Aro Rang und Namen hatte, war erschienen. Die Menschen verteilten sich fröhlich schwatzend über den breiten Bürgersteig. Javier hatte lange Tische und Bänke organisiert, die Damen hatten das *Pa y Vi* und den Festbereich davor bunt dekoriert. Sergio würde den *Cactus* heute erst nach zweiundzwanzig Uhr öffnen. Unsere neuen Freunde aus der Dönerschmiede offerierten ihre Waren zu einem Vorzugspreis. Alles in allem konnte die Veranstaltung als fröhliches sommerliches Straßenfest durchgehen.

Maria Sineiros Weine fanden überwältigenden Anklang. Catalina, Esteva und Alicia füllten und verkauften reichlich Kanister und vor Ort abgefüllte Flaschen. Luisa ließ es sich nicht nehmen, Gitarre zu spielen. Immer wieder einen väterlichen Blick auf sie werfend, mischte ich mich unters Volk.

Unser Bürgermeister klopfte mir anerkennend auf die Schulter.

»Wir sollten das zu einer festen Einrichtung machen«, schlug Garcia aufgeräumt vor. »*Celebración del vino.*«

»Gute Idee«, lobte ich.

Fackeln, Lampions und Kerzen wurden entzündet. Aus unergründlichen Quellen tauchten Käse, Hartwurst, Oliven und kleine Tortillas auf. Ich setzte mich zu Javier, der Luisas Gitarrenspiel mit halb geschlossenen Augen folgte.

»Sie ist so unglaublich gut«, befand er. »Ich hoffe, das mit ihrer Stimme kommt schnell wieder in Ordnung.«

»Das wünschen wir ihr alle.«

Wir füllten unsere Gläser erneut. Luisa beendete die akustische Version von *Layla.* Tosender Beifall, wie immer.

»Du hast dich in sie vernarrt, das sieht ein Blinder mit einem Krückstock.«

»Ich liebe das Mädchen, Javier.«

»Das sehe ich, du bist ein guter Vater. Du leidest, wenn sie leidet.«

»Aber trotzdem geht es nur um meine Kleine.« Ich musste unwillkürlich lachen, freudlos allerdings. »Wie unglaublich das klingt – wir kennen uns erst seit einem Jahr. Wie schnell doch ein Mensch ein Herz erobern kann.«

»Zeit spielt da keine Rolle, *el escribar.* Manchmal reicht ein magischer Augenblick. Liebe kennt keine Tage, keine Stunden und keine Jahreszeiten,« murmelte der Barbesitzer weise.

»Wahr gesprochen, Häuptling. Oh, sieh mal, wer sich die Ehre gibt.«

Ich traute meinen Augen kaum.

»Gerard Reyes … das ist dreist.« Javier legte eine Hand auf meinen Unterarm. »Lass dich nicht provozieren, Arthur.«

Der Bauunternehmer stellte eine grimmige Miene zur Schau. In seinem Fahrwasser bewegte sich ein Kleiderschrank auf Beinen, wahrscheinlich sein Bodyguard.

»Nun, wie mundet der Wein?«, fragte ich maliziös.

»Sie mal wieder. Hätte ich mir denken können, nur so ein Schmutzfink wie Arthur Crawley organisiert so einen Schwachsinn.«

»Den Leuten gefällt es«, gab ich leichthin zurück. *Schön ruhig bleiben.* »Insbesondere der vorzügliche Wein. Ein Gläschen?«

»Lieber verdurste ich.«

»Machen Sie keine Versprechungen, die Sie nicht halten können. Wo sind denn eigentlich ihre elektronischen Fußfesseln?«

»Damit werden Sie nicht durchkommen«, giftete der Baulöwe.

»Aha, wollen Sie die nächste Lieferung abfangen, wie früher im Wilden Westen eine Postkutsche überfallen?«

»Lassen Sie sich überraschen«, zischte Reyes zynisch.

»Du, Karim, dieser Mann will unser Geschäft sabotieren«, rief ich laut in Richtung Grill.

Aus der Dönerbude wälzte sich ein gewaltiger Fleischberg in unsere Richtung. Geschätzte hundertfünfzig Kilo Lebendgewicht … mindestens.

»Dieser hier ist?« Karims Aussprache wirkte ein wenig improvisiert.

»Genau der.«

»Nicht guter Mann, oder?«

»Gar nicht gut«, bekräftigte ich seine Einschätzung kopfschüttelnd. »Böser Mann, böses Karma.«

Reyes sah sich hektisch um, aber sein Schutzengel befand sich bereits zwischen Karims nicht minder opulent ausgestatteten Neffen Abdul und Hamit, die den Personenschützer diskret durch die Tischreihen schoben. Karims fleischiger Arm, oder sollte ich lieber sagen *Keule,* legte sich freundschaftlich um Reyes' Schultern. Zielstrebig gängelte er den Unternehmer in den Dönerladen. Ich folgte schnell. Kaum dort angekommen, befand sich Reyes' Kopf auch schon im Schwitzkasten des Berserkers.

»Gutes Geschäft. Ist meins«, grollte der Dönerschmied. »Alles gut hier, alles sauber. Für viel groß Familie arbeiten hier.«

»Was … was willst du von mir, du Irrer?«, fluchte Reyes.

»Gutes Geschäft bleibt fertig. Nix du kaputt machen.«

So richtig perfekt war Karims Aussprache nicht, aber meine Güte, er hatte sein Herz auf dem rechten Fleck, und das zählt schließlich mehr als eine eloquente Ansprache. Reyes bekam bereits einen hochroten Kopf.

»Pfeifen Sie den Verrückten zurück«, krächzte er.

»Nase oder Finger, Arty?« Karim grinste verschmitzt, das heißt bildlich gesprochen, der Mond ging auf. Er schien seinen Spaß zu haben. Wie schön.

»Geht beides, wähl du aus«, gab ich jovial zurück. Man muss den Menschen einfach mal Freiheiten gönnen.

»Was? He, ihr wollt doch wohl nicht …«

»Nimm vielleicht doch die Nase, dann labert er nicht mehr so viel dummes Zeug«, schlug ich vor.

»*Es bueno.*« Na bitte, perfektes Spanisch.

Karim klemmte Reyes' Nase zwischen Zeige- und Mittelfinger, verzichtete aber auf den finalen Bruch. Trotzdem tröpfelte ein wenig Blut auf Reyes' Hemd.

»Scheiße, ihr seid ja wahnsinnig«, heulte er.

Karim entließ ihn seufzend aus der wenig erfreulichen Umklammerung.

»Serviette?«, fragte ich freundlich.

»Das werdet ihr büßen!«

»Nanana.« Karim stupste den wankenden Baulöwen an, der mir das Bündel dünner Papierservietten aus der Hand riss und auf seine blutende Nase presste.

»Wenn Ärger machen, Finger brechen *und* Ohr ab«, erklärte Karim die Spielregeln. »Nix Ärger machen für Freund hier …« Er deutete auf mich, »… und Alicia Freundin da draußen.«

Reyes atmete bloß schwer.

»Gute Leute muss man haben.« Ich tätschelte seine Schulter. »Ich hoffe, die Botschaft ist angekommen, Gerard. Ich kann auch gerne mal Ihren Bewährungshelfer kontaktieren. Lassen Sie uns einfach in Ruhe und hören Sie auf, Aranxa Colina und Batista Coreos zu bedrohen.«

Karims kleine Äugelein, die sich listig hinter Speckfalten verbargen, leuchteten aufmerksam. »Brot, Wein und Döner, immer gut.« Perfekte Unternehmensphilosophie. »Du, böser Mann, merken.«

»Sehen Sie, das nenne ich mal eine komplexe wirtschaftliche Verflechtung präzise auf den Punkt gebracht. Ich glaube, Sie dürfen jetzt gehen, Señor Reyes, oder, Karim? Sind wir fertig?«

»*Totalmente.*«

Reyes zitterte vor unterdrückter Wut.

»Döner gefällig?«, fragte ich. »Die sind heute im Angebot.«

Karim lachte so enthusiastisch, dass seine ganze massige Figur in Wallung geriet. *Shake it, Baby, shake it …* wie das gute alte Pirelli-Männchen.

Reyes schlurfte durch die Dönerbude. Seine Augen verschossen giftige Pfeile. Ich war nicht sicher, ob diese Lektion ausreichend war, um uns diesen korrupten Unternehmer auf Dauer vom Hals zu halten.

Kurz vor Mitternacht löste sich die weinselige Partygesellschaft auf. Die Aktion war ein voller Erfolg. Die Fahrer der Lastwagen würden direkt eine neue Bestellung in die Hand gedrückt bekommen. Ich hatte die beiden Helden im Hotel Clipper einquartiert, begleitete Salazar und Izan, zwei Basken, bis in die Lobby, dann verabschiedeten wir uns wie alte Freunde.

Wein und Wasser forderten ihren Tribut. Ich winkte dem Nachtportier zu und verschwand auf der Gästetoilette. Obwohl ich mich zurückgehalten hatte, bemerkte ich doch eine leichte Trefferwirkung. Marias Wein war aber auch verboten gut.

»Stehenbleiben, nicht umdrehen!« Ich spürte einen harten Gegenstand – einen Pistolenlauf? – in meiner Nierengegend. Da ich vor einem Waschbecken stand, konnte ich den Angreifer hinter mir im Spiegel sehen.

»Bruder Malachias.« Meine inneren Organe verkrampften sich. »So in Räuberzivil hätte ich Sie beinahe nicht erkannt.«

»Halten Sie den Mund und hören Sie gut zu, Mister Crawley.«

»Sonst erschießen Sie mich wie Bruder Jorge?« *Verdammt, warum kommt denn niemand?* Der Druck der Waffe verstärkte sich. »Was wollen Sie?«

»Ich habe Jorge nicht umgebracht, natürlich nicht, er war mein eingeschworener Bruder.«

»He, das mit den Eingeschworenen haben Sie aus meinen *Chroniken* geklaut.«

Malachias versetzte mir eine derbe Kopfnuss. Mein Schädel fühlte sich an wie eine Glocke, die gerade geschlagen wird. »Wollen Sie jetzt endlich zuhören oder muss ich Ihnen erst ins Knie schießen?«

»Schon gut.« Der Geistliche, wenn er denn überhaupt einer war, schien wild entschlossen zu sein. »Ich höre.«

»Die schwarze Madonna, *La Moreneta,* unsere liebe Frau von Montserrat … sagt Ihnen das etwas?«

»Die Schutzheilige Kataloniens«, antwortete ich. »Was soll damit sein? Sie befindet sich im Kloster in den Bergen.«

»Das ist eine verdammenswerte Lüge!« Malachias spie die Worte zornig aus. »Sie wurde gestohlen! All die Gläubigen, die Pilger, die Wallfahrer … sie werden betrogen.«

»Das ist sicher eine Schande, aber …«

»Seit mehr als tausend Jahren beschützen wir die Mutter Gottes. Durch all die Jahrhunderte haben immer wieder Diebe, Räuber und Ketzer versucht, *La Moreneta* aus ihrer angestammten Heimat zu stehlen, sie aus der Eremitage Santa Maria zu entfernen.« Selbst in dem billigen Spiegel glänzten Malachias' Augen in einem fanatischen Feuer. »Niemandem ist es gelungen, wir haben sie mit unserem Leben beschützt.«

»Wer ist denn *wir*?«, wagte ich zu fragen. *Solange er redet, wird er nicht schießen.*

»Der Bund der Eulen, *La Liga de los búhos.* Wir gehören schon lange keinem Orden mehr an. Wir sind immer fünf Katalanen, die das Wächteramt ausüben. Stirbt ein Mitglied, wählen die anderen vier einen Nachfolger.«

»Ich fühle mich geehrt, bin aber eher nicht für diesen Posten geeignet.«

»Reden Sie doch nicht so einen Schwachsinn. Als ob wir einen *extranjero* aufnehmen würden.« Ein verächtliches Schnauben.

»Dazu einen Gottlosen, der gottlose Bücher schreibt und aus einem gottlosen Land kommt.«

»Reichlich inflationär, wie Sie das Wort benutzen. Wie dem auch sei – was wollen Sie denn dann von mir? Ich habe nichts mit dem Diebstahl der kleinen Braunen zutun, das müssen Sie mir glauben.«

»Das weiß ich.«

»Wie schön, dann können wir das hier beenden und einfach vergessen.«

»Sie müssen etwas für uns tun, Señor Crawley. Es ist schlimm genug, aber ich weiß nicht, wem ich sonst vertrauen kann. Der ganze Klerus ist korrupt, insbesondere die Benediktiner im Kloster Montserrat, und womöglich sind Teile der Zivilbehörden und der Polizei involviert.«

»Vertrauen erwirbt man nicht, indem man seinem Partner eine Knarre in die Nieren drückt«, beschwerte ich mich ruhig. »Herrgott, was ist denn das für eine Verschwörung?«

»Die Madonna wurde gestohlen, sie wurde ausgetauscht. In Montserrat steht nur eine gut gemachte Replik.« Malachias presste die Lippen zusammen. »Wir müssen sie zurückholen!«

»Warum lag der ermordete Jorge in meinem Pool?«, wollte ich wissen. »Und wer hat ihn umgebracht? Warum haben Sie eigentlich die vergammelte Hütte von dem ersoffenen Russen gekauft?« Ich spielte auf Zeit. Irgendwann musste doch mal jemand aufs Klo müssen.

»Jaime und ich haben den armen Jorge tot in unserer Finca aufgefunden. Wir waren nur kurz einkaufen. Unser Bruder wurde gnadenlos hingerichtet.«

»Kein Grund, ihn in mein Schwimmbecken zu werfen.« Ich drehte mich einfach um. Er wich zwei Schritte zurück, die Waffe weiterhin im Anschlag.

»Er sollte so schnell wie möglich gefunden werden. Gleichzeitig mussten wir untertauchen. Wir werden gejagt, Señor Crawley. Sie wollen uns alle fünf umbringen. Die Diebe wollen uns vernichten. Wir sind das letzte Bollwerk vor dem Untergang Kataloniens.«

»Was für ein bescheuertes Argument«, erwiderte ich kopfschüttelnd. Malachias trug eine viel zu kurze Jeans, klobige Wanderschuhe ohne Socken und einen grünen, langärmeligen Pullover. Die Pistole hob sich. Der Lauf war jetzt direkt auf meinen Charakterkopf gerichtet. »Immer langsam, Bruder.« Ich hob beschwichtigend die Arme. »Wie passe ich in Ihr teuflisches Spiel?«

»Wir konnten eine E-Mail abfangen. Der Absender war anonym, aber wir konnten den Inhalt lesen. Wahrscheinlich ist die echte Madonna irgendwo in Calonge versteckt.«

»Ich verstehe immer noch nicht, was ich damit zu tun habe.«

»Die Mail hat einen verschlüsselten Anhang. Diese Verbrecher wollen *La Moreneta* verkaufen. Undenkbar! Schlimme Dinge werden geschehen, wenn sie Katalonien verlässt.« Er schwitzte. Kein Wunder bei den Temperaturen und dem dicken Pullover. »Wir gehen davon aus, dass in diesem Anhang die Details für die Übergabe mitgeteilt werden. Wir benötigen diese Informationen.«

»Das ist doch irre, wer kauft denn die Schwarze Madonna? Das macht doch keinen Sinn, die kennt doch jeder.«

»Es gibt auch für scheinbar unverkäufliche Objekte Interessenten. Sie würden sich wundern, was im Internet alles angeboten wird.« Malachias ging noch einen Schritt zurück und lehnte sich an die Wand. Er schien erschöpft zu sein. »Sie werden die Datei für uns öffnen.«

»Ich bin absolut kein EDV-Experte«, wehrte ich ab. »Ich bin froh, dass ich weiß, wie man den Computer an- und ausschaltet.«

»Sie nicht, aber Miss Parker, ihre Agentin.«

Ich konnte ein kurzes Lachen nicht unterdrücken. »Sie ist eine Literaturagentin und nicht beim britischen Geheimdienst MI 6.« Kaum zu glauben, dass der Ordensbruder so naiv daherkam.

»Señor Crawley. Sie haben doch eine wunderbare Gefährtin gefunden, eine Adoptivtochter und sehr viele Freunde hier.« Sein Blick wurde lauernd, verbissen, gefährlich. »Wie schnell kann ein Unglück geschehen …«

»Das soll wohl ein schlechter Witz sein.« Aber nein, ich sah es in seinem Gesicht, das war eine bittere, ernst zu nehmende Drohung.

»Ich leite die Mail an Sie weiter.« Er machte zwei schnelle Schritte auf mich zu. Sein Atem roch nach Pfefferminz oder Eukalyptus. »Zwei Tage.«

»Warum kidnappen Sie nicht den Empfänger der Mail?«, schlug ich vor. »Derjenige wird den Anhang ja wohl öffnen können.«

»Erstens würde das zu viel Aufmerksamkeit erregen, und zweitens kennen wir den Empfänger nicht.« Seine Augen verengten sich drohend. »Zwei Tage, Señor Crawley.« Er schob mich in die äußerste Ecke der Toilette. In Erwartung eines K.o.-Schlags spannte ich meinen Körper an. Zum Glück wurde ich verschont. »Ich melde mich.« Schon war er verschwunden.

Schwer atmend spritzte ich mir kaltes Wasser ins Gesicht. Müde schleppte ich mich auf die Straße, die sich inzwischen gut geleert hatte. Das Fest war vorbei. Die Feierlaunigen strömten jetzt in eine der beiden Diskotheken oder in die Bars.

»Arthur, wo steckst du denn die ganze Zeit, ich habe mir Sorgen gemacht.« Alicia schloss die Tür zur Bäckerei ab. Luisa hatte sich ihre eingepackte Gitarre umgehängt, Flores und Audrey waren anscheinend bereits weg. »Wir dachten schon, du wärst womöglich Reyes in die Hände gefallen.«

»Du machst ein Gesicht, als hättest du einen Geist gesehen«, ergänzte Luisa.

»Ein Geist wäre in Ordnung gewesen. Leider war es schlimmer.«

Kriegsrat

Ich hatte für den nächsten Nachmittag meine Task-Force einberufen. Die vier Frauen plus Sergio und Javier. Ich brachte alle auf den aktuellen Stand. Allgemeines Kopfschütteln, ungläubige Blicke. Luisa verteilte gut gekühltes *San Miguel.* Ratloses Schweigen hatte sich breitgemacht.

Schließlich eröffnete Javier die Diskussion. »Hast du erwogen, zur Polizei zu gehen?«

»Zu gefährlich. Du kennst den Typen nicht, Javier, der und seine komische Bruderschaft, die sind zu allem fähig.« Ich sah in Richtung Alicia und Luisa.

»Hast du die Mail schon?«, wollte Audrey wissen.

»Ist noch in der Nacht gekommen. Frag mich nicht, woher der Kerl meine private Mail-Adresse hat.«

»Ach, das ist gar nicht so schwierig, wenn man sich ein bisschen auskennt. Ich vermute, einer der Brüder ist im Kloster vor Ort, sonst hätten sie die Nachricht wohl nicht bekommen können.« Sie öffnete nachdenklich eine Pistazie nach der anderen. »Die Frage ist: Soll ich das Ding knacken – oder versuchen wir, die Bruderschaft zu überlisten?« Audrey fand langsam zu ihrem Kampfmodus zurück.

»Wir kennen allerdings nur Malachias«, gab Sergio zu bedenken. »Das dürfte außerdem wohl kaum sein bürgerlicher Name sein.«

»Guter Einwand«, stimmte ich zu. »Ich habe echt keine Idee, Freunde.«

»Deshalb sind wir ja hier«, beruhigte Javier.

»Lass Audrey doch einfach diese blöde Datei öffnen, dann sind wir den Kerl los«, schlug Luisa vor. »Ist ja auch Scheiße, wenn da wirklich einer das Heiligtum Kataloniens gestohlen hat.«

»Deshalb muss man uns trotzdem nicht bedrohen.« Ich war nicht geneigt, mich einfach zu fügen, außerdem wollte ich sie und Alicia keinerlei Gefahren aussetzen.

»Dann war der Kauf der Finca nur Zufall?«, wunderte sich Flores.

»Anscheinend. Sie haben einfach die erstbeste Hütte genommen, Hauptsache Calonge. Hier vermuten sie den potenziellen Käufer der Madonna.« Ich nippte an meiner *cerveza.* Heute wollte mir nichts munden. »Vorschläge?«

Alicia sah mich an. »Wenn wir nur Robles einweihen?«

»Meinen guten Kumpel, der mich immer noch für den Mörder deines Mannes hält?« Ich zog ein schiefes Gesicht. »Ich weiß nicht.«

»Ich stimme eher Luisa zu«, meldete sich Sergio zu Wort. »Vielleicht ist die Sache damit wirklich für euch erledigt. Wie das Drama um die Madonna dann letztendlich ausgeht, sollte dir und uns allen egal sein, Arthur.«

Zustimmendes Nicken und Murmeln.

»Na gut«, lenkte ich ein. Ich sah Audrey fragend an. »Was meinst du, Hacker-Queen, wie stehen die Chancen?«

»Eine Frage der Zeit.« Audrey strahlte Optimismus aus. *Hohe Mutter, was für großartige Freunde.*

»Apropos, Schatz, ich zumindest muss runter nach Platja, die Praxis aufmachen.« Flores trank ihr Bier aus.

»Ich komme mit«, entschied Audrey. »Ich kann auch dort die Datei knacken.« Der letzte Schluck *San Miguel* rann durch ihre

Kehle. Wie ein Bierkutscher wischte sie sich den Schaum mit dem Handrücken von den Lippen. Flores lachte vergnügt und gab ihr einen Kuss.

»Wow, wofür war der?«

»Dafür, dass du bist, wie du bist.« Flores lächelte fein. »Außerdem machst du mir inzwischen nichts mehr vor, Special Agent Parker. Du willst vorsichtshalber in meiner Nähe sein, falls einer der Eulenbrüder auftaucht.«

»Ertappt«, stellte ich fest. »Wir sind so leicht zu durchschauen, Audrey.«

»Nur von Menschen, die uns lieben, Arty«, gab sie zurück. In all den Jahren unserer Zusammenarbeit hatte ich sie noch nie so glücklich und ausgeglichen erlebt. »Was fangt ihr Hübschen mit dem Rest des Tages an?«

»Oh, das ist einfach.« Luisa strahlte über das ganze Gesicht. »Um achtzehn Uhr haben wir unsere erste Stunde in der Sardana-Schule. Hopphopp, *padre*, frisch machen und dann ab auf die Tanzfläche.«

»Liebe Güte, den Termin habe ich ja total verschwitzt …«

Am Nachmittag absolvierten meine Tochter und ich in Figueras unsere erste Tanzstunde. Sie stellte sich natürlich weitaus weniger steif und ungeschickt an als der leicht überforderte Autor, aber ihr aufmunterndes Lächeln half, und so hielt ich tapfer durch. Zwischen all den Teenagern kam ich mir reichlich deplatziert vor. Einziger ebenfalls älterer Mitstreiter war ein Friseur aus Sevilla, geborener Katalane, der vor Jahrzehnten der Liebe wegen in den Süden abgewandert und jetzt wieder in die Heimat zurückgekommen war.

Adrian Lasta war allerdings viel besser als ich, nun ja, wahrscheinlich hatte er die Sardana-Gene mit der Muttermilch verabreicht bekommen.

»Ich freue mich schon, wenn ich zum ersten Mal die *L'Empordá* tanzen kann«, teilte er mir nach der Stunde vertraulich mit. »Ich war mal als Jugendlicher in der Sardana-Schule, hab's aber nicht zu Ende gebracht. Sie wissen schon, Motorräder und *chicas.*«

»Ja, ich kann's auch kaum erwarten, mein Debut zu geben«, gab ich säuerlich zurück.

»Kennen Sie denn die Geschichte, die mit der Komposition verbunden ist?«

»Nun ja, äh … nicht in Gänze.«

»Also gar nicht.« Der Friseur schüttelte sich vor Lachen. »Das Lied schildert die Entstehung der gleichnamigen Ebene. Die *Empordá* ist das Ergebnis einer Liebe zwischen einer Sirene des Mittelmeeres und einem einfachen Hirten aus den Pyrenäen.«

»Faszinierend.«

»Nicht wahr? Der Hirte verlässt im Winter die unwirtlichen Berge und treibt seine Herde zum Meer, dort verfällt er dem lieblichen Gesang der Sirene. Aus dieser Liebe schufen sie ihr Heim, die *Empordá,* eine sehr fruchtbare Ebene.«

»Tja, anrührend, diese Sagen und Mären.«

»Beschützt wird das Land von der Kleinen Braunen, *La Moreneta«,* fuhr er eifrig fort. »Sie darf Katalonien niemals verlassen.«

»Das nun wieder kommt mir bekannt vor«, bekannte ich.

»Guter Mann, wenn Sie jemals die Sardana vernünftig tanzen wollen, dann müssen Sie die Geschichten fühlen und leben. Sie müssen zu dem Hirten werden, sich ein Mädchen im Kreis der Tanzenden erwählen und sie mit Ihrer Zuneigung überschütten. Sie müssen stolz sein auf ihre Familie, auf unser Land und die Tage der Liebe, die uns gegeben sind.«

»Hört sich kompliziert an.«

»Ist es nicht.« Der grauhaarige Coiffeur lächelte versonnen. »Man muss sich nur darauf einlassen.« Ich machte wohl ein resignierendes Gesicht. »Das wird schon, Arthur.« Er tätschelte meine Schulter. »Sehen Sie nur, wie Ihre Tochter leuchtet. Sie ist wundervoll.«

»Das ist sie.«

Luna Moreno versicherte mir im Hinausgehen, dass ich mich für einen Nicht-Katalanen recht gut geschlagen hätte. Sie drückte mir drei CDs in die Hand, damit ich daheim die Chance hätte zu üben. Das relativierte das Lob ein wenig, aber Luisa so glücklich zu sehen, war die Schinderei wert.

»Willst du eine von den Sardana-CDs hören?«, fragte Luisa. Wir nahmen nicht den Rückweg über die Schnellstraße, sondern zuckelten gemütlich durch La Bisbal, dann durch die Felder hinauf auf unseren Berg.

»Nee, bin für heute durch mit Folklore.« Sie lachte leise. »Such was Gediegenes aus, was Friedliches.« Die letzten Sonnenstrahlen fanden ihren Weg durch die Wipfel der Bäume, verzauberten das Getreide, das bereits in unzähligen Rollen auf den Abtransport wartete.

»Ist das recht?« Ihre blauen Augen funkelten. Terry Jacks, *Seasons In The Sun.*

»Perfekte Wahl. Das Album ist fünfzig Jahre alt, aber zeitlos genial.« Der Motor röhrte protestierend, als ich in den dritten Gang zurückschalten musste, um eine kleine Steigung zu bezwingen. »Kleines, ganz ehrlich … wie geht es dir?«

»So lala, geht schon. Blöde Halsentzündung.«

»Das hört sich nicht überzeugend an. Komm schon, raus damit«, drängte ich.

»Ach, was soll's? Audrey wird dir bei nächster Gelegenheit sowieso alles brühwarm erzählen.« Sie setzte sich aufrecht, um den Fahrtwind besser genießen zu können. »Der Arzt meinte, ich solle vorsichtshalber mal in die Röhre.«

»Wusste ich's doch.« Sofort machte sich ein ungutes Gefühl in mir breit. »Wir machen so schnell wie möglich einen Termin.«

»Langsam, *padre.*« Sie sackte in dem erschreckend weichen Sitz des Mehári zusammen und lehnte ihren Kopf an meine Schulter. »Jetzt schauen wir erstmal, ob das Zeug wirkt. Ist womöglich nur falscher Alarm, außerdem haben wir ja noch ein anderes Problem zu lösen.«

»Malachias und die Kleine Braune.« Ich war ganz und gar nicht beruhigt, wusste aber, dass weiteres Insistieren zu nichts führen würde, also wechselte ich das Thema. »Wer war der Kerl mit den Rosen?«

Luisa kicherte. »Ein Fan, Arty, nur ein Fan.«

»Kennst du ihn näher?« Misstrauen schien mir angebracht. So eine geschniegelte Erscheinung wollte mir nicht gefallen.

»Er heißt Tomas Brega, ist sechsundzwanzig, studiert Philosophie in Barcelona, wohl Sohn reicher Eltern …, und er steht total auf meine Musik.«

»Und auf dich«, ergänzte ich. »Sonst würde er wohl kaum mit einem Strauß Rosen im *Samal* auflaufen.«

»Schon möglich, aber ich kann dich beruhigen, Arty. Der gute Tomas ist nicht mein Typ, das habe ich ihm ziemlich deutlich zu verstehen gegeben.«

»Na, hoffentlich hat er das auch verstanden.«

»Falls nicht, wirst du ihn sicher zum Duell herausfordern und mit dem Degen niederstrecken, oder?«

»Darauf kannst du dich verlassen.«

Die dunkle Seite der Macht

Am nächsten Morgen, der letzte Dienstag im Juni, fuhr Audrey bereits um kurz nach neun mit ihrem Jeep in den Wendehammer. Sie machte einen reichlich übernächtigten Eindruck.

»Schlimme oder heiße Nacht?«, vermutete ich.

»Kurze Nacht, Arty, du weißt ja, wie ich bin, wenn ich mich in was verbissen habe. Ich lasse mich doch nicht von so einer dreifachen Verschlüsselung ausbremsen.« Sie präsentierte stolz einen USB-Stick. »Kaffee, extra stark, Toast mit Tomate, Orangensaft und drei gebratene Eier.«

»Jawohl, Sir.« Ich salutierte gekonnt. Audrey lachte laut.

»Abmarsch, Kadett Crawley, ich werfe derweil deinen PC an.« Sie steuerte zielstrebig auf mein Arbeitszimmer zu. Sie trug verboten enge gelbe Shorts, ein weißes T-Shirt und Sandalen mit glitzernden Riemchen. Die Beziehung zu der energiegeladenen Flores schien ihr gut zu tun.

Gespannt trug ich wenig später einen duftenden Teller in mein Refugium. Audrey wich zur Seite, zog sich einen Hocker heran und machte sich über das Frühstück her. Ich fläzte mich in meinen Schreibtischstuhl.

»Die Datei oben rechts, Arty.«

Doppelklick. Eine Fanfare erklang, auf dem Bildschirm erschien ein blutroter Vorhang, der sich langsam öffnete.

»Was für eine pompöse Inszenierung«, kommentierte ich kopfschüttelnd. Grobe Pixel, die sich langsam zusammenzogen und zu einem gestochen scharfen Bild wurden. *La Moreneta,* die Kleine Braune, kein Zweifel. Gebannt starrte ich auf den Bildschirm.

Die Schwarze Madonna verblasste. Text blendete sich ein. Audrey schob ihren Teller beiseite und lehnte sich auf meine Schulter.

Herzlichen Glückwunsch, Campeador El Kid!
Sie haben die Ausschreibung »Unsere Heilige Mutter Kataloniens« gewonnen.
Wir akzeptieren ihr Gebot von insgesamt *dreizehn Millionen Euro*. Wie in der Ausschreibung niedergelegt, bitten wir Sie höflichst, die vereinbarte Summe auf das dort angegebene Nummernkonto in der Schweiz zu überweisen.
Sobald die Transaktion verbucht ist, teilen wir Ihnen den Übergabeort des Objektes mit.
Vielen Dank für Ihr Vertrauen.
Gez. El burro y el léon

»Der Esel und der Löwe?«, staunte ich. »El Cid?«

»Beides natürlich Pseudonyme.« Audrey biss in den letzten Toast. »Recht poetisch, das Ganze. El Cid hieß eigentlich Rodrigo Diaz de Vivar, ein kastilischer Ritter aus dem elften Jahrhundert, der jede Menge Mauren erschlagen hat. In vielen Regionen Spaniens ein Nationalheld.«

»Der Käufer sieht sich also als eine Art Held?«, vermutete ich. »Bei dem Löwen und dem Esel geht es um ein Gleichnis?«

»Knapp daneben.« Sie leerte das Glas Orangensaft in einem Zug. »Ist laut Wikipedia nur ein Märchen. Zumindest könnte man interpretieren, dass es sich um zwei Personen handelt, die den Verkauf inszeniert haben. Esel und Löwe.«

»Möglich.« Auf dem Bildschirm erschien wieder der Vorhang. Plötzlich begann dieser zu brennen, es knisterte tatsächlich im Lautsprecher, dann loderte das Feuer über den ganzen Monitor.

Ein dumpf klingender Glockenschlag. Ende der Show. »He, die Datei … ist weg!«

»Ganz schöner Firlefanz, was?« Audrey grinste schelmisch. »Keine Bange, ich habe vorab das Ding auf verschiedene Datenträger kopiert. Wir haben also noch ein Beweismittel in der Hand.«

Geschäftig stellte sie Teller, Glas und Kaffeetasse auf ein Tablett. Gemeinsam schlurften wir in die offene Küche. »Die Frage aller Fragen lautet: Was tun mit dieser Info?«

»Malachias wird wenig begeistert sein. Kein Hinweis auf den Übergabeort, keine Angaben zum Käufer, beziehungsweise Verkäufer.« Ich schnaufte tief durch. »Andererseits haben wir getan, was verlangt wurde. Soll doch sein Mittelsmann in Montserrat die nächste Mail abfangen.«

»Und dann kommt er wieder an und bedroht uns, wenn wir die neue Datei nicht öffnen?« Sie schüttelte angriffslustig den Kopf. »Das will mir nicht gefallen, Arty. Wenn er sich bei dir meldet, dann schnappe ich mir den Sack.«

»Wie damals, als wir Luisas Peiniger schachmatt gesetzt haben?« Ich erinnerte mich an die gruselige Begebenheit mit Steve Ford im Schatten der Dolmen von Romanya.

»Warum nicht, hat doch funktioniert.« Sie goss sich noch einen Kaffee ein. Ich bevorzugte morgens einen Earl Grey.

»Na gut, wir werden sehen, wann und wo mich der Eulenbruder kontaktiert. Lass mir eine Kopie der Datei da, womöglich sind wir dann raus aus der Nummer.« Die Hoffnung stirbt ja bekanntlich zuletzt. »Mal was anderes, Audrey. Du warst ja mit Luisa beim HNO-Arzt. Luisa soll ins MRT?«

»Nur wenn die Entzündung durch die Umschläge und Medikamente nicht weggeht, besorgter Papa«, versuchte sie mich zu beruhigen. »Warten wir einfach ab.«

»Ich bin nicht gut im Abwarten.«

»Ich weiß, Arty, aber wir können jetzt nichts anderes machen.« Sie legte mir eine Hand in den Nacken und zog meinen Kopf zu sich heran. Unsere Nasenspitzen berührten sich fast. »Wir kriegen das hin, Großer, du, ich, Alicia und Luisa. Wir sind eine Familie.«

»Was ist mit Flores?«, fragte ich augenzwinkernd.

»Ist natürlich mit an Bord. Sie ist ein Teil meines Lebens geworden – ein verdammt wichtiger Teil.« Ich bekam einen sanften Kuss auf die Wange. »Ich liebe sie total.«

»Was ist mit den ganzen Schwanzträgern, die du jahrelang ausprobiert hast?«, erinnerte ich sie anzüglich.

»Abgehakt. Waren eh alles Pfeifen.«

Ein weiterer Wagen fuhr über den Schotter. Luzifer und Joschi, neuerdings Verbündete, äugten neugierig aus dem Fenster. Türen schlugen zu, zwei Männer und eine Frau stiegen aus. Audrey und ich sahen uns erstaunt an.

»Robles schon wieder!«, stöhnte ich. »Dieser Inspektor ist wirklich schlimmer als eine Zecke.«

»Wen hat er da im Schlepptau?«

»Keine Ahnung, aber wir werden es jede Sekunde erfahren.« Schon läutete es an der Tür.

»Ich bitte um Entschuldigung für die frühe Störung. Sicher sind Sie bereits tief in ihre fiktive Welt eingetaucht.« Robles deutete ein winziges Lächeln an. »Aber besondere Umstände erfordern besondere Maßnahmen.«

»Sie sehen mich am Boden zerstört, Inspektor.«

»Ach, wirklich? Den Eindruck vermitteln Sie eigentlich nicht. Nun, wie dem auch sei. Ich darf Ihnen die Kuratorin des Klosters San Juan de la Peña vorstellen, Señora Alejandra Osorio, sowie den Abt des Klosters von Montserrat, Pater Gabriel Soler.« Schon aktivierte sich mein inneres Alarmsystem. Der freigiebige Abt vor meiner Casa! »Dürfen wir womöglich kurz hereinkommen, es wird schon recht heiß in der Sonne. Wir werden Sie auch nicht lange von Ihrer Arbeit fernhalten.«

»Wenn's denn sein muss.« Ich machte den Weg frei. »Gehen Sie bitte durch auf die Terrasse.«

»Oh, Miss Parker, wie schön, Sie auch einmal wiederzusehen.«

Sie sah die Besucher unverhohlen misstrauisch an. Diesen Blick hatte sie perfekt drauf. Kalt, sezierend, sodass man sich wie durchleuchtet vorkam.

»Machen Sie's kurz, *Commissario*, Arty und ich haben zu tun.« Wie immer machte sie sich einen Spaß daraus, diverse Titel für den Inspektor zu benutzen.

Soler bestätigte die Fotos aus dem Internet: groß, dürr, erstaunlich kleine Hände, eine viel zu große Nase und diese unselige riesige Metallbrille. Ein dünner Flaum war ihm als Kopfschmuck geblieben. Natürlich war der Mann ganz in Schwarz gewandet, zwar keine Kutte, aber maßgeschneiderte Hosen und ein schnittiges Jackett, darunter ein graues Hemd. Die Kuratorin hingegen war perfekt gestylt. Hellgrauer Hosenanzug, türkisfarbene Bluse, goldene Ohrringe, schwarze High Heels, die rotblonden Haare durch eine Spange gebändigt.

Audrey und ich setzten uns auf die Hollywood-Schaukel, die Besucher bekamen Stühle zugewiesen.

»Señor Crawley, in Ihrem Pool wurde ein toter Bruder aufgefunden«, eröffnete Soler das Gespräch mit verwirrend tiefem Bass. »Bruder Jorge war, wie seine beiden Mitstreiter, die unglücklicherweise zu Ihren Nachbarn wurden, leider vom Pfad der Tugend und Kontemplation abgekommen.« Der Abt verschränkte fromm die Finger.

Ich beugte mich vor. »Hören Sie, werter Oberbruder, ich bin Protestant, und wir Ketzer haben es nicht so mit ausschweifenden

Einleitungen.« Audrey nickte bekräftigend. »Kommen Sie bitte zur Sache.«

»Na schön.« Er ließ augenblicklich seine freundschaftliche Maske fallen. »Sie hatten Kontakt mit Bruder Malachias und …«

»Er mochte Alicias Apfelkuchen nicht«, unterbrach ich ihn.

»Wie bitte?« Schon hatte ich ihn aus der Fassung gebracht.

»Das ist leider Mister Crawleys Stil, Hochwürden«, half Robles. »Er nimmt nicht viele Dinge ernst. Bitte fahren Sie doch fort.«

Audrey und ich lächelten liebenswürdig.

»Wir müssen leider davon ausgehen, dass er und seine Bruderschaft etwas äußerst Wertvolles gestohlen haben«, nahm Soler den Faden wieder auf.

»Ein Objekt von unschätzbarer spiritueller Bedeutung«, ergänzte Alejandra Osorio. Ihre Stimme hatte einen warmen, einschmeichelnden Klang. Vorsicht war geboten. »Wir hoffen, dass Sie uns bei der Sicherstellung helfen können.« Ihr Blick spiegelte Hilflosigkeit und Demut wider. Eine wirklich perfekte Darbietung. »Wir wären Ihnen mehr als dankbar.«

»Was wurde denn gestohlen?«, fragte Audrey.

»Das sollte nicht so wichtig sein«, fuhr Soler direkt dazwischen.

»Oh, aber sicher ist das wichtig.« Sie schlug aufreizend langsam ein Bein über das andere. »Wir, die wir in Sünde leben, sind fasziniert von heiligen Reliquien, nicht wahr, Arty?«

Ich nickte brav.

»In Sünde?« Abt Soler schien sichtlich irritiert. »Wieso leben Sie denn in Sünde? Es gibt Schlimmeres als Protestanten.«

»Na ja, dieser Bestseller-Autor treibt es mit einer Witwe, die eigentlich in tiefer Trauer dahinvegetieren müsste, und ich schlafe mit einer Frau. Sünde genug für den Anfang?«

»Das ist … das hat ja nichts mit unserem Anliegen zu tun«, wand sich der Geistliche.

Die Kuratorin hingegen lachte herzlich. »Haben Sie vielleicht eine Ahnung, wo Malachias das Diebesgut versteckt haben könnte?«

Wie jetzt? Malachias hat die Madonna? Ich ließ mir meine Verwunderung nicht anmerken. »Ich habe nur ein paar belanglose Worte mit diesem Menschen gewechselt. Keine Ahnung. War's das?« Ich wollte die drei so schnell wie möglich loswerden. Ich konnte mir nicht vorstellen, dass der Abt bereit war, geheime Interna weiterzugeben.

»Sie haben ihn nach Ihrer … Apfelkuchen-Episode nicht mehr gesehen?« Hinter den dicken Brillengläsern funkelten wölfische Augen. Waren die etwa gelb? Nein, das war sicher nur Einbildung. »Señor Crawley?« Ich stellte mir den Kerl als Großinquisitor vor, Folterinstrumente im Gepäck. Das kennt man ja, glühende Hausschuhe, ein Streckbrett und diverse Zangen. »Jeder noch so winzige Hinweis ist wichtig.«

»Sind Sie schwerhörig?« Audrey gab perfekt den missverstandenen Racheengel. »Arthur weiß nichts, ich weiß sowieso nichts, der Rest unserer Familie ebenfalls nicht. Also, wenn es weiter nichts gibt, dann würden wir Sie bitten, jetzt zu gehen. Wir haben gleich ein Skype-Date mit unserem Verleger.«

Robles hatte den Disput aufmerksam verfolgt, sich aber jeglichen Kommentars enthalten. Ich konnte sehen, wie es hinter seiner Stirn arbeitete.

Die Kuratorin und der Abt erhoben sich. Ich registrierte verhaltenen Unmut bei dem Geistlichen und lässige Überheblichkeit bei ihr.

»Wir sehen uns sicher noch öfters«, verabschiedete sich Alejandra Osorio vieldeutig. »Man trifft nicht oft so interessante Menschen wie Sie, Señor Crawley. Ich freue mich schon auf den vierten Band der *Insel-Chroniken*. Ehrlich gesagt, kann ich es kaum erwarten. Wird Jack Amaia verlassen? Wird er sich erneut auf die Suche nach seiner großen Liebe Irina machen? Was ist mit ihrer gemeinsamen Tochter Meren? Sind die weißen Eroberer wirklich besiegt?« Sie lächelte wirklich bezaubernd. Anscheinend hatte sie alle drei Bände gelesen. »So viele offene Fragen. Machen Sie es gut, Arthur, *hasta luego*.«

Ein dunkelblauer BMW, verspiegelte Seitenscheiben, blitzende Radkappen, durchdrehende Reifen, eine Staubwolke hinter sich herziehend.

»Heilige Mutter Sonne, was war das denn?« Ich war regelrecht platt, sprachlos wie selten zuvor. »Die … haben die Kleine Braune gar nicht?«

»Entweder es gibt wirklich andere Drahtzieher im Hintergrund, also eine dritte Partei, oder …« Audrey sah dem Wagen hinterher, »oder das war gerade grandioses Theater. Was für ein durchtriebenes Luder, diese Alejandra! Hast du einen Weißwein kalt? Ist ja schon nach zehn.«

»Si, claro.«

»Wenn die drei Eulenbrüder doch Abtrünnige sind …«, überlegte sie. Ich öffnete die Flasche und goss großzügig ein. Die Gläser beschlugen wie gewünscht. Ich nickte zufrieden. Nichts ist schlimmer als warmer Weiß- oder Roséwein. Okay, warmes Bier geht natürlich auch nicht. »Warum kauft er ihnen dann die Russenvilla?«

»Sehr gute Frage«, stöhnte ich. Liebe Güte, der Wein war gut. »Da passt so Einiges nicht zusammen.«

»Ich glaube, das wird ein spannender Sommer, Arty.«

Das befürchtete ich allerdings auch.

Vor- und Nachteile eines Handys

We Will, We Will Rock You.

Das Handy – Alicia. »*Hola, mi ángel.*«

»Du, ich habe da eine ganz tolle Einladung bekommen.« Sie war ganz aufgeregt. »Von Batista Coreos, meinem eigentlichen Stammwinzer. Reyes hat wohl klein beigegeben, die Döner-Mafia scheint ihn mächtig beeindruckt zu haben. Er darf wieder liefern.«

»Wahrscheinlich will er einfach alle zehn Finger und seine Ohren behalten«, erwiderte ich begeistert. »Ich liebe es, wenn ein Plan funktioniert.«

»Jedenfalls sind wir beide am Wochenende auf sein Weingut in Pacs del Penedés eingeladen, sozusagen als Wiedergutmachung. Wir können die Weinberge und die Keller besichtigen, Zimmer und Verköstigung inklusive. Was sagst du?«

»Hört sich gut an. Ich hoffe nur, dass wir die Sache mit Malachias bis dahin vom Tisch haben. Ich werde natürlich erst mit Maria sprechen müssen, ehe du wieder bei Coreos bestellst. Sie hat uns den Hintern gerettet. Soll er ruhig ein bisschen zappeln, der Feigling.« Der Gedanke, ein Wochenende mit Alicia allein, mal außerhalb aller Pflichten rund um die Bäckerei verbringen zu können, war recht verlockend. »Sag einfach zu, das bekommen wir schon hin.«

»Bravo, ich liebe dich. Bis heute Abend. «

Buddy, You're A Boy, Make A Big Noise …

Mein Bürgermeister.

»Carles, was gibt es?« Eigentlich rief er nur an, wenn mal wieder etwas schieflief.

»Uns steht ein Streik ins Haus, Arthur.« Auch der *alcalde* war extrem aufgeregt. Immer, wenn etwas außer Kontrolle zu geraten drohte, kippte seine Stimmlage ins Schrille, gepaart mit einem weinerlichen Unterton. »Man stelle sich das vor – ein Streik!«

»Aha, wer will denn streiken?«, fragte ich, mäßig interessiert. Aber als Stadtrat konnte man nicht einfach die Ohren auf Durchzug schalten. »Ich hoffe doch, nicht die Müllabfuhr.«

»Was? Nein, viel schlimmer.« Er schnaufte herzerweichend. »Die Musiker.«

»Die Musiker?« Also, jetzt war ich doch perplex. »Welche Musiker denn?«

»Die *Cobla,* unser Sardana-Orchester!«

»Himmel aber auch.«

»Ja, nicht wahr. Eine absolute Katastrophe. In zwei Wochen soll die erste Fiesta auf dem Kirchplatz stattfinden. Das ganze Dorf kann es kaum noch erwarten.« Carles war vollkommen aus dem Häuschen. Ich konnte mir lebhaft vorstellen, wie das kleine Männchen jetzt verzweifelt um seinen voluminösen Schreibtisch herumtanzte. »Sie müssen helfen, Herr Stadtrat, bitte …«

Oje, das war herzergreifend. »Was wollen die Herrschaften denn? Ich vermute mal, mehr Geld.«

»Arthur, also wirklich! Sie leben doch schon eine Weile hier, da müssten Sie doch wissen, dass die Sardana eine Angelegenheit von nationaler Bedeutung ist, eine Frage der Ehre, nicht des Geldes.«

»Okay, was wollen die Musikanten denn dann?«

»Üben, dafür wollen sie zusätzliche Zeit.«

Ich schloss, jetzt doch reichlich genervt, die Augen. »Ich bitte untertänig um Aufklärung, Carles. Üben hört sich doch nicht verwerflich an.«

»Die *Cobla* besteht zu einhundert Prozent aus Angestellten der Gemeinde.«

»So? Ich sehe das Problem noch immer nicht«, gestand ich.

»Sie wollen während der Arbeitszeit proben.«

Jetzt hatte ich zumindest das Problem erkannt. »Und das geht nicht?«

»Was werden die anderen Bediensteten sagen? Das gibt böses Blut in der Belegschaft. In einem Büro wird gearbeitet, im anderen die Flöte gespielt.«

»Sind Sie sicher, dass es wirklich Ärger gibt, Carles? Wenn ich die letzten Fiestas mal Revue passieren lasse, dann vermute ich mal, dass das komplette Rathaus samt Familien am Start war.«

»Das könnte wohl sein«, gab er zu. »Aber wie hilft uns das?«

»Wir drucken schicke Handzettel, sinngemäß unter dem Motto: Unsere *Cobla* soll die Nummer Eins in Katalonien werden, damit erklären wir die zusätzlichen Übungsstunden. Wir holen die Menschen einfach mit an Bord. Sie werden nicht meckern, sondern stolz sein.«

Schweigen in der Leitung. Dann: »*Perfecto,* Arthur. Legen Sie mir den Entwurf für das Infoblatt gern auf den Schreibtisch. Ich sorge für den Druck und die Verteilung.« Ein wohlwollendes Grummeln. »Ich wusste doch, dass ich mich auf Sie verlassen kann. *Buenos dias*.«

Na bitte, Problem gelöst! Wenn sich doch alle Konflikte so leicht lösen ließen. Die Katzen beschwerten sich lautstark. Schon gleich siebzehn Uhr und noch immer kein Nachmittagssnack in den Schüsseln.

Everybody, We Will, We Will Rock You …

Das ging mir jetzt langsam auf den Keks. Ich beschloss spontan, mir einen neuen Klingelton zuzulegen, was Ruhiges, vielleicht *El Condor Pasa …*

»Haben Sie die Datei geöffnet?« Bruder Malachias, gehetzt, nervös.

»Haben wir, aber Sie werden enttäuscht sein.«

»Wieso das?« Misstrauisch, lauernd.

»Kein Hinweis auf den Übergabeort, zuerst muss die Summe bezahlt werden, dann erst gibt es die entsprechende Info.«

»*Maldito!*«, keuchte der Geistliche.

»Ach, und noch etwas, mein Guter. Ich hatte heute Morgen hoheitlichen Besuch. Der Abt von Montserrat und eine durchgestylte Kuratorin von einem Kloster San Juan de la Peña.«

»Alejandra Osorio, eine verabscheuungswürdige Metze.« Er atmete hektisch. »Das ist nicht gut. Sie ist eine Jägerin.«

»Nein, das ist ganz und gar nicht gut. Die beiden behaupten recht überzeugend, dass Sie und Ihre Bruderschaft *La Moreneta* gestohlen haben. Sie haben sich zwar geziert, die Madonna beim Namen zu nennen, aber es war recht eindeutig.«

»Das ist lächerlich, Señor Crawley, das müssen Sie mir glauben.« Plötzlich lag abgrundtiefe Resignation in seiner Stimme. »Sie jagen meine Brüder und mich schon eine Ewigkeit. Sie ertragen keine Konkurrenz, wenn es um die Kleine Braune geht. Die Amtskirche hat uns noch nie akzeptiert.«

»Wo steckt denn Ihr zweiter Mitstreiter?«

»Jaime? Im Eulennest.«

»Na, das ist ja beruhigend«, brummte ich ironisch. »Wenn Sie die Madonna nicht haben und der Abt auch nicht … wer hat sie dann?«

»Das weiß ich nicht.«

Ich glaubte ihm. »Hören Sie, Malachias. Ich möchte nur, dass Sie Ihre unsinnige Drohung meiner Familie und meinen Freunden gegenüber aufheben und vergessen.«

»Wir sind die Guten!«

»Ja, das mag durchaus sein. Ich schlage folgenden Deal vor: Sie bekommen von mir die entschlüsselte Datei, aber Vorsicht, die löst sich in Wohlgefallen auf, etwa fünf Minuten, nachdem sie geöffnet wurde. Falls es Ihnen gelingt, die nächste Mail ebenfalls abzufangen, werden wir versuchen, auch diese zu knacken, dafür nehmen Sie von jeglichen Drohungen uns gegenüber Abstand. Was halten Sie davon?«

»Und Sie werden uns nicht an die Jägerin verraten?« Er schien wirklich Respekt vor der vermeintlichen Kuratorin zu haben. »Ich kenne kaum einen Mann, der ihr nicht verfallen wäre.«

»Na, dann haben Sie jetzt einen kennengelernt.«

»Nun gut, der Herr wird uns leiten.«

»Und die Hohe Mutter aus meinen Büchern«, ergänzte ich. »Wie Sie wissen, sind dort die meisten Gottheiten weiblich.«

»Ich fing gerade an, Ihre Seele nicht vollkommen aufzugeben.«

»Nicht doch, das bekomme ich schon ganz allein hin.« Ich konnte ein Schmunzeln nicht unterdrücken. »Wo soll ich den Stick übergeben?«

»Keine persönliche Übergabe. Wer weiß, ob Sie nicht längst beobachtet werden.«

Mir wurde abwechselnd heiß und kalt. So weit hatte ich noch gar nicht gedacht.

»Fahren Sie durch die Mas Cabanes und nehmen die Straße hinauf nach Romanya. Achten Sie darauf, dass Ihnen niemand folgt. Nach etwa sechs Kilometern befindet sich auf der rechten Seite eine Einfahrt zu einem kleinen Friedhof.«

»Kenne ich.«

»Umso besser.« Ich hörte seine Finger knacken. »Auf dem Grab von Eustachio Mendez steht eine Grablaterne. Im Sockel ist ein kleines Fach. Dort deponieren Sie den USB-Stick.«

»Na schön.« Das konnte ich gleich noch schnell erledigen. Mehr als eine Stunde würde ich nicht benötigen. »Dann haben wir jetzt eine Übereinkunft?«

»Ich stimme zu. Niemand wird Ihnen oder Ihren Freunden etwas antun … jedenfalls niemand von der Bruderschaft der Eulen. Ich melde mich, wenn wir die zweite Botschaft haben.«

Wenigstens ein gewisser Fortschritt, redete ich mir ein. Alicia und alle anderen waren erstmal in Sicherheit, zumindest vor den Eulenbrüdern.

»Eines noch, werter Bruder. Wieso kauft der Abt die Casa für Ihren Verein, wenn er die Bruderschaft verdammt hat?«

»Hat er nicht, wir haben nur seinen Namen benutzt. Das schien uns sicherer zu sein. Dem Makler ist doch egal, woher die Kohle kommt. Wir müssen unsere Spuren seit jeher so gut wie möglich verwischen.«

»Na schön, hätten wir das geklärt.« Ich legte auf. Schon ging der Telefonterror weiter.

Sing It Out, We, Will, We Will Rock You …

»Noch ein weiterer Anruf und ich schmeiße das Ding in den Pool!«, schwor ich mir. Ich sah auf das Display. Eine unbekannte Nummer. Die Neugier siegte.

»Crawley.«

»Robles.« Auch das noch. Ich bereute zutiefst, das Gespräch angenommen zu haben. »Ich hoffe, ich störe nicht.«

»Und wenn es so wäre, legen Sie dann auf?«

»Sicher nicht«, kam auch sofort die Bestätigung.

»Rufen Sie jetzt stündlich an, wir haben uns doch gerade erst gesehen? Also bitte, wie kann ich die Welt retten?«, resignierte ich.

»Indem Sie mir die Wahrheit sagen, Señor Crawley.«

»Protestanten können keine katholischen Gedanken lesen, also erleuchten Sie mich. Worum geht es?«

»Heute Morgen haben Sie nicht die Wahrheit gesagt. Sie haben eventuell den Abt und diese Dame überzeugen können, aber mich nicht. Dazu kennen wir uns zu lange. Sie wissen mehr, als Sie zugegeben haben.«

»Sie machen mich fertig, Inspektor. Glauben Sie etwa, ich hätte etwas mit dem Mord an Bruder Jorge zu tun?

»Aber nein, diesmal sind Sie nicht der Mörder.«

»Wissen Sie denn überhaupt, um was es geht, welches Objekt gestohlen wurde?«, fragte ich geradeheraus.

»Nein, aber Sie, nehme ich an.«

»*La Moreneta*, die Schwarze Madonna von Montserrat.« Kunstpause. Erst mal wirken lassen. »Sie wurde gestohlen.«

»Um Gottes Willen!« Er war zutiefst erschüttert. »Das ist … schrecklich, undenkbar, unsere Schutzheilige. Sind Sie sicher?«

»Ziemlich.« Ich beschloss, meinen fast gleichaltrigen Kriminalisten einzuweihen. »Es gab wohl eine Internet-Auktion, vermutlich in diesem ominösen Darknet. Letztendlich hat ein Bieter für dreizehn Millionen den Zuschlag bekommen.«

»Euro?«, hechelte Robles.

»Nein, türkische Lira, es war ein Schnäppchen.« *Himmel, was muss der Kerl mich auch immer herausfordern?* »Natürlich Euro.«

»Das ist ein Desaster.«

»Aber es ist nur eine Statue«, versuchte ich ihn zu beruhigen. »Nicht mal besonders hübsch, wenn Sie mich fragen.«

»Das verstehen Sie nicht, Sie sind ein Zugereister. Wir müssen sie finden und an ihren angestammten Platz zurückbringen.«

»*Wir?* Ich habe mich wohl verhört. Ich will nichts mit diesem Raub zu tun haben.«

»Zu spät, Señor Crawley, zu spät. Die drei Mönche sind Ihre Nachbarn, einer davon schwimmt tot in Ihrem Pool. Malachias hat Sie offensichtlich kontaktiert. Woher wüssten Sie sonst so viele Details?« Ich konnte praktisch sein zufriedenes grimmiges Gesicht sehen. »Nein, mein Lieber, Sie stecken mitten drin in dieser Katastrophe. Wir werden uns treffen, und Sie bringen mich auf den neuesten Stand.«

»Nichts da. Wir klären das jetzt sofort, ich habe noch Termine.« Ich brachte Robles auf Ballhöhe. Er nötigte mir das Versprechen ab, ihn auch weiterhin zu informieren, aber immerhin konnte ich so ein weiteres Zusammentreffen mit dem bärbeißigen Ermittler verhindern.

Endlich schwieg dieser elende sprechende Knochen. Ich schwang mich in den Méhari und fuhr bergauf in Richtung Romanya, das kleine Dorf auf dem Gipfel des Berges. Ein Magnet für Touris, die den atemberaubenden Blick über die Ebene fotografieren wollten. Aber ich musste ja nur bis zu dem winzigen *cementerio*. Obwohl die Sonne noch recht hoch am Himmel stand, herrschte in dem von Pinien und hohen Hecken umsäumten Karree bereits Dämmerlicht vor. Hier gab es tatsächlich richtige Gräber, keine gemauerten Nischen, wie auf den zentralen Friedhöfen üblich. Sehr alte Grabsteine. Hie und da konnte ich noch Jahreszahlen entziffern. Ernesto Oriol, Geburtsdatum unleserlich, Neunzehnhundertzehn gestorben. Die Skulptur eines Engels, dessen Flügel abgebrochen waren, ein kleines Kindergrab, von Moos bedeckte, betende Hände auf bröckelndem Stein. Ich fröstelte, trotz der knapp dreißig Grad. Mir war, als würde das Licht schwinden, als würde es aufgesogen, von den alten Steinen verschluckt, um den Bewohnern der Gräber Licht und Wärme zuzuführen.

»Dies ist ein besonderer Ort«, flüsterte ich. Manchmal hilft es schon, eine schwer lastende Stille mit leisen Worten zu durchbrechen, auch wenn man der einzige Zuhörer ist. »Ich werde eure Ruhe nicht lange stören.« Es gab keinen Weg, die Gräber selbst waren in ihren Umrissen kaum noch zu erkennen, lediglich die

Steine wiesen aus, wer dort zur Ruhe gebettet war. Ich schaltete die Taschenlampe meines Handys ein – wenigstens hier konnte ich das Ding gut gebrauchen – und fand das von Malachias beschriebene Grab. Ich kniete mich auf den trockenen Boden vor der Lampe, öffnete das kleine Fach und legte den in einer Schutzhülle steckenden Stick hinein.

Am Ausgang rankten gelbe Rosen um den Rahmen eines verrosteten, längst aus den Angeln gehobenen Tors. Jemand hatte verschnörkelte Zeichen in das Metall geritzt. Ich wandte mich noch einmal um.

»Möge euch unsere Hohe Mutter beschützen, und ihre Schwester, Mutter Sonne, für alle Zeiten ein Licht in dunklen Zeiten spenden.« Ich kam mir ein wenig albern vor, aber wie es die Helden in meinen Büchern taten, legte ich die rechte Hand auf mein Herz und neigte den Kopf.

So sind ältere Männer – manchmal ein wenig wunderlich.

Die rote Flut

Alicia und ich waren auf der Rückfahrt von unserem verlängerten Wochenende. Batista Correos hatte sich wirklich überschlagen. Nun gut, er wollte schließlich Alicia als Kundin zurückgewinnen. Die Rückfahrt nutzten wir, um die berühmte Wein- und Cava-Straße des Penedès zu erkunden. Links und rechts der Straße Rebflächen und Kellereien. Wir kurvten durch Dörfer, Landgüter und Ortsteile mittelalterlichen Ursprungs. Mit dieser kurzen Reise erfüllten wir uns einen kleinen, schon eine geraume Weile gehegten Traum.

Im Kreisverkehr von Mont-Ras überholte uns ein Krankenwagen. Blaulicht, laute Sirenen. Ich fuhr Javiers Jeep halb in den Straßengraben.

»Bestimmt wieder jemand umgekippt, Kreislauf oder so«, vermutete ich. »Kein Wunder bei der Affenhitze. Dabei ist es erst Anfang Juli.«

Alicia nickte schläfrig. Der gestrige Abend war lang gewesen und hatte weinselig geendet. »Ich freue mich auf den Berg, Arthur, die Ruhe, den Wind und Luisa. Ich hoffe, es geht ihr besser.«

»Das hoffe ich auch.« Auf der Höhe von Pals donnerten gleich zwei Rettungswagen mit heulenden Sirenen an uns vorbei. »Na, da wird doch nichts Schlimmeres passiert sein«, argwöhnte ich.

Wir erreichten die Schnellstraße G-31. Von nun an ging es wesentlich zügiger voran. Auf der Gegenspur, von Platja D'Aro kommend, rauschten weitere wild blinkende Fahrzeuge Richtung Küste vorbei.

»Ich hätte eher Löschfahrzeuge erwartet, aber so viele Rettungswagen und Polizei …« Ich wurde immer unruhiger und dachte an Waldbrände, die in den vergangenen Jahren in der Region gewütet hatten.

»Vielleicht ist ein Schiff havariert.« Alicia hatte ihre Lethargie abgelegt. »So eine Kreuzfahrt-Dreckschleuder. Ich habe gelesen, dass bis zu sechstausend Personen an Bord sein können – und da sind die Besatzungsmitglieder nicht mal mitgezählt.«

»Bei dem ruhigen Wetter in der Badewanne Mittelmeer ein Schiffsunglück?« Das schien mir weniger realistisch.

»Man hat schon Katzen bellen hören.«

»So? Der Spruch klingt ja merkwürdig. Ich werde mal Joschi und Luzifer dazu befragen.« Wir erreichten unser Plateau, warfen unsere Taschen ins Schlafzimmer und gingen direkt auf die Terrasse. Von dort aus konnte man perfekt über die Bucht sehen.

Zu meiner großen Freude sah ich Luisa unten am Pool. Natürlich hatte sie einen Schlüssel.

»He, endlich seid ihr zurück. Wollte gerade die Katzen füttern. Kommt schnell, Leute, das müsst ihr gesehen haben.« Sie wedelte mit den Armen wie eine Schiffbrüchige, die um Hilfe fleht, mein Fernglas in der rechten Hand. Alicia und ich hasteten die Stufen hinab.

»Hi, ihr Turteltäubchen.« Wir umarmten uns, als wäre ich Monate lang weg gewesen.

»Was ist denn nur los, ganz Katalonien scheint in Aufruhr zu sein«, keuchte ich schwitzend. »Aber viel wichtiger, wie geht es dir?«

»So weit ganz gut. Aber sieh selbst.« Luisa drückte mir das Fernglas in die Hand.

Ich glaubte meinen Augen nicht trauen zu können. »Heilige Scheiße.«

»Was denn?«, fragte Alicia ungeduldig.

»Ist das etwa die erste der zehn biblischen Plagen?« Zutiefst erschüttert reichte ich das Glas weiter.

»*Madre Mia,* das Meer … ist rot. Aber Arthur, das wird doch kein Blut sein!« Alicias Stimme klang verdächtig schrill. »Oder?«

»Nein, es ist was anderes, ich hab's gerade im Radio gehört«, erklärte Luisa.

»Was denn?«, fragte Alicia geschockt.

»Quallen.«

»Quallen?«, echote ich mit großen Augen.

»Rote Quallen, *padre.*«

»Wahnsinn, so viele, das ist ja irre, das müssen riesige Schwärme sein«, stammelte ich verwirrt. »Warum die vielen Rettungswagen?«

»Die Hauptsaison hat begonnen. Hunderte Touris im Wasser.«

»Ah, Feuerquallen!«, folgerte ich scharfsinnig. Ich erinnerte mich an eine leidvolle Begebenheit in den achtziger Jahren, als ich in Tunesien das fragwürdige Vergnügen hatte, mit einem dieser Tierchen in Berührung zu kommen. Da, wo mich die Tentakel streiften, brannte die Haut höllisch. Die Rettung waren aufgeschnittene Tomaten, mit denen mich ein hilfsbereiter Tunesier einrieb. Die üblichen westlichen Salben versagten alle vollständig.

»Deshalb die vielen Krankenwagen, die Menschen haben im Zweifelsfall üble Verbrennungen erlitten.« Durch das Fernglas war ein unübersichtliches Gewusel am Strand zu erkennen, dazwischen die blau blinkenden Lichter der Rettungswagen.

»Verbrennungen, im Wasser?«, wunderte sich Luisa.

»Oh ja, meine Liebe, wünsch dir das nicht. Die mikroskopisch kleinen Harpunen der Nesselzellen durchdringen problemlos die menschliche Haut und lösen ein echt ätzendes Fieber aus. Es gab Fälle, da haben ganze Schwärme dieser Leuchtquallen hunderttausende Lachse ermordet.«

»Die armen Menschen …«, stöhnte Alicia.

»Normalerweise endet so eine Begegnung nicht tödlich.« Ich runzelte die Stirn. »Allerdings war es bei mir seinerzeit auch nur eins dieser Mistviecher.«

»Was kann man denn dagegen tun?«

Ich zuckte mit den Achseln. »Ich denke, die Sanitäter werden die betroffenen Stellen eben wie Verbrennungen behandeln.«

»Diese Quallen waren noch nie in unserer Bucht, jedenfalls kann ich mich nicht daran erinnern.« Alicia warf noch einen Blick durch das Okular. »Hohe Mutter, das müssen Tausende sein.«

»Das dürfte noch tiefgestapelt sein«, befürchtete ich.

»Komm, wir fahren runter, wir können vielleicht helfen.« Luisa sah mich auffordernd an. Ich nickte zustimmend. Ihre blauen

Augen leuchteten kräftig. Ich war beruhigt – ihr schien es gutzugehen.

»Okay, was ist mir dir, *ángel?*«

»Ich komme auch mit.«

Auf der Plaza de Meyor in Sant Antoni befand sich eines der beiden hastig eingerichteten Versorgungszentren der medizinischen Hilfskräfte. Ein weiteres großes Zelt war direkt am Strand von Platja D'Aro eingerichtet worden. Unzählige in Weiß und Grün gekleidete Sanitäter und Ärzte wuselten scheinbar unkoordiniert von einem Zelt zum anderen. Die Sonne brannte unbarmherzig von einem wolkenlosen Himmel. Nicht betroffene Touris ballerten die Speicherkarten ihrer Smartphones voll, anstatt zu helfen. Ein unglaublich korpulenter Osteuropäer drängte einen Sanitäter beiseite, der gerade einer jungen Frau in einem schrillen Neon-Bikini eine Salbe auf die grässlich rot gefärbten Schultern und Oberschenkel auftragen wollte.

»Hey, du warten, bis ich machen Foto«, verlangte der Kerl wahrhaftig. Der junge Sanitäter sah irritiert auf.

»Haben Sie ihr Gehirn ausgeschaltet oder in der Sonne weggebrutzelt?«, brüllte ich den aufdringlichen Touri wutentbrannt an.

»Hä, was denn?«

»Aus dem Weg, Arschloch, lassen Sie den Jungen seine Arbeit machen. Die Frau hat Schmerzen, das sehen Sie doch.« Ich rastete wirklich total aus.

»Ich will nur machen Bilder.«

»Verschwinde hinter deinem eisernen Vorhang, du Honk!«

»Was ist Honk?«

»Ein Vollidiot.«

»Ich hab' bezahlt für Urlaub«, maulte er in gebrochenem Englisch.

»Weg da, oder ich trete dir in die Eier!«, fuhr Luisa ihn harsch an. Dem Russki, oder was auch immer in seinem Pass stand, klappte die Kinnlade weg. Instinktiv trat er zur Seite. »Na bitte, geht doch. Jetzt schleich dich, du mieser Katastrophen-Touri.«

»Das ist mein Mädchen«, lobte ich sie.

Der osteuropäische Kleiderschrank trollte sich maulend und fluchend. Der Sanitäter nickte uns dankbar zu.

»Ist es so schlimm?«, fragte Alicia. »Wie können wir helfen?«

»Einige Fälle sind äußerst schwerwiegend.« Sanft trug der junge Mann eine blau schimmernde, wahrscheinlich kühlende Salbe auf. Die junge Frau seufzte erleichtert. »Ich bin Assistenzarzt im Hospital in Girona. So weit ich das beurteilen kann, schweben allein an diesem Strandabschnitt zwei Menschen in Lebensgefahr.«

»Wahnsinn, wie ist das möglich?« Alicia sah sich ratlos um. Es herrschte das nackte Chaos um uns herum.

»Ist abhängig davon, wie viele Hautpartien betroffen sind. Die aktuelle Hitze kommt natürlich erschwerend hinzu. Wenn Sie helfen wollen, organisieren Sie Wasser und Obst. Ich muss jetzt los ins Krankenhaus.«

Und schon war er weg. Aus dem Zelt klangen Schmerzensschreie und dumpfes Stöhnen, während sich am Strand hunderte Touristen tummelten, die gut gelaunt und aufgekratzt schwatzend Fotos von der Quallenplage schossen.

Zwei Hubschrauber donnerten im Tiefflug über die Bucht.

»Arthur!«

»Mareike.«

Die Chefin der Strandbar *Friends* winkte uns aufgeregt zu. »Bürgermeister Garcia sucht dich, er hat den Stadtrat einberufen«, rief sie.

»Etwa oben in Calonge?«

»Nein, bei mir im Lokal. Ich habe zugesperrt, ihr könnt das *Friends* als Hauptquartier nutzen.«

»Du bist einsame Spitze, Mareike.«

»Unsinn, wir müssen alle gemeinsam zusehen, dass wir das Chaos in den Griff bekommen. Vor allen Dingen müssen diese Mörderviecher verschwinden. Das ist eine Katastrophe, Arty.«

Zwei Krankenwagen heulten die Promenade entlang. Richtung Palamos, Figueras und Girona, wo sich die nächstgelegenen Krankenhäuser befanden.

»Geh nur, Luisa und ich werden sehen, was wir von Seiten der Geschäftsleute in Platja tun können«, schlug Alicia vor.

»Ist gut, passt auf euch auf, Mädels. Nicht vergessen, ich liebe euch beide. Lasst euch nicht von irgendwelchen Idioten provozieren.« Der Hinweis war eindeutig für Luisa bestimmt.

»Wie du befiehlst, großer Meister«, gab sie grinsend zurück. »Du bist unser Vorbild, aber wenn ich solche Vollpfosten wie den Balkanesen gerade erlebe, dann fällt es schwer, nicht auszurasten.«

Mareike und ich eilten über die zu einem halben Lazarett mutierte Promenade zu ihrem Lokal, dessen Sessel und Bänke von erschöpften Touris besetzt waren, die heute aber vergeblich auf ein kühles *Heineken* warteten. Durch einen Seiteneingang schlüpften wir in den abgedunkelten Schankraum.

»Arthur, dem Himmel sei Dank, da sind Sie ja endlich.« Der Bürgermeister hob verzweifelt die Arme gen Himmel. Zwei völlig orientierungslose Gesichter sahen mich erleichtert an. »Es ist eine furchtbare Katastrophe.«

»Ja, das ist es«, bekräftigte Belinda Osario, die Friseurmeisterin der Region. Ihr sonst so perfektes Make Up war verschmiert. Die blonde Grazie hatte geweint. Das blaue Stirnband war verrutscht, hing halb über ihrem rechten Ohr.

»Was sollen wir nur tun?«, jammerte Garcia händeringend.

Mareike reichte ein Tablett mit altem Genever. »Dünenwasser aus Callantsoog. Jetzt beruhigen wir uns alle, und dann überlegen wir gemeinsam, wie wir aus diesem Schlamassel herauskommen.«

Gegen Mitternacht löste sich das Chaos endlich auf. Die nur leicht Betroffenen kehrten in ihre Hotels und Ferienhäuser zurück, die mittelschwer von den Quallen verunstalteten Opfer wurden aus den Krankenhäusern entlassen. Drei Personen allerdings schwebten auf der Intensivstation in Girona immer noch in Lebensgefahr.

Müde und zerschlagen kehrten auch Alicia und Luisa im *Friends* ein. Die Diskussion im Kreis des Stadtrates war, wie von mir erwartet, fruchtlos geblieben. Die Angst vor landesweiter Berichterstattung ging um und, noch viel mehr, der Horror vor den Meldungen im Ausland.

»Das ist genauso schlimm, als würde der weiße Hai unsere Bucht heimsuchen«, zeterte Garcia. »Wir sind vom Tourismus so abhängig wie ein Diabetiker vom Insulin.«

»Welche verwunschene Strömung mag diese verdammten Glibberviecher hierher getrieben haben?«, stöhnte ich müde.

»Frag doch unseren Freund, Vater Emmanuel.« Luisa sah mich kampflustig an. Der ehemalige Dorfpriester hatte im letzten Jahr ohne Gewissensbisse Alicias sämtliche Beichtgeheimnisse an ihren gewalttätigen Ehemann weitergegeben.

»Was, der verbohrte Scheinheilige ist hier?« Ich mochte es kaum glauben.

»Und wie! Er hat sich eine Apfelsinenkiste unter seinen verlogenen Hintern geschoben und predigt vom Weltuntergang.« Luisa schüttelte den Kopf.

»Und ich dachte, es könnte nicht schlimmer werden«, grollte ich. »Sollte er nicht in einem Kloster vor sich hin schimmeln?«

»Es geht immer noch schlimmer«, prophezeite der *alcalde* düster.

»Seien Sie doch still, Carles«, wies ihn Alicia zurecht. »Denken Sie an die armen Menschen, die unter dieser Plage zu leiden haben. Einige kämpfen noch um ihr Leben, das stelle man sich mal vor.«

»Wenn das in den Medien rund um unseren Planeten rauscht, sind wir am Arsch«, stellte Belinda nüchtern fest. »Wir alle.«

»Das darf nicht geschehen!«, kreischte Garcia und sprang auf. »Wir müssen eine Pressemitteilung aufsetzen und die Sache herunterspielen. Dazu sind Sie als Schreiber geradezu prädestiniert, Arthur.«

»Ach, wirklich? Und was soll ich Ihrer Meinung nach verkünden? *Kommt ruhig nach Calonge und nach Platja, Leute, hier könnt ihr zwar nicht ins Wasser gehen, weil ihr sonst verätzt werdet, aber sonst ist alles prima?*«

»Ohne die Touristen können wir nicht überleben, das steht jedenfalls fest.«

»Tote Touris sind auch keine gute Werbung«, sprang Luisa mir bei. »Rot aufgequollene Leichen machen sich so schlecht in Werbeprospekten.«

»Schon deine Stimme, Kleines, du klingst schon wieder reichlich angegriffen.«

»Geht schon. Ich brauche noch so einen Genever.«

»Du brauchst Ruhe«, war mein Befund.

»Und einen Genever.«

»Meinetwegen.«

»Ich gebe noch ’ne Runde aus«, seufzte Mareike. »Was soll’s, wo wir eh bald alle am Hungertuch nagen.«

»Mein Reden«, bekräftigte mein Bürgermeister geschlagen.

»Ach, Carles, was wir jetzt brauchen, ist Optimismus«, schimpfte ich. »Mit Ihrer Schwarzseherei kommen wir nicht weiter.«

»Sie haben gut reden, Sie leben vom Schreiben …«

»Das war ein langer und schrecklicher Tag.« Alicia lehnte sich erschöpft an mich. »Gehen wir alle nach Hause und versuchen zu schlafen. Morgen früh wird die Sonne wieder aufgehen, dann wird uns etwas einfallen.«

~

Am nächsten Morgen erwachte ich mit Blei in den Knochen und stiefelte leise, um Alicia nicht zu wecken, hinunter an den Pool, natürlich mit meinem Fernglas bewaffnet. Ich traute meinen Augen nicht – das Mittelmeer leuchtete einladend in allen Schattierungen von Grün bis Blau. Die Quallen waren weg!

~

»Ich danke unserem Herrn im Himmel, Gott hat unser Flehen erhört und die Plage von uns genommen.« Carles Gonzales Garcia strahlte über sein ganzes unrasiertes Mäusegesicht.

Ich konnte seine wilde Begeisterung nicht teilen, schließlich hatten sich die Biester sicher nicht über Nacht in Luft aufgelöst. »Und der Herr sprach zu Mose: Sage Aaron: Strecke deine Hand aus mit deinem Stabe über die Ströme, Kanäle und Sümpfe und lass Frösche über Ägyptenland kommen. Und Aaron reckte seine Hand aus über die Wasser in Ägypten, und es kamen Frösche herauf, so dass Ägyptenland bedeckt wurde.«

»Aha, Sie wollen mir zeigen, wie bibelfest Sie sind, Arthur?« Nichts schien seine gute Laune erschüttern zu können.

»Nö, ich warne nur vor allzu schneller Euphorie. Die Zeit der Wunder ist längst vergangen.«

»Sie sind wohl einfach weitergezogen«, vermutete Garcia aufgekratzt. Er schien gar nicht geschlafen zu haben, wirkte wie ein Springteufel, den man aus seiner Box entlassen hatte.

»Hauptsache, sie sind nicht mehr in unserer Bucht, oder wie, Carles?«

»Was gehen uns Sant Feliu oder Tossa de Mar an?«, fragte er heiter.

»Das ist verdammt kurzsichtig«, schimpfte ich.

»Die Seuche ist weg, alles wird gut.« Er rieb sich die Hände.

»So einfach ist das aber nicht.«

»Oh doch, Arthur, so einfach ist das. Wir werden eine Fiesta organisieren, auf Kosten der Stadtverwaltung, und die Touris wieder fröhlich stimmen.«

»Das wird schwierig werden, mit verätzten Hautpartien feiert man ungern.«

»Papperlapapp, der Mensch vergisst schneller, als man denkt. Sie werden sehen, mein lieber Herr Stadtrat, wenn Wein und Bier in Strömen fließen und die *Botifarras* auf dem Grill brutzeln, dann ist die Sache schnell vergessen.«

»Sie sind ein verdammtes Schlitzohr, Carles.« Ich konnte ihn zwar verstehen, aber seine Einstellung nicht gutheißen.

»Deshalb werde ich auch immer wiedergewählt«, gab er grinsend zurück. Für ihn schien das Problem gelöst zu sein. Das Telefon schrillte. Er nahm den Hörer ab, seine Stirn legte sich in besorgte Falten. »Ah, gut, soll reinkommen.« Er legte auf. »Ein Mensch vom Institut für Meeresforschung aus Barcelona.«

Ein sportlich durchtrainierter, ekelhaft gutaussehender Mitdreißiger betrat das Büro des Bürgermeisters.

»Dr. Adrian Velasquez, Leiter der Forschungsabteilung des meeresbiologischen Institutes in Barcelona. Guten Tag, meine Herren.«

Garcia stellte uns distanziert vor, ihm schwante offenbar Ungemach.

»Was führt Sie hierher, Señor Velasquez?«, fragte ich.

»Die Quallen natürlich.« Seine Stimme war leicht amüsiert.

»Nun ja.« Garcia klatschte freudig in die Hände. »Sie sind fort.«

»Das ist leider ein Irrtum, sie sind nicht fort, sondern nur ein Stück weit aufs Meer hinausgetrieben worden.«

»Sie könnten also jederzeit wieder die Küste heimsuchen«, stellte ich fest.

»So ist es. Deshalb bin ich hier, um mit der örtlichen Administration die notwendigen Maßnahmen zu koordinieren.«

»Was für Maßnahmen?«, brummte Garcia mürrisch.

»Zunächst einmal die Sperrung der Strände.«

»Kommt nicht in Frage, das können Sie vergessen. Wollen Sie uns ruinieren?« Der Bürgermeister bekam einen hochroten Kopf.

»Señor Garcia, es besteht akute Lebensgefahr.« Velasquez schüttelte ungläubig seinen Kopf. »Ich habe bereits die zuständigen *Comisionados* der *Policia Municipal* von Roses bis hinauf nach Blanes zu einer Konferenz geladen.«

»Das werden wohl kaum die Ordnungshüter entscheiden«, blaffte Garcia geschockt.

»Sie haben recht, Herr Bürgermeister. Die Entscheidungshoheit liegt bei mir.« Die Haltung des Meeresbiologen war eindeutig. »Die Strände werden bis auf weiteres gesperrt.«

»Arthur, so sagen Sie doch was«, jammerte Garcia.

»Der Mann hat Recht, Carles, es ist zu gefährlich. Wenn der Schwarm wieder in die Bucht gelangt …«

Das Telefon klingelte erneut. Mit hängenden Schultern griff er nach dem Hörer. Sein blasses Gesicht wurde noch um eine Nuance fahler. Mit zitternden Händen legte er auf. »Nun bricht alles zusammen.«

»Was ist denn los?« Ich ahnte bereits eine weitere Katastrophe.

»Das war die Klinik in Girona. Einer der drei Patienten, ein älterer Mann, ist gerade verstorben.«

»Nun werden wir wohl nicht weiter diskutieren müssen.« Velasquez nickte ernst. »Alle Strände werden auf der Stelle geschlossen. Wir warten keine weitere Stunde mehr ab. Wenn der Wind dreht, treibt der Schwarm erneut in die Buchten.«

Geschlagen sackte Garcia auf seinem Schreibtischstuhl zusammen. Der gesamte Küstenabschnitt von Rosas bis nach Blanes wurde gesperrt.

Eulen und andere Nachtschwärmer

Gerade hatte ich meinen Astralkörper an den durchgesessenen Sitz meines Mehári angepasst, als sich das Handy meldete. Ich hatte mich dann doch für *Samba Pa Ti* von Santana als neuen Klingelton entschieden. Es war Sergios nervös klingende Stimme am anderen Ende.

»Arthur, hast du kurz Zeit?« So aufgeregt kannte ich den Patron des *Samal* gar nicht.

»Sicher, ich bin sowieso gerade im Dorf. Bist du im Restaurant?«

»Bin ich.«

Keine fünf Minuten später saßen wir uns auf der Terrasse meines Lieblingslokals gegenüber. »Ich hatte heute Morgen unangekündigten Besuch.« Sergio drückte mir einen USB-Stick in die Hand.

»Lass mich raten … Bruder Malachias«, folgerte ich.

»Ganz recht. Ich soll dir den Stick übergeben, du wüsstest schon, was zu tun ist.«

»Als gäbe es nicht schon genug Horror um uns herum.«

Das alles wurde mir langsam zu viel. Die geklaute Madonna, die Eulenbrüder, die verdammten Quallen und Luisas Stimme, die mir mächtig Sorgen bereitete.

»Der Typ ist gar nicht so übel.« Sergio mixte einen Pastis für uns, allerdings mit hoher Verdünnung, immerhin ging es gerade erst auf elf Uhr zu. »Hat mir die Sache mit *La Moreneta* und seinem Bund erklärt. Das kommt mir nicht falsch vor, muss ich ehrlich zugeben. Dann kam aber der Hammer.«

Wir stießen an. Die Eiswürfel klimperten fröhlich in den Gläsern. Der Geschmack von feinem Anis breitete sich in Mund und Nase aus. »

Ob ich mir vorstellen könnte, der Bruderschaft beizutreten.«

Fast hätte ich laut losgeprustet. »Du? Ein königstreuer Kastellan im Orden der Eulen?« Nun konnte ich mir ein breites Grinsen doch nicht verkneifen. »Die Jungs sind aber schlecht informiert. Du bist nicht mal ein Katalane.«

»Na, hör mal, ich bin eben eine Respektperson«, erwiderte Sergio, nicht minder belustigt. »Das zählt.«

»Sicher, nicht zu vergessen, ein Fan von Real Madrid. Mein Lieber, das kommt einer Todsünde gleich, das weißt du wohl.«

»Ich stehe halt zu meiner Überzeugung, man wechselt den Verein nicht wie ausgeleierte Unterhosen«, verteidigte er sich.

»Schon gut, bei mir ist dein Geheimnis sicher.« Ich steckte den Stick ein. »Ich fahre runter nach Platja. Mal sehen, ob Audrey die Datei knacken kann.«

»Es geht um die Übergabe der Kleinen Braunen?«, vermutete Sergio.

»Sieht so aus. Hoffentlich sind die Quallen nicht zurück.«

»Den ganzen Morgen über reisen die Leute schon ab.« Seine düstere Miene sprach Bände. »Wenn das so weitergeht, ist der Berg bald verlassen.« Ganz klar, auch für das *Samal* schrillten die Alarmglocken.

Die Gleichung war simpel: keine Touris + keine Gäste = keine Kohle.

»Du sollst die Botschaft übrigens wieder am selben Ort wie beim ersten Mal ablegen.«

Ich bekam eine Gänsehaut, als ich an den verwunschenen Friedhof dachte.

»Ist ja cool, so ein Hubschrauberflug.« Luisa war total begeistert, sowohl von dem Flugerlebnis als auch von Dr. Velasquez, wie es schien. Nun ja, der Bursche sah einfach verboten gut aus und schien dazu auch noch ein netter Kerl zu sein, aufmerksam und kein bisschen überheblich.

Carles hatte mich kurzerhand zum Bevollmächtigten in Sachen »Quallenseuche« ernannt, und so kamen wir in den Genuss dieses Helikopterfluges, auf der Suche nach den vermaledeiten Medusen, derweil Audrey sich sofort an die Arbeit gemacht hatte, um die Datei aus Montserrat zu entschlüsseln.

»Da!« Adrian deutete auf einen größer werdenden roten Fleck. »Der Schwarm ist zusammengeblieben.«

»Treibt er wieder auf die Küste zu?«, fragte ich alarmiert.

»Derzeit nicht, es geht weiter südwärts, aber in gehörigem Abstand.« Der Biologe atmete tief durch. »Das verschafft uns eine Verschnaufpause.«

Luisa nickte ernst. »Jetzt sogar ein Todesopfer. Ein Wunder, dass sich die internationale Presse noch nicht auf den Fall stürzt.«

»Es gibt noch genug andere Brandherde, die im Moment mehr hergeben.« Ich beobachtete die wallende rote Masse durch mein Fernglas. Schrecklich, wie in einem schlechten Horrorstreifen.

Der Angriff der Killertomaten, erinnerte ich mich an einen Streifen aus den Siebzigern.

»Da haben Sie Recht, Señor Crawley. Ist schon eine verrückte Welt.« Adrian lächelte gewinnend. »Ich muss gestehen, dass ich Ihre Bücher nicht kenne.«

»Ein großer Fehler«, bemerkte Luisa schmunzelnd. »Mein Vater ist klasse.«

»Vielleicht gewähren Sie mir eine kleine Einführung in die Materie, Luisa?« Ein charmantes Lächeln.

»Oh, sehr gerne.«

Also doch, da bahnte sich was an. Meine Tochter bekam rote Ohren.

»Wir müssen die Bewegungen des Schwarms unbedingt im Auge behalten. Leider sehen wir nur, was sich direkt unterhalb der Wasseroberfläche abspielt«, erklärte Adrian. »Diese Wanderpopulationen können sich noch in einer Tiefe von bis zu zwanzig Metern fortbewegen. Das bekommen wir aus der Luft natürlich nicht mit.

Es gibt zwei Hauptarten, die Leuchtqualle und die gelbe Haarqualle. Hier haben wir es mit letzterer zu tun. Im Volksmund bezeichnet man sie auch als Löwenqualle, das kommt von den Nesseln, die an eine Löwenmähne erinnern. Sie sind farbintensiver als die Leuchtquallen. Im Sonnenlicht schimmern sie rot, wie unschwer zu erkennen ist.«

»Was tun die hier?«

»Gute Frage, Luisa. Normalerweise sind es pelagische Tiere, das heißt, sie leben freischwimmend im offenen Wasser. Diese Gattung kommt im Mittelmeer nicht vor, sondern im Atlantik und in der Nord- und Ostsee. Das Mittelmeer ist eigentlich zu warm für diese Tiere, außerdem treten sie normalerweise nicht in Schwärmen auf.«

»Rätsel über Rätsel«, murmelte ich. »Im Zweifelsfalle ist der Klimawandel schuld.«

»Ich werde ein paar einfangen lassen, um sie zu untersuchen.« Der Meeresbiologie wirkte ein wenig ratlos.

»Und was dann? Wie werden wir diese Geißel der Strände wieder los?«

»Tja.« Er fuhr fahrig durch sein gewelltes Haar. »Da habe ich noch keine wirklich praktikable Idee. Womöglich sind es bislang unbekannte Mutationen.«

»Können wir sie abfackeln?«, fragte Luisa forsch.

»Wie bitte?« Der Forscher machte große Augen. »Wie ist das gemeint?«

»Na, ganz einfach. Wir kippen Benzin über die Quallen, werfen ein Streichholz in die See und Ende der Durchsage.«

»Olala, Sie möchte ich nicht zum Feind haben. Aber das ist leider keine Lösung. Erstens widerstrebt es mir, Lebewesen grundlos auszulöschen …«

»Ein Toter, zwei schwer Verletzte, plus X«, hielt sie dagegen.

»Okay, so ganz grundlos wäre es also nicht, aber das wird nicht funktionieren. Wir würden nur einen kleinen Teil der Population erwischen, nämlich die an der Oberfläche schwimmenden, zusätzlich verseuchen wir einen ganzen Küstenabschnitt, dann kommen auch keine Touristen mehr. Das ist leider keine Lösung.«

»Schade.« Jeanne D'Arc gab sich geschlagen.

»Warten wir die Untersuchungen ab«, schlug der Forscher vor.

»Jeder Tag, an dem wir die Strände gesperrt halten müssen, kostet die betroffenen Gemeinden Unsummen, Doktor«, gab ich zu bedenken. »Die ganze Region ist zu achtzig Prozent vom Tourismus abhängig. Es wird Existenzen kosten, wenn dieser Zustand länger andauert. Wir müssen uns schnell etwas einfallen lassen.«

Hospital De Animales, die Tierklinik von Flores. Luisa war in der Bäckerei geblieben, um zusammen mit Alicia die Monatsabrechnung und neue Bestellungen vorzubereiten. Meine Agentin empfing mich mit den üblichen Küssen und einem Bogen Papier.

»War diesmal nur einfach verschlüsselt, aber …« Audrey kniff das linke Auge zu. »Sieh einfach selbst, *el autor.*«

Ich warf einen Blick auf den handgeschriebenen Bogen. Sie hatte sich die Mühe gemacht, die Botschaft aufzuschreiben.

»Nee, oder?«, entfuhr es mir ungläubig. »Was soll das sein?«

»Ein Rätsel, großer Meister der fantastischen Literatur. Schlicht, aber ergreifend ein Rätsel, das es zu lösen gilt.«

El Kid,
vielen Dank für die schnelle Begleichung der Rechnung.
Hier nun der Hinweis für den Übergabeort.

Der Herr nimmt, der Herr gibt!
So du gegeben hast,
Sollst du bekommen, was du begehrst.
Du findest La Moreneta an dem Platz aller Plätze,
Angestammt seit mehr als tausend Jahren,
Verborgen vor den Blicken Unwürdiger,
Und doch für jeden sichtbar, der sehen kann.
Es war uns eine ganz besondere Freude …
Gez. El burro y el léon

»Soll das etwa heißen, die Madonna ist zurück in Montserrat?« In meinem Kopf spielten die Gedanken *Fang den Hut.* »Das glaube ich nicht.«

»Natürlich nicht«, bekräftigte Audrey. »Das wäre ja idiotisch, dann hätten sie doch gar keinen Austausch vornehmen müssen.«

Sie schüttelte energisch den Kopf. »Es muss eine andere Bedeutung haben. Wer könnte uns helfen? Vielleicht ein Historiker, der auf katalanische Geschichte spezialisiert ist?«

»Wäre eine gute Idee.« Ich schloss die Augen. *Verborgen, aber doch für alle sichtbar, die sehen können …* »Sehr viel Zeit wird uns, beziehungsweise den Eulenbrüdern, nicht bleiben, fürchte ich. Der Käufer wird wohl wissen, wo die Kleine Braune zu finden ist.«

»Sehe ich auch so.«

»Himmel, Audrey, wir kämpfen an zu vielen Fronten. Das kann nicht gutgehen.« Ich neigte keinesfalls zur Resignation, aber man musste Prioritäten setzen. »Luisa und die beschissenen Quallen gehen vor. Ich mache meine Hausaufgaben, und dann ist *La Moreneta* für mich Geschichte.«

»Was ist mit Robles?«, hakte sie nach.

»Mein neuer bester Freund? Den werde ich auch informieren. Ich bin schließlich ein gesetzestreuer Bürger.«

In einem Aquarium, etwa drei Meter breit, einen Meter hoch, trieb eine *Cyanea Capillata*, eine gelbe Haarqualle.

»Der Schirm kann bis zu einem Meter im Durchmesser erreichen«, erklärte Adrian Velasquez eifrig. »Diese Tiere ernähren sich hauptsächlich von Plankton und kleinem Krebsgetier. Sie lassen sich einfach zu Boden sinken und fangen so ihre Opfer ein.«

»Sie setzen sich mit ihrem Hintern auf die Beute«, übersetzte Luisa für mich. Adrian grinste belustigt. »Eine effektive Methode.«

»Okay, jetzt passen Sie gut auf. Was nun kommt, ist ungewöhnlich.« Er ging mit einem Kescher durch ein zweites Becken, in dem sich blassgelbe Fische tummelten. »Das ist eine Goldsardine, voll ausgewachsen, gut zwanzig Zentimeter lang.«

»Die schmecken gut«, meinte ich trocken.

»Mag sein, ich esse keinen Fisch, aber das ist nebensächlich, Señor Crawley.« Er entließ die Sardine in das weitaus größere Becken mit der Qualle. Der Fisch schwamm neugierig um das leuchtende Gebilde herum. Kaum geriet er in Reichweite, schossen Tentakel hervor und streiften die Sardine, die wie verrückt zuckte.

»Heilige Scheiße«, flüsterte Luisa.

»Bis zu einhundertfünfzig Randtentakel«, erläuterte Adrian nüchtern. Immer wieder wurde die Sardine penetriert, bis letztendlich keine Reaktion mehr erfolgte. »Nun ist sie gelähmt.« Der Medusenschirm kontrahierte, die Qualle brachte sich in Position. Die Sardine sank langsam auf den Boden, die jetzt feuerrote Angreiferin senkte sich majestätisch auf den Fisch herab.

»Bei lebendigem Leib verbrannt«, keuchte Luisa.

»So ähnlich jedenfalls. Aber so ist die Natur, fressen und gefressen werden, das eigentliche Momentum ist aber ein ganz anderes.« Wir sahen den jungen Akademiker ratlos an. »Diese Sardine ist viel zu groß. Die Meduse müsste sich in den äußersten Winkel des Beckens zurückziehen, um der vermeintlichen Bedrohung zu entgehen. Eine Schutzfunktion, die hier nicht zum Tragen kommt. Dieses Exemplar aber geht sofort in die Offensive.«

»Echt ätzend.«

»Im wahrsten Sinne des Wortes, Luisa.«

»Ich beginne diese Viecher zu hassen. Ein Wunder, dass nicht mehr Menschen gestorben sind.« Sie nahm meine Hand. Wie schön. Es sind die kleinen Gesten, die das Leben lebenswert machen.

Nackte Verzweiflung

»Was soll aus uns allen werden, wenn das Problem nicht gelöst werden kann und die Strände weiterhin gesperrt bleiben?« Alicia suchte Schutz an meiner Schulter. Die Schaukel wippte leicht im Sommerwind. »Die ersten Touris sind bereits vorzeitig abgereist, in den Hotels und Agenturen für die Ferienhäuser hagelt es Stornierungen, und die Saison ist noch nicht mal halb rum.«

»Wenn ich doch nur eine Idee hätte«, seufzte ich. Ich hasste die Ohnmacht, nichts tun zu können. Manita sprang zu uns auf die Schaukel und rollte sich behaglich an Alicias Seite ein. »Es ist schrecklich, so hilflos zu sein.«

»Wo steckt eigentlich unsere Tochter?«, fragte Alicia.

»Ich befürchte mal, bei diesem Fischkundler.«

»Da spricht der eifersüchtige Vater. Dr. Velasquez ist doch ein respektabler Umgang, findest du nicht?«

»Ja, schon, aber überleg mal, was sie alles durchmachen musste, außerdem ist Luisa noch so jung.« Ein ziemlich fadenscheiniges Argument.

»Vierundzwanzig, zu jung wofür?«, spottete Alicia gutmütig.

»Schon gut, zieh mich ruhig auf. Ich hab's verdient«, lenkte ich ein.

»Ach, es ist ja süß, wie du dich sorgst, aber …« Ein Wagen fuhr vor. »Javier, Mareike und Sergio.«

Schnell schoben wir die Sonnenliegen zusammen. Unsere Freunde trugen ernste Mienen zur Schau. Ich kredenzte eine Flasche trockenen Riesling.

»Wie schlimm ist es?«, fragte Alicia.

Es war der vierte Tag, an dem die Strände gesperrt blieben. Die Einsatzzentrale in Figueras verbot nicht den Sprung in die kühlen Fluten, sondern grundsätzlich den Besuch der feinen Sandstrände und Buchten bis hinauf nach Blanes. Damit waren auch die Touristenhochburgen Tossa, Malgrat, Santa Susanna und Lloret de Mar betroffen.

»Gestern Abend nur noch der halbe sonst übliche Umsatz«, stöhnte Mareike.

»Da kannst du dich noch freuen, im *Samal* war gar nichts los.« Javier leerte sein Glas in einem Zug.

»Wie lange könnt ihr das durchhalten?«, fragte ich mitfühlend.

»Wenn der Rest der Saison ausfällt, dann gute Nacht, Freunde«, bilanzierte er trocken.

»Bei mir sieht's etwas besser aus.« Mareike zupfte an ihrem blonden Zopf. Ich schenkte nach. »Die letzten Jahre waren ziemlich gut, wir haben uns ein ordentliches Polster geschaffen, aber die nächste Saison muss wieder laufen.«

»Du und deine holländischen Schweinereien«, seufzte Sergio. »An der Hauptstraße ist zu viel Konkurrenz. Was soll ich meinen Leuten sagen? *Geht nach Hause, ich habe keinen Job mehr für euch?*«

»Das ist fatal.«

»Allerdings, Arthur. Wir können den Super-GAU nur noch halbwegs abwenden, wenn wir möglichst morgen schon Entwarnung geben können.« Der Patron des *Cactus* sah mich hoffnungsvoll an.

»Das steht in den Sternen, Javier, damit würde ich nicht rechnen.«, musste ich ihn enttäuschen. »Doktor Velasquez wird die Strände keinesfalls freigeben, auch wenn die Mistviecher zurzeit weit draußen treiben.«

»Verdammte Brut, die Hölle soll sich auftun und diese roten Teufel verschlingen.« Sergio schnaubte wie ein aufgestachelter Stier.

»Auch auf die Option würde ich nicht pokern.«

»Was ist mit der Gemeinde? Könnt ihr uns irgendwie helfen, Herr Stadtrat?«, fragte Mareike.

»Ich werde vorschlagen, für alle betroffenen Einzelhändler Strom- und Wasserkosten zu übernehmen«, stellte ich in Aussicht.

»Da wird unserer Herr Bürgermeister aber begeistert sein«, scherzte Mareike ironisch. »Carles, der alte Knauser.«

Alicia reichte Sandwiches und Käsewürfel. Es ging auf zehn Uhr zu. Die Sonne war längst hinter den Bergen verschwunden. Die Katzen hielten eine Parade ab, wohl in der Hoffnung, die eine oder andere milde Gabe zu ergattern.

»Ein Wunder«, meinte Alicia nach einer Weile des stillen Genießens. »Was wir brauchen, ist ein Wunder.«

»Oder eine geniale Idee«, ergänzte ich resignierend. Ich hatte jedenfalls keine parat. Unsere Freunde fuhren zurück in ihre Lokale. »Ich muss noch rauf zu diesem Friedhof, die Botschaft für Malachias hinterlegen.«

»Ich komme mit. Dorthin sollte man nicht allein gehen, zumindest nicht in der Nacht.«

»Böse Geister?«, vermutete ich schmunzelnd.

»Ausgestoßene, Arty, geschändete Frauen, ungetaufte Kinder, vermeintliche Verbrecher, gefallene Priester, Menschen, die nicht in das allgemeingültige Bild der Gesellschaft passten. Katalonien war nicht immer so modern und aufgeschlossen, wie es dir heutzutage vorkommen mag.«

»Ich weiß, da muss ich nur an deinen starrsinnigen Pater Emmanuel denken. Manche Dinge ändern sich eben nie.« Ich zog sie fest in meine Arme. »Aber jetzt hast du mich, einen listigen Geschichtenerzähler. Wir werden auch diese Krise irgendwie überstehen. Zu zweit sind wir jedem Geist überlegen.«

Was für ein bezauberndes, Zuversicht verströmendes Lächeln.

Am nächsten Morgen informierte ich dann auch Inspektor Robles. So hatte Malachias womöglich einen kleinen Vorsprung. Vielleicht konnte der Eulenbruder ja die kryptische Botschaft verstehen und dem Käufer zuvorkommen.

Alicia war bereits unterwegs, um das *Pa y Vi* zu öffnen, als Luisa in die Casa stürmte.

»Yo, Arty.« Sie wirkte regelrecht ausgelassen. Unvermittelt fiel sie mir in die Arme. Wie gut sich das anfühlte.

»Alles gut, Kleine?«

»Alles ist sehr, sehr gut, großer Häuptling.«

»Deine Stimme sagt etwas anderes.«

»Du hörst mich, oder?«, versuchte sie zu scherzen.

»Das heißt ja nix. Es klingt rau und angestrengt. Schmerzen?«

»Nur im Kopf, kommt vom vielen Grübeln, hat sich aber gelohnt.«

»So?« Ich war nicht erfreut über die bewusste Ablenkung.

»Wir haben möglicherweise eine Idee.«

»Wir?«

»Na, Adrian und ich.«

»So, Adrian …«

»Er ist echt nett, Väterchen.«

»Wie nett auf einer Skala von eins bis zehn?«

Sie lachte entwaffnend. »So zwischen acht und neun, und nein, wir haben nicht miteinander geschlafen, wenn du das meinst.«

»Pah, als ob mich das etwas angehen würde«, wehrte ich großspurig ab.

»Oho, die beleidigte väterliche Leberwurst.«

»Ich will nur, dass du glücklich und sicher bist«, verteidigte ich mich.

»Und das ist großartig. Mein eingeschworener Bruder und Vater. Es könnte besser nicht sein. Nein, ganz ehrlich, ich – wir – lassen es langsam angehen.«

»Sei vorsichtig mit dem, was du von dir preisgibst«, warnte ich.

Luisa wurde übergangslos ernst. »Das bin ich, Arty. Deine Sorge rührt mich.« Trotz der schwülen Wärme schlang das Mädchen beide Arme um meinen Nacken. »Ich verspreche dir, vorsichtig zu sein.«

»Dann ist es gut. Berichte mal von eurer Idee. Wir alle könnten eine gute Nachricht vertragen.«

»Du musst es selbst sehen.«

Dr. Adrian Velasquez hatte seine provisorische Forschungsstation in der zurzeit kinderfreien Grundschule von Calonge eingerichtet. Luisas Gesicht leuchtete vor Freude, als sie den Biologen begrüßte. *Gewöhn dich daran, freu dich lieber, dass es ihr so gut geht.*

»Señor Crawley …«

»Ich denke, Arthur reicht.« Luisa blinzelte mir dankbar zu.

»Schön.« Wir reichten einander die Hände. »Kommen Sie, wir haben vielleicht den ersten Schritt zur Lösung unseres Problems gefunden.«

Im Raum der Hasenklasse 2B befanden sich zwei relativ kleine Aquarien. Beide waren mit Meerwasser gefüllt, in beiden schwebten zwei der gefürchteten Quallen.

»Diese beiden Medusen schwimmen jetzt seit drei Tagen isoliert in reinem Meerwasser.«, erklärte der Meeresbiologe. »Kein Plankton, rein gar nichts.«

»Sie wollen die Viecher aushungern?«, wunderte ich mich.

Er grinste vergnügt. »Oh nein, das würde im Meer ja auch gar nicht funktionieren.«

»Nur weiter, junger Mann.«

»Es war Luisas Idee.« Adrian tippte mit dem Ende des Keschers gegen die Glaswand eines Aquariums. Die Tentakel der Qualle zuckten unkontrolliert. Er beförderte das Tier aus dem Becken in das bereits bewohnte. Langsam drifteten die beiden Tiere aufeinander zu. Was im ersten Moment recht beschaulich daherkam, verwandelte sich übergangslos in eine wilde Orgie.

»Was geht denn da ab?«

»Hunger, Arty. Die verdammten Mistviecher haben Kohldampf.« Luisas Gesicht glühte vor Eifer. »Sieh nur, wie sie sich ineinander verhaken.«

»Sie … fressen sich gegenseitig auf?«, staunte ich.

»Oh ja, mein Herr, genau das tun sie.« Luisa lachte zuversichtlich.

»Aber wie kann uns das helfen?«

Adrian deutete auf einer Küstenkarte auf eine kleine Bucht: »*Cala del Pi.* Wenn der Wind günstig vom Meer weht und den Schwarm landeinwärts treibt, dann werden wir in Reusen hunderte dieser schmackhaften Sardinen in der Bucht einlagern.«

»Da stehen die Mistviecher total drauf«, erläuterte Luisa.

»Ich verstehe immer noch nicht.«

»Die Aussicht auf jede Menge Leckerlies wird den Schwarm in die Bucht locken, *padre.*« Sie legte mir eine Hand auf die Schulter.

»Diese Bucht ist sehr eng«, ergänzte Adrian schmunzelnd.

»Wenn die Biester alle, oder sagen wir: so gut wie alle, in der Bucht sind, machen wir den Laden dicht.« Jetzt glich Luisa einer kampfbereiten Amazone. »Dann können sich die Scheißviecher gegenseitig auffressen.«

Na, da schau her, die beiden ergänzen sich ja prima …

»Hier ist eine Sandbank, da könnten Sie stehen, Arthur, das Wasser reicht nur bis zur Brust. Sobald die Brut in der Bucht ist, spannen wir ein schweres Eisennetz von einem Felsen zum anderen, beschwert mit Gewichten, sodass uns keines der Biester aufs offene Meer entwischen kann«, fuhr Adrian fort.

Langsam durchschaute ich das Vorhaben der beiden.

»Na, da werden sich die Manager des Fünf-Sterne-Bunkers aber freuen.« Irgendwie bereitete mir die Vorstellung, den Showdown vor der Superreichen-Hütte abzuhalten, eine diebische Freude.

»Und dann warten wir, bis sie sich gegenseitig aufgefressen haben. Das wird sicher einige Zeit dauern, aber es könnte funktionieren. Die Sardinen befördern wir schnell wieder aus dem Wasser und der Rest an Fressbarem sollte rasch aufgebraucht sein.« Adrian rieb sich die Hände. »Das sollte funktionieren.«

»Einige werden übrigbleiben«, gab ich zu bedenken.

»Die holen wir uns eben einzeln«, erwiderte Luisa leichthin. »Ich werde einen Song über die Aktion schreiben.«

»Den du allerdings vorerst nicht selbst singen wirst.«

»Och, nun sei nicht so streng mit mir«, beschwerte sich meine Tochter.

»Ich …«

»Schon gut, dann musst du ihn halt singen.«

»Hohe Mutter, auch das noch.«

»Schriftsteller, Stadtrat, Vater und jetzt auch noch Sänger. Ich habe einen tollen Dad, findest du nicht auch, Adrian?«

»Sagen Sie bitte nichts«, bat ich.

Götterdämmerung I

Zwei Tage später war es so weit. Die vereinigten Flotten von Palamos, Sant Feliu und Tossa dümpelten fächerförmig aufgereiht, vom Strand aus gesehen, hinter dem Schwarm der roten Flut. Der Wind stand endlich günstig.

Wie geahnt, hatten die Granden des Nobelhotels einen Heidenaufstand veranstaltet, der allerdings von meinem Bürgermeister souverän abgewiesen wurde. Jetzt machten die Herrschaften aus der Not eine Tugend und verhökerten Sitzplätze mit einer Getränke-Flatrate und einem Barbecue für schlappe hundertfünfzig Tacken pro sensationsgeiler Nase, Hochprozentiges natürlich extra.

Das regionale Fernsehen war am Start, ebenso die Zeitungen und ein Rundfunkreporter, dessen Stimme sich andauernd überschlug.

Stück für Stück schob sich die unüberschaubare rote Masse heran. Zwei größere Schiffe der Küstenwache zogen das schwere, in einer Nachtschicht angefertigte Schleppnetz.

Ich stand mit all unseren Freunden auf der Terrasse des Hotels.

»Das ist jetzt echt ein bisschen wie in einem schlechten Katastrophenfilm«, meinte Audrey. »Nur dass diese Kacke hier real ist.«

Adrian dirigierte, zusammen mit Luisa, die Reusen mit den Sardinen. Die ersten Ausläufer der Quallen erreichten die Bucht und schoben sich erstaunlich schnell nach vorn in Richtung Futter.

»Liegt wohl an der Klimaverschiebung, dass die überhaupt hier sind«, vermutete Flores betreten.

»Trump hat gesagt, das alles wären nur Fake-News«, erinnerte Catalina.

»Was der schon sagt …«, meinte Sonia, Javiers Älteste. »Der lügt doch wie gedruckt und wie es ihm passt.«

»Es scheint alles gut zu gehen«, stöhnte Sergio, schwer atmend. »Vielleicht können wir im August und September noch ein bisschen was reinholen.«

Die Bucht färbte sich hellrot, fast orange. Die Fischer, die die Sardinen in die Bucht geschleppt hatten, kauerten am Strand bei ihren kleinen Booten, derweil die Küstenwache die Falle zuschnappen ließ. Rasselnd platschte das schwere Metallnetz in das Wasser. Laute Anweisungen hallten über das Meer. In der Bucht schoben sich die Quallen übereinander. Das Wasser schien plötzlich zu kochen, dann war die See unter einem wogenden Teppich verborgen.

»Wenn diese Monster schreien könnten, dann müssten wir uns jetzt die Ohren zuhalten«, flüsterte Alicia.

Die Dünung schob immer mehr der gelben Haarquallen auf den Strand. Fast ängstlich wichen die Fischer zurück; angetrieben von Adrian und meiner Tochter schleppten sie die Reusen mit den Sardinen zurück in die bereitgestellten Kisten mit Eis. Keine Lebensmittel verschwenden.

»Wie lange wird es dauern, bis die Viecher sich gegenseitig aufgefressen haben?«, wollte Audrey wissen.

»Ein paar Tage gewiss.«

»Was geschieht dann, Arty?« Audrey und ihre Flores sahen mich fragend an.

»Der Plan sieht vor, dass die überlebenden Quallen abgefischt und verbrannt werden. So habe ich den Doctore und Luisa jedenfalls verstanden.«

»Die Glibberdinger brennen?«, staunte die Veterinärin.

»Wenn das Feuer heiß genug ist, brennt alles«, gab ich lapidar zurück.

Von den Booten der Flotte kamen beruhigende Zeichen. Das Gitternetz auf Höhe der Sandbank hielt.

»Wann können die Strände wieder geöffnet werden?« Mareike sah mich erwartungsvoll an. Unter uns tobte eine brodelnde Hölle.

»Wenn alles gut geht, in acht bis zehn Tagen, vermutet Velasquez.«

»Ende Juli«, stöhnte Sergio. »Machen wir uns nichts vor, die Saison ist gelaufen, wir alle können nur noch Schadensbegrenzung betreiben. Die Touris, die jetzt hier sind, werden nach der Show sehr bald weg sein. Von den geplanten Buchungen sind vielleicht noch zwanzig Prozent der Menschen vor Ort. «

»Wir müssen uns für den Rest des Sommers und den Herbst etwas einfallen lassen.« Leicht gesagt. Eine zündende Idee hatte ich nicht.

»An was denkst du, Arthur?«, fragte Catalina.

»Weiß ich noch nicht, irgendwas Publikumswirksames, etwas, das zumindest die Leute aus der Region anlockt. Ein Festival, Musik, ein Bierfest, Sonderangebote …«

»Du bist ein guter Stadtrat«, Esteva lächelte. »Und ein guter Freund.«

»Wir setzen uns zusammen.« Ich versuchte, Hoffnung zu verbreiten. Gar nicht so einfach. »Gemeinsam werden wir es überstehen.«

Ich bildete mir ein, ganz hohes Wimmern und Klagen zu hören. Die Feuerquallen starben, ihr Nesselgift zersetzte die wenigen Fische in der Bucht und letztlich sie selbst. Ein unangenehmer Geruch stieg vom Meer auf. Die Sonne tat ein Übriges dazu. Auf den teuren Plätzen rümpften die Promis ihre Nasen und verzogen sich ins Innere des Luxusbunkers. Luisa und Adrian stießen zu uns.

»Normal ist das aber nicht, oder?« Javier sah den Meeresbiologen fragend an. »Ich meine diese … Töne, der Geruch.«

»Nein, ganz und gar nicht«, bestätigte Adrian. »Sobald diese … Heimsuchung überstanden ist, werde ich mit einem kleinen Team der Sache auf den Grund gehen. Wir werden versuchen, herauszufinden, woher dieser Schwarm kam, was ihn dazu bewogen hat, ins Mittelmeer einzufallen und warum diese Kreaturen auch auf größere Fischarten losgehen.«

»Das hört sich unglaublich spannend an«, seufzte Luisa.

»Forschung ist immer spannend, das hat was von Indiana Jones.« Er lächelte charmant.

Die übrig gebliebenen Touris stürzten sich auf das Buffet. Bilder waren genug geschossen, Videos gedreht, die Sensationslust ebbte ab. Die meisten würden morgen abreisen. Platja und Sant Antoni waren ohnehin schon fast leergefegt. Die Besitzer der Häuser am Berg blieben natürlich. Vielleicht würde jetzt wieder eine Verkaufswelle einsetzen, so wie Ende der neunziger Jahre, als die meisten Schweizer ihre Casas verhökerten.

»Mir reicht es«, verkündete Alicia rigoros. »Ich werde Carmina sagen, dass sie den Laden um sechs zumachen soll. Die drei Baguettes, die dann noch verkauft werden, retten uns auch nicht.« Ein letzter Blick auf die schäumende, brodelnde Bucht. »Das ist ekelhaft.«

Allgemeine Zustimmung. Unsere Gemeinschaft löste sich auf. *Alcalde* Garcia nickte mir schwermütig zu. Audrey nahm mich kurz beiseite.

»Und?«

»Wie, *und*?«, fragte ich irritiert zurück.

»Wie sehen deine Pläne aus?«

»Ich habe noch keine Ideen, wie wir den Laden wieder in Schwung bringen können.« Sie verdrehte die Augen gen Himmel. »Was denn?«

»Darf ich dich an deine Profession erinnern, Arty? Du bist Schriftsteller – und zwar einer, der unter Vertrag steht, und nicht Event-Manager für lokale Krisen. Ich weiß, ich nerve, und zurzeit geht alles drunter und drüber, aber du musst am Ball bleiben. Vergiss die *Chroniken* nicht. Band fünf und sechs musst du in diesem Leben noch schaffen.«

»Ach, Audrey.«

»Arty, du weißt, ich liebe dich, aber als deine Agentin bin ich dazu verpflichtet, dir ab und an in den Arsch zu treten.«

»Scheiße, das ist mir jetzt nicht wichtig«, wehrte ich mich vehement. »Unsere Freunde kämpfen um ihre Existenz, dann ist da noch die Geschichte mit der gestohlenen Madonna.«

»Unsere beiden Existenzen hängen an deinen Schreibkünsten, dabei ist das noch untertrieben. Was ist mit Luisa, mit Alicia, wenn der Laden nicht mehr läuft? Ich habe so gut wie allen meinen Klienten abgesagt, weil ich mich nur noch um dich und das Filmprojekt gekümmert habe.«

»Ach je, das wusste ich gar nicht«, musste ich zugeben.

»Ich habe es nicht uneigennützig getan, so kann ich die meiste Zeit hier bei euch sein, und das ist fantastisch.«

»Und bei Flores«, ergänzte ich.

»Ja, natürlich.«

Ich nickte betroffen. Himmel, sie hatte ja recht, das ganze Stadtrat-Gewusel brachte mir nicht einen Cent. Ehrenamt, haha.

»Du konntest Luisa adoptieren, Victor und Steve Ford sind tot, du bist endlich mit Alicia zusammen. Es ist an der Zeit, wieder in die Spur zu kommen, Großer. Band vier läuft gut, aber die Zeit steht nicht still. Achtzehn Monate sind schnell vorbei. Du hast jetzt noch gut ein Jahr. Vertrag ist Vertrag. Du hilfst niemandem damit, wenn wir alle Sozialhilfe beantragen müssen.«

»Gibt's sowas überhaupt in Spanien?«, fragte ich kleinlaut.

»Keine Ahnung, aber ich möchte es nicht unbedingt herausfinden müssen.«

»Botschaft angekommen.« Ich küsste sie auf die Stirn. Flores und Alicia beäugten uns wohlwollend. »Ich würde dich so ungern in ein Kloster geben, weil uns das Geld ausgeht.«

Audrey kicherte. »Ich und ein Kloster …«

Es dauerte drei Tage, ehe die letzten Exemplare der *Cyanea Capillata* abgefischt und verbrannt werden konnten. Einige noch lebende sicherte sich Doktor Velasquez.

Die Strände wurden wiedereröffnet, nur … niemand von den spärlich verbliebenen, beziehungsweise neu angereisten Touristen wagte sich ins Wasser. Die Kurzzeiturlauber aus Barcelona mieden unsere Strände, die Jugendgruppen aus Deutschland, England, Frankreich und Skandinavien fuhren weiter in den Süden, an die Costa Dorada oder gar bis zur Costa Blanca. Die Buchungen für das nächste Jahr waren lächerlich gering.

Es würde nicht einfach werden, Vertrauen zurückzugewinnen.

Buch hin oder her, wir alle brauchten eine Idee.

»*Padre*, oh *padre*.« Luisa sah mich seltsam ernst an. So kannte ich das Mädchen gar nicht. Da war ein wehmütiges Lächeln in ihrem Gesicht. »Ich möchte, dass du ganz ruhig bleibst, wenn ich dir jetzt etwas sage, versprochen?«

Oha, das hörte sich gar nicht gut an. Ich nickte nur.

»Ich fahre morgen früh mit Audrey für eine genauere Untersuchung meiner Stimmbänder in die Klinik nach Girona. Der Termin ist um neun Uhr.«

»Wusste ich es doch. Es ist überhaupt nicht besser geworden.« Ich nahm ihre Hände. Wir saßen auf der Terrasse der *Tres-Chicas-Casa* bei einem Glas Vino Blanco. Audreys schreckliche Kuckucksuhr, die sie von einem Trip in den Schwarzwald mitgebracht hatte, krähte achtmal. Zwanzig Uhr. »Wie schlimm ist es, Kleine?«

»Ich will singen, Arty.« Luisa war den Tränen nahe. Ihre Stimme klang ganz dünn und angestrengt. »Alles ist so cool und perfekt. Das Studio, die Songs sind fertig … aber ich kann nicht singen.« Ein Hilfeschrei. »Es geht einfach nicht, es tut so weh.« Schon lag sie in meinen Armen. Ich hielt sie fest umfangen, strich beruhigend über ihre blonden Haare.

»Ich fahre dich, keine Widerrede. Wir bekommen das gemeinsam hin.« Ich versuchte optimistisch zu sein. »Ich werde die ganze Zeit bei dir sein.«

»Okay.«

Auf der Hauptstraße unter uns rasten zwei Fahrzeuge der *Policia Municipal* mit Blaulicht und Sirenen vorbei. Wenig später trafen Audrey und Flores ein. Meine Agentin sah mich verlegen an. Offensichtlich war sie über Luisas Gesundheit besser informiert als ich. Wir blinzelten uns vertraut zu. Alles gut, ich hatte Verständnis dafür, dass sich meine Tochter erst einmal an Audrey gewandt hatte, zu der sie seit den Ereignissen im letzten Jahr eine innige Freundschaft pflegte. Einen kleinen Nadelstich verspürte ich trotzdem.

Luisa löste sich schniefend aus meiner Umarmung. »Schluss mit Trübsal blasen«, verkündete sie tapfer. »Alicia bringt gleich *pollos* mit, wir sind für die Fritten zuständig. *Vamos padre*, du und ich, wir schälen die Kartoffeln. Flores und Audrey bereiten den Salat vor.«

Eine halbe Stunde später tuckerte Alicia mit ihrem altersschwachen Renault Clio den Berg hinauf, im Gepäck drei ganze, köstlich nach Kräutern duftende Hähnchen.

»Wenn das so weitergeht, dann kann ich unter der Woche guten Gewissens um acht schließen.« Meine Bäckerin verteilte die halbierten Hühner auf unsere Teller. »Der Aufwand lohnt sich kaum noch.«

Irgendwie lief im Moment alles aus dem Ruder. Carlos Santana entlockte seiner Gitarre die ersten vertrauten Akkorde. Es war Inspektor Robles. Vier weibliche Augenpaare waren auf mich gerichtet.

»Das ist … ziemlich übel, aber was habe ich damit zu tun?« Er redete wie ein Wanderprediger auf mich ein. »Aber ich kann nicht mehr fahren.« Ich schnaufte tief durch. »Was soll das heißen, ich hätte immer einen gewissen Alkoholspiegel im Blut?« *Echt dreist der Kerl!* »Na schön, ich komme.«

»Was ist los?«, fragte Audrey.

»Ich habe euch doch von dem Friedhof oben kurz vor Romanya berichtet.«

»Wo du die beiden geknackten Botschaften deponiert hast.«

»Genau dort erwartet mich unser Lieblingskriminalist.« Allgemeines ungläubiges Stirnrunzeln. »Dort wurde eine zweite Leiche aufgefunden.«

»Na und?« Audrey zuckte mit der Schulter. »Wie du gerade schon so treffend bemerkt hast: Was geht das dich an?«

»Das Opfer wurde gekreuzigt.«

»Oh Gott.« Alicia presste entsetzt beide Hände vor ihren Mund.

»Das erklärt noch immer nicht, warum der Inspektor dich mitten in der Nacht dorthin zitiert«, wandte Audrey ein.

»Es handelt sich erneut um einen Geistlichen.«

»Etwa Malachias?«

»Nein, Robles denkt, dass es Jaime ist, unser dritter Nachbar.« Unter uns rauschte ein weiteres Polizeiauto vorbei.

»Aber den haben wir doch nie zu Gesicht bekommen«, bemerkte Alicia treffend.

»Es geht wohl nicht darum, den Mann zu identifizieren. Man hat dem Opfer ein Pappschild um den Hals gehängt.« Ein dicker Kloß bildete sich in meinem Rachen. »Darauf steht, womöglich mit Blut gepinselt: *El traidor.*«

»Der Verräter«, übersetzte Alicia.

»Darunter hängen die beiden Papiere, die ich in der Grablampe für Malachias hinterlegt habe. Dann folgt nur noch mein Name.«

»Bei allen Göttinnen und Göttern, Arty – das ist …«

»Ja, Audrey.« Ich schob betreten meinen Teller beiseite. »Irgendjemand ist uns auf die Schliche gekommen und jetzt mächtig sauer auf mich.«

»Aber wenn es der oder die Käufer sind«, überlegte Flores. »Warum der Terror? Sie müssten die Madonna doch längst haben.«

»Sie können das Rätsel nicht lösen«, erkannte Audrey scharfsinnig. »Sie wissen nicht, wo die Kleine Braune versteckt ist.«

»Und jetzt suchen sie einen Schuldigen«, stöhnte ich. »Vielleicht hoffen sie auch, dass ich etwas über den Aufenthaltsort von *La Moreneta* weiß, was natürlich Unsinn ist.«

»Lass mich fahren, ich habe erst ein Glas getrunken«, bot sich Flores an.

»Und ich komme auch mit.« Audrey machte ein sehr entschlossenes Gesicht. Widerstand zwecklos. »Ich bin die Einzige mit Nahkampferfahrung.« Unwillkürlich musste ich grinsen. Was hätten wir im letzten Jahr nur ohne sie gemacht. Eine wahrhafte Amazone.

»Dann los. Ich denke, das wird nicht lange dauern.« Bevor Alicia und Luisa womöglich auch noch auf die Idee kamen, uns zu begleiten, verteilte ich schnell Aufgaben. »Ihr zwei Hübschen haltet die Fritteuse startbereit, stellt den Wein kühl und die *pollos* heiß.«

Das Ganze endete, wie immer, in wilden Umarmungen. Verdammt, wir waren eine fantastische Gang.

Die Atmosphäre vor und auf dem kleinen Friedhof hatte etwas Apokalyptisches. Ein halber, aber dennoch heller Mond, dunstige graue Schleier, die bis zu den Knöcheln hinauf um unsere Füße waberten. Verstörend falsch wirkte das stumm flackernde Blaulicht der Streifenwagen. Links neben dem wackeligen Tor ein in den Boden gerammtes Holzkreuz, das vor drei Tagen noch nicht dort gestanden hatte.

»Sieh an, der Herr Autor bringt direkt Verstärkung mit.« Robles kam uns entgegen. Heute mal wieder ein perfekt geschnittener Anzug, die übliche dunkelblaue Krawatte, der Seitenscheitel saß akkurat. »Kein schöner Anblick für die Damen.«

»Keine Bange, wir sind schon große Mädchen«, beruhigte Audrey ihn. »*Doctora* Rubio hat sicher schon mehr Blut gesehen, als Sie in Ihrer Karriere.«

»Tierblut, das ist was ganz anderes.« Er schaltete seine Taschenlampe an. Der Lichtkegel fuhr über den Körper eines großen, übergewichtigen Mannes, dem man tatsächlich dicke Nägel durch die Hände, Arme und Schienbeine getrieben hatte. Der Kopf wurde durch eine Schlinge um die Stirn fixiert. Das Pappschild an einer Kordel um seinen Hals war nicht zu übersehen. *El traidor* – der Verräter. Darunter mein Name.

»Das war wohl ein echter Fan Ihrer Bücher«, ätzte Robles.

Ich ließ die grausige Szene auf mich wirken. Flores und Audrey nahmen mich in ihre Mitte.

»Inspektor …« Ich sah den Ermittler ernst an. »Warum bin ich hier?«

Übergangslos verschwand der ironische Gesichtsausdruck auf seinem Gesicht. »Señor Crawley, ob Sie es glauben oder nicht. Ich mache mir Sorgen.«

»Um mich?«, fragte ich verblüfft zurück. Monatelang hatte er versucht, mich des Mordes an Alicias Ehemann zu überführen.

»Ich sehe Menschen, wie sie sind – zumindest bilde ich mir ein, diese Menschenkenntnis im Laufe der Jahrzehnte erworben zu haben.« Er versenkte seine Hände in den Hosentaschen. Eine für ihn unglaublich lässige Geste.

»Es besteht also noch Hoffnung für mich?«, fragte ich listig. »Sie halten mich nicht mehr für einen Mörder?«

»Übertreiben Sie es nicht. Auf jeden Fall sind Sie und Ihre werte Gefährtin in den Mord an Victor Nuñez verwickelt. Aber darum geht es aktuell nicht. Sie haben viel für diese Gemeinde getan, Sie sind ein gewählter Stadtrat, obwohl Sie ein sündiger *Inglés* sind.« Er wandte sich um und beleuchtete das verzerrte Gesicht des Gekreuzigten. »Ich würde wirklich ungern Ihren Körper so zugerichtet auffinden.«

»Das finde ich ausgesprochen nobel, Inspektor.« Die Spurensicherung hatte große Scheinwerfer aufgebaut, die den Friedhof jetzt in gleißendes Licht tauchten. »Vielleicht sollten wir den Verstorbenen ihre Ruhe lassen«, murmelte ich geblendet.

»Der Diebstahl der Heiligen ist eine katalanische Katastrophe.«

»Ähm, ja schon, aber …«

Robles dirigierte uns zum Ausgang. »Eingeweihte munkeln hinter vorgehaltener Hand schon von göttlichen Plagen.«

»Die Quallen«,« vermutete Audrey.

»Ganz recht, Señora Parker. Die sogenannte *Rote Flut.*« Er schüttelte zweifelnd den Kopf. »Meine Landsleute sind durchweg gläubige Menschen. Das können Sie sicher bestätigen, Señora Rubio. *La Moreneta* schützt uns, hält das Land im Gleichgewicht, tröstet die Leidenden, ist für das eine oder andere kleine Wunder verantwortlich. Wir müssen unter allen Umständen verhindern, dass die Madonna Katalonien verlässt.«

»Also gut, ich denke, das haben wir verstanden, dennoch …«

»Ich bitte Sie, mir zu helfen, die Kleine Braune wiederzufinden, Arthur. Ich bitte Sie und Ihre famose Agentin.«

»Donnerwetter, jetzt bin ich aber platt.« Auch Flores und Audrey starrten den Inspektor mit großen Augen an. Dieser letzte Satz musste ihm extrem schwergefallen sein. »Sie haben mich Arthur genannt«, stammelte ich.

»Das ist doch Ihr Vorname, oder nicht?« Unglaublich, der Mann konnte verschmitzt lächeln.

»Das ist er … Horatio«, antwortete ich.

»Ich bereue es jetzt schon«, stöhnte er.

»Nicht doch, wir sind eine respektable Truppe«, beruhigte Audrey ihn schmunzelnd. »Sie können sich auf uns verlassen.«

»Sicher, Sie haben sich und Ihre Gang ja perfekt aus zwei Mordermittlungen herauslaviert.« Er wippte auf den Fußballen auf und ab. »Damit wir uns aber richtig verstehen: Dies ist eine Zweckgemeinschaft, nicht mehr und nicht weniger.«

»Soll das heißen, wir gehen nicht gemeinsam angeln?«, fragte ich leutselig. Robles verdrehte die Augen. »Schon gut, wir müssen keine Blutsbrüder werden, Horatio.«

»Wie überaus beruhigend.«

Mit einem Knall und einem Funkenregen verabschiedete sich einer der Scheinwerfer. Wir zuckten allesamt erschrocken zusammen.

»Das ist gruselig«, vernahm ich Flores angespannte Stimme. Nacheinander implodierten auch die restlichen drei Beleuchtungsbatterien. Der Friedhof hüllte sich erneut in ein schwarzes Gewand.

»Was ist da los, *Sergente*?«, brüllte Robles in Richtung Ermittlungsteam.

»Keine Ahnung, Commissario«, kam eine erschrockene Antwort zurück. »Da müssen ein paar Drähte aneinandergeraten sein.«

»Bei allen vieren gleichzeitig? Das ist ja wohl kaum zu glauben!«

Sergente Endres Manolo, Robles rechte Hand, trat aus dem Dunkel hervor. Selbst im schwachen Licht, das die Einsatzwagen verbreiteten, konnte ich sehen, wie blass der Polizist war.

»Das sind die Seelen der Verstorbenen«, flüsterte er ergriffen. »Sie wollen nicht, dass die Madonna Katalonien verlässt. Sie muss zurück an ihren angestammten Platz.«

»Endres, reden Sie keinen solchen Blödsinn«, schimpfte Robles, ziemlich halbherzig, wie ich fand. »Sie sind doch ein aufgeklärter Mensch.«

»Das bin ich.« Die Miene des hageren Polizisten spiegelte seine Ängste. »Aber es gibt Dinge zwischen Himmel und Erde, die wir Menschen nicht infrage stellen sollten.« Das Holzkreuz ächzte unter der Last des Gekreuzigten. »Ich werde für die Kleine Braune beten.«

»Tun Sie das, *Sergente*«, gab Robles zurück. »Und sorgen Sie dafür, dass diese arme Seele endlich von dem beschissenen Kreuz herunterkommt.«

»Eine Nacht voller Sensationen.« Audrey beobachtete skeptisch die Bemühungen der Spurensicherung, den Körper des Geistlichen von den stählernen Nägeln zu befreien. »Der Herr Inspektor kann fluchen, Respekt.«

»Werden Sie helfen?«, fragte der Angesprochene.

»Natürlich«, bekräftigte ich. »Was sollen wir tun?«

»Vermitteln Sie bitte ein Gespräch mit Bruder Malachias, wenn er sich bei Ihnen meldet. Ich gehe davon aus, dass er Sie kontaktieren wird. Zur Polizei hat er kein Vertrauen.«

»Das werde ich versuchen«, versprach ich. »Noch etwas?«

»Machen Sie einen Ausflug nach Montserrat.«

»Was soll das bringen?«

»Sie sind doch Fantasy-Autor. Lassen Sie die Atmosphäre auf sich wirken. Machen Sie sich bemerkbar, vielleicht ersuchen Sie um eine Audienz beim Abt.«

Im Hintergrund kippte das Holzkreuz vornüber. Leise, gezischte Flüche. Es gab ein hässliches, schmatzendes Geräusch, als das Opfer auf dem staubigen Boden aufschlug. Irgendjemand sprach ein Gebet. Flores bekreuzigte sich. Ich spürte einen Kloß im Hals.

»Ich habe die Hoffnung, dass jemand vom Orden der Eulen mit Ihnen Kontakt aufnimmt.« Auch Robles' Stimme klang seltsam gedämpft. »Es muss ja ein Bruder vor Ort sein.«

»Ich muss mich erst um mein Mädchen kümmern.« Er sah mich fragend an. »Sie ist krank, Horatio. Ich hoffe, das können Sie verstehen.«

»*Si claro, el autor*. Nichts ist wichtiger als die Familie«

»Ich kann nur ahnen, wie schwer es Ihnen fallen muss, ausgerechnet mich und meine Freunde um Hilfe zu bitten, und ich weiß es zu schätzen, dass Sie uns anscheinend mehr vertrauen als dem Polizeiapparat. Ich verspreche Ihnen aufrichtig, Hilfe zu leisten, wann immer und wo immer es uns möglich ist.« Unter Stöhnen und Ächzen gelang es den Helfern endlich, das Kreuz zu wenden.

»Wenn Sie etwas für mich tun könnten …«

»Ja?« Geballtes Misstrauen. »Ich höre, Arthur.«

»Dann schließen Sie Luisa in ihr Abendgebet ein.«

Schattenspiele

»Wir sind da.« Vor uns türmte sich das Hospital Universitari de Girona auf, ein weiß verkleideter, sechsstöckiger Kasten mit winzigen Fenstern zur Straßenseite und großzügigen weiten Flächen zum Innenhof.

»Ich hasse Krankenhäuser«, murmelte Luisa bedrückt.

»Da können wir uns zusammentun«, bekräftigte ich.

Wir fuhren mit Alicias Clio. Luisa saß stumm auf dem Beifahrersitz, ihre Tasche wie einen Schutzschirm auf den Knien, beide Arme darumgelegt. Im Radio sang Freddie Mercury *I want to break free.*

»Lass mich nicht allein, okay?«

»Nicht eine Sekunde.« Hohe Mutter, wie sich mein Herz vor Sorge zusammenkrampfte. *Wird schon nicht so schlimm sein,* redete ich mir ein. *Kann doch gar nicht, dieses Mädchen ist so ein wundervoller Mensch.*

»Dann los, *padre,* bringen wir den Scheiß hinter uns.«

Zum Glück mussten wir nicht lange warten. Während mein Mädchen im MRT durchgecheckt wurde, drehte ich nervös Runden im Wartezimmer. Auf einem Bildschirm an der Wand lief eine bescheuerte Quizshow. Die Moderatorin lächelte so dämlich, dass es kaum zu ertragen war. Eine gute halbe Stunde, hatten sie gesagt. Ich sah auf meine Armbanduhr. Es kam mir vor, als würde ich schon Stunden hier verbringen, tatsächlich waren erst zwanzig Minuten vergangen. Meine Gedanken drehten sich im Kreis. Ich versuchte, mich abzulenken, das nächste Kapitel der

Chroniken zumindest anzudenken, aber da war immer nur Luisa, ihr sanftes Lächeln, ihre wundervolle Stimme, die nichts und niemand zum Schweigen bringen durfte.

Ich dachte an die Zeit, als ich selber ein Teenager gewesen war. Das College, die erste Liebe, die mich so eiskalt für einen älteren, und vor allen Dingen reicheren Typen abserviert hatte. Damals wähnte ich das Ende der Welt nahe, zumindest meiner Welt, aber siehe da, die Erde drehte sich, wider Erwarten, weiter. Es gab wahrhaftig noch andere Frauen auf diesem Planeten, und hey, die waren auch nicht übel.

Was aber hielt das Schicksal für meine Adoptivtochter bereit, diese junge Frau, der mein ganzes, ewig lange verwaistes väterliches Herz gehörte?

»Señor Crawley?« Ich schreckte aus meinen Gedanken auf. Ein schlanker, vielleicht vierzigjähriger Arzt mit vollen dunklen Haaren streckte mir seine Hand entgegen. Doktor Ernesto Hernandez. Smarter Typ, hatte was von dem jungen Pierce Brosnan. »Wir haben die Untersuchungen Ihrer Tochter so weit abgeschlossen. Leider haben wir einige kleine Knoten im oberen Bereich der Stimmbänder und am Kehlkopf festgestellt.« Ich schloss alarmiert die Augen. »Ich habe eine Biopsie des oberen Knotens vorgeschlagen, möglichst sofort. Luisa war einverstanden. Wenn das Ergebnis vorliegt, planen wir die weitere Therapie.«

Ich sackte auf einem Stuhl zusammen. In meinen *Chroniken* würde ich jetzt mit Luisa eine Heilerin der Amazonen aufsuchen, eine Kräuterkundige, die genug Magie besaß, um sie zu retten. Luisa kam durch die Tür und flog in meine Arme. Wortlos hielten wir uns einen Moment umfangen.

Hernandez räusperte sich. »Sie können gern in der Cafeteria warten. Dort gibt es einen anständigen Kaffee und frische *churros.*«

Luisas panischer Blick war unnötig.

»Danke, aber ich würde gerne bei meiner Tochter bleiben.«

»Gut, auch kein Problem.«

Wenig später bekam Luisa ihr Zimmer zugewiesen.

»In einer halben Stunde geht's los.« Sie machte einen erstaunlich gefassten Eindruck. »Ich will die Dinger loswerden, damit wir endlich ins Studio können.«

»Eins nach dem anderen, Schatz. Das Studio läuft nicht weg, und deine Songs sind sowieso zeitlos.«

»Nicht traurig sein, Arty. Wir haben in so kurzer Zeit schon so viel erlebt und durchgestanden, da werden uns so ein paar beschissene Knoten nicht aufhalten, okay?«

Ich nickte brav. Jetzt wünschte ich mir doch, dass Alicia mitgekommen wäre. Seit sie aus den Fesseln ihrer schrecklichen Ehe befreit war, verströmte sie eine unbändige Energie, die sich auch auf mich übertrug. »Im OP darf ich nicht dabei sein, aber ich werde von der Galerie aus aufpassen.«

Luisa nickte lächelnd. »Wenn die Nummer hier ausgestanden ist, werde ich erstmal nicht reden können, mindestens drei Tage, sagte Doktor *Freunde,-was-sehe-ich-heute-gut-aus.*«

»Nicht dein Typ, hm?«

»Zu smart, zu schön. Ich könnte ihm ein paar Narben verpassen, dann wäre er attraktiver für mich.«

»Du bist wirklich eine Amazone. Mutter Sonne hätte ihre Freude an dir.«

»Wäre ich das nur, dann müsste ich mir jetzt nicht vor Angst in die Hose machen.«

Ich strich durch ihr langes offenes Haar. »Du bist sehr viel tapferer, als du denkst.«

»Hauptsache du bist da, wenn ich aufwache.«

Darüber mussten wir nicht reden.

»Die OP ist gut gelaufen, wir konnten die obere Wucherung ganz entfernen.«

»War das denn so vorgesehen?«, erkundigte ich mich unbehaglich.

»Nein, aber was weg ist, ist weg.«

»Eine gradlinige, pragmatische Philosophie, Doktor Hernandez.« Luisa lag noch im Aufwachraum. Es würde noch eine halbe Stunde dauern, versicherte mir der Mediziner. »Wie ist Ihre Einschätzung?«

»Ich schätze grundsätzlich nicht, Señor Crawley, die Fehlerquote ist mir zu hoch. Warten wir einfach das Ergebnis der Biopsie ab.«

»Einfach«, echote ich. »Wenn das nur so einfach wäre. Luisa ist gerade vierundzwanzig Jahre alt.«

»Nun, ich habe eine Patientin auf der Kinderstation, die vier Jahre alt ist, mein Herr. Die Spanne, die dem Kind noch bleibt, bemisst sich in Monaten, nicht in Jahren.«

»Verzeihung«, bat ich zerknirscht.

»Sie müssen sich nicht entschuldigen. Luisa ist … eine wunderbare junge Frau. Aber jedes Leid ist einzigartig und hat auch das Recht, genauso wahrgenommen zu werden.« Er schien für einen Augenblick vollkommen abwesend. »Diese Welt ist sehr oft furchtbar ungerecht. Diktatoren, Schwerverbrecher, Drogendealer und korrupte Politiker leben in Saus und Braus, werden hundert Jahre alt, während die kleine Arantxa das nächste Weihnachtsfest nicht mehr erleben wird. Das lässt einen doch an so etwas wie einer göttlichen Vorsehung zweifeln.«

»Das tut mir wirklich unglaublich leid. Dennoch – eine erstaunliche Erkenntnis für einen so jungen Arzt.«

»Unsinn. Jeder Mensch hat mit seinen ureigenen Dämonen zu kämpfen, Señor Crawley.« Er schüttelte den Kopf. »Ich muss jetzt los, Vormittagsvisite.«

»Wann …?«

»Wenn wir Glück haben, morgen früh, spätestens übermorgen.« Er drehte sich in der Tür noch einmal um. »Warten ist scheiße. Ich werde mal sehen, was ich machen kann. Gehen Sie zu Ihrer Tochter, die Schwester weiß Bescheid.«

Ja, dachte ich, *der Mann hat's drauf.*

Ich schlurfte in den Überwachungsraum, setzte mich neben Luisas Bett und nahm ihre Hand. Wenig später schlug sie die Augen auf. Ein leuchtendes, kräftiges Blau. Ich wertete das als gutes Zeichen.

»Schön durch die Nase atmen, versuch erst gar nicht zu sprechen«, ordnete ich streng an. Ich wechselte den kühlenden Umschlag gegen einen frischen aus.

Sie deutete mit dem rechten Zeigefinger auf ihre Wange.

»Tut's da weh?«

Sie schüttelte lächelnd den Kopf. Ich verstand und drückte ihr vorsichtig einen Kuss auf die Wange. Luisa nickte zufrieden.

»Hast du Schmerzen?«

Ihre Hand machte eine Wellenbewegung. Die Nacht würde wohl nicht so toll werden. Gegen neunzehn Uhr kamen Alicia und Audrey.

»Sieh mal, heute als Vorab-Entwurf angekommen.« Band vier der *Insel-Chroniken* auf schick getrimmt und … endlich die erstrittene spanische Ausgabe. Entgegen Wegeners Gejammer ein vorzeigbares Buch. »Tolle Zeichnungen, er hat nicht gelogen, der Bursche hat Talent. Vielleicht sollten wir den mal einladen.«

Luisa blätterte die ersten Seiten auf, verzog anerkennend die Mundwinkel.

»Du, Herr der Augenringe, fahr nach Hause und geh duschen.« Alicia massierte meine total verspannten Schultern.

»Was? Nein, ich habe Luisa versprochen hier zu bleiben«, protestierte ich.

»Das kannst du ja auch, aber erfrischt, gebadet und gepudert und mit neuen, weniger miefigen Klamotten.«

»Donnerwetter, Alicia, der Umgang mit meiner Agentin scheint mächtig auf dich abzufärben. Noch gestern warst du ein so zart besaitetes Mädchen, und heute kommst du mir als Domina daher.«

»Nun fahr schon, Arty. Wir werden Luisa nicht eine Minute allein lassen«, verlangte jetzt auch Audrey.

»Ist das für dich okay, Kleine?«

Sie winkte mir hoheitlich zu. Ich war für die Zwischenzeit entlassen.

Nach zwei Stunden kehrte ich zurück. Unruhe hatte sich in mir breit gemacht, aber alles war, im Moment jedenfalls, in bester Ordnung. Meine drei Frauen sahen gebannt auf den Fernseher. *Game Of Thrones.* Daenerys, die blonde Drachenmutter, war gerade dabei, eine Flugstunde zu nehmen.

Kurz nachdem Audrey und Alicia gegangen waren, kam unverhofft *Doctore* Hernandez, die Miene, wie wohl üblich, undurchdringlich neutral.

»Ich dachte, Sie möchten vielleicht das Ergebnis der Biopsie noch heute Abend erfahren.« Luisa setzte sich aufgeregt im Bett auf. Ihr Blick hing an seinen Lippen. »Ich habe mir erlaubt, im Labor ein wenig Druck zu machen.«

»Bitte, Herr Doktor.« Ich setzte mich auf die Bettkante und legte einen Arm um Luisas Schulter. »Welche Neuigkeiten haben Sie für uns?«

»Nun, wir nennen diesen Befund im Fachjargon *un cero rojo*.«

»Eine rote Null«, übersetzte ich entgeistert. »Was soll das denn bedeuten?«

»Die Geschwulst ist nicht bösartig. Das ist natürlich gut, sogar sehr gut, aber auch gutartige Wucherungen können an dieser Stelle lebensgefährlich sein, wenn sie nicht entfernt werden. Deshalb ist es keine grüne, sondern eine rote Null.«

»Das müssen Sie genauer erklären, bitte.«

»Aber gern. Der Eingriff wäre unproblematisch, wenn sich die Knoten alle im oberen Bereich des Kehlkopfs angesiedelt hätten, das ist aber nicht der Fall.«

»Aber sie müssen raus!«, vermutete ich. Ich spürte Luisas Zittern.

»Unbedingt, so schnell wie möglich.«

Sie nahm ihr Handy und tippte wild.

»Was kann denn während dieser OP im schlimmsten Falle geschehen?«, las ich auf dem Display, das sie mir unter die Nase hielt.

Noch immer ganz sachlich und scheinbar unberührt gab Doktor Hernandez Auskunft. »Sie könnten Ihre Stimme verlieren.« Hohe Mutter, wie konnte der Kerl nur so cool daherkommen?

»Sie meinen ihre Gesangsstimme, aber Luisa wird doch sprechen können.«

»Nein, Mister Crawley, ich meine es so, wie ich es gesagt habe. Wenn wir die Stimmbänder durchtrennen müssen, um an alle befallenen Partien heranzukommen, dann …«

»Schon gut, wir haben verstanden«, unterbrach ich barsch. »Wie groß ist die Wahrscheinlichkeit, dass dieser Fall eintritt?«

»Ich sagte bereits, dass ich nicht zu Schätzungen neige.«

»Dann machen Sie jetzt einfach mal 'ne Ausnahme«, verlangte ich.

Er schüttelte den Kopf und verzog unangenehm berührt das Gesicht. Er war es sicher nicht gewohnt, so angegangen zu werden.

»Achtzig Prozent, es ist eben ein großes Risiko.« Er strafte mich mit bösen Blicken. »Sind Sie jetzt zufrieden?«

»Nein, natürlich nicht.« Luisa klammerte sich panisch an mich. »Sie sind sensibel wie ein Kühlschrank.«

»Was wollen Sie eigentlich? Diese junge wunderschöne Frau wird leben, ist das etwa nichts?« Er wandte sich abrupt ab. Im Türrahmen blieb er noch einmal stehen. »Das ist mehr, als ich heute Morgen erhofft und erwartet hatte.«

Luisa wedelte wild mit den Armen und tippte erneut auf ihr Smartphone.

»Wann können wir operieren?«, las ich vor.

Er kam zurück. »In zwei Tagen, dann können wir eine weitere Narkose setzen. Ich werde so schonend wie möglich vorgehen.« Er lächelte wahrhaftig. »Ich würde Sie sehr gern singen hören, Luisa. Wirklich. Gute Nacht.«

Sie reichte mir ihr Handy.

»Okay, du bist müde, Kleines, das ist ganz normal. Schlaf ruhig, ich werde hierbleiben.« Sie schüttelte energisch den Kopf und deutete unmissverständlich auf die Tür. »Ich soll gehen?« Sie nickte. »Na gut, noch fünf Minuten, und morgen früh bin ich wieder zur Stelle.«

Auf dem Parkplatz des Krankenhauses suchte ich wahrhaftig ein paar Minuten meinen gelben Plastikbomber, ehe mir einfiel, dass wir ja mit Alicias Clio gekommen waren. *Verdammt, reiß dich zusammen,* ermahnte ich mich. Kurz vor einundzwanzig Uhr. Die Sonne meinte es noch gut, zu gut, für mein Befinden. Ich fühlte mich ein wenig schwindelig. Eindeutig zu wenig getrunken den Tag über. Seufzend zwängte ich mich hinter das Lenkrad. Natürlich keine Klimaanlage.

Noch bevor ich den Motor angelassen hatte, schwang die Beifahrertür auf, und ein großer, hagerer Mann in einer grauen Jogginghose und einem schwarzen Hoodie setzte sich in den Wagen. Erst als er die Kapuze ein wenig anhob, erkannte ich meinen ungebetenen Gast. »Bruder Malachias … Sie schon wieder.«

»Fahren Sie los«, verlangte der Eulenbruder. Nervös hetzte sein Blick hin und her. »Los doch, fahren Sie endlich!«

»Was soll der Mist, werden Sie etwa verfolgt?« Der Motor sprang röchelnd an. Ich setzte zurück und bog dann auf die Hauptstraße Richtung Palamos ab. »Nun reden Sie schon.« Malachias drehte den Oberkörper halb herum, beobachtete den Verkehr hinter uns. »Also wirklich …«

»Die haben Jaime an ein Kreuz genagelt«, stieß er verbittert hervor.

»Ich habe es mit eigenen Augen sehen müssen, aber hören Sie jetzt gut zu. Ich habe wirklich andere Sorgen, ich will mit der ganzen Sache nichts mehr zu tun haben. Wir haben die Mails entschlüsselt und Ihnen zukommen lassen. Jetzt ist Schluss damit. Ich bin raus!«

Er lachte tonlos. »Haben Sie nicht das Schild gelesen, das man dem armen Jaime um den Hals gebunden hat? Sie sind ein Verräter, Crawley!«

»Verräter. Was für ein Blödsinn! Ich bin nicht mal Spanier, geschweige denn Katalane. Wahrscheinlich ist Jaime damit gemeint und nicht ich.« Da sprudelte mehr Hoffnung als Zuversicht aus mir heraus. »Das Ganze ist doch Humbug. Wer kauft denn die Madonna für dreizehn Millionen und hat als Höchstbietender die Statue nicht? Stattdessen dieses dämliche Rätsel durch den Verkäufer. Das ergibt doch alles keinen Sinn.«

»Jemand hat womöglich im letzten Moment kalte Füße bekommen und möchte doch nicht, dass die Madonna verscherbelt wird«, vermutete Malachias.

»Ein bisschen spät, diese Erkenntnis.«

»Der Käufer wiederum vermutet wohl, dass die Bruderschaft und Sie unter einer Decke stecken und *La Moreneta* in unserer Obhut ist«, fuhr er fort.

»Das ist ja lachhaft. Ihre Bruderschaft will *La Moreneta* beschützen, und ich werde mir das Ding sicher nicht ins Wohnzimmer stellen.« Unwillkürlich trat ich aufs Gaspedal. »Warum wurden Jorge und Jaime so bestialisch ermordet?«

»Ich vermute, man wollte den Aufenthaltsort der Kleinen Braunen durch Folter erzwingen. Dreizehn Millionen sind kein Pappenstiel.« Ich bog von der Schnellstraße ab. »Was tun Sie da?«

»Ich schmeiße Sie in Sant Antoni raus. Meine Tochter ist krank. Ich habe keine Zeit, mich mit diesem religiösen oder auch nationalistischen Scheiß auseinanderzusetzen.« Kurz vor der Interhome-Filiale hielt ich an. »*Adios, buenas noches.*« Ich war wirklich richtig sauer.

»Man kann seinem Schicksal nicht entgehen, Señor Crawley. Das werden auch Sie noch schmerzhaft lernen.« Der Eulenbruder zog sich die Kapuze wieder über den Kopf und stieg aus.

»Blah blah, ich kann auf solche Sprüche wirklich verzichten. Sie und Ihre verbliebenen Ordensbrüder sollten mit der Polizei zusammenarbeiten. Alles andere macht keinen Sinn. Inspektor Robles ist absolut vertrauenswürdig und würde Sie gern treffen.«

»Nur Jorge war ein Bruder, Jaime bloß ein Anwärter, ein Adept. Er sollte der fünfte Bruder werden.« Malachias verzog das Gesicht. »Und mit der Polizei verhandele ich nicht. Wir können niemandem trauen.«

»So, na, dann bleiben halt noch drei Eulen, auch egal.« Ich zog die Beifahrertür kräftig zu. »Lassen Sie mich und meine Freunde gefälligst in Ruhe.« Mit quietschenden Reifen kurvte ich durch den Kreisverkehr, fuhr dann den Berg hinauf.

Das Handy fiepte. Eine WhatsApp-Nachricht. *Bin bei Audrey und Flores, mi corazon, Alicia.* Also eine Etage tiefer parken.

Das Drei-Mädel-Haus war hell erleuchtet. Alicia empfing mich mit einer innigen Umarmung. Flores reichte einen trockenen Tempranillo Rosé. Ich berichtete ausgiebig über Luisas Diagnose und die bevorstehende Operation.

In die allgemeine Betroffenheit platzte ein Katzenpärchen, das schnuppernd in Richtung Hartwurstscheiben schielte. Mein Luzifer und eine mir unbekannte junge Katzendame.

»Darf ich vorstellen, Arty, das ist die kleine Amaia. Sie wohnt jetzt bei uns.« Audrey nahm das kohlrabenschwarze Kätzchen auf den Arm. »Luisa hat sie nach der ersten großen Liebe deines Helden Jack Dawson benannt.«

Luzifer sah mich fragend und, wie mir schien, ein wenig verlegen an.

»Na, da hast du aber eine tolle Eroberung gemacht, mein Lieber.« Ich kraulte meinen Kater hinter den Ohren. »Glückwunsch, dann wirst du ja wohl ausziehen.« Luzi gähnte ausgiebig. Das signalisierte wohl Zustimmung. Wir belohnten das zauberhafte Pärchen mit reichlich Salami. Zufrieden schnurrend verabschiedeten sich die frisch Verliebten.

Ich berichtete von der neuerlichen Begegnung mit Bruder Malachias. Audrey schüttelte nachdenklich den Kopf.

»Lasst uns mal versuchen, die Puzzleteile zusammenzusetzen. Jemand tauscht in Montserrat die Madonna gegen eine Replik aus, startet dann im Darknet eine Auktion. Die Statue geht für dreizehn Millionen Euro weg. Die Kohle wird auf ein Schweizer Nummernkonto überwiesen. Bis hierhin ist alles schlüssig, zwar ein übles Verbrechen, aber in der Abfolge nachvollziehbar. Jetzt aber wird es wirr. Der Käufer gelangt offensichtlich nicht in den Besitz der teuer erworbenen Statue, stattdessen bekommt er ein Rätsel serviert.« Sie sah achselzuckend in die Runde. »Was soll das? Der muss sich verarscht hoch zehn vorkommen.«

»Und macht die Bruderschaft der Eulen als Drahtzieher ausfindig«, griff ich ihren Gedankengang auf. »Diese Dumpfbacken wiederum wissen nur, dass der Käufer wahrscheinlich aus Calonge kommt. Was tun sie? Mieten ausgerechnet die leerstehende Russenvilla vis-à-vis. Damit komme ich, beziehungsweise kommen wir alle ins Spiel. Audrey hat die abgefangenen Mails geknackt, Alicia und ich haben sie auf dem Friedhof deponiert.«

»Was der oder die Käufer herausbekommen haben«, seufzte Flores.

»Aber Leute …« Ich verteilte den Rest von dem fruchtigen Rosé. »Das alles ist nebensächlich. Es geht um Luisa, nur das ist wichtig.«

»Nicht wenn du an ein Kreuz genagelt wirst, mein Lieber«, stellte Audrey trocken fest. »Dann kannst du deiner Kleinen auch nicht helfen.«

»Sehr richtig«, bekräftigte Alicia. »So geht es nicht weiter.«

Alle drei sahen mich durchdringend an.

»Na gut, was schlägt also das Triumvirat vor?«, fragte ich resignierend.

»Wir müssen nach Montserrat.« Audrey ließ keinen Zweifel aufkommen. »Je eher, desto besser. Wir müssen den Eulenbruder vor Ort kontaktieren und nochmal mit dem Abt sprechen. Der muss doch was wissen.«

»Ein durch und durch beschissener Plan«, maulte ich. »Wann soll das über die Bühne gehen? Luisa wird übermorgen operiert.«

»Wie du so treffend bemerkt hast … übermorgen«, konterte meine Agentin. »Es bleibt der ganze morgige Mittwoch.«

»Aber …«

»Kein aber«, fiel mir ausgerechnet Alicia ins Wort. »Ich bleibe morgen den ganzen Tag im Krankenhaus, und du fährst mit Audrey …«

»Und mit mir«, ergänzte Flores schnell.

»… und Flores nach Montserrat. Seht zu, dass ihr diesen Mist aus der Welt schafft.« Alicia verschränkte beide Arme vor der Brust. Da war kein Widerspruch denkbar.

»Ich beuge mich der Inquisition«, gab ich stöhnend nach.

Montserrat

Um kurz nach sieben trottete ich durch unseren schräg abfallenden Garten hinunter zur Casa, vorbei an den Zitronenbäumen, die bereits ordentliche Früchte trugen. Eine schöne Abkürzung, man sparte die Serpentine zur darunter liegenden Straße. Die Sonne erhob sich schon majestätisch aus den blauen Wassern der Bucht. Joschi spielte mit einer Maus, die verzweifelt versuchte, dem Alpha-Kater zu entkommen.

»Wie wäre es mit ein bisschen Gnade, du alter Killer?« Ein treffsicherer Schlag – die Maus war Geschichte. Joschi sah mich Beifall heischend an. »Okay, gut gemacht, so ist halt das Leben. Bring den Fang zur Chefin, die wird dich bestimmt belohnen.« Würdevoll machte er sich, die tote Maus im Maul, auf den Weg zu Alicia.

Audrey und Flores warteten einsatzbereit am Jeep der Tierärztin. Beide Frauen trugen schneeweiße Blusen, khakifarbene Shorts und bequeme schwarze Slipper.

»Liebe Güte, ihr seht verboten gut aus«, stellte ich bewundernd fest. »Fehlen eigentlich nur noch Knarre und Patronengurt. Ist das wirklich das angemessene Outfit für ein Kloster?«

»Mönche sind auch nur Menschen«, erklärte meine Agentin leichthin.

»Männer, Audrey, es sind verkorkste Männer und keine Menschen.«

»Ach, Arty.« Ich bekam einen Schmatzer auf die Wange. »Du bist im Gegensatz dazu schon ein liebenswertes Exemplar der Gattung. Jetzt aber los, klären wir den Mist auf, zumindest so weit, dass wir aus der Schusslinie sind.«

»Das erinnert mich an die große Schlacht vor Tamariu«, meinte Flores. Ich bekam den Beifahrersitz zugewiesen. »Als jede Hoffnung auf einen Sieg dahin war und die vereinten Völker das Lied der Hohen Mutter und Mutter Sonne sangen, Arm in Arm auf den brennenden Schiffen, im Angesicht des Todes. Eine wundervoll ergreifende Atmosphäre, die du an dieser Stelle der *Chroniken* geschaffen hast.« Ich sah verlegen auf meine Fußspitzen. »So was Krasses musst du in den nächsten Teil auch wieder einbauen. Ich habe wirklich mitgelitten.«

»Ich werde mich bemühen«, versprach ich halbherzig. Ich hielt wenig davon, Szenen zu wiederholen.

Da der größte Teil der gut einhundertdreißig Kilometer über die *autopista* sieben zu bewältigen war, kamen wir zügig voran. Meine Gedanken waren bei Luisa, die den heutigen Tag irgendwie zappelig überstehen musste. Warten war für sie, genauso wie für mich, ein Gräuel. Flores schob die Debut-CD von Amy MacDonald in den Player. *This is the life.* Wie passend …

»Das wird schon, Arty.« Audreys Kopf schob sich zwischen den Kopfstützen nach vorn. »Luisa wird das überstehen. Wir müssen eins nach dem anderen abarbeiten. Erst mal raus aus diesem verqueren Mist, dann muss sie gesund werden, und letztendlich freuen wir uns alle auf eine Fortsetzung der *Chroniken*.«

»Ganz schönes Programm«, brummte ich. »Wir wissen ja nicht mal, ob diese Exkursion was bringen wird.«

»Oh, glaub mir, Flores und ich können verdammt hartnäckig und sehr überzeugend sein.«

Ja, dachte ich. *Daran besteht allerdings kein Zweifel.*

Das Gebirge Montserrat beherbergt in einer nach Süden offenen Schlucht die Benediktinerabtei *Santa Maria de Montserrat,* ein beeindruckendes Kloster, das in luftiger Höhe von siebenhundertzwanzig Metern über die Ebene wacht. Mutige Autofahrer wagen den Aufstieg über schmale Serpentinen, bequemere Besucher nutzen die 2003 wiedereröffnete Zahnradbahn *Cremaliera,* die vom Bahnhof *Monistrol* die Steigung hinauf zum Kloster zu einem Erlebnis macht.

Um Punkt neun Uhr trafen wir am Fuß des Berges ein.

»Ich fahre rauf, das schaffe ich locker«, verkündete Flores selbstbewusst.

»Auf keinen Fall!«, intervenierte ich sofort. »Es sei denn, du möchtest, dass ich deinen Jeep mit meinem Mageninhalt dekoriere.«

»Himmel, Arty, du bist aber ein Weichei«, kommentierte Audrey. »Die paar Meter aufwärts sind doch ein Klacks.«

»Oh nein, meine geschätzten Amazonen. Das dachte ich auch, als ich vor Jahren einmal selbst mit dem Wagen raufgezockelt bin. Bis mir ein Reisebus entgegenkam. Du ahnst gar nicht, wie eng die Straße an manchen Stellen ist, Flores. Ich habe Blut und Wasser geschwitzt, das brauche ich nicht noch einmal.«

»Na schön«, lenkte sie ein. »Dann eben die Bahn. Du zahlst.« Sie parkte, und ich kaufte die Tickets. Dreizehn fünfzig pro Nase. Auch kein Schnäppchen. Gut fünfzehn Minuten dauerte die Fahrt, dann gelangten wir an der Endstation über eine Treppe hinauf zum Plateau. Der Zug war schon fast komplett ausgebucht. Asiatische Touris in Legionsstärke. Ein wildes Schnattern, Selfies, gefrorene Lächeln, makellose Zahnreihen in gepuderten Gesichtern. Immerhin erwartete uns eine atemberaubende Aussicht durch den Talausschnitt. Wie ein Adlerhorst schmiegten sich die Gebäude an die Felswände.

»So, ihr erleuchteten Töchter der Sonne, was nun?«, fragte ich, ein wenig missmutig. Viel lieber wäre ich bei Luisa gewesen.

»Wir müssen irgendwas Spektakuläres inszenieren, damit der Eulenbruder auf uns aufmerksam wird«, schlug Audrey vor.

»Ich könnte die Sardana tanzen, das wird jede Menge Schaulustige anlocken. Die Leute werden sich kaputtlachen, und ihr könnt mit dem Hut rumgehen. Oder du singst *God Save The Queen*, Audrey, das wird auch gruselig.«

»Ist er immer so anstrengend?«, fragte Flores schmunzelnd.

»Meistens. Normalerweise kann man ihn mit einem guten Glas Rotwein oder Whiskey ruhigstellen.« Audrey hakte sich bei ihr ein. »Gehen wir erst einmal in Richtung Basilika.«

»Du Mann mit zwei Frau, machen Foto von mir vor Mauer?« Gebrochenes Englisch. Eine zeitlos gealterte, winzige Asiatin mit einem blassen Porzellangesicht, aus dem grellroter Lippenstift wie ein Leuchtfeuer hervorstach, reichte mir ihr Handy. Gruselig. Ich drückte dreimal hintereinander ab. Nur schnell raus aus diesem Albtraum. »Nix nicht fertig!«, beschwerte sie sich. »Erst lachen, dann Foto.« Sie drohte wahrhaftig mit einem Spinnenfinger. »Machen neu!«

»Ja, streng dich doch mal an«, goss Audrey kichernd Öl ins Feuer. »Warten bis lächelt.« Meine Begleiterinnen schienen sich köstlich zu amüsieren.

Die Oma öffnete den oberen Knopf einer rüschenbesetzten Bluse und drapierte sich vor der Begrenzungsmauer. Dann produzierte ihr Mund ein schauerliches Lächeln. Der Unmut und das Misstrauen einer Million Schwiegermütter spiegelten sich auf der verstörenden Maske. Wenn es einen weiteren Teil von Stephen Kings *Es* geben sollte, dann wäre diese Dame der perfekte Ersatz für den abgemurksten Clown.

»Jetzt du kannst machen Foto«, flüsterte mir Audrey ins Ohr. »Alles viel gut, Arzt kommt gleich.« Ich vollendete mein Werk.

»Vielen danke.« Ich entging gerade noch einem Händeschütteln. »Jetzt von schwarze Frau Bilder machen viele.«

Nur zu, dachte ich schadenfroh. *Mach ruhig hundert Fotos von der Fälschung.* Sie verschwand in der Menge. Zwischen den Touristengruppen bewegten sich einige Kuttenträger mit ernsten, freudlosen Mienen. Die Szene erinnerte mich an diverse Filme, wenn Feldlager von Soldaten gezeigt werden. Andauernd marschieren irgendwelche Truppen durchs Bild, ohne Sinn und Verstand. Das galt sogar für meine geliebte *Star Wars*-Reihe. Sturmtruppler auf blank gewienerten Böden latschen im Todesstern ziellos hin und her.

»Señor Crawley?«

Wie aus dem Nichts stand ein Mönch hinter uns. Blass, schmal, lang aufgeschossen, eine große Nase in einem aufgeweckten Gesicht. Schwarze Locken, zu einem seltsamen Nest frisiert, die Füße in groben Sandalen.

»Liebe Güte, ein Wunder«, stöhnte ich überrascht. »Wo kommen Sie denn her? Aus dem Boden gewachsen, oder können Sie teleportieren?«

»Bruder Malachias hat geahnt, dass Sie hier auftauchen würden, und mir ein Foto geschickt.« Eine angenehme, warme Stimme. »Ich bin Bruder Raul.«

»Also ein Eulenbruder«, stellte Audrey zufrieden fest. »Siehst du, Arty, manche Probleme lösen sich von ganz allein.«

»Bitte nicht so laut, Señora, hier haben die Wände Ohren, und der Wind trägt die Stimmen in seinem Bauch.« Raul deutete mit seiner langen Nase nach vorn. »Warten Sie noch ein paar Minuten, dann gehen Sie durch das linke der fünf Tore, die in den Innenhof führen. Schließen Sie sich einfach einer der Touristengruppen an, dann fallen Sie nicht auf. Es gibt elf Türen im Säulengang linker Hand. Ich werde die dritte aufschließen. Versuchen Sie, möglichst ohne großes Aufsehen zu erregen, dort einzutreten. Ich werde Sie erwarten.«

»He, was soll das ganze Theater?«, wollte ich wissen, aber er marschierte bereits mit gefalteten Händen davon. »Das ist ja schlimmer als *Im Namen der Rose*.«

»Jedes Kloster hat seine Geheimnisse, Arthur«, erklärte Flores düster. »Und die sind eher selten positiver Natur.«

»Bravo, jetzt fühle ich mich schon viel besser.« Die nächste Bahn kam an und entließ diesmal einen Haufen lärmender Briten. Meine Landsleute präsentierten sich stark angegrillt in leuchtendem Puterrot. Mein Blick schweifte über den sich zunehmend füllenden Vorplatz. »Verdammt, auch das noch.«

»Arty, was …« Audrey runzelte besorgt die Stirn.

Ich zog die beiden zum Geländer. »Nicht umdrehen, einfach die Aussicht genießen, Mädels.« In unserem Rücken eilte Alejandra Osorio vorbei. Die Kuratorin des Klosters San Juan de la Pena schien es sehr eilig zu haben.

»Was macht die denn hier?« Audrey drehte vorsichtig den Kopf. »Keine Angst, Arty, die Femme Fatale hat keine Augen für uns Sterbliche.« Schon verschwand die Vertraute des Abtes durch eine kaum sichtbare Tür. »Wir sind am richtigen Ort, das spüre ich.«

»Bist du eigentlich bewaffnet?«, fragte ich.

»Was denkst du?« Ihr Lächeln war wirklich einmalig.

»Ich ziehe die Frage zurück.«

»Los jetzt«, drängte Flores. »Mischen wir uns unter den großen Trupp Engländer. Die gehen genau in unsere Richtung.«

Der Fremdenführer ließ sich gerade ausführlich über die Mythen und Legenden der Abtei aus. »Montserrat heißt wörtlich übersetzt *zersägter Berg*«, erklärte der ergraute Katalane in fließendem Englisch. »Einige Mystiker vermuten den Heiligen Gral in einer der unzähligen zerklüfteten Höhlen.«

»Na bitte, da lernen wir sogar noch was«, brummte ich.

»Richard Wagner soll sich für die Szenerie seiner Oper *Parsifal* an den Felsen des katalanischen Berges orientiert haben.«

Wir schoben uns durch das linke Tor. Da waren die Türen. Audrey und Flores drängten einige Inglés geschickt nach außen, sodass wir scheinbar unbeabsichtigt ebenfalls ausweichen mussten. Vor der dritten Tür blieben wir einfach stehen. Als das Gewusel um uns herum unübersehbar war, drückte die Tierärztin mit ihrem Po die Tür auf. Ein Schritt über die Schwelle, die Pforte schnell wieder geschlossen. Für einen Moment herrschte absolute Dunkelheit, dann flammte eine Fackel auf. Bruder Raul sah uns mit einem schiefen Lächeln an. Insbesondere die beiden Frauen schienen ihn zu irritieren.

»Folgen Sie mir«, forderte er uns auf.

»Immer langsam, werter Bruder«, entgegnete ich misstrauisch. »Wer sagt uns denn, dass das hier keine Falle ist?«

»Das würde wohl kaum Sinn machen. Jorge und Jaime wurden ermordet, die Madonna ist verschwunden.« Er machte ein bekümmertes Gesicht. Im flackernden Schein der blakenden Fackel wirkten seine Augen übernatürlich groß. »Das Ende ist nah.«

»Was soll das nun wieder bedeuten?«, fragte ich fröstelnd.

»Die Prophezeiung des Minkus.«

»Lieber Himmel, Raul, Audrey und ich sind Engländer. Lassen Sie uns nicht dumm sterben.« Ich schnaufte unwillig. »Entweder

Sie reden Tacheles oder Sie halten den Mund. Das ist hier keine Ratestunde.«

»Im Winter 1813 suchte eine ansteckende Grippewelle das Kloster heim. Viele Mönche starben, denn es gab keine Medikamente. Über Wochen waren die Wege ins Tal unzugänglich. Von den fünf Eulenbrüdern überlebte nur der greise Minkus. Es gelang ihm gerade noch rechtzeitig, einen Nachfolger zu ernennen, der nach der Krise den Orden wiederbelebte. Auf dem Totenbett prophezeite er, dass drei furchtbare Plagen das Land *La Morenetas* heimsuchen würden, sollte die Madonna jemals das Gebirge verlassen müssen.«

»Das Gebirge? Ich dachte ganz Katalonien wäre gemeint«, warf Audrey ein.

»Das ist ein Trugschluss.« Rauls Stimme zitterte. »Die Kleine Braune kann nur hier ihre Wirkung entfalten.«

»Welches Unheil hat der gute Minkus denn vorhergesagt?«, fragte ich.

»Eine rote Flut wird die Meere verseuchen, die Sonne wird sich verdunkeln und das Land in ewige Finsternis hüllen, letztendlich ereilt uns ein furchtbares Erdbeben, das die Ebene für immer unfruchtbar hinterlässt.« Raul schwenkte nervös die Fackel. »Können wir jetzt gehen? Wir haben keine Zeit zu verlieren.«

Er führte uns durch einen schmalen, unbeleuchteten Korridor, der in einem großzügigen Gewölbe mündete. In den Wänden eingelassen waren Kassetten, wie ich sie von spanischen Friedhöfen kannte. Der Mönch entzündete eine zweite Fackel, die in einer Halterung an der Wand hing. An der Stirnwand ließen sich drei weitere offene Gänge erahnen.

»Jetzt reicht es aber.« Audrey baute sich angriffslustig vor dem Geistlichen auf. »Was ist das hier?«

»Einer von drei unterirdischen *cementerios«*, erklärte er bereitwillig. »Die einzigen Orte in diesem Kloster, die nicht mit versteckten Kameras überwacht werden. Nur deshalb sind wir hier.«

»Ein Friedhof unter der Erde?«, wunderte ich mich. »Das ist ungewöhnlich.«

»Es sind die verstorbenen Benediktiner, die hier ihre letzte Ruhestätte finden. Und zwar die der letzten etwa hundert Jahre. Die Überreste der älteren Brüder befinden sich ein Stockwerk tiefer in der Halle der Gebeine.« Raul schloss kurz die Augen. »Selbst die Zellen sind nicht privat.«

»Das ist gruselig.« Audrey sah sich die Inschriften einiger Fächer an. Namen der Verstorbenen, dazu das Datum des Ablebens. »Eingemauerte Urnen, oder?« Raul nickte.

»Wohin führen die drei Gänge?«, wollte Flores wissen.

»Der linke Pfad in die bereits angesprochene Kammer der Gebeine …«

»Wir verzichten auf Knochen und Totenköpfe«, fiel ich ihm ins Wort.

»Der mittlere Gang endet in der *Biblioteca Prohibida* …«

»Die verbotene Bibliothek?«, staunte ich nicht schlecht. »Donnerwetter, das wäre ja einen Besuch wert.«

»Kommt nicht in Frage!«, schimpfte Audrey. »Hast du vergessen, warum wir hergekommen sind?« Ich produzierte einen Schmollmund.

»Der dritte Weg ist extrem beschwerlich, weil er seit Jahrzehnten nicht mehr genutzt wird. Er führt hinauf auf den Berg bis zum Plateau der Winde. Von dort aus kann man über schmale Wege verschiedene Eremitagen erreichen. Längst aufgegebene Einsiedeleien. Dorthin konnten sich Mönche, Eremiten, aber auch Laien zurückziehen, um in der Abgeschiedenheit der Berge zu Gott zu finden.«

»Toll, alles sehr beeindruckend, aber wir sind aus einem anderen Grund hier«, brachte uns Audrey auf den Boden der Tatsachen zurück. »Wer steckt hinter dem Diebstahl der Madonna? Wer hat sie jetzt, und warum wird ein harmloser Fantasy-Autor in diese Intrigen hineingezogen?«

Raul setzte sich auf eine steinerne Bank inmitten des Raumes.

»Wir, die Loge der Eulen, vermuten, dass unser Abt Gabriel Soler erpresst wurde. Man hat ihn wohl gezwungen, dem Austausch der Figuren zuzustimmen. Ohne seine Mithilfe wäre der Diebstahl sicher nicht möglich gewesen.«

»Das klingt sehr schwammig, guter Hirte.« Ich kopierte Inspektor Robles und wippte ein wenig auf den Fußballen. »Wodurch ist Soler erpressbar?«

»Nun, ich weiß nicht, wie ich es sagen soll«, wand sich der Mönch.

»Alles klar.« Audrey lächelte spöttisch. »Frauen oder Männer?«

»Nun ja.« Er faltete seine Hände und fixierte die Wand. »Die einen sagen so, die anderen … Der Abt ist ein sehr … aufgeschlossener Mensch.«

»Sicher.« Die beiden Frauen schüttelten ihre Köpfe. »Weiter im Text. Wer hat ihn unter Druck gesetzt?«

»Da sind wir uns nicht sicher.« Raul zuckte mit den Schultern. »Womöglich sind es Gegner der Unabhängigkeitsbewegung, die Katalonien schaden wollen.«

»Unsinn, das ist doch viel zu kompliziert, mindestens dreimal um die Ecke gedacht«, wies ich die Vermutung ab. »Da hat die Zentralregierung ganz andere Mittel zur Verfügung, wie wir gesehen haben.«

»Oder eben ein fanatischer Sammler mit viel Geld.« Raul stöhnte resignierend. »Jemand, der die Kleine Braune für sich ganz allein haben will.«

»Klingt schon einleuchtender«, brummte ich.

»Wie passt diese Kuratorin aus dem anderen Kloster ins Bild?«

»Sie steht unserem Abt womöglich sehr nahe.«

»He, kleiner Mönch, nicht flüstern, okay?«, sagte Audrey. »Das kann ich nicht haben. Diese Osorio teilt also mit eurem Abt die Kiste.« Bruder Raul lief rot an. »Mehr steckt da nicht dahinter?«

»Ich denke doch, das reicht!«, sprudelte es aus ihm hervor. »Das Zölibat …«

»Ist gequirlter Unsinn.« Ach, wie ich es liebte, wenn meine Amazone zu großer Form auflief. »Na schön, aber warum Arthur? Was soll das?«

Der Mönch sah mich durchdringend an. »Señor Crawley ist ein guter Freund von Señor Gonzales Garcia, nicht wahr?«

»Unser Bürgermeister? Na ja, ich würde ihn nicht gerade als *guten Freund* bezeichnen, aber ja, ich bin gewählter Stadtrat, und wir schätzen einander. Warum?«

»Der *alcalde* ist einer der verbliebenen Brüder des Ordens der Eulen.«

»Tatsächlich?« Ich war verdattert. »Na und?«

»Die Täter, die Jaime und Jorge umgebracht haben, werden Jagd auf die verbliebenen Logenbrüder machen, weil sie vermuten, dass wir die Madonna in Sicherheit gebracht haben. Sie werden nicht eher ruhen, bis sie die Statue haben.« Raul erhob sich. Er war ein kleines Stück größer als ich. »Und Sie, Señor Crawley, stehen auf der Liste der Verdächtigen. Sie kennen Malachias, Sie sind ein Freund des Bürgermeisters, kennen die zwei Eulenbrüder, Sie haben die abgefangenen Mails übersetzt … da liegt doch ein Verdacht nahe.«

»Scheiße«, entfuhr es mir.

»… nämlich, dass Sie zur Loge gehören.«

»Aber ich bin Brite«, erwiderte ich lahm.

»Ausnahmen bestätigen die Regel«, gab der Mönch trocken zurück.

»Tja, das ergibt halbwegs Sinn«, bekräftigte Flores.

»Ach wirklich? Finde ich absolut nicht.« Jetzt musste ich mich setzen. »Und was machen wir jetzt mit dieser bahnbrechenden Erkenntnis?«

»Der Abt muss mehr wissen«, sagte Audrey kühl. Ich kannte diesen Blick. Damit hatte sie sicher so manchen Verleger klein bekommen.

»Er wird uns nicht gerade mit offenen Armen empfangen«, vermutete Flores. »Außerdem befinden wir uns im Feindesland.«

»Und Luisa wird morgen operiert. Wir werden auf keinen Fall hierbleiben!« Das war eine Grenze, die ich nicht überschreiten würde. »Die Kleine braucht mich.«

Audreys Stirn legte sich in Falten. Ein Ausdruck höchster Konzentration. Ich fühlte mich total daneben. Die Sorge um die Gesundheit meiner Tochter konkurrierte mit der düsteren Vorstellung, dass mein Leben womöglich ebenfalls in Gefahr war. Vielleicht nicht nur meines. Wie leicht konnte man Alicia als Druckmittel gegen mich einsetzen.

»Wie kommen wir an Soler heran, Raul?«, fragte meine Agentin.

»Er hält heute die Mittagsmesse, direkt nachdem der Knabenchor das *Virolai*, das Loblied auf die Mutter Gottes von Montserrat, gesungen hat.«

»Das wäre in etwa drei Stunden«, seufzte ich genervt. »Ist ja auch nicht gesagt, dass wir Soler allein zu fassen bekommen.«

»Wir werden es dennoch versuchen, Arty. Er muss schließlich wissen, wer der Käufer ist, dann sind wir einen guten Schritt weiter.« Audreys Ausführungen ließen mal wieder keine Gegenargumente zu. »Nur Mut, *Capitano*.«

Die Messe überstand ich nur, weil Flores und Audrey mich praktisch eingekreist hatten. Keine Fluchtmöglichkeit, die Bodyguards schlafen nie. Halb vor mich hindösend und in Gedanken bei Luisa ertrug ich die knapp dreißig Minuten. Eine abgespeckte, uninspirierte Show für die Touris. In der Zwischenzeit hatten wir das Museum besucht und *La Moreneta* in ihrem verglasten Schrein in der Apsis aus allen erdenklichen Winkeln abgelichtet. Von der Predigt, in flottem Katalanisch abgehalten, bekam kaum einer der Anwesenden etwas mit, dennoch erspähte ich auf einigen asiatischen Gesichtern ein verzücktes Lächeln. Als dann der Chor zum Ausklang das Loblied auf die Mutter Gottes intonierte, flossen tatsächlich ein paar Tränen. Endlich war es geschafft.

»*Vamos,* Arty. Bruder Raul hat, wie abgesprochen, den Abt in ein Gespräch verwickelt.« Audrey und Flores zogen mich praktisch hinter sich her. Rigoros bahnten sich die zwei einen Weg durch die geläuterte Menge, die geballt dem Ausgang zustrebte.

»Señor Soler!« Noch bevor der Abt durch eine Seitentür hinter dem Altar verschwinden konnte, verbaute Audrey ihm den Fluchtweg. »Auf ein Wort.«

In seinen Augen blitzte es auf. Er hatte uns erkannt.

»Ich habe es eilig«, gab er kühl zurück.

Sie lächelte gewinnend. »Oh, ich denke, Señora Osorio wird Sie sicher ein paar Minuten entbehren können.« Der Mann Gottes sah sich misstrauisch um. Durch die beiden großen Flügeltüren strömten bereits die nächsten Pilger in die Kathedrale, die einen Blick auf die Kleine Braune zu erhaschen gedachten und natürlich Fotos schossen, als gäbe es kein Morgen mehr. »Vielleicht an einem weniger exponierten Ort?«

»Was wollen Sie denn überhaupt hier? Ich denke, Señor Crawley weiß nichts, also kann er auch nicht helfen.« Solers schwere

Metallbrille rutschte ein wenig den Nasenhügel herab. Ihm war sichtlich unwohl, und er schwitzte.

»Wir haben mal ein paar Bilder von der falschen Madonna geschossen«, schoss ich einen giftigen Pfeil ab. »Schon übel, oder? Die vielen betrogenen Pilger.«

»Woher …«

»Ach, kommen Sie, Pater. Sparen Sie sich das Theater.« Ich schüttelte genervt den Kopf. »Die Madonna wurde gestohlen, beziehungsweise schändlich verhökert, das wollen Sie hoffentlich nicht leugnen.« Seine Augen verengten sich zu Sehschlitzen. »Können wir jetzt reden – oder sollen wir mal eine kleine Inszenierung starten? Das wird ein schöner Aufruhr, wenn wir das Gerücht verbreiten, dass die Statue dort nur eine recht passable Kopie ist.«

»Na schön, gehen wir in mein Büro.«

Raul war bereits wieder verschwunden. Der Mann hatte wirklich Talent. Solers Refugium befand sich in der zehnten Etage des Glockenturms. Ein Aufzug brachte uns hinauf. In einem voluminösen Sessel sitzend, die langen Beine übereinandergeschlagen, erwartete uns eine ironisch lächelnde Alejandra Osorio.

»Gabriel, du hast gar nicht erwähnt, dass wir Gäste erwarten.« Die Kuratorin schien sich umgezogen zu haben. Anstatt des biederen Hosenanzuges trug sie jetzt einen unverschämt kurzen schwarzen Rock und eine schimmernde graue Satinbluse. »Ah, mein Lieblingsautor, wie schön, Sie wiederzusehen, Arthur. Ich darf doch Arthur sagen?«

»Ist mir egal«, gab ich ziemlich unwirsch zurück.

»Sie wissen Bescheid, Alejandra«, stieß der Abt betreten hervor.

»Und zwar in vielerlei Beziehung«, ergänzte Audrey.

»Wie darf ich das verstehen, Señora Parker?«

»Die Madonna in der Apsis ist eine Replik, das Original wurde im Internet verschachert.« Nachdenkliches Schweigen. »Hören

Sie, das ganze Trara um *La Moreneta* interessiert uns nicht. Arthur ist in dieses Drama geraten, wie die Jungfrau zu ihrem Kind gekommen ist. Wir wollen nur raus aus dieser Nummer.«

»Sie befleißigen sich eines recht rüden Umgangstones«, stellte Osorio fest.

»Seien Sie froh, dass Miss Parker heute wohlwollend gestimmt ist«, sagte ich. »Wir wissen nicht, was Sie beide hier veranstaltet haben, und wir wollen es auch gar nicht wissen.«

»Was wir aber wissen wollen, ist, wer der Käufer der Statue ist, denn derjenige glaubt wohl, wir hätten die Madonna oder wüssten zumindest, wo sie ist«, ergänzte Audrey.

Der Abt und die Kuratorin sahen sich lange unschlüssig an, dann nickte sie.

»Es hat keinen Sinn, Gabriel, schenken wir diesen Amateur-Detektiven reinen Wein ein. Offensichtlich hat die Bruderschaft der Eulen ganze Arbeit geleistet und geplaudert wie ein Ketzer unter der Folter.«

»Interessanter Vergleich«, kommentierte ich schmunzelnd.

»Eines will ich vorausschicken: Nicht alles ist nur schwarz oder weiß, nicht alles ist so, wie es auf den ersten Blick den Anschein hat.« Seufzend erhob sich die attraktive Mittvierzigerin und ging zu dem großen Panoramafenster, das einen atemberaubenden Blick über den Vorhof des Klosters und die nach Süden offene Schlucht bot. »Beide Klöster sind pleite, sowohl San Juan de la Pena, als auch Montserrat.«

»Das kann ich kaum glauben«, meldete sich Flores zu Wort. »Tausende Touristen, täglich, Sie müssen zugeben, das klingt unglaubwürdig.«

Soler lachte zynisch. »Das Betreten der Klosteranlage kostet keinen Eintritt. Kulturgut, welches für jedermann frei zugänglich sein muss. Das ist ein Beschluss der Zentralregierung in Madrid, da hat das Regionalparlament kein Mitspracherecht. Lediglich für den Besuch des Museums dürfen wir Eintritt verlangen, allerdings ist auch der gedeckelt.«

»San Juan de la Pena bekommt gar nichts«, ergänzte die Kuratorin düster.

»Nun ja, die katholische Kirche nagt nicht gerade am Hungertuch.« Den Kommentar konnte ich mir nicht verkneifen.

»Das mag wohl sein«, erwiderte Soler. »Wir bekommen trotzdem nichts außer ein paar Almosen. Wir brauen kein Bier, keltern keinen Wein, und die paar Ministatuen und Andenken bringen keine nennenswerten Einnahmen. Um unsere Klöster und die darin lebenden Brüder zu schützen …« Noch einmal sah er Alejandra Osorio zweifelnd an. »… haben wir einen Plan geschmiedet.«

»Einen dreizehn Millionen-Euro-Plan«, vermutete Audrey kopfschüttelnd. »Sie haben die Madonna verkauft, um ihre Klöster zu retten?«

»Nicht verkauft, Miss Parker, nur … verliehen.«

»Verliehen?« Ich konnte nicht glauben, was ich gerade gehört hatte.

»Und doch war genau das der Plan«, erklärte Osorio. »Die Kleine Braune sollte für genau vier Wochen an den Meistbietenden ausgeliehen werden. Das würde niemandem auffallen, die Kopie ist vortrefflich.«

»Das ist doch beknackt«, echauffierte sich Audrey.

»Das ist so hirnrissig, dass ich fast glaube, Sie sagen die Wahrheit«, stöhnte ich. Abt und Kuratorin sahen verlegen zu Boden. »Okay, ihre Beweggründe mal dahingestellt … was genau ist denn nun passiert?«

»Das Geld wurde gebucht, und wir nahmen eines Nachts den Austausch vor, dann übergaben wir einem vertrauenswürdigen Bruder *La Moreneta* in einem gesicherten Schrein aus Hartplastik. Der Käufer teilte uns den Übergabeort mit, eine abgelegene Finca in der Urbanisation *Mas Pere* in Calonge, nur mit einem Allrad-Fahrzeug zu erreichen. Dort übergab unser Bote die Madonna dem Bieter.«

»Sind Sie wirklich so naiv, Pater, oder einfach nur dumm?«, warf ich ein. »Sie mussten doch damit rechnen, dass jemand, der bereit ist, so viel Geld ausgeben, die Statue für immer für sich beanspruchen könnte.«

»Wir waren verzweifelt.« Er nahm seine schwere Brille ab und verbarg sein Gesicht in den Händen. Osorio legte einen Arm um seine schmalen Schultern. Fast tat mir das schräge Pärchen leid.

»Sie müssen uns glauben, wir wollten nur das Beste für beide Klöster«, beteuerte sie. Erschreckenderweise klang die Geschichte in meinen Ohren zwar vollkommen idiotisch, aber glaubhaft.

»Also gut«, lenkte Audrey ein. »Sie haben zwar anscheinend zu viel Weihrauch inhaliert, aber wie dem auch sei … wer ist der Käufer?«

»Keine Ahnung.« Der Abt zuckte mit den Schultern. »Das Gebot war anonym, so wie die ganze Kommunikation.«

»Das glaube ich doch jetzt nicht. Sie verschiffen Kataloniens Heiligtum in einem Plastiksarg, ohne zu wissen, wer es bekommt?« Audrey blies beide Wangen auf und entließ geräuschvoll die Luft. »Arty, sag doch auch mal was.«

»Wir sollten zuerst mit dem Überbringer sprechen. Zitieren Sie den Burschen mal zügig herbei«, forderte ich Soler auf.

»Das wird leider nicht möglich sein«, antwortete er kläglich.

»Weil er gerade meditiert, oder was?«

»Nein, weil er … tot ist.«

»Das ist jetzt aber ein schlechter Film, oder?«

»Er wurde gekreuzigt.« Solers Stimme bebte. »Furchtbar, einfach nur schrecklich. Gefoltert und gekreuzigt. Der arme Jaime.«

»Moment mal.« Vor meinem inneren Auge erschienen die gruseligen Bilder auf dem Friedhof vor Romanya. Die Scheinwerfer, das gepeinigte Gesicht des Mönchs, die Nägel in seinen Armen und Schienbeinen. »Jaime war der Überbringer? Aber er ist … er war ein Mitglied der Bruderschaft, wenn auch erst ein Anwärter.«

»Das wussten wir ja nicht«, verteidigte sich Soler. »Jaime war ein äußerst gläubiger Mitbruder, ein Vorbild, ein lieber und vertrauenswürdiger Mensch.«

»Er hat den Käufer gesehen«, vermutete Audrey düster. »Deshalb musste er sterben. Und natürlich hat er die Madonna nicht weggegeben. Herrgott, die Bruderschaft hat sich dem Schutz der Kleinen Braunen verschrieben. Ausgerechnet Jaime sollte der Bote sein.«

»Aber das macht noch immer keinen Sinn!«, begehrte ich vehement auf. »Warum musste Jorge sterben, warum bin ich im Fadenkreuz? Wenn dieser Irre die Madonna hat, dann soll er uns gefälligst in Ruhe lassen.«

»Du triffst den Nagel auf den Kopf.« Sie sah wissend in unsere fragenden Gesichter. »Natürlich hat der Käufer die Statue nie bekommen. Jaime hat sie nicht ausgeliefert, das widerspricht seinem Gelübde als Beschützer. Ganz sicher war ihm dieses … *Geschäft* zuwider. Er muss sie versteckt haben, deshalb wurden er und Jorge gefoltert.«

»Aber sie haben nichts verraten, trotz Folter«, stellte Flores fest. »Stattdessen hat uns Jaime das Rätsel hinterlassen, damit wir die Chance haben, *La Moreneta* zurückzuholen.«

Wo war ich da nur hereingeraten? Alles, was ich wollte, waren Alicia, eine gesunde Luisa, ihre wunderbare Musik und meine Katzen. Na ja, ein guter Wein durfte auch nicht fehlen. Stattdessen steckte ich in einer unglaublichen Verschwörung. Ich sah Audrey ratlos an. »Was machen wir denn jetzt?«

»Aber das ist doch ganz einfach, Arty.« Meine Agentin lächelte kälter und überzeugender als Daniel Craig alias 007. »Wir lösen das Rätsel, bringen die Madonna zurück, überführen den oder die Mörder, lassen die Verbrecher von Robles verhaften und werden ganz nebenbei katalanische Nationalhelden.«

Die Stunde der Wahrheit

Grübelnd machten wir uns auf den Heimweg. Es war inzwischen sechzehn Uhr geworden. Gezwungenermaßen sahen wir uns zu einer Allianz mit dem Abt und der Kuratorin genötigt. Wir würden uns gegenseitig auf dem Laufenden halten.

»Ich werde mir mal Carles zur Brust nehmen«, verkündete ich grummelig. »Ein Eulenbruder, kaum zu glauben.« Augenblicklich wanderten meine Gedanken zu Luisa. »Ich rufe mal Alicia im Hospital an.« Sie nahm das Gespräch sofort an. »Wie ist die Lage, mi *corazón*? Wie ist unser Mädchen drauf?«

»Alles gut, mein Lieber. Schließlich sind ihre beiden Verehrer am Start.« Hörte ich da leisen Unmut in Alicias Stimme?

»Welche Verehrer denn?«

»Nun ja, da wäre zunächst Adrian Velasquez.«

Der Meeresbiologe. Ich atmete tief ein. »Ich dachte, der wäre längst weg.«

»Ist er nicht. Des Weiteren ein gewisser Tomas Brega, seines Zeichens Luisas größter Fan. Ein recht hübsches Bürschchen, wenn auch ein wenig zu gut gestylt, wie ich finde.« Ich hörte, wie Alicia eine Flasche aufschraubte und einen Schluck trank. »Da ist unser Forscher schon ein anderes Kaliber.«

»Der ist viel zu alt!«, protestierte ich laut.

»Ach wirklich. Ich schätze ihn auf knapp vierzig, wenn überhaupt.«

»Sag ich doch!«

»Wie alt bist du gerade noch, Arty?« Ich spürte förmlich ein fröhliches Grinsen auf den Mienen meiner beiden Mitfahrerinnen. Zwischen Alicia und mir lagen immerhin einundzwanzig Jahre. »Muss ich mich umorientieren?«

»Das ist was ganz anderes. Wir sind gestandene Menschen.« Okay, das war eine verdammt lahme Ausrede. Alicia kicherte leise. Ich musste unwillkürlich lächeln. »Alles klar, ich bin ein furchtbarer Egoist.«

»Du bist ein besorgter, rührender Spätvater.«

»Das Wort gibt es gar nicht.« Vor uns blinkten die Warnlichtanlagen der vorausfahrenden Autos auf. »Verdammter Mist.«

»Arty, fluchen bringt nichts. Die Jungs sind ganz in Ordnung, denke ich.«

»Wir stecken im Stau fest«, grollte ich. »Ich wollte doch auf jeden Fall noch vorbeikommen.«

»Das hat wenig Sinn, mein Lieber. Doktor Hernandez wird uns alle um neunzehn Uhr aus der Klinik werfen. Das hat er zumindest angedroht. Luisa bekommt dann ein leichtes Schlafmittel. Die OP ist für sieben Uhr angesetzt.«

»Oh Mann.« Ich schloss ergeben die Augen. »Können wir sie morgen früh noch sehen?«

»Können wir, das hat der Arzt versprochen. Ich muss jetzt Schluss machen, du holder Bewahrer katalanischer Heiligtümer. Fahrt vorsichtig. Ich werde auf euch warten, egal wie lange es dauert.«

»Ich liebe dich.« Auch ohne Bildtelefon konnte ich ihr schönes Gesicht lächeln sehen. »Pass auf unsere Kleine auf. Sollten die Kerle frech werden …«

»Ich weiß schon. Du sperrst sie in den Geräteschuppen und ziehst ihnen die Fingernägel einzeln ab.«

»Bravo, *el escribar.*« Flores legte mir eine Hand auf die Schulter. »Du solltest diese unglaubliche Frau heiraten.«

»Was?« Meine Stirn legte sich in nachdenkliche Falten. Daran hatte ich ja überhaupt noch keinen Gedanken verschwendet.

Der Tag X

Um halb sieben standen wir schon in Luisas Zimmer. Sie wirkte erstaunlich unaufgeregt, womöglich stand sie bereits unter Drogen.

»Ich habe lange überlegt, was meine letzten Worte sein sollten«, murmelte sie benommen.

»Letzte Worte?«, fragte Alicia beklommen.

»Na, wenn ich doch wahrscheinlich nicht mehr sprechen kann.« Luisa kicherte verhalten. »Außerdem trage ich jetzt dieses Engelshemdchen. Echt schick, oder?«

»Du siehst immer toll aus.« Das klang reichlich unbeholfen, aber was Besseres wollte mir nicht einfallen.

»Also, gleich geht's los.«

»Wir sind da, wenn du aufwachst«, versprach ich.

»Ich weiß.« Sie breitete ihre Arme aus. »Danke für alles, ihr seid unglaublich toll.«

»Danke dir, dass ich dein Vater sein darf.«

»Ist schon irre, ich hätte nie gedacht, dass sich mal jemand freuen würde, auf mich aufpassen zu dürfen.«

»Es ist uns beiden eine Ehre.« Ich nahm ihre Hand.

»Danke auch dir, Alicia. Ich wünsche mir nichts mehr als eine ganz lange Zeit mit euch zusammen.« Sie sah uns abwechselnd mit glasigen Augen an. »Mal sehen, was unsere Hohe Mutter von einer Brandstifterin hält.«

»Sie wird in dein Herz sehen und verstehen, warum du es getan hast. Die Göttinnen in den *Chroniken* sind gütig, verständnisvoll und warmherzig.«

»Wir werden sehen, Arty, wir werden sehen …«

Warten ist eigentlich immer scheiße. Ich glaube, das sagte ich schon, ist aber wirklich wahr. Man wartet auf Ergebnisse, auf die Zustellung von wichtigen Paketen, auf die Zeitung, den Anpfiff des Fußballspiels, auf besseres Wetter, auf die richtige Frau oder den richtigen Mann.

Verschenkte Zeit. Warten ist einfach nur blöd.

»Es wird nicht besser werden, wenn du einen Graben in den Boden läufst«, bemerkte Alicia nachsichtig.

»Ich bin so nervös. Da kann alles Mögliche schiefgehen.«

»Das sind wir alle. Was meinst du, wie oft in der letzten Stunde das Handy geläutet hat? All unsere Freunde wollen wissen, wie es um Luisa steht.«

Wir befanden uns im Aufenthaltsraum, direkt am Zugang zu den Operationssälen. An den Wänden hingen Bilder mit sonnendurchfluteten Stränden, glücklich lachenden Kindern, die Sandburgen bauten, und zufrieden dreinschauenden Eltern.

»Warum dauert das denn so lange?«, stöhnte ich.

»Es ist erst eine Stunde vergangen.«

»Wirklich? Kaum zu glauben.«

Das unerträgliche Warten sollte noch weitere fünf Stunden dauern.

Kurz bevor ich komplett durchdrehen konnte, ging die Tür auf.

Ernesto Hernandez, sichtlich erschöpft, setzte sich tief durchatmend auf einen Stuhl. Alicia nahm meine Hand. Stumm erwarteten wir das Urteil.

»Also, es war schwieriger, als wir gedacht haben. Die Wucherungen waren nur zum Teil oberflächlich, aber ich hoffe, wir konnten alles entfernen.«

»Das ist gut, oder?«, fragte ich hoffnungsvoll.

»Ja, das ist zunächst einmal positiv zu bewerten, Señor Crawley.«

»Das klingt verdammt nach einem Aber.«

»Um alle betroffenen Stellen zu eliminieren, mussten wir leider die Stimmbänder durchtrennen. Diese Maßnahme war unumgänglich.«

»Scheiße.« Ich quetschte Alicias Hand.

»Es gab keine andere Option. Wenn die Tumore nachwachsen, besteht akute Lebensgefahr. An dieser Stelle können wir nicht mehr operieren.« Hernandez sah uns offen an.

»Deshalb hat das so lange gedauert«, keuchte ich. Mir war ganz schwindelig.

»Nein, das war nicht der Grund.«

»Oh Gott, was denn noch?« stöhnte Alicia.

»Ich habe im OP-Raum den Demo-Stick von Luisa laufen lassen.« Der Chirurg lehnte sich mit geschlossenen Augen zurück. »Einfach fantastisch. Dieses Ausnahmetalent darf nicht verstummen.«

»Was, aber woher …«

»Luisa hat mir die Aufnahmen gestern Abend überlassen.« Der junge Arzt lächelte erschöpft. »Meine Assistenzärzte und ich haben eine neue Methode angewandt und die Stimmbänder, na, sagen wir mal laienhaft: wieder verschweißt.«

»Heißt das …«

»Das heißt zunächst einmal gar nichts, Señor Crawley, aber es besteht die winzige, ich betone ausdrücklich, minimale Möglichkeit, dass die Bänder halten und sich auf Dauer stabilisieren. Ich habe mir vor der OP das Einverständnis Ihrer Tochter für diesen zusätzlichen Eingriff geholt.«

»Dann könnte Luisa sprechen.« Neue Hoffnung machte sich in mir breit.

»Klammern Sie beide sich nicht zu sehr an diesen Strohhalm. Die Methode ist noch nicht häufig angewandt worden.« Hernandez rieb sich mit den Handballen die Augen. »Ich weiß persönlich von fünf Operationen.«

»Und wie ist die Erfolgsquote?«, bohrte ich nach.

Der Chirurg sah mich lange an. Seine Mundwinkel zuckten verdächtig oft.

»Sagen wir es mal so, wäre es ein Fußballspiel, dann würden wir mit null zu fünf hinten liegen.«

»*Mierda.*«

»Was denn? Was seid ihr denn für ein Haufen von Trauerklößen?« Alicia stieß mir heftig gegen die Brust. »Es wird Zeit, dass ein Anschlusstreffer fällt.«

»Wie gesagt, Señora Nuñez …«

»Ich weiß, Sie schätzen nicht gern.«

Er lachte leise. »Vielleicht habe ich in der Vergangenheit zu oft danebengelegen, Señora, aber wir können die Chancen ein wenig erhöhen, wenn wir darauf achten, dass Luisa keinen Pieps von sich gibt, bis ich die Erlaubnis dazu erteile. Das würde den ersten Heilungsprozess erleichtern.«

»Darauf können Sie sich verlassen, Doktor. Sie kann ein braves Mädchen sein.« Das hoffte ich zumindest. »Wann können wir zu ihr?«

»Sie schläft jetzt auf der Intensivstation. Gönnen Sie ihr noch ein paar Stunden absolute Ruhe. Wenn es unbedingt sein muss …«

»Oh ja!«, unterbrach ich ihn.

»… dann kommen Sie gegen zwanzig Uhr.« Hernandez schüttelte resignierend den Kopf. »Ich werde Ihnen eine Viertelstunde zugestehen, Señor Crawley, nicht eine Sekunde länger.«

~

Ich war natürlich viel zu früh da, aber der Arzt hielt Wort. Inmitten von blinkenden und fiependen Apparaturen hielt ich Luisa in meinen Armen. Ich durfte mich halb auf das Bett setzen. Ihr Kopf lehnte an meiner Brust. Die ganze Halspartie war bis zum Kinn fest bandagiert. Ich berichtete von unserem Ausflug nach Montserrat, dabei bediente ich mich einiger kleinerer Unwahrheiten, die darauf hindeuteten, dass keine Gefahr mehr für mich oder unsere Familie bestand.

Im Nu war die Zeit vergangen. Ein unnachgiebiger Doktor Hernandez komplimentierte mich rigoros aus dem Zimmer. Luisa winkte zum Abschied. Sie war so blass, so schwach, aber ihre Augen leuchteten.

Daheim erwartete mich eine fast vollständig angetretene Legion unserer Freunde. Bis weit in die Nacht hinein saßen wir um eine Feuerschale unten am Pool herum. Sie alle hatten Luisa ins Herz geschlossen. Geschichten aus der nahen Vergangenheit wurden erzählt, prächtig ausgeschmückt, so sind die Katalanen halt. Luisas Auftritte im *Friends,* im *Samal,* der krönende Höhepunkt auf dem Festival in *Cap Roig,* die jüngste Heldentat bei der Bekämpfung der Quallenplage.

Das Leben ist oft nicht fair, hatte mein alter Herr oft philosophiert. Da mochte etwas dran sein, aber in Luisas Fall wollte ich lieber an eine göttliche Fügung glauben.

Die Saison war nicht mehr zu retten. Höchstens noch ein Viertel der sonst üblichen Besucherzahlen wurde erreicht. Nun ging es darum, möglichst Schadensbegrenzung zu betreiben und nach vorn zu sehen. In den kommenden Herbst und den nächsten Sommer.

In einer stillen Minute, ich suchte gerade neuen Wein im Keller aus, nahm mich meine Agentin beiseite. Wie immer erinnerte mich Audrey an die junge Kate Winslet in *Titanic*. Wenn ich wirklich mal auf einem sinkenden Dampfer stranden sollte, dann würde ich mir wünschen, sie wäre auch an Bord.

»Wie soll das jetzt weitergehen, Großer?«, fragte sie ernst.

»Das ist eine verdammt gute Frage«, gab ich achselzuckend zurück.

»Ich kann dich nicht immer beschützen, geschweige denn Alicia und Luisa.«

Ich wischte mit dem Hemdärmel über das Etikett des Rotweins.

»Ein schwerer *Monastrell*, 14,5 Umdrehungen, das ist jetzt genau das richtige Geschütz.«

»Arty … bitte.«

»Ich weiß es nicht, Audrey. Ich spreche morgen mit Robles und unserem geschätzten Bruder der Eule im Rathaus.«

»Das wird nicht viel bringen«, vermutete sie. »Du kämpfst an drei Fronten, und ganz ehrlich, du bist kein großer Krieger, das kann nicht gutgehen. Du vergehst vor Sorge um Luisa, dir sitzt ein geprellter Madonnendieb im Nacken – und du musst eine Fortsetzung schreiben.« Ich sah sie hilflos an. »Du weißt, dass ich dich liebe, Arthur, auf meine ganz eigene Art und Weise, dich und deine Visionen von einer anderen Welt.«

»Und dafür bin ich dir unendlich dankbar und verbunden. Ich werde immer für dich da sein.« Das war aus tiefster Seele gesprochen. Wir waren Schicksalsfreunde, verbunden durch unsichtbare, aber unzerstörbare Bande. »Hast du eine Idee, Audrey?«

»Vielleicht. Sicher ist, dass wir in die Offensive gehen müssen, sonst kommt der Tag, an dem du oder Alicia oder Luisa oder sogar ich entführt und gefoltert werden. Niemand verzichtet so einfach auf dreizehn Millionen für taube Nüsse.« Ich nickte traurig. Das war leider die ungeschminkte Wahrheit. »Ich werde in eurer Nähe bleiben und erst mal dein Gästezimmer in Beschlag nehmen.«

»Was sagt Flores dazu?«

»Alles gut. Diese Frau ist die Liebe meines Lebens, das habe ich endlich erkannt. Wir haben da ganz besondere Pläne, aber das muss warten, bis wir diesen dampfenden Misthaufen aufgelöst haben.«

»Okay, danke.«

»Wenn du noch einmal *danke* sagst, bekommst du eine Kopfnuss, Arty.«

Forsch überquerte ich den noch verwaisten Dorfplatz. Andres schob gerade die ersten Stühle vor sein Café, die Bäckerei Parillo war natürlich seit sieben Uhr geöffnet. Um Punkt neun öffnete Carmen Garrigo die Pforten des *autoridad*, des Gemeindeamts Calonges.

»Oh, Señor Crawley, schon so früh unterwegs?« Die gemütliche Mittfünfzigerin warf ihre leidlich blond gefärbten Haare gekonnt in den Nacken.

»Wo ist der verdammte Schurke?«, wollte ich wissen. Ich war verdammt sauer auf meinen kleinen Bürgermeister. Ein Eulenbruder. So ein Schlitzohr.

»Welcher Schurke?« Carmen, einen Kopf kleiner, aber möglicherweise genauso schwer wie ich, sah mich fragend an.

»Der *alcalde!*«

»Gibt es Ärger?«

»Das liegt im Bereich des Möglichen«, gab ich kryptisch zurück. »Also, der feine Herr Bürgermeister, wo steckt er?«

»Nun ja.« Die Sekretärin zog eine Grimasse. »Leider ist Bürgermeister Garcia gerade ziemlich … ähm … beschäftigt.«

»Carmen, ich muss mit Carles sprechen und zwar *rapidamente.*« Sie schien den Ernst der Lage erfasst zu haben und winkte aufmunternd. Wir schritten durch die kleine Halle, blieben dann am Empfangsschalter, stehen.

»Er ist im Keller«, raunte sie mir verschwörerisch zu.

»*Gracias.*« Der Keller beherbergte eigentlich nur das Archiv und eine Art Turnhalle, die im Hochsommer gerne als Pausenraum genutzt wurde. Kaum, dass ich die ersten Stufen genommen hatte, schlugen mir vertraute Klänge entgegen. »Das glaub ich nicht!« Wutentbrannt riss ich die Tür zu dem Raum auf. Aus einem Ghettoblaster dröhnte Sardana-Musik. Dazu bewegten sich vier Frauen und drei Männer, einschließlich meines Bürgermeisters, mehr oder weniger anmutig über den stumpfen Boden.

»Ah, unser allseits geschätzter Autor.« Carles hatte mich erspäht.

»Was soll das werden?«, brüllte ich gegen die Musik an. In einem Akt der Gnade betätigte eine der Damen die Pausentaste.

»Das war doch Ihre Idee, Arthur.« Sichtlich erhitzt schwebte der *alcalde* auf mich zu. »Wir machen Schluss für heute«, verkündete er jovial. Der Rest der Belegschaft verließ das Etablissement. Zu mir gewandt: »Wir veranstalten Ende September einen landesweiten Sardana-Wettbewerb. Das lockt zumindest jede Menge Leute aus der Region an. Wir üben dafür, auch während der Arbeitszeit, somit ist das Problem der Übungsstunden während der Zeit gelöst. Alle wollen, dass wir gewinnen.« Carles strahlte über sein verschwitztes Gesicht.

»Wie schön, Bruder der Eule, wenigstens ein Problem weniger.«

Sein Lächeln schmolz dahin wie Vanilleeis auf einer heißen Waffel. »Woher …?«

»Der Abt hat geplaudert.«

»Also wirklich, diese Kirchenmänner sind auch nicht mehr, was sie mal waren«, beschwerte er sich verschnupft. »Wie dem auch sei …« Er schlüpfte in sein Jackett. »Was kann ich tun, Arthur?«

»Die Madonna ist weg.«

»Ich weiß.«

»Soler und diese Kuratorin wollten sie gegen Geld verleihen.«

»Weiß ich auch.«

»Die sind total beknackt.«

»Total.« Er nickte gewichtig. »Bescheuert hoch zehn.«

»Euer Adept Jaime sollte sie übergeben.«

»Das habe ich erst spät erfahren. Viel zu spät.«

»Er ist der Gekreuzigte auf dem Friedhof vor Romanya.«

»Das ist wirklich übel.«

»Er hat *La Moreneta* irgendwo versteckt.«

»Ich hörte von dem Rätsel«, gab er zu.

»Jetzt bin ich im Visier.« Langsam steigerte sich mein Wutpegel.

»Das ist nicht gut.«

»Ach nein? Das ist ja mal 'ne Erkenntnis.«

Garcia legte mir mitfühlend eine Hand auf die Schulter. »Wie kann ich helfen, Arthur?«

Schon war ein Großteil meiner Wut dahin. »Luisa ist krank.«

»Auch das weiß ich, und es tut mir unsagbar leid.«

»Sie gehören zur Bruderschaft der Eulen, Carles.«

»Das ist richtig. Es ist eine große Ehre.«

»Und Sie haben geschworen, die Madonna zu beschützen.«

»Wir haben versagt«, gab er bekümmert zu. »Die Statue ist eigentlich bestens geschützt in der Apsis des Klosters. Es gibt jede Menge Sicherungen, bis hin zu einem Alarm, der ausgelöst wird, wenn der Sensor in der Bodenplatte des Schreins anspringt. Wir konnten leider nicht mit einem korrupten Abt rechnen.« Er seufzte. »Soler hat sich uns offenbart, Malachias und mir, und Arthur, ob Sie es glauben oder nicht, er hatte keine unlauteren Absichten. Er wollte nur beide Klöster retten.«

»Das hilft mir aber nicht. Der oder die geprellten Käufer sehen mich als Verräter.« Ich hob hilflos beide Arme. »Carles, ich will nur raus aus dieser Scheiße. Ich will mich um Luisa kümmern und um Alicia. Ich habe keine Ahnung, wo Jaime die Statue versteckt hat.«

»Ich weiß.« Er begann, die Hände auf dem Rücken verschränkt, eine Wanderung durch die kleine Halle. »Wir müssen sie zurückholen, Arthur. Das ist von existentieller Bedeutung für unser Land.« Ich brummte nur unleidlich. »Das verstehen Sie nicht, Sie sind kein Katalane.« Er stoppte direkt vor mir. »Sie haben von der Prophezeiung gehört?« Ich nickte. »Die rote Flut hatten wir schon.«

»Die Quallen, na und? Die Nummer ist ausgestanden, nicht zuletzt durch den genialen Einfall meiner Tochter.«

»Hören oder sehen Sie keine Nachrichten?«

»Ich habe im Moment Wichtigeres zu tun.«

»Am Samstag wird es eine Sonnenfinsternis geben.« Die Weissagung des Minkus ging mir durch den Kopf. Eine rote Flut, das Verdunkeln der Sonne, ein schweres Erdbeben, das Ende Kataloniens durch eine gewaltige Sturmflut.

»Zufall.«

»Die Astronomen sprechen von einem ungewöhnlichen Phänomen. Die Uhr tickt, Arthur. *La Moreneta* muss zurück in die Berge, dorthin, wo sie geboren wurde, wo ihre Heimat ist, wo die Linien unserer kleinen Welt zusammenlaufen.« Garcia nahm meine Hände. »So sieht es aus. Wir müssen das Rätsel lösen, die Schwarze Madonna finden und nach Montserrat zurückbringen, alles andere macht keinen Sinn.«

»Wir? Was heißt denn *wir*?« Meine Stimme überschlug sich.

»Ich vertraue auf Ihre unvergleichliche Intuition, Arthur. Sie haben schon so viele Probleme gelöst.« Er ging zu der Höllenmaschine und schaltete sie ein. Die Flabiol erklang, das Orchester legte los. »Kommen Sie, Arthur. Tanzen Sie mit mir. Ich hörte, dass Sie in der Sardana-Schule angefangen haben. Es ist ein einfacheres Stück. Das schaffen Sie!«

Luftballons und Luftschlösser

Zwei Tage später schleppten Javiers Mädchen Luftballons in allen Variationen an. Luisas Zimmer quoll fast über. Neben den Ballons gab es Blumen, Bücher und CDs. Die Geschenke kamen nicht nur aus dem Freundeskreis, sondern auch von unserem *alcalde*, der Döner-Mafia und Stammkunden von *Cactus, Samal* und *Friends,* eben von Luisas wachsender Fangemeinde.

Sie musste eine Halskrause tragen und war mit einem strikten Sprechverbot belegt worden. Als Nahrung gab es nur flüssige Astronautenkost, immerhin durfte sie trinken so viel sie wollte, und sie war nicht mehr ans Bett gefesselt.

Wir kommunizierten über ein Netbook. Doktor Hernandez hatte sie ausführlich über die Heilungschancen informiert und absolute Disziplin eingefordert. Keine Sprachversuche, feste Nahrung frühestens in zwei Wochen.

Ich möchte bitte nach Hause, tippte Luisa.

»Ich weiß nicht, ob das eine gute Idee ist, *chica*. Hier bist du unter ärztlicher Kontrolle, wenn was Unvorhergesehenes passiert.«

Ich möchte auf der Schaukel sitzen und auf das Meer sehen. Mir geht dieser Krankenhausgeruch sowas von auf den Sack. Das hilft nicht dabei, gesund zu werden. Mir fehlen auch unsere Katzen, die können mich ja hier schlecht besuchen.

Unwillkürlich musste ich grinsen. »Ich kann ja mal mit deinem Arzt reden.«

Bitte, bitte! Bis es mir besser geht, wohne ich bei Alicia und dir, okay? Du kannst den ganzen Tag auf mich aufpassen. Das ist doch cool, oder?

Das war natürlich ein Angebot. »Hast du denn Schmerzen?« Sie schüttelte vehement den Kopf. »Nicht schwindeln, Kleines, sonst wächst dir eine lange Nase!« Sie verzog beide Mundwinkel nach unten und streckte den Daumen in die Höhe.

Nach beinharten Verhandlungen mit Doktor Hernandez konnte ich Luisa am nächsten Tag mit nach Hause nehmen. An der Madonnenfront herrschte zum Glück Waffenstillstand. Kein Malachias, keine Morddrohungen, dennoch womöglich nur die Ruhe vor einem gewaltigen Sturm. Die Katzenfamilie zeigte sich höchst erfreut über die Rückkehr der Prinzessin. Auch die kleine Amaia gehörte nun zur Katzenfamilie. Alicia hatte zum Glück jede Menge Dosen des geliebten Nassfutters gekauft.

Die Halskrause war jetzt weg, aber stündlich wurde ein neuer Wickel aufgelegt, der mit einer entzündungshemmenden Salbe durchtränkt war. Das Leben pendelte sich auf ein neues Niveau ein. Es war ruhiger, gelassener, aber auch voller Erwartung, was den Heilungsprozess anging. Ein echter Stresstest war allerdings die Hitze. Das Thermometer kletterte jetzt gern deutlich über die dreißig Grad-Marke. Der erste wirkliche Test war für Mittwoch der nächsten Woche anberaumt. Eine Computertomografie würde Aufschluss darüber geben können, wie es um die Stimmbänder und den Kehlkopf meiner Tochter stand.

Schon am ersten Abend kam – zu meinem Leidwesen – unangekündigter Besuch. Adrian Velasquez, der heldenhafte, leider unfassbar gutaussehende Meeresbiologe aus Barcelona.

»Ich dachte, Sie wären längst weg«, empfing ich ihn unfreundlich.

»Ich wünsche auch Ihnen einen schönen Abend, Arthur.« Natürlich ließ sich dieser Tausendsassa nicht von mir aus der Ruhe bringen. Hohe Mutter, dieses charmante Lächeln – wo lernt man so was? »Dürfte ich wohl einen Moment mit Luisa sprechen? *Buenas noches,* Alicia.«

Ich hatte meine Traumfrau gar nicht kommen hören.

»Luisa kann nicht sprechen, das wissen Sie doch«, brummte ich unwirsch.

»Arty, nun mach mal halblang, das weiß Adrian doch«, fiel mir Alicia in den Rücken. »Kommen Sie, Luisa sitzt auf der Schaukel unten am Pool.«

»Ihr Lieblingsplatz«, ergänzte ich.

»Ob ich wohl allein mit ihr kommunizieren dürfte?«, fragte Velasquez brav.

»Das kommt gar nicht …«

»Aber sicher«, fiel mir wieder Alicia ins Wort. »Komm schon, Brummbär, du kannst mir in der Küche helfen. Flores und Audrey kommen gleich zum Essen rauf. Jemand muss noch Zwiebeln schälen und hacken.«

Herrje, es ist wirklich nicht einfach in einer festen Beziehung. Vor allen Dingen, wenn man es eine Ewigkeit nicht gewohnt war. Mit Argusaugen lugte ich durch das Küchenfenster hinunter zum Pool. Luisa war sichtlich erfreut, Velasquez zu sehen. Sie umarmten sich, für meinen Geschmack viel zu lange.

»Wird das noch was?«, fragte Alicia in meinem Rücken.

»Das will ich doch nicht hoffen.«

»Ich meine die Zwiebeln, Arty.« Unvermittelt drehte sie mich zu sich herum, nahm mir das Messer ab und küsste mich so leidenschaftlich, dass mir der Atem wegblieb. »Jeder muss sein eigenes Leben leben«, flüsterte sie, strich durch mein Haar und legte eine Hand auf meine Wange.

»Luisa ist krank.«

»Aber erwachsen.« Sie tippte auf meine Nasenspitze. »Du solltest ihr vertrauen. Sie weiß, was sie tut, sie wird die richtige Entscheidung treffen.«

»Ich will sie nur beschützen.«

»Und das ist sehr edel, mein weißer Ritter.« Alicia kniff die Augen zusammen. »Nun, sagen wir lieber … leicht ergrauter Ritter.«

»Grau? Na warte, Burgfräulein.«

Ehe ich sie richtig packen konnte, war sie mir schon entschlüpft und flitzte durch die Diele ins Wohnzimmer. Karlo und Trinchen beobachteten uns tadelnd. Erst nach mehreren Runden rund um die Couchen gelang es mir, die Verfolgungsjagd zu beenden. James Bond war echt eine Lusche gegen meinen Hechtsprung. Kurzatmig landete ich auf der großen Couch – und auf Alicia. Die spontan einsetzenden Kreuzschmerzen lassen wir mal unkommentiert.

»Oh, du mein Held. Ich bin deine Gefangene«, spottete sie lachend.

Einen Moment verharrten wir schweigend. Ihre blauen Augen leuchteten.

»Ich liebe dich ganz furchtbar doll«, musste ich gestehen.

Ihr feines Lächeln war mir Antwort genug.

Leider hörte ich Audreys Stimme unten am Pool. Flores und sie hatten offenbar die Abkürzung durch den hängenden Garten genommen.

»Die Zwiebeln warten«, seufzte Alicia.

»Mir kommen jetzt schon die Tränen.« Hand in Hand schlenderten wir zurück in die Küche.

»Wir haben Cava mitgebracht«, flötete Flores aufgekratzt. So kannte ich die eher sachliche Veterinärin gar nicht. Sie und Audrey rauschten in die Küche. »Ist vorgekühlt, sollte aber noch ein paar Minuten in den Eisschrank.«

»Gibt es was zu feiern?«, fragte ich misstrauisch.

»Wer weiß, wer weiß.« Audrey umarmte erst Alicia, dann mich. »Luisa hat Besuch. Der goldene Ritter auf dem weißen Pferd der Wissenschaft.«

»War nicht zu verhindern«, gab ich brummig zurück. »Was hast du da in der Mappe?« Ich deutete auf den schmalen Ordner, der unter ihrem Arm klemmte.

»Fotos von der Kleinen Braunen, die ich in Montserrat geschossen habe.« Flores übernahm indes das Zerhacken der Zwiebeln. »Von der Replik, die jetzt in der Apsis thront, dazu Bilder aus dem Internet vom Original.«

»Das hilft uns … wie weiter?«

»Ach, Arty, immer mit der Ruhe. Wir müssen das systematisch angehen.« Meine Agentin war die Ruhe selbst, beneidenswert. »Flores und ich haben uns die zweite Botschaft nochmal vorgenommen. Nach der zweiten Flasche *Monastrell* hatte diese bemerkenswerte Lady einen noch bemerkenswerteren Gedankenblitz.« Audrey schmiegte ihren Körper an den Rücken der Tierärztin und schlang beide Arme um Flores' Becken. Erotik pur. Die beiden passten so vorzüglich zusammen. »*Du findest La Moreneta an dem Platz aller Plätze*«, zitierte Audrey die kryptische Botschaft, die vermutlich Jaime verfasst hatte. »*Verborgen vor den Blicken Unwürdiger, und doch für jeden sichtbar, der sehen kann.*«

»Der Text ist uns bekannt«, seufzte ich. »Kommt da noch was?«

»Wo könnte man die Madonna verstecken, obwohl sie für jeden sichtbar ist?« Sie lächelte mich verschmitzt an. Das hatte sie wirklich gut drauf.

»Wir haben keine Idee«, sprang mir Alicia zur Seite. »Aber ihr offenbar.«

Flores legte das Messer beiseite, dreht sich zu uns herum und zog nun ihrerseits Audrey in ihre Arme. »Das Einfachste und gleichzeitig Genialste wäre doch, die Statue ein zweites Mal auszutauschen.«

»Ihr meint … Jaime hat die Originalfigur gegen eine Replik ausgetauscht?«

»Genau!« Audrey grinste triumphierend. »So ist sie für jedermann sichtbar, wird aber für eine Kopie gehalten.«

Mir brummte der Schädel. Tatsächlich, der Gedanke war nicht von der Hand zu weisen.

»Das hieße aber, dass er einen Ort gefunden haben muss, der erstens eine Replik der Madonna beherbergt, und zweitens müsste die Figur zumindest annähernd die gleiche Größe haben und verdammt gut gemacht sein.«

»Bingo, der Kandidat hat die volle Punktzahl erreicht«, freute sich Audrey. »Wer nicht ganz genau hinschaut, wird die Fälschung nicht erkennen.«

»Aber …« Alicia nahm meine Hände. Mein Herz klopfte plötzlich wie wild. Die Idee war großartig, das konnte unser Durchbruch sein. »In wie vielen Kirchen oder Klöstern in Katalonien stehen denn Kopien der Kleinen Braunen?«, fragte meine Bäckerin. Ich sah Audrey an, dass sie sich diese Frage ebenfalls gestellt und sicher bereits recherchiert hatte.

»Im Internet habe ich genau siebenunddreißig Standorte gefunden. Gibt's hier eigentlich auch mal was zu trinken, Patron?«

Ich schlurfte zum Weinkühlschrank und entkorkte den mitgebrachten Cava, Alicia verteilte die Gläser. »Leider konnte ich anhand der Angaben im Web nur sieben Locations ausschließen. Da stimmte die Größe nicht, oder die Fotos zeigten deutlich sichtbare Unterschiede zum Original.«

»Ihr zwei seid der Hammer«, lobte ich beeindruckt.

»Nicht wahr!« Audrey gab Flores einen flüchtigen Kuss. Wir stießen an. Die feine Säure perlte köstlich erfrischend und intensiv auf der Zunge. »Bei den meisten Fundorten gab es kein Foto oder nur ein unzureichendes Schwarzweiß-Bild. Die müssen wir wohl oder übel in Betracht ziehen und uns anschauen, falls wir unserer Theorie folgen wollen.«

»Und ob wir das wollen!« Ich war froh, überhaupt etwas tun zu können. »Wir haben keine bessere Spur, außerdem finde ich eure Überlegungen absolut stimmig. Wo fangen wir an?«

»Langsam, holder Rächer der Witwen und Waisen«, bremste sie mich gutmütig. »Wir werden einen Plan ausarbeiten und uns die Arbeit aufteilen. Was hältst du davon, wenn wir uns Hilfe holen, Arty?«

»Hilfe?« Ich runzelte die Stirn. »Malachias oder meinen städtischen Eulenbruder Garcia? Ich traue beiden nicht so recht.«

»Ich dachte eher an deinen neuen besten Freund.« Sie lächelte gewinnend.

»Robles?«

»Es kann nicht schaden, die Polizei auf unserer Seite zu haben«, argumentierte Alicia. Irgendwie schienen die Frauen immer auf einer Linie zu sein. »Denk an Tamariu, Arty, erst als die Schatteninseln sich mit deinen Helden verbündeten, wechselte das Schlachtenglück.«

»Immer diese Vergleiche mit meinen *Chroniken*, aber meinetwegen«, gab ich achselzuckend nach. »Ich spreche gleich morgen früh mit ihm. War dafür der Cava gedacht, für eure famose Idee?« Ich sah das verträumte Paar fragend an.

»Eigentlich nicht, wir wollten noch etwas anders mit euch feiern, aber da sollte Luisa unbedingt dabei sein«, erklärte Audrey.

Wie auf ein geheimes Kommando, sprich einem schlechten, sehr durchschaubaren Drehbuch, öffnete sich die Tür zur hinteren Veranda. Luisa kam in die offene Küche. Ich sah sofort, dass sie geweint hatte. In Null-Komma-gar-nichts war mein Puls auf hundertachtzig. Derweil suchte meine Tochter Zuflucht in Audreys Armen.

»Hat der Kerl dich etwa angefasst?«, rief ich erbost. Luisa schüttelte den Kopf. »Wo steckt der feine Herr Biologe überhaupt?« Im selben Moment hörte ich einen Motor anspringen. Adrian hatte uns verlassen, ohne sich zu verabschieden. Er musste über die Außentreppe das Grundstück verlassen haben. Luisa setzte sich keck auf die Arbeitsplatte und trank Flores Glas aus, dann tippte sie einen längeren Text in ihr Tablett. Als sie fertig war, drückte sie es Audrey in die Hand, die dann vorlesen durfte.

Adrian hat mir seine Liebe gestanden und mich gebeten, ihn auf seiner nächsten Forschungsexpedition zu begleiten. Es wurden neue Quallenschwärme vor den australischen Küsten gesichtet. Er wollte den Auftrag ablehnen und warten, bis ich gesund genug bin, auch wenn es Monate dauern sollte.

Drei Augenpaare sahen Luisa fragend an. In mir machte sich unsägliches Entsetzen breit, gefolgt von einer tauben Leere. Luisa weg … weit weg, irgendwo auf den Meeren dieser Welt? Australien? Am Ende der Welt …?

Ich habe mich für sein Vertrauen bedankt, und tatsächlich mag ich Adrian sehr … aber nicht annähernd genug, dass ich erwägen würde, euch zu verlassen. Ihr seid meine Familie, eine Familie, die ich nie hatte. Ich liebe euch so sehr. Er wird auf mich verzichten müssen.

Mir fiel ein Stein vom Herzen. Audreys Stimme schwankte bedenklich. Luisa kam zu mir herüber und wischte mit dem Ärmel ihres T-Shirts ein paar Tränen aus meinem Gesicht.

»He, das sind nur diese blöden Zwiebeln.« Allgemeines Schmunzeln. Luisas Augen leuchteten mich hellblau an. »Wehe, du sagst auch nur einen Ton. Was schaut ihr denn alle, als sei ich der Kapitän der *Feuervogel*?« Die war das Flaggschiff der tamarianischen Flotte, das in einem epischen Gefecht den Weißen Wächtern unterlag und versenkt wurde. »An die Arbeit, das Abendessen macht sich nicht von allein.« Ich wedelte mit den Armen. »Und wir, junge Señorita, wechseln jetzt den Umschlag.«

»Moment noch«, verlangte Audrey, deren Gesicht sichtlich errötet war. »Mach nochmal die Gläser voll, Arty.« Ich verteilte den Rest aus der Flasche einigermaßen gerecht. »Da wir alle gerade so gemütlich beisammen sind …« Flores und sie tauschten einen vertraulichen Blick. »... wollen wir euch mitteilen, dass wir beschlossen haben, in unserer Beziehung einen finalen Schritt zu vollziehen. Also sozusagen eine Art Legalisierung in die Wege zu leiten.«

»Bevor meine geliebte Audrey sich noch weiter verbal verbiegt …« Flores hob ihr Glas. »Wir werden heiraten. Ihr seid unsere engsten Freunde, unsere kleine verrückte Familie, also solltet ihr es auch zuerst erfahren.«

Im Nu bildeten wir eine Fünf-Personen-Traube. Plötzlich waren auch alle Katzen da. Neugierig beäugte die Gang das emotional aufgeladene Geschehen. Ich war wirklich total perplex. »Mensch, Audrey …!«

»Wir wollen in Ruhe und Frieden heiraten, am liebsten oben in Pals in der kleinen Kirche.«

»*Fantastico!*« Ich stellte mir die beiden unglaublichen Frauen im Geiste bereits in wundervollen weißen Kleidern vor. War das altmodisch? Keine Ahnung. Zwei weiße Engel vor einem satten blauen Himmel, all unsere Freunde in festlicher Robe. Im Geiste ging ich schon mal eine Playlist durch.

»Deshalb«, nahm Audrey den Faden wieder auf, »wird die Hochzeit erst stattfinden, wenn wir diesen Mist aufgeklärt haben. Es macht sich nicht so gut, wenn mein Trauzeuge während der Zeremonie abgeknallt oder entführt wird.« Sie grinste. »Ja, was denn, alter Mann?«, spottete sie aufgekratzt. »Da du mir in all den Jahren keinen Antrag gemacht hast, wirst du mich doch wohl wenigstens zum Altar führen.« Ich war hin und weg. Schon wieder! Ich entwickelte mich langsam zur Heulsuse. »Ich weiß.« Sie umarmte mich fest. »Die Zwiebeln …«

Luisa hielt uns ihr Tablet unter die Nase. *Ich werde Gitarre spielen und … singen!!!*

»Das wirst du«, bekräftigte Alicia. »Dann lasst uns ans Werk gehen, damit diese beiden wunderbaren Frauen möglichst bald unter die Haube kommen.«

Durch die offenen Fenster drang das Röhren von Motorrädern in die Küche.

»Was sind das denn für Vollpfosten?«, beschwerte ich mich. Luzifer und Amaia verkrochen sich ängstlich hinter dem Mülleimer. Das Geräusch wurde leiser, als die Bikes, ich schätzte zwei oder drei, in der Kurve hinauf zu unserem Plateau verschwanden.

»Ihr bleibt hier!«, kommandierte Audrey. »Verbarrikadiere die Tür Arty, Fenster zu, Gitter vor die Tür!« Schon war sie die Treppe hinunter zum Pool gerannt. Das Brummen der Motorräder wurde wieder lauter. »Verdammt, die kommen hier rauf!« Ich sah Audrey durch den Garten zur eigenen Casa sprinten.

Flores und auch Alicia reagierten schneller als ich. Sie schlossen die hölzernen Außenläden der Fenster. Luisa verriegelte die Haustür. Ich ging zum Kamin und schnappte mir den gusseisernen Feuerhaken.

»Was soll das werden?«, rief Alicia alarmiert. Durch die geschlossenen Fenster hörte ich das Knirschen der Reifen auf dem Schotter im Wendehammer, dazu kehlige Stimmen.

»Ich werde unsere Casa verteidigen«, gab ich energisch zurück.

»Das wirst du schön bleiben lassen. Wer weiß, vielleicht wollen die gar nicht zu uns.«

Sie schaltete das Licht aus. Augenblicklich begannen die Katzen zu miauen. Angst machte sich breit.

Flores lugte durch das kleine Fenster in der Haustür. »Drei vermummte Typen.« Das Knattern der Maschinen erstarb. »Sie steigen ab. Einer fummelt an deinem Mehári rum.«

»Okay, das reicht jetzt!« Ich wollte zur Tür, aber Flores und Luisa verstellten mir den Weg.

»Keine Zeit für Helden, Arthur.« Die Veterinärin machte einen überaus entschlossenen Eindruck. »Wir brauchen dich noch.« Luisa nickte zustimmend.

»Die machen womöglich mein Auto kaputt«, jammerte ich unglücklich.

»Besser als dich«, hörte ich Alicias Stimme in meinem Rücken.

Draußen wildes Gelächter, dann ein Klirren. Ich verdrängte Flores vom Fenster. Schon loderte eine Feuersäule auf. Mein geliebter Plastikbomber stand in Flammen. Es musste eine Art Molotow-Cocktail gewesen sein, der auf meinen Wagen geschleudert worden war.

»Das werdet ihr mir büßen, ihr verdammten Vandalen!«, brüllte ich so laut ich konnte.

Es zischte ekelhaft, irgendetwas platzte, eine Armatur oder der CD-Player. Eine ungeheure Wut stieg in mir auf, gleichzeitig musste ich einsehen, dass die Frauen in meinem Rücken recht hatten. Ich war schließlich nicht Jack Dawson, der es durchaus mal mit einer Übermacht aufnehmen konnte.

»Wir kommen wieder, Schmierfink«, verkündete einer der drei Verbrecher lachend. »Und zwar so lange, bis du uns die Madonna übergeben hast.«

»Ich habe sie nicht, ihr Idioten!«

»Du lügst. Als nächstes ist deine Hütte dran, also überleg es dir gut.«

Durch den flackernden Schein meines brennenden Autos konnte ich erkennen, dass die drei eine Art Skimasken trugen. Keine Chance, jemanden zu erkennen. »*Buenas noches*.« Das Röhren der Motorräder hallte durch die heraufgezogene Nacht.

»Hiergeblieben!«, hörte ich Audreys Stimme, kurzatmig, aber kraftvoll. Sie musste einen olympiareifen Sprint hingelegt haben.

Ich drängte die weibliche Mauer zurück und riss die Tür auf. Ein Racheengel mit Schürhaken. Aus den Augenwinkeln sah ich Audrey, eine Waffe im Anschlag. Der Benzintank des Citroen explodierte. Eine Stichflamme schoss gen Himmel. Natürlich hatte ich gestern noch vollgetankt. Inzwischen saßen alle drei Angreifer auf ihren Vehikeln. Räder drehten durch, Schotter staubte auf. Die Motorräder sprangen förmlich aus dem wabernden Lichtkreis des brennenden Autos. Ich rannte auf das Bike zu, das mir am nächsten war.

»Arty, nicht!«, schrie Alicia.

Ich schwang mein Lichtschwert, kam aber viel zu spät, stanzte nur ein mächtiges Loch in die Nachtluft. Von meinem eigenen Schwung aus dem Gleichgewicht gebracht, rutschte ich aus und landete auf meinen Knien, natürlich trug ich eine kurze Hose. Wenn schon, denn schon.

Die drei Rücklichter wurden kleiner, dann aber ein Knall.

Ein Schuss! *Audrey, was tust du denn da?*

Für einen Moment verdrängte ich den brennenden Schmerz meiner Knie.

Zwei Motorräder verschwanden um die Ecke, das dritte schlitterte über den losen Schotter, prallte vor die Mauer der ehemals russischen Datscha. Flores und Alicia halfen mir auf. Irgendwie taugte ich nicht zum Helden. Schon rannte Audrey vorbei.

»Wahnsinn, das ist mein Mädchen«, stöhnte ich. Die Schürfwunden brannten höllisch, dennoch humpelten wir ihr hinterher.

»Aufstehen, Arschloch!« *Hohe Mutter, was für eine Stimme. Großartig*, dachte ich stolz. Der fiese Attentäter schien zumindest noch zu leben, was wiederum positiv zu bewerten war.

»Hoch mit dir.« Er rappelte sich auf, schien mir leidlich unversehrt zu sein, im Gegensatz zu mir. Ich spürte sehr deutlich, wie warmes Blut an beiden Schienbeinen hinabtröpfelte. »Maske runter!« Der Angesprochene zerrte sich die Haube vom Kopf. »Liebe Güte, was für ein Milchbubi.« Eine Windbö wehte den Gestank von kokelndem Plastik zu uns herüber.

Luisa kam mit einer Taschenlampe und tauchte die Szene in kaltes Licht. Der üble Mehári-Mörder war tatsächlich höchstens zwanzig Jahre alt. Seine Hände zitterten, und sein Gesicht spiegelte Angst wider. Der Hinterreifen war vollkommen platt. Audrey hatte offensichtlich nicht auf den Fahrer gezielt.

»Ich rufe die Polizei an«, meinte Alicia.

»Warte noch«, bat Audrey. »Wir wollen doch erst mal hören, was unser neuer Freund zu berichten hat.« Ich erinnerte mich an das Verhör von Steve Ford, Luisas Entführer, vom letzten Jahr.

»Ich will einen Anwalt.« Das war jetzt nur noch ein dünnes Stimmchen, nicht mehr der protzige Slang von vor fünf Minuten. »Ohne einen Anwalt sag ich kein Wort.« Audrey versetzte dem Burschen eine schallende Ohrfeige. »He, das dürfen Sie nicht, das ist gemein.«

»Du hast mein Auto angesteckt!«, fuhr ich ihn wütend an. »Ein Oldtimer, fast vierzig Jahre alt.«

»Das waren die anderen«, verteidigte er sich jämmerlich.

»Wer steckt dahinter, wer hat euch den Auftrag für diesen Scheiß gegeben?« Audrey taxierte den jungen Mann, der sichtlich beeindruckt den Kopf einzog.

»Ich will …«

Es setzte eine zweite Ohrfeige, immerhin auf die andere Wange.

»Wenn ich noch einmal das Wort *Anwalt* höre, wirst du dir wünschen, heute Morgen nicht aufgestanden zu sein.« Das klang wirklich sehr überzeugend.

»Wie heißt du, Junge?«, fragte Flores mit ruhiger Stimme. Böser Cop, guter Cop. Die beiden waren wirklich ein kongeniales Team.

»Alvaro«, schniefte der junge Mann, dessen Wangen sich sichtlich gerötet hatten. »Meine Freunde nennen mich Alvi.«

»Ja, das ist schade, Alvaro, denn wir sind nicht deine Freunde und werden es auch ganz sicher nicht mehr.« Das war natürlich Audrey. »Also, *adelante*, wer hat euch Dorftrottel beauftragt, hier Ärger zu machen?«

Sein Blick hetzte unstet zwischen den beiden Frauen hin und her.

»Ich würde lieber antworten«, riet Flores ruhig, atmete dann einmal tief durch und hob vielsagend die Augenbrauen. »Ich glaube nicht, dass du diese Agentin richtig wütend erleben möchtest.«

»Eine … Agentin?«, hauchte der Brandstifter ergriffen. »Scheiße auch, das hat uns keiner gesagt.«

»Tja, womöglich hat man euch reingelegt. Sei froh, dass Agent Parker auf die Reifen gezielt hat.«

»Und nicht auf deine hohle Birne«, ergänzte Audrey, die sich nur mühsam ein Grinsen verkneifen konnte. »Ich höre.«

»Wir kennen den Mann nicht, also nicht mit Namen. Er kam zu unserem Bikertreff nach Monells, da treffen wir uns gegen Abend beim alten Turm.« Alvaro wischte sich zögernd die Schweißtropfen von der Stirn, immer darauf gefasst, sich die nächste Ohrfeige einzufangen. »Wir haben jeder ’nen Hunderter bekommen. Wir sollten ein bisschen Krach machen und … äh, nun ja, den Wagen abfackeln, dann die Herausgabe irgendeiner Madonna verlangen.«

»Für die paar Penunzen habt ihr meinen Wagen geschrottet? Das fasse ich nicht.« Alicia legte mir beruhigend eine Hand auf die Schulter.

»Na schön, du kennst den Namen nicht, aber du würdest den Typen wiedererkennen, nicht wahr?« Allein Audreys Tonfall duldete eigentlich keinen Widerspruch. »Alvaro …?«

»Also ja, ich denke schon.«

Sie reichte Flores die Waffe und zückte ihr Smartphone. »Der hier?« Ich sah ein Foto von Gabriel Soler, dem Abt von Montserrat. Alvaro schüttelte entschieden den Kopf. »Was ist mit dem?« Bruder Malachias.

»Nee, ganz sicher nicht.«

Einen Moment zögerte Audrey, aber offensichtlich sagte der verängstigte Teenager die Wahrheit. »Na schön, dann rufen wir jetzt die Policia Municipal.«

»Muss das sein? Ich mach’s wieder gut, ich zahl den Schaden ab, ganz ehrlich.« Fast tat der Bursche mir leid, aber nur fast.

»Du bekommst lebenslänglich bei Wasser und Brot«, prophezeite ich. »Das war ein Unikat, ein unbezahlbares Schmuckstück. Meine kleine Zitrone …« Verdammt, jetzt war mir der geheime Kosename meines Vehikels herausgerutscht. In dieser Nacht ging aber auch alles schief.

»*Mi limoncito?*«, prustete Audrey. Alicia und Luisa kicherten leise, meine Agentin und Flores lachten lauthals und ungeniert. Der gute Alvaro wähnte sich wahrscheinlich in einer Parallelwelt. Physisch und psychisch schwer derangiert schleppte ich mich zurück in meine Festung.

Manuel Vasquez, Chef der lokalen Polizei, mühte sich trotz der vorgerückten Stunde persönlich den Berg hinauf, um den unglückseligen Brandstifter festzunehmen. Selbiger war inzwischen weichgekocht. Bereitwillig gab er die Namen seiner beiden Mitstreiter preis. Auch ein Jahr nach seiner Handverletzung, die ihm Steve Ford bei seiner Flucht aus dem Präsidium zugefügt hatte, litt der sympathische Mittvierziger Vasquez an den Folgen des üblen Fußtrittes, der sämtliche Knochen der rechten Hand zertrümmert hatte.

»Ich nehme an, Sie werden Anzeige erstatten, Señor Crawley?« Der frühzeitig ergraute Polizist schob Alvaro auf den Rücksitz seines Dienstwagens.

»Auf jeden Fall.«

»Was haben Sie denn mit Ihren Knien veranstaltet, das sieht ja übel aus.«

»Ich habe die Casa verteidigt«, erklärte ich stolz.

»Vielleicht können wir einen Deal mit dem Burschen aushandeln«, schlug Audrey vor. Inzwischen war es weit nach Mitternacht.

»Miss Parker?« Vasquez sah sie auffordernd an.

»Wir lassen ihn und seine Kumpel laufen, wenn es ihnen gelingt, Kontakt zum Auftraggeber herzustellen.«

»He, Audrey, diese Irren haben meinen Mehári abgefackelt!«

»Geschätzter Materialwert fünf Euro achtzig, Arty.«

»Aber der ideelle Wert ist unschätzbar.« Traurig blickte ich auf den schmutzig gelben Haufen Schlacke, der noch fröhlich vor sich hin kokelte.

»Ihre Entscheidung, *el escribar.*« Vasquez rieb sich stöhnend über den Handrücken. »Ich finde die Idee ihrer Agentin nicht schlecht. Schließlich wollen wir doch die Hintermänner zur Rechenschaft ziehen. Wir könnten Inspektor Robles und seine Ressourcen einbeziehen.«

»Ja, das hatte ich befürchtet.« Resignierend hockte ich mich auf das Mäuerchen, das mein Grundstück begrenzte. »Na schön, wir müssen ja mal irgendwie zu Potte kommen.«

»Eine weise Entscheidung, Arty.« Audrey setzte sich neben mich und legte einen Arm um meine Schulter. Aus dem Haus hörte ich Teller und Besteck klappern. Es war noch immer deutlich über zwanzig Grad. »Da sind wir nun, der Dichter und sein Bodyguard.«

»Du bist viel mehr als das, Audrey, das weißt du doch.« Ich sah versonnen in den Nachthimmel. Ein Teppich aus funkelnden Sternen. »Jetzt wirst du bald heiraten. Ich hätte nicht für möglich gehalten, dass ich das erleben werde.«

»Wie wäre es denn mit einer Doppelhochzeit, alter Griesgram?«

»Du meinst, Alicia und ich?«

»Nein, Bibi Blocksberg und Benjamin Blümchen.« Sie lachte.

»Was, wenn Alicia Nein sagt?«

»Was, wenn uns morgen der Himmel auf den Kopf fällt, hm? Du wirst es nicht herausfinden, wenn du dich nicht traust.« Sie atmete tief durch. »Ich brauche jetzt dringend einen Drink. Komm schon, alter Mann.«

»Ist denn das Trauerjahr schon rum?«

»Ach, Arty, wir leben doch nicht mehr im Mittelalter, und außerdem … ja. Das Jahr ist rum. Das ist ergo keine Ausrede.«

»Ich bewege das in meinem Herzen«, versprach ich ehrlich.

Luisa erschien in der Tür und bedeutete uns gestenreich, dass das Essen zubereitet war. Bruschettas, Spaghetti mit Oliven-Pesto, dazu ein leichter Roséwein. Da ich an meinen schweren Verletzungen litt, musste ich mich um nichts kümmern.

Götterdämmerung II

Das Glockenläuten der Kirche Sant Marti de Calonge klang den Berg hinauf. Ein Bilderbuchsonntag. Zehn Uhr. Ein azurblauer, wolkenloser Himmel, bereits gut siebenundzwanzig Grad, ein sanfter Wind, der vom Meer durch das Dorf wehte. Die Katalanen neigten nicht dazu, Messen mitten in der Nacht, also zu einer unchristlichen Zeit, etwa um acht Uhr, zu starten.

Inspektor Robles, *Sergente* Endris Manolo, Audrey und ich saßen im Inneren der gemütlichen Bodega, direkt an dem weit geöffneten Fenster, sodass wir problemlos die Tische außen, wie auch die geöffneten Pforten der Kirche gegenüber im Blick hatten.

Alvaro und seine Spießgesellen Pedro und Pablo saßen im Schatten einer ausladenden Palme vor Miguel Vegas Bar. Es hatte keiner großen Überredungskünste bedurft, die drei Halbstarken zur Zusammenarbeit zu bewegen. Jeder dritte Jugendliche im Lande war ohne Ausbildung und Arbeit. Eine fatale soziale Schieflage. Die Neigung, ein paar schnelle Euros zu verdienen, war dementsprechend groß. Fast hatte ich ein wenig Mitleid mit der Bande, aber nur fast, schließlich hatten sie meinen geliebten Mehári auf dem Gewissen. Derweil strömten die getreuen Gemeindemitglieder laut schnatternd in Familienverbänden in das Gotteshaus.

»Wir beide in einem Team, wer hätte das gedacht«, wandte ich mich milde lächelnd an meinen größten Widersacher.

»Das ist nur eine temporäre Allianz«, kanzelte Robles mich ab. »Bilden Sie sich mal nichts darauf ein, dass wir hier zusammen an einem Tisch sitzen. Wir haben zwei Morde aufzuklären, und

Sie hängen da mal wieder mitten drin, Señor Crawley, das ist die Macht des Faktischen, weiter nichts. Ich würde das Ganze gern vor meiner Pensionierung erledigt haben.«

»Also, ich find's total spannend.« Manolos Gesicht glühte vor Aufregung. »Ein richtiger doppelter Mordfall, dann auch noch mit mystischen Aspekten gespickt, voll cool. Und das alles in unserem kleinen beschaulichen Calonge.«

»Noch so ein dummer Spruch, und Sie können die nächsten Wochen den Verkehr in Sant Antoni regeln, *Sergente*«, maßregelte Robles seinen Untergebenen.

»Verzeihung, Herr Kommissar.«

»Nun seien Sie mal was lockerer, Horatio.« Audrey vertilgte gerade ihr zweites Croissant. »Endris ist doch ein vielversprechender junger Mann.« Sie blinzelte den *Sergente* entwaffnend an, der augenblicklich rot anlief.

Ich sah auf meine Armbanduhr. Bereits zehn nach zehn. Der Kontaktmann der Pseudorocker ließ auf sich warten. Die Glocken waren verstummt. Zwei Messdiener standen an den Flügeltüren der Kirche. Zwei ältere Damen, ganz in Schwarz, verschwanden im Halbdunkel des Gotteshauses. Das schienen die letzten Besucherinnen zu sein. Eine eigenartige Atmosphäre machte sich breit. Trotz der bereits ordentlichen Wärme fröstelte ich leicht. Die drei Halbstarken nippten nervös an ihren Bieren, rauchten eine Kippe nach der anderen und sahen sich immer wieder suchend um.

Die Kirchenpforte schloss sich, die Orgel setzte ein. Gedämpft war nur die schwermütige Melodie zu hören, ich hätte mir etwas Optimistischeres gewünscht. Der Vorplatz war jetzt leergefegt.

»Ist ja wie in dem Western *High Noon*«, flüsterte Audrey. »Fehlt nur noch, dass ein paar Revolvermänner auf Pferden ins Dorf reiten.«

»Und wir sind unbewaffnet«, ergänzte ich trocken.

»Da kommt jemand die Straße herauf!«, zischte Manolo aufgeregt. Marktplatz und Kirche lagen auf einem Plateau, das entweder durch enge Gassen fußläufig oder durch schmale Straßen mit dem Wagen erreicht werden konnte. Parken war hier gar nicht möglich. »Das muss der Auftraggeber sein.«

»Der Kerl hat gewartet, bis alle Kirchgänger weg sind«, vermutete Audrey. »So hat er einen besseren Überblick und kann nicht überrascht werden.«

Robles und Manolo warteten bereits hinter der halb offenen Eingangstür. Ich sah Audrey an, dass sie lieber selbst aktiv in das Geschehen eingreifen wollte, aber der kauzige Inspektor hatte uns sehr deutlich auf die Reservebank verwiesen.

Ich lugte vorsichtig durch einen Spalt zwischen den Vorhängen am Fenster. Dunkelblaue Jeans, ein roter Rollkragenpullover, eigentlich vollkommen irre bei den Temperaturen, und schwarze Sneaker. Ein durchtrainierter Typ, vielleicht Mitte dreißig. Kantiges Gesicht, kurze dunkle Haare, nicht allzu groß. Zielstrebig steuerte er auf die drei jungen Männer zu und blieb gut drei Meter vor dem Tisch stehen. Aufmerksam sondierte er das Terrain.

»Also, wie ist es gelaufen?« Eine volle dunkle Stimme, beherrscht, gefährlich. Ein Profi, in welchem Gewerbe auch immer.

»Setz dich doch, dann redet es sich leichter.« Alvaro deutete auf einen freien Stuhl an ihrem Tisch.

»Ich habe keine Zeit für Diskussionen.« Ein Schritt näher. »Hat der Sack was gesagt? Habt ihr mit Crawley gesprochen?« Finstere, fordernde Blicke. Nein, diesen Kerl wollte man sicher nicht zum Feind haben. »Wo ist die verdammte Madonna?«

»He, immer langsam. Wir haben, wie ausgemacht, seine Scheißkarre abgefackelt und die Botschaft überbracht. Haben dem Herrn Autor klar gemacht, dass es als nächstes seine Hütte erwischen wird. So lautete doch der Auftrag, oder nicht?«

»Ja, sicher. Und weiter? Der Boss will Ergebnisse sehen.« Der Mann war sichtlich irritiert. Wahrscheinlich fragte er sich, warum Alvaro noch einmal den abgesprochenen Deal wiederholte. Die entlockte Bestätigung kam allerdings einem Geständnis gleich. Der Mehári-Mörder hatte seine Aufgabe gut erledigt. Robles und Manolo schoben sich mit gezogenen Pistolen durch die Tür.

»Die Hände hoch!«, kommandierte der Kommissar ruhig.

»Jawohl, wir wollen ihre Hände sehen und zwar ganz oben«, brüllte *Sergente* Manolo in wilder CSI-Manier. Robles verdrehte genervt die Augen. »Eine falsche Bewegung, und ich puste dir dein Gehirn weg, Bursche. Mit mir ist nicht gut Erdbeeren essen.«

»Kirschen, Endris! Kirschen.«

»Meinte ich doch.«

»Elende Verräter!«, spie der Überrumpelte böse aus. »Das werdet ihr noch bereuen. Ihr wisst ja nicht, mit wem ihr euch anlegt.«

»Handschellen, *Sergente*!«, befahl Robles. »Ich verhafte Sie zunächst einmal wegen einer Beauftragung zur Brandstiftung.«

»Ist ja lächerlich.«

»Nun, das werden wir sehen. Sie haben es ja gerade eben bestätigt. Bei fünf Zeugen dürfte eine Verteidigung schwerfallen.« Robles setzte seine Siegermiene auf, die Waffe weiterhin konzentriert im Anschlag.

Plötzlich schob sich von der Seeseite ein gewaltiger Schatten heran. Über dem Meer wurde es schlagartig dunkel. Große Teile des unteren Dorfes überzogen sich mit einem schwarzen Schleier, der sich stetig ausbreitete.

»Himmel, Arty, das ist ja wie im Film *Independence Day*, als das Raumschiff über New York auftaucht.« Audrey und ich starrten in den Himmel, dessen Blau immer weniger wurde.

»Du hast recht, nur leider sind das keine Aliens, sondern die in allen Medien angekündigte Sonnenfinsternis. Hatte ich schon wieder vergessen.«

»Halt, stehenbleiben!«, schrie Robles, der für einen Moment durch das Naturschauspiel abgelenkt gewesen war. Der Flüchtende rannte in einem Zickzack-Kurs über den Kirchplatz. Manolo stand, die Handschellen in beiden Händen, mit offenem Mund da und sah wie gebannt in den Himmel.

Zwei Schüsse peitschten durch die Stille.

Audrey rannte aus der Bar, Miguel und ich folgten ihr.

»Endris, hinterher, verdammt!« Robles, der die Warnschüsse abgefeuert hatte, schüttelte seinen Untergebenen, der nach wie vor dastand wie eine Salzsäule. Schon verschwand der geheimnisvolle Auftraggeber in einer der Gassen, die inzwischen vollständig im Dunkeln lagen. Robles hatte ihn offensichtlich verfehlt.

»Audrey, nicht, das hat keinen Sinn! Den holst du nicht ein, der kennt sich hier aus, außerdem liegt das Dorf gleich vollkommen im Düsteren.« Ich legte meiner wutschnaubenden Agentin beruhigend eine Hand auf die Schulter. »Die Sonnenfinsternis bremst uns aus.«

»Alles Amateure hier!«, schimpfte sie. »Bravo, *Commissario*, unser einziger Verdächtiger ist weg. Fantastische Leistung, ein perfektes Desaster.«

»Das ärgert mich mehr, als Sie sich vorstellen können«, gab Robles zurück. »Eine totale Sonnenfinsternis, das ist ja der Wahnsinn.«

»Das hilft uns nicht weiter. He, was geht denn jetzt ab?«

Auf den ausladenden Stufen zum Eingang von Sant Marti erschien ein in eine schwarze Kutte gehüllter Priester. Er riss die Flügeltüren zur Kirche auf und hob beide Arme gen Himmel.

»Wo kommt der denn her?«, schnaubte Audrey. »Ist der aus der Erde emporgestiegen?«

»Sollte Vater Eusebio nicht in der Kirche sein?«, wunderte sich Endris, der es tatsächlich geschafft hatte, sich umzudrehen.

»*Und ich sah einen neuen Himmel und eine neue Erde. Denn der erste Himmel und die erste Erde verging, und das Meer ist nicht mehr!*«, schallte eine kräftige Stimme über den Dorfplatz. »So steht es in der Offenbarung geschrieben, und so wird es über uns hereinbrechen.«

Die Kirchenbesucher strömten ins Freie, um das Schauspiel mitzuerleben. Neugierig scharten sie sich um den so unverhofft aufgetauchten Prediger.

»*Und es werden Zeichen geschehen an Sonne und Mond und Sternen; und auf Erden wird den Leuten bange sein und sie werden zagen; und das Meer und die Wasserwogen werden brausen. Und die Menschen werden verschmachten vor Furcht und vor Warten der Dinge, die kommen sollen auf Erden; denn auch der Himmel Kräfte werden sich bewegen.*« Der Geistliche fuchtelte wild mit den Armen. »Lukas 21, Vers 21 bis 25.«

»Das ist nicht Pater Eusebio«, stellte ich erschrocken fest. »Das ist unser durchtriebener Pfaffe Emmanuel.« Tatsächlich war es der ehemalige Gemeindepfarrer Calonges.

»Warum verrottet der nicht in einem Kloster am Ende der Welt, wie man es uns versprochen hat?«, fragte Audrey kopfschüttelnd.

»Der ist irre, oder?«, meinte Alvaro eingeschüchtert.

»*Der Feind, der sie säet, ist der Teufel. Die Ernte ist das Ende der Welt. Die Schnitter sind die Engel.* So spricht Matthäus zu uns. Aber hört mich an, ihr braven gottesfürchtigen Leute.« Emmanuel legte eine Kunstpause ein. »Die Teufel sind mitten unter uns.« Sein rechter Arm deutete unmissverständlich auf uns. »Es sind die Lügner, die Diebe, die Gottlosen, wie es uns schon durch den Heiligen Minkus prophezeit wurde.«

»Es gibt meines Wissens gar keinen Heiligen Minkus«, stellte Horatio Robles sehr richtig fest. »Was faselt der Kerl für ein dummes Zeug?«

»Seht in den Himmel, seht doch das zweite Zeichen!«, kreischte Emmanuel.

»Ich haue ihn aus den Pantinen«, blaffte Audrey.

»Nicht, damit spielst du diesem Aufrührer nur in die Karten. Willst du ihn zum Märtyrer machen?«, fragte ich.

»Es wurde eine rote Flut prophezeit, und ja, ihr lieben Bürgerinnen und Bürger von Calonge, sie kam, die rote Pest, die schreckliche Flut, die unsere Strände verwüstete, die unsere Lebensgrundlage dahinraffte.« Zustimmendes Gemurmel in der Menschenmenge. »Nun sehen wir heute das zweite Zeichen, die letzte Warnung. Die Erde wird sich verdunkeln.«

»Perfektes Drehbuch«, stöhnte ich. In diesem Moment erreichte die Sonnenfinsternis ihren Höhepunkt. Nur noch die züngelnden Ränder der Sonne waren zu sehen. Eigentlich ein magischer Moment, der allerdings durch das Zetern des Priesters zerstört wurde.

»Jetzt öffnen sich die schwarzen Türen, die Pforten, die sonst verschlossen sind, jetzt strömen die bösen Geister hinein in unsere Welt. Dämonen und Kobolde, die unseren Schlaf vergiften, die in unsere Gedanken hineinbrechen und Unheil heraufbeschwören. Und auch wenn sich gleich das Licht wieder zeigt, werdet ihr alle erkennen, dass der weise Prophet Minkus recht behalten wird. Das Böse ist nun unter uns, und es wird uns drangsalieren, bis die ganze fruchtbare Emporda, unser geliebtes Land, in Schutt und Asche versinkt, bis dann das gnädige Meer uns alle verschlingt. Die so lange verschlossenen eisernen Türen zur Hölle wurden geöffnet.«

Was will der Schwachkopf damit bezwecken?, fragte ich mich.

»Die Ungläubigen müssen vom Antlitz der Erde getilgt werden.« Der linke Rand der Sonne verbreitete bereits wieder mehr Licht. Hinter dem Pater erschienen Pfarrer Eusebio und Bürgermeister Garcia. »Das alles geschieht, weil die schwarze Madonna uns nicht mehr beschützt!«, schrie Emmanuel voller Inbrunst. Ein Aufschrei ging durch die Menge. »Weil sie gestohlen wurde!«

Der *alcalde* und der Pfarrer zogen den um sich schlagenden Priester in das Kircheninnere. Zurück blieb eine verstörte Menge Gottesdienstbesucher, die zum Glück durch die Sonnenfinsternis abgelenkt waren.

»Der Sack weiß von *La Moreneta*«, stellte ich düster fest. »Das ist doch nicht zu glauben.«

»Vielleicht war das nur ein Schuss ins Blaue«, meinte Audrey, aber ihr Tonfall sagte mir, dass sie selbst nicht an einen Zufall glauben mochte. »Woher kann er das wissen?«

»Die Sache wird immer mysteriöser.« Endris Manolo schien Gefallen an den Geschehnissen zu finden. »Vielleicht sind da wirklich höhere Mächte im Spiel.«

»Liebe Güte, warum werde ich mit solch einem einfältigen Burschen bestraft?«, stöhnte Inspektor Robles. Der Mond bedeckte jetzt nur noch ein Drittel der Sonne. Das Licht kehrte mit fulminanter Kraft zurück. »Leider stehen wir mit leeren Händen da.«

»Können wir jetzt gehen, Herr Inspektor?«, fragte Alvaro schüchtern. »Wir haben unseren Part erfüllt.«

»Señor Crawley, Ihre Entscheidung«, reichte mir Robles den schwarzen Peter weiter. »Anzeige oder nicht?«

»Wenn ihr mir versprecht, in Zukunft sauber zu bleiben, dann soll es meinetwegen ohne Strafe abgehen.«

»*Muchas gracias*, Señor, das ist echt großzügig. Wir schwören, wir suchen uns einen Job, und dann wird alles gut.«

»Ich werde euch im Auge behalten«, versprach Robles. »Falls irgendjemand euch kontaktiert oder bedroht, weil ihr den Kontaktmann in eine Falle gelockt habt, dann informiert ihr mich unverzüglich.«

Die drei nickten brav und marschierten zu ihren Motorrädern. Die Kirchenbesucher zerstreuten sich, intensiv über das Erlebte diskutierend. Einige besetzten die freien Plätze in Andres' Bar.

»Zum Thema leere Hände.« Audrey zückte ihr Smartphone und hielt es Robles unter die Nase. »Wie gut, dass auch ein Profi dabei war, oder?«

»Das ist … ein erstaunlich gutes Foto«, bescheinigte er überrascht.

»Die Kamera ist halt gut. Reicht das für einen Suchlauf in ihrer Datenbank?«

»Da bin ich ganz sicher.«

»Na bitte, der Tag war nicht vergebens. Ich schicke Ihnen sofort die Datei.«

»Sehen Sie, Inspektor«, kommentierte ich kameradschaftlich. »Gute Leute muss man haben.«

»He, Arthur.« Das war Andres. »Wer zahlt eigentlich die *cervezas* der Kids? Das waren immerhin neun Stück.«

»Gute Leute und einen Blick für das große Ganze«, Robles klopfte mir freundlich auf die Schulter. War da etwa ein verstecktes Lächeln? »Ich melde mich.«

Am Montagmorgen meldete sich Horatio Robles bereits um kurz nach acht Uhr. Alicia stand unter der Dusche, Luisa schlief noch.

»Schlafen Sie eigentlich auch irgendwann mal?«, maulte ich, noch nicht ganz in der realen Welt angekommen »Es ist praktisch mitten in der Nacht.«

»Mit Blick auf die Uhr lasse ich das mal unkommentiert«, entgegnete der Kommissar trocken. »Wir konnten den Mittelsmann dank des Fotos von Señora Parker identifizieren.«

»Endlich ein Lichtblick.«

»Es handelt sich um Xavi Beka.«

»Sagt mir nichts.«

»Woher auch? Ein registrierter Krimineller – Einbrüche, vorsätzliche Körperverletzungen, Betrug, Autodiebstahl, ein schönes Register an Vorstrafen. Übles Bürschchen.« Robles griff auf eine seiner beliebten Kunstpausen zurück. »Nach letzten Erkenntnissen steht er in Diensten eines gewissen Gerard Reyes. Allerdings arbeitet er für jeden, der genug Kohle anbietet.«

Na bitte, damit war die Bombe explodiert.

»Señor Crawley?«

»Das macht auf den ersten Blick schon Sinn, Inspektor, aber was will der mit der Schwarzen Madonna?« Die Logik erschloss sich mir nicht. Reyes war ein Unternehmer, der auch über Leichen ging, aber als religiösen Fanatiker oder Kunstliebhaber konnte ich mir das Ekelpaket kaum vorstellen.

»Das werden wir ihn sehr bald selbst fragen«, gab Robles spöttisch zurück.

»Wie kommen wir denn mit der Überprüfung der Repliken von *La Moreneta* voran?«, wollte ich wissen. Das schien mir eine vielversprechendere Spur zu sein.

»Gut die Hälfte der siebenunddreißig Registrierten sind überprüft worden«, gab er bereitwillig Auskunft. »Ohne Zweifel bislang alles Nachbildungen, mal mehr oder weniger gut.«

»Mist. Das wäre ja auch zu schön, um wahr zu sein.«

»Ich dachte, Sie wären der unerschütterliche Optimist.« Hörte ich Robles da etwa schmunzeln? »In Ihren Büchern wird auch nicht so leicht aufgegeben.«

»Das tue ich ja gar nicht«, verteidigte ich mich gähnend. »Es wäre nur gut, wenn ich mich endlich nur um Luisa kümmern könnte. Übermorgen ist der Test. Ich bin schon total nervös.«

»Das kann ich gut verstehen«, meinte er mitfühlend. »Ich werde Ihre Adoptivtochter in mein Abendgebet einschließen.«

»Danke, Horatio.« Er ließ mir sogar die persönliche Anrede durchgehen. »Haben Sie mal über unseren schrecklichen Wanderprediger nachgedacht?«

»Pater Emmanuel? Was soll mit ihm sein? Er ist ein verwirrter, alter Mann.«

»Der sich auf einem Kreuzzug befindet«, hielt ich dagegen. »Und wenn er Kontakt mit Jaime hatte? Haben Sie vergessen, dass er anscheinend von dem Raub der Kleinen Braunen weiß?«

»Ja, das mutet merkwürdig an.« Ich konnte sehen, wie Robles mit seinem unnachahmlichen Wippen auf den Fußballen begann. »Eigentlich sollte er in einem Kloster in den Pyrenäen seine letzten Tage verbringen.«

Ein Blitz schoss mir durch den Kopf. »Lachen Sie mich jetzt nicht aus, Inspektor, aber was, wenn Emmanuel ein Eulenbruder ist?«

»Das ist verdammt weit hergeholt«, stöhnte er.

»Aber das würde erklären, warum er Bescheid weiß. Er könnte Kontakt mit Jaime aufgenommen haben. Womöglich hat er sogar die Madonna!«

»Nun mal langsam, *el escribar.* Emmanuel ist über siebzig Jahre alt, er wird wohl kaum Jaime ans Kreuz genagelt haben.«

»Das musste er ja gar nicht, wenn er die Madonna vorher von ihm bekommen hat. Natürlich ist mindestens eine weitere Partei im Spiel, aber gänzlich abwegig finde ich meine Idee nicht«, argumentierte ich, inzwischen richtig wach geworden. Alicia kam aus dem Badezimmer und schmiegte sich an meinen Rücken. Meine Konzentration ging flöten.

»Nun ja, ich werde auch diesem … *Gedankengang* Beachtung schenken. Mal hören, was unser feiner Abt in Montserrat dazu zu sagen hat.« Robles atmete tief durch. »Wo steckt eigentlich dieser Malachias?«

»Gute Frage, keine Ahnung.«

Er schniefte. Einer der wenigen Menschen, die ich kannte, die noch Stofftaschentücher benutzten. »Ich wünschte, wir kämen schneller voran.«

»Na, da sind Sie nicht allein.«

Ein Verehrer kommt selten allein

Ich fuhr Alicia in ihre Bäckerei. Viel war nicht los in Platja. Immerhin tummelten sich ein paar Familien mit Kindern in den Boutiquen und Ein-Euro-Shops, die allen möglichen Plastikkram zum Planschen im Meer verscherbelten. Ich fragte mich immer, wer denn diesen ganzen Müll produzierte. Da kamen natürlich wieder unsere chinesischen Alleskönner ins Spiel. Das *Pa y Vi* konnte auf Stammkundschaft zurückgreifen. Die Bäckerei kam halbwegs über die Runden, nicht zuletzt durch den zusätzlichen Weinvertrieb. Als ich zurück auf den Berg kam, parkte ein himmelblaues Mercedes-Cabrio vor meiner Pforte. Ich strich Luzifer, der brav das Tor bewachte, über das Köpfchen und lugte über die Mauer.

»Ach was, den Burschen kenne ich doch«, murmelte ich vor mich hin. Luzi maunzte zustimmend. Ich erinnerte mich an eins von Luisas Konzerten, als genau dieser Fan die Bühne geentert hatte, einen Strauß Rosen in der Hand. Wenig begeistert tigerte ich hinunter zum Pool.

»Es ist wirklich schön in der Schweiz, Davos, echt ein verzuckerter Traum. Der Schnee dort ist viel feiner und lockerer als beispielsweise in den Pyrenäen oder in Frankreich. Das ist was für Leute, die sich nicht mehr leisten können. Mein Vater und ich haben dort ein wundervolles Chalet. Ich würde mich freuen, wenn du im nächsten Winter dabei wärest, Luisa.«

So weit kommt das noch!, dachte ich wütend. Was bildete sich der junge Schnösel eigentlich ein? Luisa tippte etwas in ihr Tablet.

»Also wirklich, das macht doch nichts, dass du nicht Skilaufen kannst.« Jetzt legte der Kerl doch tatsächlich eine Hand auf ihr Knie! »Du wirst einen perfekten Lehrer bekommen.«

»Damit meinen Sie wohl sich selbst«, blaffte ich. Luisa warf das Tablet auf die Schaukel und begrüßte mich stürmisch, was mir ausgesprochen guttat.

»Ah, Señor Crawley, ich habe Sie gar nicht kommen gehört.« Ein smartes Lächeln. »Tomas Brega.« Er reichte mir die Hand. Weichlicher Händedruck, wusste ich es doch. Ein verwöhnter Sohn reicher Eltern. Weißer, leichter Leinenanzug, hellblaues T-Shirt, passend zum Cabrio, schwarze Slipper, fette goldene Gliederkette, vollkommen unpassend. »Wir hatten noch nicht das Vergnügen, denke ich.«

Ich quetschte seine Hand so fest ich konnte. Luisas Verehrer zuckte leicht zusammen. Sie beobachtete uns schmunzelnd, genauso wie Manita, Joschi und die kleine Amaia. Leicht indigniert zog Brega seine Hand zurück.

»Das mit dem Vergnügen wird sich noch erweisen«, gab ich mürrisch zurück. Luisa tippte wieder. Ich warf einen Blick auf das Display. *Sei nicht so biestig, padre. Gib ihm eine Chance, er ist zwar ein Snob, aber ganz süß. Ich hol mal einen Eistee.* Sie entschwand in Richtung Sommerküche. »Was verschafft uns denn die Ehre Ihres Besuchs?«

»Na, das sollte doch offensichtlich sein. Ich bin Luisas größter Fan.«

»Nein, wirklich?«

»Aber ja. Seit ich sie auf dem Cap Roig-Festival im letzten Jahr gesehen und gehört habe. Sie hat den armen Arlo Gibbins förmlich an die Wand gesungen. Mein Vater und ich saßen in der ersten Reihe.«

Na sicher, die teuersten Plätze …

»Seit diesem Tag wünsche ich mir nichts mehr, als mit Luisa zusammen zu sein, nun ja, natürlich sie erst einmal besser kennenzulernen.« Er fuhr vorsichtig über seinen perfekten Seitenscheitel. »Das können Sie sicher verstehen.«

»Nicht wirklich. Wie Sie sicherlich bemerkt haben, geht es meiner Tochter gerade nicht besonders gut.« Er sah mich stirnrunzelnd an. »Was machen Sie denn im normalen Leben, ich meine, wenn Sie nicht mit einem Hunderttausend-Euro-Schlitten, den Sie sich sicher vom Mund abgespart haben, durch die Gegend gondeln?«

Seine gut einstudierte Mimik fiel kurzzeitig in sich zusammen. Zum Vorschein kam ein verzogenes Männchen, dass sich allerdings seines Standes sehr bewusst war. Schon hatte er sich wieder gefangen. »Ich studiere an der *Universidad Carlos III* in Madrid.«

»Na, so was, in der Hauptstadt, warum nicht in Barcelona?«

»Kommt nicht infrage. Dort wird der Geist junger Menschen nur vergiftet. Wir sind schließlich keine Separatisten«, entgegnete er kalt. »Königstreu und der Republik verpflichtet.« Klang ziemlich blutleer.

»Aha, das war mehr Info, als ich eigentlich wollte.« Luisa kam mit einer Karaffe gekühltem Tee und drei Gläsern zurück. »Was studieren Sie denn?«

»Geschichte, Legendenbildung und Sakrale Bildhauerei.« Luisa nickte anerkennend. »Letzteres ist sicher nichts für schlichte Gemüter.«

»Legendenbildung kann man studieren? Was sind denn das für Lehrkräfte, Hexen und Schamanen?« Ich gönnte mir ein freches Feixen.

»Netter Scherz, Señor Crawley.«

Meine Stieftochter bemühte wieder ihr Tablet. *Dann kennst du sicher die Schwarze Madonna von Montserrat?*

»Sicher, ein außergewöhnliches Unikat, das dringend in das nationale Museum in Madrid gehört und nicht auf diesen unseligen Berg.« Schon wieder schrillten in mir einige Alarmglocken. »Diese verkalkte Legende, von wegen Schutzheilige Kataloniens, gehört auf den Scheiterhaufen. Es ist ein Kulturgut, das allen aufrechten Spaniern gehört.«

»Tatsächlich sehen das ein paar Millionen Katalanen ganz anders«, stellte ich klar. »Außerdem kann der Rest der Nation die Madonna schließlich in Montserrat bewundern.«

»Das Zentrum der Republik ist aber Madrid«, beharrte er. »Tja, Aufklärung hilft bei diesen weitgehend ungebildeten Menschen nur sehr selten. Ich gehe doch davon aus, dass Sie nicht zu den Verblendeten gehören.« Dreist, der Bursche sah mich wahrhaftig provozierend an.

»Kein Kommentar«, gab ich einsilbig zurück.

Man darf den Menschen nicht ihren Glauben nehmen!!! Luisa hielt ihrem Verehrer das Tablet unter die Nase.

»Glauben ist, wie Religion übrigens auch, nur Opium fürs gemeine Volk«, dozierte der junge Mann oberlehrerhaft.

»Na, da hat jemand ein schlaues Buch gelesen.« Ich lächelte süffisant. »Karl Marx passt doch so gar nicht zu Ihnen.«

»Karl … wer?«

»So viel zum Thema gemeines ungebildetes Volk.« Ich schlürfte extra geräuschvoll meinen Eistee. Luisa kringelte sich innerlich, das konnte ich gut sehen. »Wir müssen jetzt Luisas Verband wechseln. Wenn Sie uns also entschuldigen wollen.«

»Aber ich wollte sie auf eine Spritztour mitnehmen«, beschwerte er sich pikiert. »Anschließend ein Rundgang durch unser Anwesen oben in Romanya. Es grenzt direkt an unseren Golfclub. Wir können dort das Diner einnehmen.«

»Golfclub, das passt ja wie die Faust aufs Auge«, stellte ich ironisch fest.

Luisa tippte fleißig. *Vielleicht ein andermal, Tomas. Heute geht es nicht. Leider bin ich auch den Rest der Woche ausgebucht. Mittwoch werde ich zum ersten Mal versuchen zu sprechen.*

»Soll das etwa eine Abfuhr sein?« Er erhob sich abrupt. Manita fauchte ihn böse an. Hektik war auf unserem Berg nicht angesagt. »Einen Brega lässt man nicht so einfach abblitzen. Das solltest du dir wirklich überlegen, Luisa. Du ahnst nicht, welche Karrieretüren wir dir öffnen können.«

Sie schüttelte entschuldigend den Kopf.

»Sehen Sie, junger Mann, da haben Sie heute ja schon zwei neue Sachen gelernt. Der Tag war nicht umsonst.« Ich war voll in meinem Element. »Erstens: man kann mit Geld nicht alles kaufen, schon gar keine Zuneigung, und zweitens: auch ein so besonderes Exemplar Mensch wie Sie muss mit Zurückweisungen leben, und … ach ja, googeln Sie doch einfach mal Karl Marx, dann werden Sie feststellen, dass er kein Stürmer von Real Madrid ist. Schönen Tag noch, Sie finden ja sicher den Weg allein bis zu Ihrer Protzkarre.«

»Wissen Sie eigentlich, wer mein Vater ist?« Seine grauen Augen verschossen wütende Blitze.

»Nee, interessiert mich auch nicht die Bohne.«

»Esteban Brega. Uns gehört die finanzkräftigste Privatbank Spaniens. Wir haben Filialen in allen großen Städten.«

»Soll mich das jetzt beeindrucken?«

»Luisa, du solltest dich nicht von so einem Ignoranten beeinflussen lassen«, wandte er sich an mein krankes Kind. »Ich weiß ja, dass du nicht wirklich seine Tochter bist. Wenn du aus diesem kleingeistigen Gefängnis fliehen willst – du hast meine Nummer. Anruf genügt.«

»Vorsicht, Freundchen«, zischte ich.

Luisa hielt ihm das Tablet vors Gesicht. *Wer Arthur beleidigt, beleidigt auch mich und unsere wunderbare Familie. Ich möchte dich bitten, mich nie wieder anzusprechen. Komm nie wieder her!!!*

Drei Ausrufezeichen. Das war sehr, sehr cool!

Ohne ein weiteres Wort machte er sich auf den Weg. Ließ den Motor ordentlich aufheulen und wirbelte mächtig Schotter auf, ehe er verschwand.

»Tut mir leid, Kleines, ich wollte nicht so ätzend sein, aber …«

Luisa gab mir einen Kuss und tippte fleißig. *Kein Ding, padre, so bin ich den Idioten schneller los als erhofft.* Ihre blauen Augen leuchteten vergnügt. *Hab kein so rechtes Glück mit den Kerlen. Tomas erinnerte mich fatal an Steve in unserer Anfangszeit. Charmant, aber doch nur ein eingebildeter Egoist. Erst mal gesund werden.*

Mittwochmorgen, endlich!

Der Tag der Entscheidung. Ich hatte die Nacht weitestgehend wach zugebracht. Gegen drei Uhr war Alicia resignierend aufgestanden und hatte uns einen Earl Grey gekocht. Schweigend saßen wir auf der Schaukel der oberen Terrasse und sahen hinab auf das schlafende Calonge. Eine gute Stunde später gesellte sich Luisa zu uns, Manita auf dem Arm. Kurz vor sechs hörte ich das Quietschen des Törchens unten an der Straße. Flores und Audrey setzten sich zu uns, dann marschierte auch die komplette Katzenbande auf. Niemand hatte Hunger, wir begnügten uns mit Tee, Saft und Kaffee. Wir sprachen über alles Mögliche, nur nicht über den bevorstehenden Test.

»Man sollte aus eurer Hochzeit eine Sardana komponieren, ergreifend genug ist die Geschichte«, schlug Alicia vor.

Gute Idee, tippte Luisa in ihr Netbook. *Kannst du mir beibringen, wie man Noten schreibt?*

»Ich schreibe Bücher und keine Symphonien, schon gar keine Sardana«, wehrte ich schmunzelnd ab.

Sei nicht so kleinkariert, man kann alles lernen.

Ohne Vorwarnung überfiel sie ein Schüttelfrost. Alicia zog mein Mädchen fest in ihre Arme. Manchmal brachen die schrecklichen Erlebnisse mit Steve Ford sich Bahn. In diesen Momenten war Luisa wehrlos. Es schien mir, als sei sie nicht mehr Teil dieser Welt. Jeglicher Lebensmut schwand dahin. Ich achtete dann darauf, sie nicht lange allein zu lassen. Wenn sie zur Toilette ging, wurde ich ganz unruhig. In meinen finstersten Albträumen sah ich sie mit aufgeschlitzten Adern auf unserer Lieblingsbank sitzen, bleich, blutleer, das Gesicht überirdisch schön.

Ziemlich verrückt, was das Unterbewusstsein einem vorgaukeln kann. Ich setzte all meine Hoffnung auf den heutigen Tag und ein positives Ergebnis der anstehenden Untersuchungen.

»Wir sollten langsam los«, schlug Audrey vor. Wie immer erfasste sie die Situation und die schwermütige Stimmung blitzartig. »Wer weiß, wie der Verkehr nach Girona ist.«

»Ich packe uns was zu futtern und Getränke ein.« Alicia sah Luisa an. »Okay, Kleines?« Luisa nickte, lächelte müde und lehnte sich an meine Schulter.

»Wir helfen dir, Alicia«, beeilte sich Audrey zu sagen. Die drei Frauen verschwanden in Richtung Küche.

Wohin ist dein Geist gerade geflüchtet, Arty?, tippte Luisa.

»Ich saß gerade in dem Zug nach Nirgendwo.«

Auf einer Fahrt ohne Ziel, ohne einen letzten Bahnhof? Ein Zug, der niemals anhält, der kein Ziel hat?

»Ja, das hast du schön gesagt. Aber ein Ziel hat er, das müsstest du, die größte Kennerin der *Chroniken* auf diesem Planeten, doch wissen.«

Ja, natürlich. Ist in deinem Abteil noch ein Platz frei?

»Für dich immer, das weißt du.«

Am anderen Ufer der Nacht, Arty, … ist es schön dort, ruhig, friedlich?

Ich legte einen Arm fest um ihre Schulter. Santa Maria de Calonge schlug gerade halb neun.

»Es ist ein besonderer Ort, meine Kleine. Nur wenige Menschen werden dorthin gelangen, nur diejenigen, deren Fantasie noch nicht von Smartphones, übervollen Terminkalendern und virtuellen Computerwelten ausgedörrt wurde. Nur wer noch träumen kann, wird den Weg finden. Das kann keine noch so gut programmierte Künstliche Intelligenz ersetzen.«

Ich will mit dir dorthin gehen.

»Das werden wir.« Ich musste ihr einfach einen Kuss auf die Wange geben. »Ich werde vorangehen und uns ein Haus bauen.« Sie lächelte still.

Ein weiß getünchtes Haus auf den Klippen, so dass wir über die Ewige Bucht sehen können? So wie Jack und Marun?

»Das ist eine formidable Idee.«

Vielleicht werde ich vorausgehen. Ich werde die Musik der Nacht hören, ich werde sie singen und ich werde frei sein.

»Nein, nein, wie kommst du denn darauf? Rede dir so einen Unsinn bitte nicht ein. Du wirst doch deinen eben erst adoptierten Vater nicht einfach zurücklassen wollen.«

Du hast Alicia, Audrey, Javier und all die anderen.

»Du doch auch.«

Ihr Blick ging in die Ferne, so, als würde sie die schwarze Barke suchen, die uns Menschen die Überfahrt ans andere Ufer erst ermöglicht. Ach, wenn es doch eine Überfahrt nach Anbanu gäbe, eine Passage in die Welt der tausend Inseln …

»Wir müssen los, Freunde der Nacht«, rief Audrey. Flores trug eine Kühlbox mit Getränken und sicherlich ausreichend Proviant, um das halbe Krankenhaus auf einen Snack einladen zu können.

Ich war total durch den Wind, wahrscheinlich mehr als Luisa selbst, die jetzt wieder einen recht gelassenen Eindruck machte. Der kurze Ausflug in meine Fantasiewelt Anbanu hatte uns beiden gutgetan.

»Luisa, die Katzen können wir doch später füttern!« Sie verzog tadelnd den Mund und füllte die Schalen akribisch. »Du machst mich wahnsinnig!« Statt einer Antwort bekam ich einen Kuss.

»Du hast sie ganz schön verzogen«, spottete Alicia gutmütig.

Die Fahrt nach Girona wurde zu einem Spießrutenlauf. Ein Unfall vor Palamos, irgendein bescheuertes Radrennen, das die Schnellstraße querte, eine Baustelle hinter La Bisbal.

Letztendlich waren wir immer noch eine halbe Stunde zu früh, was Luisa mit einem vielsagenden Fingerzeig auf die Uhr in der Empfangshalle des Hospitals kommentierte.

Ernesto Hernandez empfing uns, scheinbar schon wieder übermüdet, aber dennoch unglaublich cool, und erklärte den Ablauf.

»Zunächst also das CT, dann erst wissen wir, ob die Bänder gehalten haben.«

»Müsste Luisa es nicht spüren, wenn die Stimmbänder gerissen wären?«

»Nicht unbedingt. Wenn sie gehalten haben, werden wir es mit einem kurzen Sprechversuch wagen, danach geht es sofort wieder ins CT, um zu sehen, ob Veränderungen aufgetreten sind. Wenn alles gut geht, weiten wir den Versuch noch ein wenig aus. Sind Sie bereit, Luisa?« Er lächelte sie aufmunternd an.

»Sind wir«, antwortete ich zappelig. Sie tätschelte mir beruhigend die Hand.

»Es ist fantastisch und wirklich kaum zu glauben, aber die Bänder haben gehalten.« Hernandez war regelrecht aus dem Häuschen.

»Sie scheinen ja überraschter zu sein als wir«, bemerkte ich irritiert.

»Das bin ich, Señor Crawley, überrascht und erst einmal erleichtert. Wissen Sie, wir Ärzte sind ja dazu angehalten, kein besonderes Vertrauensverhältnis zu Patienten aufzubauen, aber bei Luisa fällt mir das schwer. Eine bezaubernde junge Frau.«

»So?« Das wollte mir schon wieder nicht gefallen. »Ich hoffe doch sehr, dass Sie sich an Ihren Kodex halten.«

»Natürlich.« Er wirkte leicht indigniert. »Ich möchte sie gern sprechen hören. Das wäre ein unglaublicher Erfolg.«

»Hm.«

»Daraus könnte ich eine Studie entwickeln, Erkenntnisse für zukünftige Patienten gewinnen, Sie verstehen?«

Ich verstand in erster Linie, dass sein Interesse dem medizinischen Erfolg und nicht meiner Tochter galt, hielt es aber für angebracht, den Arzt nicht zu verärgern.

»Wie auch immer, wann starten wir den ersten Versuch?«

»Jetzt.« Hernandez klatschte in seine Hände. Er schien es gar nicht abwarten zu können. Luisa wurde gerade von einer Krankenschwester in einem Rollstuhl ins Zimmer geschoben.

So ein Blödsinn, ich bin ja nicht fußkrank!, tippte sie stirnrunzelnd. Ich sah ihr an, wie nervös sie war. Sie setzte sich auf den Rand des Krankenbettes.

»Gut, Luisa, die Stimmbänder halten, das ist aber nur die Grundvoraussetzung für weitere Aktivitäten. Sozusagen die halbe Miete.« Hernandez tippte mit einem Bleistift auf ein Röntgenbild von Luisas Kehlkopf. »Jetzt werden wir den ersten Versuch wagen. Bitte erschrecken Sie nicht, wenn ihre Stimme vollkommen fremd klingt. Das ist absolut normal, Sie hatten wochenlang Pause.«

Luisa schluckte ein paarmal hintereinander.

»Wir wollen es zunächst bei wenigen Worten belassen und dann ein weiteres CT machen.« Auch der Arzt stand, wie wir alle, unter Hochspannung.

»Ar … ty.« Das klang abgehackt, kratzig und ungewohnt, aber es waren Worte aus dem Mund meiner Tochter.

Ich sprang auf und nahm ihre Hände in meine. »Sehr gut, Kleines, sehr gut.«

»Versuchen Sie einen kurzen Satz, bitte.« Hernandez legte zwei Finger an ihren Hals.

»Ich … liebe … dich.« Uns beiden standen Tränen in den Augen. »Meinen Vater … Kommen Sie nicht … auf dumme Gedanken.« Flores und Audrey klatschten begeistert Beifall. Hernandez lächelte zufrieden. Seine Augen leuchteten, fast fanatisch. Wahrscheinlich sah er sich schon auf den Titelseiten einschlägiger Fachzeitschriften.

»Okay, das reicht, jetzt wieder ab ins CT. Es gilt erneut das Sprechverbot.«

»Bis gleich, Kleines.«

Luisa winkte mir mit neu erwachtem Mut zu. Die Krankenschwester drückte sie rigoros wieder in den Rollstuhl und schob sie hinaus.

»Das heißt noch nichts«, dämpfte Hernandez unsere Euphorie.

»Bei Ihnen ist das Glas wohl immer halb leer, was?«, fragte ich glücklich.

»Eine Frage der Einstellung, Señor Crawley. Es schützt vor allzu heftigen Abstürzen.«

»Und verbaut gleichzeitig die Chance auf viele besondere Momente.«

Er sah mich abschätzend an. »Ich fahre gut damit. Wenn Sie mich jetzt entschuldigen wollen.«

»Nur zu, *el médico*. Jedenfalls danke ich Ihnen von ganzem Herzen.«

»Nicht nötig, *el escribar*, ich mache nur meinen Job.«

Die Stimmbänder hielten – erst einmal, wie Doktor Hernandez mehrfach betonte. Die Behandlung mit den Umschlägen sollte noch weitere vier Wochen fortgeführt werden. Schonung war angesagt.

»Bei dem geringsten Anzeichen von Schmerzen kommen Sie sofort hierher, ansonsten sehen wir uns zunächst alle drei Tage.« Luisa strahlte den Arzt an. »Sie müssen Ihre Ambitionen erst einmal auf das Spielen von Instrumenten reduzieren. Es wird keinesfalls gesungen! Haben Sie verstanden?«

»Das habe ich.«

»Vermeiden Sie in naher Zukunft allzu heiße Getränke.«

»Ich bleibe bei Wasser, Wein, Cava und Bier.«

Herrje, sie war fast schon wieder die rotzfreche Göre, die mit einem Euro und sechzig Cent vor meinem Gartenmäuerchen gestanden hatte.

»Das ist kein Spiel, Señora Crawley.« Der Chirurg schien mit ihrer lockeren Art nicht richtig umgehen zu können, gleichzeitig hatte ich den Eindruck, dass er den Blick nicht von ihr abwenden konnte.

»Das ganze Leben ist ein großes Gesellschaftsspiel, Doktor Hernandez.« Sie zuckte lässig mit den Schultern und hakte sich bei mir unter. »Ich komme dann am Freitag.«

»Sehr gut.« Er atmete tief durch. »Dann sind Sie hiermit entlassen.«

»Vielen Dank, Ernesto, für alles.« Sie hauchte ihm einen flüchtigen Kuss auf die Wange. Verblüfft zuckte er zusammen.

»Jetzt hast du den guten Mann aber überfordert«, sagte ich halblaut, aber doch so, dass der Chirurg es hören musste.

Wir verließen das Hospital. Die Sonne knallte erbarmungslos aus einem azurblauen Himmel.

»Das ging ja schneller als befürchtet«, freute sich Audrey. Achselzuckend deutete sie auf die Kühltasche. »Wir haben den ganzen Kram umsonst gemacht.«

»Das hauen wir uns auf der Rückfahrt rein«, verkündete Alicia lachend. »Was ihr da hört, ist nicht der startende Motor, sondern mein leerer Magen.«

Im Oldie-Sender lief Leo Sayer, *When I Need You.*

»Sehr cool«, flüsterte Luisa.

»Alles gut?«, fragte ich alarmiert.

»Ja, ich will nur nichts übertreiben.«

Das Lächeln war zurückgekehrt. Die Farben unserer Welt gewannen an Leuchtkraft. Irgendwie klang Luisas Stimme jetzt dunkler, intensiver. Flores verteilte Weißbrote mit Käse und Paté. Audrey reichte winzige Gläser mit Weißwein. Rod Stewart sang *Sailing*.

»Hernandez behauptet, du seist ein medizinisches Wunder«, sagte ich zwischen zwei Bissen.

»So?« Luisa kaute hingebungsvoll auf einer Scheibe *chorizo*.

»Ich habe ihm gesagt, dass mich das nicht überrascht, da du an sich schon ein Wunder bist.«

»Du bist echt süß, Arty.«

»Nanana, ich kann auch anders.«

»Lass mal, du bist mein Held.«

»Es tut gut, dich wieder lächeln zu sehen, außerdem habe ich deinen rotzfrechen Ton vermisst.«

»Kann ich kaum glauben«, gab sie grinsend zurück. »Der Kerl ist verdammt attraktiv, leider ziemlich verklemmt, vermute ich.«

»Hernandez?«, hakte Alicia nach.

»Genau.«

»Sei vorsichtig, Kleines. Ich kann den Typen nicht richtig einschätzen, und das finde ich gefährlich. Will er sich etwa privat mit dir treffen?«, fragte Audrey.

»Nee, wie kommst du denn da drauf?«

»Dann ist es gut.« Meine Agentin streckte den Kopf ein wenig aus dem Fenster, um den Fahrtwind zu genießen. »Ärzte sind mir nicht geheuer.«

»Du sprichst mir aus der Seele«, bekräftigte ich.

»Es war einfacher, als ich noch keinen Vater hatte.« Bei Luisas Worten verzog ich gespielt beleidigt das Gesicht. »Aber so ist es eine Million Mal schöner. Nun kannst du wieder lächeln, Brummbär.«

»Menschen, die nie lächeln, sind mir suspekt.«

Damit war eigentlich alles gesagt. Unsere Rückkehr auf den Berg uferte zu einem kleinen Freudenfest aus. Rein zufällig, wirklich, ein Schelm, wer etwas anderes dabei denkt, und total spontan warteten Javier, Esteva und Sonia vor dem Haus. Audrey hatte offensichtlich eine WhatsApp an unsere Gang verfasst. Die Katzen natürlich nicht zu vergessen. Genauso zufällig machten Mareike und Catalina einen Abstecher in die Mas Cabanes.

Die Umarmungen wollten gar kein Ende nehmen.

Ich öffnete vorsichthalber zwei Flaschen Cava, das Geschnatter nahm zu. Sergio und Paco trafen auf Rollern ein. Es war gerade einmal halb zwei, eigentlich Siesta-Zeit, aber es war ja leider nichts los in Platja.

Man musste einfach das Gefühl haben, das alles ein gutes Ende nehmen würde, so perfekt war der letzte Julitag mit seinen gut dreißig Grad und einem wolkenlosen Himmel. So viele liebenswerte Menschen auf einem Haufen.

Man sollte den Moment genießen …

Kein Ort der Stille

»Es tut mir ehrlich leid, Señor Crawley.« Horatio Robles' Stimme klang müde. »Es ergab keinen Treffer. Die Kolleginnen und Kollegen haben alle siebenunddreißig Orte gecheckt, an denen sich eine Replik der Schwarzen Madonna befindet. Es sind tatsächlich alles Kopien.«

»Sind Sie sich sicher, dass immer ein Experte dabei war?«, wagte ich zu fragen.

»Wir sind keine Amateure«, bekam ich als harsche Antwort.

»Entschuldigung, es war nicht als Kritik gemeint.«

»Schon gut.« Ich hörte den Inspektor gähnen. »Wir werden die Suche nach Bruder Malachias intensivieren. Der Kerl kann sich doch nicht in Luft aufgelöst haben. Heute Nachmittag werde ich mir den feinen Abt noch einmal vornehmen. Ich habe allerdings wenig Hoffnung, dass dabei etwas Verwertbares herauskommt. Passen Sie auf sich auf, Sie befinden sich immer noch im Fadenkreuz der Verbrecher.«

»Danke für die Anteilnahme.«

Wir legten auf. Ich hörte Luisa auf der Poolterrasse Gitarre spielen. Wie schön. Langsam schien wieder so etwas wie Normalität einzukehren. Wenn nur die vermaledeite Story um die gestohlene Madonna endlich erledigt wäre. Ich holte eine Tüte Eistee aus dem Kühlschrank, schnitt noch eine frische Zitrone auf und stapfte hinunter in unseren Wellnessbereich.

»Das ist *Tears In Heaven*, oder?«, glaubte ich das Stück erkannt zu haben.

»Du bist echt gut, Arty«, bestätigte sie beifällig nickend. Ihre Stimme war noch immer dünn, aber doch schon etwas konstanter und weniger angestrengt.

»Ach, nur bei dem alten Kram. Das Lied hat Eric Clapton mit Will Jennings 1991 geschrieben, nachdem sein vierjähriger Sohn aus dem Fenster eines Hochhauses in New York City gefallen war.«

»Eine furchtbar tragische Geschichte«, bestätigte sie.

»Willst du das Stück in dein Repertoire aufnehmen?«

»Weiß ich noch nicht, ist mir womöglich zu traurig. Andererseits muss das Leben weitergehen, die Erde dreht sich weiter, egal welche Katastrophen passieren.« Sie legte die Gitarre beiseite und leerte das Glas mit dem gekühlten Tee in einem Zug. »Puh, das tut gut. Das ist ein verdammt heißer Sommer.«

»Wie ist das subjektive Befinden?«, fragte ich vorsichtig.

»Geht langsam aufwärts, denke ich. Habe so gut wie keine Schmerzen. Ich werde Doktor Hernandez morgen fragen, ob ich ein bisschen singen darf. Nur was Einfaches.« Sie lächelte sehnsüchtig. »Nicht gerade die Tonleiter rauf und runter.«

»Mal sehen, was der große Meister dazu sagt. Nimm doch was von Leonard Cohen, der hat nie von sich behauptet, dass er singen kann, aber seine Gedichte wollte halt niemand lesen, da hat er sie einfach vertont.«

»Gute Idee.«

Ich füllte unsere Becher auf. »Wo steckt eigentlich Alicia? Ich dachte, Carmina kümmert sich heute um die Bäckerei.«

»Das tut sie auch, aber heute ist Victors Todestag, falls du dich dunkel erinnern magst.« Luisa hob eine Augenbraue, das hieß übersetzt, leichter Tadel.

»Mist, habe ich vergessen, aber ist auch nicht so wichtig, oder?«

»Wie auch immer, Arty. Sie ist jedenfalls zum Friedhof gefahren.« Luisa packte ihre Gitarre in den Koffer. »Ich ziehe heute wieder zurück zu den *chicas* in unsere Casa.«

»Schon?«

»Komm schon, *padre.* Flores und Audrey vermissen mich, ich vermisse mein Zimmer und die geballte Frauenpower.«

Ich ergab mich seufzend in mein Schicksal. »Na schön, Kleines, aber …«

»Ja, ich bin vorsichtig, ja, ich denke an meine Umschläge, nein, ich spreche nur das Nötigste und sehr leise, und ja … du darfst mich morgen nach Girona zur Untersuchung fahren.« Sie lachte schelmisch. »Mensch, ist gleich schon elf.«

»Wann ist Alicia denn los?«

»Kurz nach neun.« Einen Moment sahen wir uns nachdenklich an. »Sie hat die Vespa genommen.«

»Ich fahr mal runter, vielleicht ist was mit dem Roller, der macht in letzter Zeit echt Mucken.« Eine unerklärliche Unruhe hatte mich überfallen.

»Soll ich mitkommen?«

»Ach was, wird schon alles in Ordnung sein. Zieh du mal wieder in euren Frauenpalast. Wir sehen uns zum Abendessen.«

Sie nickte, wenig überzeugt. »Ruf mich an, wenn du bei Alicia bist, okay?«

Wir packten ihre Utensilien in den Clio, fuhren die Schleife eine Serpentine tiefer bis zur aktuell verwaisten *Tres-Chicas-Casa*. Audrey half heute in der Veterinärklinik aus. Ein Abschiedskuss.

Ich machte mich auf den Weg zum *Cementerio Municipal*, dem Friedhof von Calonge und Sant Antoni. Ein langgestrecktes rechteckiges, durch eine fünf Meter hohe Mauer geschütztes Gelände. Das gusseiserne Eingangstor gab den Blick auf eine kleine Kapelle frei, in der die Begräbnismessen abgehalten wurden. Links und rechts waren die Kassetten für die Urnen in die Wände eingearbeitet, jeweils mit einem kleinen Vorsprung versehen, um dort Blumen oder Bilder platzieren zu können. Vier Fächer übereinander. Bänke luden zum Verweilen ein. Ein Weg, vorbei an einer gepflegten Rasenfläche, gesäumt von einigen Pinien und hohen Sträuchern, bis zu dem kleinen Gotteshaus.

Alicia saß gedankenversunken auf einer Bank vor der Reihe, in der Victor Nuñez' Urne seinen Platz gefunden hatte. Als sie meine knirschenden Schritte auf dem grobkörnigen Sand hörte, wandte sie sich mit einem Lächeln zu mir.

»Arthur … was machst du denn hier?«

»Hauptsächlich Sorgen, *mi amor*. Du bist schon so lange weg.« Ich setzte mich neben sie und nahm ihre Hände. »Geht es dir gut?«

»Jetzt ganz gewiss.« Sie lehnte ihren Kopf an meine Schulter und sah auf die mittlere Kassette. Eine schlichte dunkelrote Urne mit einem goldenen Deckelrand. Alicia hatte in einer Vase daneben weiße Rosen platziert. »Ich hatte mich Hals über Kopf in ihn verliebt.« Ich spürte, dass sie über die Vergangenheit reden wollte. »Nach sechs Wochen waren wir verlobt, nach knapp einem Jahr verheiratet. Ich war siebzehn. Viel zu jung.«

»Dennoch war das sicher eine wundervolle Zeit.«

»Das war es.« Sie schloss die Augen. »Wie kann sich ein Mensch nur so sehr zum Negativen verändern? Was ist schiefgelaufen? Das frage ich mich immer wieder, heute ganz besonders. Lag es an mir? Was habe ich falsch gemacht?«

»Sicher nichts, du bist der sanftmütigste und liebenswerteste Mensch, dem ich jemals begegnet bin.«

»Aber das war womöglich zu wenig, Arty.«

»Du solltest dir keine Vorwürfe machen, *mi vida.* Manchmal frage ich mich: Was hat die Zeit mit mir gemacht? Wo sind die Jahre, die Jahrzehnte geblieben? Das ist ganz normal. Dann blicke ich zurück auf meine Jugend in Bournemouth, die unbeschwerten Tage in der Schule, die Ferien am Strand, meine coole Straßengang, den ersten Kuss mit Rebecca Stirling, ein abgebrochenes Studium der Publizistik, ausgelassene Partys auf dem Campus und im Wohnheim, ein Leben aus den Vollen, Mathilda, die fast fünf Jahre älter war als ich, meine enttäuschten Eltern …«

»Du warst sicher ein Casanova«, meinte Alicia gutmütig. »Mein Leben verlief in ganz anderen Bahnen.« Ein tiefes Seufzen. »Victor war damals bei der Müllabfuhr. Er hat sich immer wieder bei der *comunidad* für einen besseren Job beworben, aber sein cholerisches Temperament war nicht gerade hilfreich. Mit jeder abgelehnten Bewerbung wurde er verbitterter und zynischer. Als ich dann das *Pa y Vi* übernehmen konnte und es, entgegen seiner Prognose, sehr gut lief, rastete er völlig aus. Er meldete sich für den Einstellungstest bei der *Policia Municipal* an und fiel mit Pauken und Trompeten durch. Danach schmiss er seinen Job bei der Müllentsorgung und begann zu trinken. Von da an ging es nur noch abwärts.«

Ich zog sie fest an mich. »Das ist vorbei, lass uns versuchen, jeden Tag zu genießen.«

»Das tue ich, seit wir uns endlich nicht mehr verstecken müssen.« Alicia sah mich durchdringend an. »Meinst du, der liebe Gott wird uns einen Kuss auf einem Friedhof verzeihen?«

»Keine Ahnung, aber die Götter in meinen *Chroniken* ganz sicher.« Wie immer hatte ich das Gefühl, in meinem so lange gesuchten Hafen angekommen zu sein. »Habe ich dir eigentlich erzählt, dass ich mal einen Pub hatte?«

»Wirklich?« Sie kicherte bezaubernd.

»Aber ja, zusammen mit meinem Kumpel Francis. Ging knapp ein Jahr gut, dann waren wir pleite. Zu viele unserer Freunde machten gewaltige Deckel, ohne jemals zu bezahlen.«

»Ihr wart zu blauäugig«, stellte Alicia fest.

»Das, und wir waren selber zu gute Kunden.« Ich musste schmunzeln, als ich an die Zeit zurückdachte. »Danach war ich Aushilfslehrer an einer Grundschule.«

»Du liebe Güte, Abgründe tun sich auf«, spottete sie. Die trübe Stimmung war verflogen. »Kann ich mir so gar nicht vorstellen, du und eine Bande kreischender Kinder.«

»Na ja, das ging auch nur ein Jahr gut, danach war ich eine ganze Weile freiberuflicher Reporter bei einer Lokalzeitung, bis die aufgeben musste, was aber nicht an meinen hervorragenden Artikeln lag.«

»Ein bewegtes Leben, vermutlich mit diversen Damen an deiner Seite.«

»Die längste Beziehung dauerte immerhin fast vier Jahre. Monica … verdammt, ich habe den Nachnamen vergessen. Als das Gerede von Hochzeit und Kindern anfing, bin ich feige geflüchtet.« Ich beobachtete eine Möwe, die majestätisch gelassen gen Meer schwebte. Ein weißer Tupfer auf einem blauen Teppich. »Ich war immer auf der Suche, bis ich irgendwann zu dem Schluss kam, dass es den einen besonderen Menschen für mich nicht gäbe.« Ich lachte tonlos. »In dieser Nacht der Erkenntnis begann ich mit dem Schreiben der *Chroniken*. Ich erschuf eine Welt, in der mein Held eine bittersüße Liebe erleben durfte.«

»Nicht nur eine.« Alicia blinzelte mich an. »Du hast mich mehr als einmal zum Weinen gebracht, du Schuft.«

»Macht das nicht ein gutes Buch aus?«, fragte ich. Sie nickte nur. »Dann trat Audrey in mein Leben und mit ihr der Erfolg. Plötzlich hatte ich genug Kohle. Ich kannte diese Gegend von diversen Urlauben und erwarb das Haus in der Mas Cabanes und … kaufte ein Croissant und fünf Liter Tempranillo in einem Plastikkanister in einer kleinen Bäckerei in Platja D'Aro.« Ich strich ihr sanft eine Strähne brauner Locken aus dem Gesicht. »Seit diesem Tag wusste ich, dass ich mich geirrt hatte. Es gab diesen einen Menschen eben doch.« Stirn an Stirn. Unsere Nasenspitzen berührten sich.

Die Angeln des Friedhoftores quietschten. Schritte näherten sich. Ich dachte noch: *Da hat aber jemand schwere Schuhe an.* Nur mühsam löste ich mich aus dem wunderbaren intimen Moment und drehte meinen Kopf zum Eingang. Etwas blitzte im gleißenden Sonnenlicht. Ich beschattete meine Augen mit einer Hand, doch schon fiel der Schatten eines hochgewachsenen Mannes auf uns.

»Sieh an! Sagt man nicht, dass es Mörder immer wieder an den Tatort zurückzieht? In diesem Fall anscheinend zu dem gottlos hingerichteten Opfer.«

»Bruder Emmanuel«, stöhnte ich gequält. Neben mir versteifte sich Alicia. Erst jetzt registrierte ich die Waffe in seiner Hand. Der suspendierte Priester war ganz in Schwarz gewandet. Dicke Stiefel, eine lange, viel zu weite Hose und ein hochgeschlossenes Hemd. Sein kahl geschorener Kopf glänzte in der unbarmherzigen Sonne. *Er wird sich einen furchtbaren Sonnenbrand holen,* dachte ich unsinnigerweise. »Was soll die Waffe?«

»Oh, aber was denken Sie denn?« Ein schrecklich kaltes Grinsen. »Ich bin der verlängerte Arm unseres Herrn, der Gerechtigkeit über diese Welt bringt, der Prophet, der die Menschen der *Emporda* retten wird.«

»Sie sind verrückt«, stieß Alicia hervor.

»Still, Metze, Mörderin!« Emmanuel richtete den Lauf der Pistole auf sie. »Du hast deinen dir angetrauten Ehemann umgebracht.«

»Das ist nicht wahr, es war ein Unfall!«, rief ich laut. Vielleicht war jemand in der Nähe. Reines Wunschdenken. Ich schob mich schützend vor Alicia. »Emmanuel, hören Sie, ich schwöre Ihnen, bei allem was mir heilig ist, dass Alicia Victor nicht ermordet hat.« Schweiß floss in Strömen über das Gesicht des Priesters. Er stand in der prallen Sonne, während wir durch einen Baum gut geschützt waren. »Sie müssen uns glauben.« Ich wog meine Chancen ab, wenn ich versuchen würde, mich auf ihn zu stürzen. *Ein Moment der Unachtsamkeit, vielleicht, wenn er sich Schweiß aus dem Gesicht wischt! Ich muss ihn ablenken.*

»Warum haben Sie Jorge und Jaime umgebracht?«, wagte ich einen Schuss ins Blaue.

»Was?« Die Waffe zeigte jetzt direkt auf mein Gesicht. *Das wird nicht schön aussehen, wenn er jetzt abdrückt. Das gibt eine ziemliche Schweinerei.* Was für seltsame Gedanken einem durch den Kopf schießen, wenn man extremem Stress ausgesetzt ist. »Ich würde niemals einen Glaubensbruder umbringen.«

»So? Wer war es denn dann?« Ich bemühte mich, meiner Stimme einen festen Klang zu verleihen. »Wir jedenfalls nicht.«

»Natürlich waren Sie es!« Die Hand mit der Waffe zitterte bedenklich.

»Blödsinn!« Jetzt war ich wirklich sauer. »Glauben Sie etwa, wir würden einen Menschen foltern und an ein Kreuz nageln?«

»Bruder Jorge lag tot in deinem Pool, Lügner!«

»Ich habe keine Ahnung, wer ihn dort hineingeworfen hat. Er war schon vorher tot«, argumentierte ich. »Fragen Sie doch bei der Polizei nach. Der Obduktionsbericht hat es bewiesen.«

Ohne auf meinen Einwand einzugehen, fuhr er fort: »All der Schmerz, den ihr dem armen Jaime zugefügt habt, hat zu nichts geführt, nicht wahr?« Er grinste diabolisch. »Sein Glaube war stärker, er hat euch nicht verraten, wo er die Madonna versteckt hat.«

»Aber Sie wissen es«, sagte Alicia, erstaunlich gefasst.

»La Moreneta ist in Sicherheit, die Heilige steht unter meinem persönlichen Schutz.«

»Jaime hat Sie um Hilfe gebeten.«

»Und Hilfe ist ihm zuteilgeworden«, bestätigte er selbstzufrieden. »Leider war es zu spät, um ihn zu retten, aber ich kann zumindest dafür sorgen, dass er nicht umsonst gelitten hat. Sie werden unsere geliebte Madonna niemals bekommen.«

»Das ist doch unlogisch«, rief ich kopfschüttelnd. »Warum sollten wir die Madonna stehlen? Ich bin nicht mal Katalane. Das alles ist ein verfluchter Irrtum, eine unglückliche Verkettung von Ereignissen, die wir nicht ausgelöst oder zu verantworten haben.«

»Du bist ein geldgeiler Sünder, der vor nichts zurückschreckt – und deshalb wirst du jetzt sterben.«

Ich schloss die Augen. Viel Zeit blieb nicht mehr. *Ich muss es einfach versuchen!* Ich hörte ein Klicken. *Verdammt, die Waffe war noch gesichert!* Chance verpasst.

»Hören Sie auf, Emmanuel. Ich gebe es zu. Ich habe meinen Mann Victor mit einem Messer erstochen.« Alicia löste sich von mir. Wir standen beide auf. »Arthur hat nichts damit zu tun.«

»Alicia, nicht!«

»Ah, so kommt die Wahrheit letzten Endes ans Licht«, freute sich der Priester. »Ich wusste es doch von Anfang an. Den Abgesandten des Herrn führt man nicht an der Nase herum.«

»Das ist nicht wahr. Ich war es!«, schrie ich.

»Das ist furchtbar egal. Ihr seid beide für schuldig befunden worden.«

Drei Meter. Das konnte nicht reichen, zu weit für einen Sprung, außerdem war ich keine dreißig mehr, aber ich war nicht gewillt, uns einfach hinrichten zu lassen. Ich spannte alle verfügbaren Muskeln an. Alicia spürte offensichtlich, dass ich bereit war, alles zu riskieren.

»Sie müssen uns ein Gebet sprechen lassen«, versuchte sie, Zeit zu gewinnen. »Bitte Vater …« Ich ahnte, wie sie in meinem Rücken züchtig ihre Augen niederschlug. »Ich möchte unseren Herrn um Vergebung bitten.«

»Vergebung? Das ist ja lächerlich«, giftete er.

»Gott wird gesehen haben, wie ich gelitten habe, was ich mit Victor Nuñez ertragen musste. Daran glaube ich ganz fest.«

Emmanuel schien zumindest nachzudenken. *Bravo, Alicia!* Ich machte mich zum Sprung bereit.

»Nun gut«, lenkte er ein. »Das sei euch gewährt. Die Gnade des Herrn sei mit euch. Möge er euren armen fehlgeleiteten Seelen gnädig sein.« Er wischte sich mit dem Arm, der nicht die Waffe hielt, durchs Gesicht.

Jetzt oder nie! Ich sprang nach vorn. Für einen kurzen Moment schien er überrascht. Seine Augen weiteten sich.

Zu langsam … verdammt, ich war zu langsam!

Der Kolben der Pistole krachte gegen meine Schläfe. Mir wurde schwarz vor Augen. Das Gefühl einer samtigen Schwärze, dann ein stechender Schmerz. Meine Beine knickten weg. Ich sank auf die Knie, dann auf den Rücken.

Das war's. Feierabend. Es war einen Versuch wert …

Ich spürte, halb weggetreten, dass Alicia sich neben mir niederließ, meinen Kopf in ihren Schoß bettete und mir sanft über das Gesicht strich.

»Was für eine Show«, spottete Emmanuel. »Wie überaus melodramatisch. So kitschig wie in diesen unsäglichen Büchern, die dieser Teufel auf zwei Beinen geschrieben hat.«

»Sie dummer, armer Wicht!«, sagte sie ganz ruhig. »Sie wissen nicht ansatzweise, wie es ist, wenn man einen Menschen bedingungslos liebt.« Sie nahm mich, so fest es ging, in den Arm.

»Meine Liebe gilt unserem Herrn und niemandem sonst.«

»Verblendet, fanatisch. Sie tun mir einfach nur leid.« Sie küsste meine bereits angeschwollene Schläfe »Na los, machen Sie schon! Ich habe keine Angst, denn ich werde mit Arthur zusammen sein, für immer. Dieses eine Jahr mit ihm hat mich für zwanzig schreckliche Jahre mit einem unberechenbaren Säufer entschädigt.«

Der schwarze Priester hob die Waffe, sah ich wie durch einen grauen Schleier. *Wird er zuerst mich erschießen?* Ich hätte Alicia noch so gern gesagt, wie sehr ich sie liebte, ich wollte ihr noch so viel sagen … aber schon krachte ein Schuss.

Ein erstickter Schrei! *Das Schwein hat meine Geliebte erschossen!* Ich versuchte die Augen zu öffnen.

Zwei weitere Schüsse!

Wieso lebe ich noch?

Tief durchatmen. Auf dem linken Auge konnte ich tatsächlich etwas erkennen. Emmanuel kauerte auf dem Boden, die Waffe nicht mehr auf uns gerichtet, sondern in Richtung Eingang des Friedhofes. Er drückte ein weiteres Mal ab. *Wieviel Patronen hat wohl so ein Magazin?*

Blut! Da war Blut. Der Scheißkerl blutete am Kopf und zwar nicht zu knapp. Alicia versuchte vergeblich, mich ein Stück wegzuziehen. Zu schwer. *Kein Bier und keine fettigen Koteletts mehr, nur noch trockenen Wein und Fisch!*

Es gelang mir, auch das zweite Auge zu öffnen. Hinter einer der Bänke blitzte Mündungsfeuer auf. Emmanuels Kopf flog in den Nacken.

Präziser Kopfschuss, dachte ich noch, dann gab es einen weiteren Blitz … und zwar in meinem Kopf, gefolgt von gnädiger Dunkelheit.

Etwas unglaublich Kühles legte sich auf meine Stirn. Herrlich! Ich träumte von wunderschönen blonden Engeln, die erstaunlich leicht bekleidet um mich herumtanzten. Sie sangen ein Lied in einer Sprache, die ich nicht verstand, aber es musste sich wohl um eine Art Heldenepos handeln, denn die ätherischen Wesen bejubelten mich eindeutig.

»Arty, du kannst jetzt mit diesem merkwürdig verklärten Lächeln aufhören und einfach die Augen aufmachen.« Das war eindeutig Audreys Stimme. Das hier war ergo nicht der Himmel. »Komm schon, wir haben nicht den ganzen Tag Zeit.«

Ich spürte ihren Atem auf meinem Gesicht und folgte ihrer Anweisung. Sie hatte ihre immer länger werdenden Haare streng nach hinten gekämmt und zu einem Zopf geflochten.

»Na bitte, da ist er ja wieder unter den Lebenden«, stellte sie erleichtert fest. Ich bewegte meinen Kopf vorsichtig in beide Richtungen. »Er gehört ganz Ihnen, Doktor Espinoza.«

Unser in Ehren ergrauter Hausarzt tastete meine Stirn ab, dann hörte er das Herz ab und maß meinen Puls. Zufrieden seufzend setzte er sich dann auf einen Stuhl und zwirbelte seinen Schnurrbart. »Alles im grünen Bereich.« Ich mochte seine ausgeglichene Art, seine immer beruhigende Stimme. »Wenn sich kein Erbrechen oder der Ausfall der Sehkraft einstellen, dann bleibt es bei einer ordentlichen Beule, die schön bunt wird, ehe sie sich zurückbildet. Das wird dauern, aber Männer tragen ja gern ihre Narben offen, nicht wahr?« Der Medikus blinzelte vergnügt. »Ich verschreibe Schmerztabletten und verordne Ruhe für die nächsten vierzehn Tage.«

Erschrocken registrierte ich, dass weder Alicia noch Luisa in unserem Schlafzimmer anwesend waren. Ich musste wohl ziemlich panisch gewirkt haben, denn Audrey beschwichtigte sofort.

»Nur die Ruhe, Großer. Alicia ist mit Luisa ins Hospital gefahren. Beiden geht es gut. Heute ist doch die nächste Untersuchung.«

»Sollten wir nicht hinfahren?« Ich richtete mich auf, besser gesagt, ich versuchte es. Augenblicklich wurde mir schwindelig, und ich sank zurück auf mein Kopfkissen.

»Sehen Sie.« Navas grinste belustigt. »Das meinte ich mit Ruhe. Sie sind ein furchtbarer Patient, Señor Crawley, deshalb werde ich mich jetzt verabschieden.«

»Vielen Dank, Doktor.« Audrey schüttelte seine Hand zum Abschied.

»Kein Problem, meine Liebe.« Er hauchte ihr wahrhaftig einen Kuss auf den Handrücken. Alte Schule, beeindruckend. »Behalten Sie meinen Patienten gut im Auge, ich erwarte noch unzählige Fortsetzungen der *Chroniken*. Wehe Ihnen, wenn Jack nicht zu Irina und seiner Tochter Meren zurückfindet. Das würde ich nicht verzeihen.«

Die Erwartungen der Leser … Nicht immer das, was sich der Autor vorgestellt hat. Ich winkte zum Abschied. Audrey schob mir zwei weitere Kissen ins Kreuz, so dass ich mich vorsichtig aufrichten konnte. »Was genau ist eigentlich passiert?«, fragte ich.

»Robles hat euch beide gerettet.«

»Horatio? Aber wie …«

»Nachdem du dich nicht telefonisch bei Luisa gemeldet hast, bekam sie Angst und hat den Inspektor angerufen, der sich sofort auf den Weg zum Friedhof gemacht hat.«

»Verdammt, ich schulde ihm eine besondere Flasche Brandy«, stöhnte ich.

»Allerdings, ihr beide verdankt ihm euer Leben.« Sie reichte mir ein Glas Zitronenwasser. »Du warst ’ne halbe Stunde weggetreten. Navas hat dir ein Beruhigungsmittel gespritzt. Er weiß ja, was für ein zappeliger Typ du bist.«

»Was ist mit dem Irren?« fragte ich. Hatte ich nicht einen Kopfschuss gesehen? »Ist Pater Emmanuel … tot?«

»Nee, der liegt im Koma. Robles hat ihn zweimal getroffen, einmal am Kopf, der zweite Treffer ging in die rechte Schulter.«

»Audrey … Er weiß, wo die Madonna ist!«

»Was? Das ist ja ein Hammer.«

»Er hat es zugegeben. Jaime hat ihn um Hilfe gebeten und dem Verrückten anscheinend die Kleine Braune überlassen.« Ich atmete tief durch. »Der Sack darf nicht sterben. Allerdings wird er uns niemals freiwillig sagen, wo er sie versteckt hat.«

»Es gibt da gewisse Methoden.« Sie kniff ihre Augen zusammen. »Du weißt schon, ich bin da nicht ganz ohne Kenntnisse. Weiß Robles, dass Emmanuel die Madonna hat?«

»Nein, woher auch?« Ich schloss die Augen. Ein verwegener Plan nahm in meinem gebeutelten Kopf Gestalt an. Wir mussten die eigentlichen Verbrecher aus der Reserve locken.

»Das Gesicht gefällt mir ganz und gar nicht«, sagte Audrey alarmiert. »Du heckst doch was aus, alter Geschichtenerzähler.«

»Erwischt«, gab ich zu.

Es war kurz nach zwei, als Alicias Clio den Berg hinauf schnaufte. Die heilige Siesta hatte eigentlich schon begonnen. Das Thermometer auf der Veranda zeigte, obwohl seit geraumer Zeit im Schatten, gnadenlose sechsunddreißig Grad an. Luzifer und Amaia dösten auf der Schaukel am Pool. Der Rest der Bande hatte sich wahrscheinlich in kühlere Gefilde verkrochen. Ich warf das feuchte Geschirrtuch, das Audrey mir um die Stirn gewickelt hatte, in die Spüle und eilte meinen beiden Damen entgegen. Freudig umarmte ich sie.

»Ho, immer langsam, Torero«, beschwichtigte Alicia. »Sieht ja verboten aus, deine Beule meine ich.«

Jetzt war Luisa an der Reihe. Ich versuchte an ihrem Gesichtsausdruck abzulesen, ob die Konsultation erfolgreich gewesen war, konnte aber nur eine undurchsichtige Miene ablesen.

»Erst mal raus aus der Sonne«, kommandierte Alicia. Beide waren ordentlich durchgeschwitzt. Über eine Klimaanlage verfügte der alte Renault natürlich nicht. Die von Audrey geöffnete Flasche *Palador Blanco* stand schon parat. Kaum hatten wir auf der oberen Terrasse Platz genommen, rauschte auch noch Flores Jeep in den Wendehammer. Auf die übliche Begrüßungszeremonie wurde selbstverständlich nicht verzichtet.

»Jetzt aber. Was ist los, Kleines, was hat die Untersuchung ergeben?«, fragte ich ungeduldig.

Luisa nahm ihr Glas und hob es leicht an. »Die Stimmbänder halten, es sind keine neuen Tumore aufgetaucht. Ich darf langsam wieder loslegen.«

»Das ist ja großartig. Darauf trinken wir!«, verkündete ich aufgedreht. Von Alkoholverbot hatte Doktor Navas schließlich nichts gesagt. »Auf unseren Lebensretter und die beste Sängerin der Welt.« Ich kniff die Augen zusammen. Also wirklich, überschäumende Freude sah anders aus. »Okay, und jetzt raus mit der Sprache, warum springst du nicht vor Freude in den Pool oder tanzt trällernd über die Veranda?«

»Ernesto hat mich um ein Date gebeten, ein … Abendessen«, berichtete Luisa mit einem säuerlichen Ausdruck.

Ich runzelte die Stirn, was augenblicklich einen stechenden Schmerz auslöste. »Na ja, ich denke, es gibt Schlimmeres, oder?«, wandte ich ein.

»Er war ziemlich … fordernd.« Es war ihr offensichtlich unangenehm, darüber zu reden.

»Darf der das überhaupt?«, fragte Flores. »Du bist schließlich seine Patientin. Das geht doch gar nicht.«

»Ganz recht!« Schon war ich auf hundertachtzig.

»Offiziell ist Ernesto seit heute nicht mehr Luisas behandelnder Arzt«, erklärte Alicia. »Die restliche Kontrolle über den Genesungsprozess hat er einem Assistenzarzt übertragen. Damit ist er aus der Rolle raus. Anscheinend hat er mit seiner Offerte extra so lange gewartet.«

»Der kennt sich aus«, meinte Audrey nachdenklich. »Gefällt mir nicht.«

»Nun gut, du möchtest also nicht mit ihm ausgehen«, schloss ich aus Luisas Verhalten. »Das sollte wohl kein Problem darstellen.«

»Auf keinen Fall will ich das. Er ist absolut nicht mein Typ, er ist zu … glatt, irgendwie zu kalt, ach, ich weiß auch nicht. Sicher, er hat mich und meine Stimme gerettet, ich kann sprechen, ich werde wieder singen, aber … das heißt ja nicht, dass ich ihm in irgendeiner Form verpflichtet bin, oder?«

»Natürlich nicht«, bestätigte ich böse. »Was meinst du denn damit, er war *fordernd*?«

»Er warf mir vor, ich sei undankbar und störrisch, schließlich sei er ein renommierter Arzt, und ich sollte glücklich sein, dass er sich für mich interessiert, eine Frau ohne Ausbildung und Beruf. Er könnte mir ein sorgloses Leben bieten, das sollte ich mir gut überlegen. Ich habe ihm sehr deutlich zu verstehen gegeben, dass ich keinerlei Interesse an seiner Person hege, dass ich ihm als Arzt unendlich dankbar bin, für das Wunder das er vollbracht hat. Mehr aber auch nicht. Er war ziemlich angepisst.«

»So ein Arsch«, sagte Flores kopfschüttelnd. »Männer. Sind doch alles Schweine, entschuldige bitte, Arty, Anwesende und unsere Freunde ausdrücklich ausgenommen.«

»Müssen wir was tun?«, fragte ich.

»Nee, ist schon gut. Ich denke, er hat es verstanden.« Luisas Blick hellte sich auf. »Jetzt möchte ich mich nur darüber freuen, dass ich wieder singen darf.« Sie sah mich glücklich an. »Und ja, *padre*, ich werde mir die Zeit einteilen und nicht übertreiben.«

»Dafür werden Flores und ich schon sorgen«, bekräftigte Audrey. »Jetzt aber mal zu unserer anderen Baustelle. Dieser fiese Wanderprediger weiß also, wo die Madonna versteckt ist.«

»Hat er zumindest großspurig behauptet. Ich glaube ihm. Der arme Jaime hat sich in seiner Panik, warum auch immer, an Emmanuel gewandt, der daraufhin schnurstracks seine klösterliche Verbannung beendet hat und zur Erfüllung seiner heiligen Mission nach Calonge geeilt ist. Logisch ist dieser Schritt von Jaime jedenfalls nicht. Warum ausgerechnet Emmanuel? Es sei denn, er kannte ihn …«

Audrey stand unvermittelt auf und lehnte sich weit über das Geländer. »Ich habe was gehört. Da kommt jemand durch den Garten herauf.« Das war ungewöhnlich, schließlich war das mein

Privatgrundstück, außerdem war das kleine Törchen unten an der Straße kaum zu sehen. Wer kam schon auf die Idee, einen fremden, recht steilen und dicht bewachsenen Garten zu erklettern?

»Lieber Himmel, was ist denn das für ein Klappergestell?«, wunderte sich Flores. Ich musste mehrfach die Augen zusammenkneifen, ehe ich den Mann erkannte. Jesuslatschen, eine schreiend bunte Badeshorts, ein schlichtes weißes T-Shirt, ein Barça-Käppi auf dem Schädel, ein Rucksack auf dem Rücken.

»Das ist ja … Bruder Malachias«, stellte ich verblüfft fest.

»Tatsächlich«, stimmte Alicia zu. »Jedenfalls eine ziemlich perfekte Tarnung.«

»*Bon dia*, darf ich heraufkommen?« Der Ordensbruder schien recht abgekämpft zu sein. Kein Wunder bei den Temperaturen, womöglich hatte er den Berg zu Fuß erklommen. Ich winkte zustimmend und holte einen zusätzlichen Stuhl aus der Küche.

»Ein Gläschen Weißwein?«, bot ich an.

»Eigentlich trinke ich keinen Alkohol«, erwiderte Malachias seufzend.

»Seien Sie heute einfach mal ein echter Draufgänger«, schlug Audrey augenzwinkernd vor. Sie reichte ihm ein gut gefülltes Glas. Er trank den formidablen Crianza in einem Zug aus, was sie mit: »Na bitte, geht doch«, kommentierte.

»Wo haben Sie sich die ganzen Tage versteckt?«, wollte ich wissen.

»Es gibt in der Nähe des Friedhofs, weiter oben bei Romanya, eine winzige Klause. Wenn man nicht weiß, wo genau die Hütte versteckt ist, dann findet man sie höchstens durch Zufall.«

»Aha. Nun, es gibt jedenfalls Neuigkeiten, werter Bruder. Dieser verrückte Emmanuel hat versucht, Alicia und mich zu erschießen, was ihm dank Luisa und Inspektor Robles nicht gelungen ist.

Bei der Gelegenheit haben wir allerdings erfahren, dass Ihr Adept Jaime anscheinend Hilfe bei Emmanuel gesucht hat.«

»Oh, mein Gott! Warum ist Jaime nicht zu mir gekommen?«

»Keine Ahnung. Aber warum ausgerechnet dieser scheinheilige Schwarzrock?«

»Das ist leicht zu erklären. Kann ich vielleicht noch einen kleinen Schluck von diesem köstlichen Nektar bekommen?« Audrey gönnte dem Pater den Rest aus der Flasche. »Danke. Emmanuel war einer unserer Ordensbrüder.«

»Wow, das ist ja ein Ding!«, staunte Luisa. »Was heißt denn in diesem Zusammenhang *war*?«

»Seine Ansichten in Bezug auf Andersgläubige wurden immer radikaler. Er verteufelte alles außerhalb unserer streng konservativen Kirchenlehre. Er sieht uns geweihte Priester als Gotteskrieger, die die reine Lehre notfalls auch mit Feuer und Schwert verbreiten müssen.«

»Finsterstes Mittelalter«, brummte Flores kopfschüttelnd. Malachias schlürfte genüsslich seinen Wein.

»Das betrifft natürlich auch jede abweichende Form der Sexualität, Abtreibung, Scheidungen, Ehebruch. Im letzten Jahr, nachdem bekannt wurde, dass er mehrfach das Beichtgeheimnis verletzt hatte, haben wir ihn aus der Bruderschaft ausgeschlossen. Raul, Jorge, Carles und ich waren uns einig. Unsere Aufgabe war und ist es, *La Moreneta* vor Schaden zu bewahren, aber nicht, den Rest der Welt mit Zwang und Gewalt zu missionieren. Leider haben wir versagt, die Madonna ist weg.«

»Jetzt ergibt das halbwegs Sinn«, stellte ich fest. »Jaime sollte Emmanuels Nachfolger werden?«

»Richtig kombiniert, Señor Crawley. Jaime muss wohl einen besonderen Draht zu Emmanuel gehabt haben. Anders kann ich es mir nicht erklären, dass er ausgerechnet bei diesem Unverbesserlichen Hilfe gesucht hat.« Er breitete hilflos die Arme aus. »Sie haben nicht zufällig noch so ein göttliches Getränk im Kühlschrank?«

Alicia und Luisa kicherten verhalten, während ich mir in Erinnerung rief, dass die Flasche fast zwanzig Euro gekostet hatte. Wahrlich kein Tropfen, den man sich einfach sinnfrei in den Hals schüttete.

»Leider nicht dieselbe Sorte«, beeilte ich mich einzuwerfen. Alicia nickte mir beruhigend zu, sie hatte verstanden und kredenzte einen leichten *Verdejo* als Ersatz. »Emmanuel behauptete, er wisse, wo die Madonna versteckt ist.«

»Wirklich?« Malachias machte große Augen.

»Er liegt allerdings im Koma, und ich fürchte, er wird uns den Aufenthaltsort nicht verraten.« *Wenn der so weitertrinkt, wird er den Weg in seine Kemenate kaum schaffen,* dachte ich. »Wir sind schließlich keine Folterknechte.« Audrey schnitt eine lustige Grimasse. »Na ja, die meisten jedenfalls nicht.« Ich erinnerte mich an das letzte Jahr und den Showdown im Schatten der Dolmen, als sie Steve Ford in die Mangel genommen hatte.

»Vielleicht kann ich da weiterhelfen.« Bruder Malachias nahm die Barcelona-Kappe ab und strich sich über seinen mit Schweiß verklebten Schädel. Ein reichlich verstörender, irgendwie angsteinflößender Anblick. »Ich verfüge womöglich über … *Argumente*, denen sich Emmanuel nicht entziehen kann.«

»Glühende Hausschuhe, Daumenschrauben, die eiserne Jungfrau?« Audrey lächelte den Geistlichen ironisch an. »Das Streckbrett?«

»Es gibt subtilere Methoden, Señora Parker.« Schwups, schon wieder war das Glas leer. »Ich vermute, Emmanuel liegt im Krankenhaus in Figueras?«

»So ist es«, bestätigte ich.

»Sehr gut.« Er förderte aus seinem Rucksack ein Handy zutage. »Hier ist meine Nummer.« Audrey tippte sie in ihr Smartphone. »Bitte rufen Sie mich an, wenn er aufwacht. Ich denke, es ist in unser aller Interesse, wenn die Madonna so schnell wie möglich an ihren angestammten Platz zurückkehren kann.«

»Sie wollen wohl nicht ans Kreuz genagelt werden«, vermutete Flores süffisant.

»Genauso wenig wie Señor Crawley.« Er trank aus und erhob sich leicht schwankend. So ist das halt, wenn man nichts Gutes gewöhnt ist. Er rückte sein Käppi zurecht. »Gut, dass ich gekommen bin. Wir sehen uns.« Schon wackelte der tapfere Eulenbruder die Treppe hinunter zum Pool und verschwand hinter den zwei Zitronenbäumen in meinem Garten.

Ich hörte ein weiteres Auto die Kurve zu meiner Casa nehmen. »Das alles mitten in der Siesta«, maulte ich. »Die Welt ist wahrlich aus den Fugen geraten.« Das sahen unsere Katzen genauso, die vehement ihren Mittagssnack einforderten. Alicia marschierte in den Vorratsraum, um eine Dose zu öffnen.

Es läutete. Sie öffnete Horatio Robles die Haustür.

»Ah, Señor Crawley, wie ich sehe, sind Sie wohlauf.« Unschlüssig stand er, wie immer in voller Pracht eines dunklen Anzuges, diesmal mit lindgrüner Krawatte auf dem makellos weißen Hemd, im Türrahmen zur Terrasse. »*Señoras y Señoritas*, ich entschuldige mich für die Belästigung zu dieser ungebührlichen Zeit.«

»Aber nicht doch, *Commandante*.« Audreys nächste Titelkreation. »Nur herein in die gute Stube.« Ohne zu fragen, reichte sie dem verdutzten Robles ein Glas Wein. »Setzen Sie sich doch.«

»Ich will nicht stören.«

»Genau das tun Sie doch gerade«, meinte Audrey gutmütig. »Aber Sie haben meinem Lieblingsautor und seiner bezaubernden Frau das Leben gerettet und daher einen Freifahrtschein.« Ich nickte beifällig. »Damit gehören Sie ab heute zum erlesenen inneren Kreis der Anhänger der *Insel-Chroniken*. Das ist ein Privileg.« Tatsächlich entlockte sie dem Ermittler ein winziges Lächeln. »Wie können wir Ihren tristen Alltag denn erhellen?«

»Ich wollte eigentlich nur sehen, wie es Señora Nuñez und Señor Crawley geht. In den Lauf einer geladenen Pistole zu blicken, hinterlässt sicher Spuren.«

Die Ernsthaftigkeit seiner Aussage berührte mich nachdrücklich. Wie schade, dass dieser respektable Mann mich immer noch als Mörder betrachtete. Alicia hatte auf die Schnelle ein Tablett mit Tapas zusammengestellt. Aufgeschnittene Hartwurst, verschiedene Oliven, Erdnüsse und Chips, Baguette-Scheiben und Kräuterbutter.

»Ach, aber das wäre doch nicht nötig gewesen«, wehrte er bescheiden ab. »Gleichwohl kommt mir ein kleiner Imbiss sehr gelegen. Ich war gerade im Krankenhaus und hatte noch keine Gelegenheit, etwas Nahrhaftes zu mir zu nehmen.«

»Was gibt's Neues?«, wollte Luisa sofort wissen.

»Die Ärzte denken, dass Pater Emmanuel innerhalb der nächsten vierundzwanzig Stunden aus dem Koma erwachen wird.« Robles bestrich konzentriert eine Brotscheibe mit Kräuterbutter. »Sie sagten ja, er habe damit geprahlt, zu wissen, wo die Madonna ist.«

»Da er sie wohl selbst versteckt hat, gehen wir davon aus«, bestätigte ich.

»Nun, dann wird es mir ein Vergnügen sein, die Wahrheit aus diesem verbohrten Mann herauszuholen.« *Na prima, der nächste Anwärter auf den Thron.* »Ich werde wohl vorsichtshalber eine Wache abstellen.«

»Er predigt den Untergang der *Emporda*«, gab Alicia zu bedenken. »ich wäre da weniger optimistisch.«

»Diese rote Quallenplage und die Sonnenfinsternis – das waren doch nur Zufälle, die ihm in die Karten gespielt haben«, erwiderte Robles genüsslich kauend.

»Nur wird er das nicht so sehen. Leider wissen wir ja auch noch immer nicht, wer hinter dieser ganzen Aktion steckt. Wir kennen den mörderischen Käufer der Kleinen Braunen nicht.«

»Womit wir bei meiner etwas ungewöhnlichen Idee angelangt wären«, schaltete ich mich in das Gespräch ein. »Unser primäres Anliegen ist es, aus der Schusslinie herauszukommen. Wir haben nichts und hatten nie etwas mit dieser obskuren Versteigerungsaktion des Abts von Montserrat und dieser Kuratorin von San Juan de la Pena zu tun. Um dem ein für alle Mal ein Ende zu bereiten, habe ich folgenden Plan entwickelt …« Vier Augenpaare sahen mich erwartungsvoll an. Audrey hatte ich vorab eingeweiht. »Wir lancieren einen Artikel in der *La Vanguardia*. Die Zeitung wird von sehr vielen Menschen in Katalonien gelesen. Darin berichten wir sachlich, dass *La Moreneta* gestohlen, aber mit Hilfe unseres Herrn und der Mutter Gottes wieder aufgefunden wurde und nun darauf wartet, wieder in das Kloster Montserrat überführt zu werden.«

»Ich bezweifle, dass mir dieser Plan gefallen wird«, stöhnte Alicia.

Ich machte unbeirrt weiter. »Wir erklären in dem Artikel, dass die Schwarze Madonna sicherheitshalber von einem Expertenteam in Figueres auf eventuelle Beschädigungen überprüft wird. Diese Begutachtung wird in den Räumlichkeiten des Dalí-Museums stattfinden. Die Info packen wir in einen Nebensatz.«

»Ich verstehe.« Robles zwirbelte die Enden seines Schnurrbarts.

»Du willst die Mörderbande dazu verleiten, in das Museum einzubrechen«, erkannte auch Flores die Quintessenz meiner Überlegungen.

»Ist das nicht etwas plump?«, wandte Luisa ein. »Also, ich würde darauf nicht reinfallen.«

»Wenn es aber doch in dieser renommierten Zeitung veröffentlicht ist?«, hielt ich dagegen. »Das macht doch was her.«

»Und wir sollen uns ergo im Museum auf die Lauer legen«, stellte Inspektor Robles nüchtern fest.

»Wollen Sie den oder die Mörder von Jorge und Jaime denn nicht fassen?«, erwiderte ich, ein wenig beleidigt, weil mein grandioser Plan nicht gerade euphorisch aufgenommen wurde.

»Oh, aber sicher doch. Ich habe mir auf die Fahne geschrieben, jeden Mörder dingfest zu machen, Señor Crawley. Jeden!« Okay, da war er wieder, Robles in Bestform. Natürlich hatte er mich noch immer im Visier. »Ich gebe nur zu bedenken, dass wahrscheinlich ein Aufschrei der Empörung durch das Land gehen wird. Sie leben doch inzwischen lange genug hier, um zu begreifen, wie wichtig den Katalanen Traditionen sind, und unsere Schutzheilige *La Moreneta* ist eine unantastbare Tradition. Zehntausende Menschen sind während des Franco-Regimes nach Montserrat gepilgert, um Mut und Zuversicht zu schöpfen.«

»Das ist mir schon klar, Horatio …«

»Stellen Sie sich nur vor, dass wir der Madonna nicht habhaft werden können.« Er machte ein wirklich bekümmertes Gesicht. Wahrscheinlich unbewusst hielt er Alicia sein geleertes Glas hin. »Das wäre eine unfassbare Katastrophe, die uns zudem noch als Schwindler entlarven würde.«

»Natürlich ist es ein Risiko.« Jetzt war ich doch ziemlich kleinlaut. »Aber wie wollen wir diese verdammten Verbrecher sonst aus der Reserve locken?«

»Was ist mit Ihren IT-Experten?«, fragte Audrey. »Konnten die nichts mit den Emails anfangen, bestenfalls zurückverfolgen?«

»Leider nein, Miss Parker. Die Mails liefen über jede Menge ausländischer Server. Da waren Profis am Werk.« Robles nippte an seinem Wein. »Ich kann Sie verstehen, Señor Crawley. Sie und Ihre … *Familie* sind höchst unglücklich und, zumindest diesmal, unverschuldet in diesen Fall verstrickt worden.« Gedankenverloren knabberte er an einem Stück Wurst. »Ich wäre bereit, den Plan umzusetzen …«

»Bravo!«

»Jubeln Sie mal nicht zu früh, Arthur.« Wahnsinn, er hatte mich noch einmal beim Vornamen genannt! »Ich steige mit meiner Truppe erst ein, wenn wir die Madonna wirklich zurückhaben.«

»Aber …«

»Kein aber«, unterbrach er mich rigoros. »Keine Pressemitteilung, bis die Kleine Braune wieder in Sicherheit ist. Ich werde nicht fast fünfzig Jahre Dienst für unser Land aufs Spiel setzen, um dann als Lügenbold in Pension zu gehen. Haben wir uns verstanden, Señor Crawley?«

»Ay, Sir!«, schmetterte ich und versuchte zu salutieren – ohne an meine Beule zu denken. »Au, verdammt.« Allgemeines Schmunzeln. »Dann hoffen wir mal, dass dieser Priester des Schreckens bald aufwacht und Ihre Überredungskünste zu einem schnellen Erfolg führen.« Ich fischte einen Eisbrocken aus dem Weinkühler und rieb das gefrorene Wasser über meine Stirn. »Dann aber setzen wir den Plan um.«

Inspektor Horatio Robles nickte gnädig.

»Kleines, kannst du noch eine Flasche von dem guten Stoff aus dem Kühlschrank holen?«, bat ich Luisa. »Danke dir.«

»Also, ich sollte dann mal gehen.«

»Immer langsam, *Capitano*.« Audrey legte ihm freundschaftlich eine Hand auf die Schulter. »Die Siesta ist noch nicht vorbei.«

Wir setzen alles auf Rot

Der Besuch im *Samal* war mehr als dürftig. Gerade mal zwei Tische waren außer unserem besetzt. Ein sich anhimmelndes junges Pärchen an Tisch zwei und eine laute Viererbande junger Männer, der Sprache nach Skandinavier, an Tisch sechs. Javier setzte sich resignierend zu Alicia und mir. Es war Samstagabend, da musste man in der Saison eigentlich reservieren. Der erste Samstag im August. Es war wirklich ein Trauerspiel.

»Noch ein *San Miguel*, Arthur?«, fragte der Patron. Ich lehnte dankend ab. »Wenigstens die Jungs kippen ordentlich was weg. Die haben sich in der *Mas Pere* eine Casa gemietet. Leider wollen sie nur trinken und ein paar Tapas. Ich könnte die Küche auch einfach schließen. Verdammte Drecksquallen.« Die rote Flut, wie die Plage von Einheimischen inzwischen genannt wurde, wirkte noch immer nach. »Was denkst du, wann können wir dieses Sardana-Festival starten?«

»Vielleicht Mitte September.«

»So spät?« Enttäuschung pur. Dabei würde das eine Wochenende mit hoffentlich mehr Besuchern die Saison auch nicht mehr retten können, nicht einmal ansatzweise. Javier Esteban, seine Frau Catalina und seine drei Töchter im pubertierenden Alter, die an sich bereits eine enorme Herausforderung darstellten, taten Alicia und mir wahnsinnig leid.

Luisa, die eigentlich ihr Comeback feiern wollte, setzte sich neben mich und trank den Rest meiner *cerveza.* »Soll ich wirklich was spielen, Javier? Die beiden Turteltauben hören sowieso nicht zu, und die Saufbande hat sicher kein Ohr für gediegene Gitarrenmusik.«

»Lass mal gut sein, Sonnenschein.« Er versuchte, fröhlich zu wirken, was ihm nicht wirklich gelang. »Du bekommst trotzdem deine Gage, dafür spielst du bei Sonias Geburtstag nächste Woche.«

»Geht klar, Patron.«

Ein erstickendes Tuch hatte sich über die *Emporda* gelegt. Kaum Wind vom Meer, kein Regen, keine Abkühlung, schrecklich schwül. Ein paar Kilometer weiter im Landesinneren war es gar nicht mehr auszuhalten. Die Waldbrandgefahr stieg täglich. Die Warnstufe Rot galt bereits seit knapp zwei Wochen.

»Catalina hat Zitronen-Sorbet gemacht.« Javier grinste müde.

»Himmlisch, ich nehme eine doppelte Portion«, freute sich Luisa.

»Ich auch, bitte«, schloss sich Alicia an.

Mein Handy meldete sich mit einem volltönenden *We will, we will rock you*! Irgendwie hatte es mich doch wieder zu dem Queen-Song zurückgedrängt. War zumindest kaum zu überhören.

»Inspektor, Sie haben aber auch ein Talent. Ich sitze gerade mit meinen Frauen im *Samal* und stelle Sie jetzt auf Lautsprecher. Was gibt es denn?«

»Emmanuel ist soeben aufgewacht«, hörten wir Robles' knarzige Stimme. »Ich fahre jetzt ins Hospital. Ich hatte ja versprochen, Sie zu informieren.«

»Soll ich …«

»Nein, sollen Sie nicht. Sie sind doch, Verzeihung Señora Nuñez, eine zu große Nervensäge. Genießen Sie den Abend und grüßen Sie mir Señor Esteban. Ich würde gern einen Tisch für morgen reservieren.«

»Mal sehen, ob noch was frei ist«, scherzte Javier. »Tatsächlich, Sie haben aber so was von Glück, Inspektor.«

»Buenas noches.«

»Jetzt kommt endlich Bewegung ins Spiel.« Irgendwie war ich total aufgedreht. *Soll ich Malachias informieren? Nein, besser abwarten, ob der Herr Kommissar was erreicht.* »Weißt du was, Javier? Ich rufe jetzt Flores und Audrey an. Die sollen die Praxis schließen und herkommen. Wir starten eine spontane Fiesta.«

»Gute Idee, wir sind dabei.« Sonia, Mendi und Maria, nebst Catalina, winkten begeistert. Javiers Älteste war ein echter Sonnenschein, die jede langweilige Party ankurbeln konnte. »Es ist Samstag, lassen wir's krachen.«

»Du lieber Himmel«, seufzte Javier. »Da hast du was angerichtet, *el escribar.*« Wie schön, dass seine Augen leuchteten. Man muss die Tristesse doch irgendwie vertreiben. Audrey und Flores schienen fast auf einen Anruf gewartet zu haben, so begeistert klangen sie. Auf dem Weg wollten sie kurz bei Mareike und bei Sergio vorbeischauen. Ich ahnte schon, dass die zwei womöglich nicht allein auftauchen würden.

»Ich bekenne mich schuldig, Patron.« Alicia und Luisa drückten mir gleichzeitig einen Kuss auf die Wangen. »Dann lass mal sehen, was dein Weinkeller so hergibt, Javier.«

Luisa nahm ihre Gitarre und setzte sich an den Kopf des Tisches. »Wunschkonzert, na los, was wollt ihr hören?«

»*Dancing In The Dark*«, beeilte ich mich zu sagen. Der Bruce Springsteen-Klassiker stellte in der akustischen Version keine hohen Anforderungen an Luisas Stimme. Schon erklangen die ersten vertrauten Akkorde.

Eine halbe Stunde später waren all unsere Freunde vor Ort, die wenigen Gäste gegangen. Der Außenbereich des Restaurants füllte sich. Wie erwartet und erhofft, kamen nicht nur Flores und Audrey, sondern auch Sergio, Esteva und Paco aus dem *Cactus* und Mareike aus dem *Friends* mit einem befreundeten Pärchen aus Holland. Nach dem dritten Song, *Crazy Little Thing Called Love* von meiner Lieblingsband Queen, erteilte ich Luisa Gesangsverbot. Javiers Töchter schleppten zwei Bluetooth-Boxen aus ihren Zimmern und versorgten uns mit den Sommerhits des Jahres.

Kurz nach elf trafen tatsächlich noch Gäste ein. Luna Moreno, meine Sardana-Tanzlehrerin, mit einem älteren Herrn im Schlepptau, Gustavo Antes, der sicher jenseits der Siebzig angelangt war, aber einen putzmunteren, vitalen Eindruck machte.

»Ihr Vater?«, flüsterte ich Alicia ins Ohr.

»Ihr Mann. Manche Frauen stehen halt auf ältere Männer.« Sie blinzelte vergnügt, weil ich sicher ein ziemlich dämliches Gesicht machte.

»Finde ich gut«, beeilte ich mich zu bekräftigen. Ein wenig misstrauisch beobachtete ich Luna, die ihre schwarzen Haare ausnahmsweise offen trug und mich freundschaftlich begrüßte. »Wir müssen aber nicht tanzen, oder?«

Sie lächelte spitzbübisch. Ihr Partner reichte ihr ein Glas Cava.

»Aber warum denn nicht, Arthur? Was gibt es denn Schöneres, als im Mondlicht zu tanzen?«

»Oh ja, ich würde so gern.« Alicia stieß mit meiner Tanzlehrerin an. Ein verschwörerisches Augenzwinkern. Herrje, da hat man kaum eine Chance.

»Aber keine Sardana!«, entschied ich rigoros. »Ich bin noch nicht so weit. Mendi, spiel mal *Staying Alive*, bitte.«

Javiers jüngste Tochter nickte grinsend. »Kommt sofort. Dann aber mal zügig auf die Platte, Señor Travolta.« Im Nu waren Tische und Stühle beiseitegeschoben. Die improvisierte Tanzfläche füllte sich schnell. Die gingen halt immer noch gut ab, die alten Bee Gees …

Um kurz nach Mitternacht klingelte mein Smartphone. Leicht durchschwitzt ließ ich mich auf einen Stuhl fallen und äugte missmutig auf das Display. Schon wieder Robles. *Meine Güte, der Mann ist ein Phänomen. Vielleicht ist das gar kein Mensch, sondern ein Android, der niemals schlafen muss.* Ich entfernte mich ein paar Schritte von den dröhnenden Lautsprechern und nahm das Gespräch an.

»Horatio, ich weiß ja, dass Sie insgeheim mein größter Fan sind, aber …«

»Pater Emmanuel ist tot«, hörte ich seine trockene Grabesstimme.

»Verdammt.« Luisa hatte mich bemerkt und setzte sich neben mich. »Ist er also doch nicht mehr aufgewacht.«

»Er wurde möglicherweise ermordet.« Ein atemloses Schweigen. »Oder er ist bei dem Versuch eines Fremden, ihm das Geheimnis der Madonna abzupressen, gestorben. Sein Körper weist zahllose Wunden auf, die ihm erst vor sehr kurzer Zeit zugefügt wurden.«

»Ich dachte, er wird bewacht«, warf ich irritiert ein.

»Der Beamte wurde professionell mit einem Elektroschocker ausgeschaltet.«

»Das muss aufhören«, erwiderte ich betroffen. »Das ist die dritte Leiche.«

»Ich kann auch zählen«, gab Robles schroff zurück. Wahrscheinlich fühlte er sich in diesem Moment ebenso hilflos wie ich. »Unsere beste Chance, *La Moreneta* aufzufinden, ist dahin. Von den Mördern ganz zu schweigen.«

»Dann bin ich wohl wieder Ziel Nummer eins, oder? Hören Sie, Horatio, mir reicht es jetzt endgültig. Wir ziehen meinen Plan durch, ohne die Madonna zurückerobert zu haben.« Knisterndes Schweigen in der Leitung. »Hallo, Inspektor?« Ein hektisches Atmen war die Antwort. »Ich kann Sie so schlecht verstehen, aber ich meine, ein *Ja* gehört zu haben.«

»Sie sind wirklich eine Nervensäge, Señor Crawley. Na schön«, knickte er ein. »Sie werden noch der letzte Nagel in meinem Sarg sein.«

»Was mir eine große Ehre wäre.«

»Ach, schweigen Sie doch!« Ich hörte förmlich sein Gehirn arbeiten. »Ich werde für Montag früh eine Pressekonferenz ankündigen.« Im Hintergrund lief das magische *Psycho Killer* von den Talking Heads. »Sie werden Ihren Hintern nach Girona bewegen. Dann präsentieren wir gemeinsam die aus den Klauen der Entführer befreite *La Moreneta*. Ich werde Sie sogar lobend erwähnen. Das sollte die Täter aufscheuchen.«

»Da sehen Sie mal, was gute Literatur bewirken kann«, kommentierte ich gebauchpinselt.

»Wie schön, dass Sie so bescheiden daherkommen«, meinte Robles knarzig.

»Ähm, haben Sie da nicht eine Kleinigkeit übersehen, Horatio?«, wagte ich einzuwenden. »Wir haben die Schwarze Madonna nicht.«

»Tatsächlich? Lassen Sie sich mal was einfallen … *Arthur.*« Jetzt konnte ich auch ohne Bildtelefon sein Lächeln erahnen. »Ein Schriftsteller Ihres Kalibers hat doch sicher eine Lösung parat. Ist schließlich Ihr Plan.« Er lachte verhalten. Der Kerl wurde mir immer sympathischer. »Wünsche noch eine gelungene *fiesta*.«

»Cool«, freute sich Luisa. »Läuft. Wenn Robles das wie geplant durchzieht, sind wir endlich alle raus aus diesem Albtraum. Der große Meister wird hoffentlich zügig weiterschreiben. Denk doch mal an deine vielen treuen Fans.«

Ich nickte brav. Gustavo Antes gesellte sich zu mir, derweil Luisa wie ein Derwisch über die Tanzfläche wirbelte.

»Ah, Señor Crawley, wie schön, Sie persönlich kennenzulernen.« Der in Ehren ergraute Gentleman reichte mir ein Glas

Rotwein. »Ich muss gestehen, dass ich Ihre Bücher nicht gelesen habe.«

»Ich werde trotzdem mit Ihnen trinken.« Wir stießen an. »Kann ja noch werden. Gute Bücher haben kein Verfallsdatum.«

»Oh, nicht böse sein, aber ich denke, nicht.« Lunas Ehemann schüttelte den Kopf. »Diese Phantasiewelten sind nichts für mich. Ich mag große, tragische Liebesgeschichten. *Vom Winde verweht* oder *Doktor Schiwago.* Was habe ich im Kino geweint, sogar bei der *Titanic*-Verfilmung.«

»Na ja, ob Sie es glauben oder nicht, doch sehr viel tragischer als in meinen *Chroniken* geht es fast nicht, Señor Antes. Aber ich will Ihnen nicht meine Bücher aufschwatzen.«

»Das behauptet Luna auch andauernd. Sie ist eine glühende Anhängerin, vielleicht Ihr allergrößter Fan.«

»Oh nein, das ist nicht möglich«, gab ich lachend zurück. »Meinen größten Fan habe ich adoptiert.« Ich deutete auf den blonden Tornado, der gerade mit Audrey über die improvisierte Tanzfläche schwebte. »Mein Spanisch ist noch nicht gut genug, um eine vernünftige Lesung zu machen, geschweige denn in katalanischer Sprache, aber womöglich kommt der Tag, dann würde ich Sie gern dazu einladen.«

Antes zog traurig die Mundwinkel nach unten. »Lassen Sie sich nicht allzu lange Zeit damit, mein Freund. Wer weiß, wieviel Monde uns noch bleiben.« Er nahm die leeren Gläser und stand auf. Alicia und Luna winkten mir ausgelassen zu.

»Ich fürchte, ich muss noch mal ran«, bekannte ich seufzend. »Ich bestelle was Langsames.«

»Nur zu, Luna wird's gefallen.«

Ich eilte zu Sonia, die gerade dabei war, den nächsten Song auszuwählen. »*Nights In White Satin*«, bat ich schmunzelnd. Was ich jetzt dringend brauchte, war ein gediegener Klammerblues.

»Kenn ich nicht«, beschied der Teenager.

Nee, woher denn auch, Kind? »Tipp mal Moody Blues in deine Suchmaschine.«

Schnell fanden sich mehr oder weniger erhitzte Paare zusammen. Wahrscheinlich kannte niemand außer mir den Song, aber das war auch nicht nötig. Solch großartige Musik besitzt eine eigene Sprache. Ich sah in den sternenklaren Himmel. Alles war gut. Am Montag würde die Sache überstanden sein, und ich konnte mich der Fortsetzung meiner *Insel-Chroniken* widmen, jetzt aber galt es nur, den Moment zu genießen. Luisa tanzte mit Audrey, Flores mit Mareike, Javier und Esteva waren ein wunderbares Paar. Ihre drei Töchter beobachteten staunend und kichernd das Geschehen.

»Du machst das nicht richtig«, flüsterte Alicia mir ins Ohr. »Ich kenne das aus dem Kino. Du musst eine Hand auf meinen Hintern legen.« Wer war ich schon, dass ich dem Wunsch meiner Herzensdame nicht nachkäme. »So ist es besser.«

»Viel besser«, gab ich zu. »*Disculpe,* ich bin halt ein schüchterner Bursche.« Wie wir später alle in unsere Betten fanden, bleibt ein ungelöstes Rätsel.

Am Sonntag öffnete Alicia das *Pa y Vi* erst um zehn. Vor dem Hintergrund der vergangenen Nacht noch immer eine höchste unchristliche Zeit. Müde schlenderte ich durch das noch nicht wirklich erwachte Platja D'Aro. Lediglich die Bäckereien und die Souvenirläden hatten bereits geöffnet. Als ich an Faycals Ramschbude vorbeikam, blieb ich kurz stehen. Schon war der geschäftige kleine Marokkaner an meiner Seite.

»Ah, der große Barça-Fan.« Der schon leicht ergraute, drahtige Mann präsentierte lächelnd seine beiden goldenen Schneidezähne. »Auswärtstrikot in pink. Sehr schön. Guter Preis, voll original.«

»Das Trikot ist doof, Faycal«, wehrte ich ab. »Rosa Leibchen, geht's noch?«

»Geht gut, macht fröhlich, voll gut. Musst du haben.«

»Geht gar nicht«, wehrte ich entschieden ab. »Ich habe die Jungs noch nicht einmal in diesen Fetzen spielen sehen.«

»Du bist alt in Mode«, feixte Faycal. »Schade, was brauchen anders?«

»Wirst du mir nicht besorgen können«, erwiderte ich seufzend.

»Faycal besorgt alles. Was nix kann besorgen, gibt nicht.« Entschlossen verschränkte er die Arme vor seiner Brust. »Los, sag schon, *el escribar*, was brauchen? Faycal besorgen. Wenn nicht ich, dann Cousin oder Onkel.«

»Okay, ich brauche die Schwarze Madonna.« Grinsend zog ich beide Augenbrauen hoch.

»Eine oder mehr?«

»Faycal, hast du mich nicht verstanden? Ich brauche *La Moreneta,* und zwar bis heute Abend.«

»Fünfhundert, guter Preis.«

Nun musste ich laut lachen. »Die muss richtig gut sein, Faycal, so gut, dass man sie nicht auf den ersten Blick als Fälschung erkennt. Wir können keine aus einer der umliegenden Kirchen klauen, das würde sofort auffallen, außerdem stimmen meistens Größe und Farbe nicht.«

»Voll gut, hä?« Der Händler strich über sein borstiges Haar. »Dann leider viel teuer.« Zusammengekniffene Augen. »Achthundert. Wenn noch heute geliefert … tausend.«

»Euro?«

»*Si claro,* nix marokkanische Dirham.«

»Ist nicht dein Ernst, oder?«, fragte ich verblüfft.

»Nix Scherz, Heilige für tausend. So gut wie echt, versprochen.« Er hielt mir seine Hand hin, die ich vorsichtshalber schüttelte. »Dann aber auch Trikot kaufen von die Barça, auch wenn pink.«

»Abgemacht, Faycal, aber …«

»Nix aber, Vertrag ist Vertrag, ob Hand oder Papier sein egal. Bring dir in die Abend Madonna auf deine Berg. Adios. Muss Telefon machen jetzt.« Schon verschwand Faycal Allhumi in seinem Laden. Sollte das Problem tatsächlich schon gelöst sein? Ich mochte es kaum glauben.

Audrey, nur mit einem knappen Bikini bekleidet, stürmte trotz der Mittagshitze durch den Garten hinauf in meine Casa. Sie legte einen winzigen Gegenstand auf der Liege unter der Palme ab und sprang kopfüber in den Pool, tauchte eine ganze Bahn hin und zurück, stieg dann glücklich lächelnd aus dem Wasser.

»Du weißt schon, dass jetzt Siesta-Zeit ist«, schalt ich halbherzig.

»Sei nicht so kleinkariert.« Sie schüttelte ihre blonden Haare. »Ich habe interessante Neuigkeiten.«

»Das will ich doch hoffen.«

Fast zeitgleich kam Alicia mit der Vespa nach Hause. Mittagspause. Bis siebzehn Uhr blieb die Bäckerei geschlossen. Normalerweise in der Hauptsaison undenkbar. In ihren weißen Shorts und der hellblauen Bluse sah Alicia großartig aus. Ich bekam zur Begrüßung einen dicken Kuss. Noch großartiger. Inzwischen hatte meine Agentin die zwanzig Stufen hinauf zur Veranda bewältigt.

»Du tropfst, so kommst du mir nicht in die Hütte.«

»Bei Mutter Sonne, was ist nur aus dem verwegenen Obersten Bewahrer von Tamariu geworden?«, beschwerte sie sich. Provozierend schwenkte sie einen USB-Stick vor meiner Nase hin und her. »Dem Mann, der mit einer kleinen Flotte die Weißen Wächter herausfordert.«

»Ach, Audrey, du bist ein ziemlicher Teufel, weißt du das eigentlich?« Ich konnte ihr einfach nie richtig böse sein, schon gar nicht wegen ein paar dämlicher Wasserflecken. »Was ist da drauf? Die neuesten Folgen von irgendeiner Reality-Show? Big Brother, Dschungelcamp oder so ein Scheiß?«

Audrey hatte eine gewisse Schwäche für diese Art der Volksverdummung.

»Weit gefehlt, großer Fernsehkritiker.« Sie umarmte mich pitschnass. Alicia beobachtete kichernd die Szene. »Das hier – tada! – sind Aufnahmen der Überwachungskamera aus dem Foyer des Hospitals in Girona.«

Jetzt war ich doch beeindruckt. Verdammt gute Idee. Wo doch heutzutage überall solche Kameras im Einsatz sind. Darauf hätte ich auch mal selbst kommen können. Sicher hatte Robles die Aufnahmen auch bereits gesichtet. »Wer ist da zu sehen – und wie, bei allen Göttern, bist du an diese Aufnahmen gekommen?«

»Das willst du nicht wissen.«

»Okay.«

»Das sehen wir uns besser gemeinsam an.« Schnurstracks patschte Audrey durch Wohnzimmer und Diele in mein Arbeitszimmer.

»Los, folgen wir den Fußspuren«, riet Alicia schmunzelnd.

Auf dem Desktop meines PCs begrüßten uns Lea und Luke Skywalker mit aktivierten Lichtschwertern. Audrey schob den Stick in den Port und klickte auf den ersten Dateiordner. Auf dem Bildschirm waren der Empfangstresen und ein Teil der Lobby zu sehen. Ein ständiges Kommen und Gehen. Oben rechts im Bild waren Datum und Zeitindex abzulesen.

»Emmanuels Todestag«, stellte Alicia bedrückt fest. Wir standen links und rechts neben Audrey, die meinen Bürostuhl innehatte.

»Das Hospital schließt um zwanzig Uhr für Besucher«, erklärte Audrey. »Ich klicke jetzt auf achtzehn Uhr zwanzig. Ab diesem Zeitpunkt wird's spannend. Holt euch lieber einen Stuhl, das wird ein paar Minuten dauern.«

Ich schleppte einen Küchenstuhl ins Arbeitszimmer. Alicia nahm einfach auf meinem Schoß Platz.

»Achtung, jetzt beginnt die Show«, verkündete meine inzwischen getrocknete Agentin. »Leider sind es nur schwarzweiße Bilder, aber besser als nichts.« Ein großer breitschultriger Mann trat vor den Tresen.

»Gerard Reyes«, stöhnte ich. Der korrupte Bauunternehmer, mein ganz persönlicher Albtraum »Das ist nicht gut.«

»Oh, warte nur ab, mein Lieber, es kommt noch viel besser.« Audrey schien eine diebische Freude an der ganzen unleidlichen Geschichte zu haben. Achtzehn Uhr achtundfünfzig. »Na, habe ich zu viel versprochen?«

»Gabriel Soler, der Abt aus Montserrat.« Ich musste tief durchatmen. »Den Knilch hätte ich jetzt nicht dort erwartet.«

»Vielleicht hat er nur einen Patienten besucht«, warf Alicia ein.

»Mein Glaube an Zufälle tendiert neuerdings gegen null. Auch wenn ihr denkt, ich wäre eine alte Unke. Der Abt war nicht wegen der Abnahme einer Beichte dort.«

»Na schön, wir notieren also, dass zwei uns wohlbekannte Persönlichkeiten am Todestag von Pater Emmanuel im Hospital waren«, fasste Alicia zusammen. »Kommt da etwa noch mehr?«

»Nur keine Eile, Lady Nuñez.« Audrey bewegte den Cursor auf der Zeitschiene ein Stück weiter. »Wir haben den Höhepunkt der Ereignisse noch nicht erreicht.«

Zwanzig Uhr zwölf.

»Das ist aber bereits außerhalb der Besuchszeiten«, stellte ich nüchtern fest.

»Du weißt doch, Arty, gewissen Leuten schlägt man nichts ab«, meinte Luisa in unserem Rücken säuerlich. Unbemerkt war sie ins Zimmer gekommen.

Das Bild war jetzt etwas dunkler, wahrscheinlich, weil einige Lichtquellen ausgeschaltet worden waren oder die Sonneneinstrahlung sich verändert hatte.

»Moment mal, das Bürschchen kenne ich doch.« Ich beugte mich ein wenig vor und kniff die Augen zusammen. »Das ist doch dein nervender Verehrer. Wie hieß er noch gleich?«

»Tomas Brega.« Luisa lehnte sich auf Audreys Schulter. »Mir war langweilig, da habe ich gedacht, ich schaue mal, was meine Adoptiveltern so treiben.«

»Du bist immer willkommen, das weißt du doch, Kleines«, freute ich mich. »Kennst du vielleicht den älteren Mann neben dem Gigolo?«

»Nee, leider nicht.«

»Aber ich.« Alicia machte unvermittelt einen angespannten Eindruck. »Das ist Ernesto Brega, Tomas' Vater.«

»Der Bankier?«, fragte Audrey.

»Genau. Ein schrecklicher Mensch.«

»Du … hattest mit ihm zu tun?«, vermutete ich vorsichtig.

»Allerdings. Als es um die Übernahme des *Pa y Vi* ging, benötigte ich ein kleines Darlehen für die Renovierungsarbeiten und die Anschaffung der großen Weinfässer. Die Vorbesitzer hatten nur Brot und Backwaren verkauft. Es ging um zwanzigtausend Euro, aber ich hatte natürlich keine Sicherheiten und nur einen arbeitslosen Säufer als Ehemann aufzubieten.«

Audrey fror das Bild in dem Moment ein, als Vater Brega geradewegs in die Kamera blickte. Ein zynisches, überhebliches Gesicht. »Er verweigerte zunächst den Kredit, öffnete mir dann aber doch eine Tür.«

Audrey drehte sich zu uns um. »Lass mich raten – du solltest ihm gefällig sein, und er würde das Darlehen bewilligen.«

»Du bist eine hervorragende Agentin, in jeder Beziehung«, seufzte Alicia.

»So ein Dreckschwein«, brummte Luisa. »Na ja, der Apfel fällt nicht weit vom Stamm, nicht wahr? Sein dämlicher Sohn hat viel von seinem Vater gelernt. Tomas denkt, dass man sich für Geld alles kaufen kann, die Summe muss nur hoch genug sein, dann knickt jeder ein.«

»Wie ging die Sache aus?« Vorsorglich nahm ich Alicias Hände.

»Oh, sehr zügig. Ich habe ihn kräftig geohrfeigt und bin erhobenen Hauptes aus seinem schnieken Büro gewackelt.«

»Bravo, das ist mein Mädchen«, freute ich mich. »Woher hast du denn das Geld für dein Geschäft bekommen?«

»Wirst du nicht glauben. Viele der Einzelhändler an der Hauptstraße liebten die Bäckerei. Egal, ob es die Besitzer der Boutiquen oder der Schuhgeschäfte waren, sogar die Restaurantchefs und die Kneipiers … sie alle haben zusammengeworfen und mir das Geld geliehen, damit ich neu eröffnen konnte. Bereits nach gut zwei Jahren konnte ich alle Schulden begleichen, bis auf die Gelder für den Wein, aber das ist seit letztem Jahr auch Geschichte.«

»Wow, ich lebe mit einer erfolgreichen Unternehmerin zusammen. Du kannst wirklich stolz auf dich sein, Alicia.« Ich war total beeindruckt.

»Wir kommen jetzt zum Finale, *Señoras y Señores.*« Audrey zog den Cursor auf elf Uhr zehn Minuten. Die Auflösung ließ jetzt noch mehr zu wünschen übrig. Kein Wunder, das Krankenhaus befand sich jetzt im Nachtmodus. Eine Gestalt in einem Kapuzen-Hoodie erschien vor der Theke. Unwillkürlich fühlte ich mich an so manchen Krimi erinnert. Dann stockte mir der Atem. Der Mann … oder die Frau … zog eine Waffe und richtete sie unmissverständlich auf die Person am Empfang, die knapp außerhalb des Erfassungsbereichs der Kamera stand. »Na, zu viel versprochen?«

»Das muss Emmanuels Mörder sein.« Alicia stand auf, rückte nah an den Bildschirm heran. »Kann man das nicht schärfer stellen?«

»Leider nicht«, entgegnete Audrey resignierend. »Mehr ist nicht drin.« Der Angreifer verschwand. »Das war's, Leute.« Sie fuhr die Aufnahme zurück, bis zu der Stelle, da man den Eindringling am besten sehen konnte.

»Wenn der Typ jetzt zu Pater Emmanuels Zimmer geht … warum ruft die Nachtwache nicht die Polizei?«, wunderte sich Alicia.

»Weil das Mädel vollkommen eingeschüchtert war«, erklärte Audrey. »Glaube mir, Alicia ich weiß, wie das geht. Man kann so überzeugend brutal und entschlossen daherkommen, dass du nicht den Hauch eines Aufbegehrens entwickelst.«

»Mist, Mist, Mist!«

»Könnte das Malachias gewesen sein?«, fragte ich meine drei Frauen. »Die Statur käme in etwa hin.«

»Die Aufnahme ist zu schlecht, Arty«, wehrte Audrey ab. »Das könnte auch der Glöckner von Notre Dame sein oder Rambo. Aber ich denke mal, wir können die drei vorher aufgetauchten, also Reyes, Soler und diesen grässlichen Brega als Mörder ausschließen, allerdings heißt das noch nicht, dass einer der drei nicht hinter der Madonna her ist.«

»Da bin ich nicht ganz bei dir. Jeder der drei könnte für den Mord verantwortlich sein. Wenn es zum Beispiel der Abt war, dann haben später Eingetroffene, inklusive der Nachtwache oder einer Schwester, nur seine Leiche vorgefunden. Wir drehen uns im Kreis, oder, Audrey?«

»Ja und nein, zumindest erhärtet sich unser Verdacht in Bezug auf die Personen. Übrigens wird Robles jetzt sicher auch die Aufnahmen gesichtet haben.«

»Ein Wunder, dass er nicht schon wieder auf der Matte steht«, seufzte ich. »Na schön, Herrschaften, das alles sollte uns unsere Siesta nicht verderben.« Ich bewegte mich vorsichtig auf die Tür zu. »Wer als Letzter im Pool ist, muss die Tapas herrichten. *Vamos!*« Schon rannte ich durch die Diele.

»He, du Schummelbruder, du hast gar keine Badehose an«, rief mir Audrey hinterher.

»Was seid ihr doch für Spießer!« Noch vor der Treppe war das Hemd ausgezogen, der Rest folgte kurz vor einer respektablen Arschbombe. Aus den Augenwinkeln meinte ich nach dem Auftauchen aus den herrlichen Fluten Manita und Joschi davonflitzen zu sehen. Katzen und Wasser passen halt nicht gut zusammen.

Showtime

Faycal lieferte pünktlich um zwanzig Uhr. Der kleine Marokkaner grinste stolz wie ein Honigkuchenpferd über sein schweißnasses Gesicht. Gravitätisch wie ein Zeremonienmeister schritt er um seinen Lieferwagen herum und öffnete die Flügeltüren.

»Du bestellen, Faycal liefert.« Fünf neugierige Augenpaare versuchten, etwas im Inneren des Transporters zu erkennen.

»Hat die Kiste kein Licht?«, brummte ich ungeduldig.

»Ungeduld schlecht für Magen«, dozierte er. »Jetzt Augen auf.« Er drückte einen kaum erkennbaren Schalter. Zwei in den Seitenwänden eingelassene Lampen flammten auf.

»Wow«, hauchte Luisa. »Ist ja der Hammer.«

Auf den ersten Blick war die Kopie wirklich beeindruckend, allerdings hatte ich die originale Schwarze Madonna auch nur einmal für eine halbe Minute live gesehen. Die Statue befand sich in einem hölzernen Schrein, der mich fatal an einen Sarg erinnerte.

»Das ist … wirklich … erstaunlich«, stammelte ich.

»Bisschen musst du sein vorsichtig, Arthur, Farbe nicht überall trocken.«

»Mensch, das hast du großartig hinbekommen, Faycal.« Ich war wirklich total begeistert. Huldvoll nahm er die Anerkennung entgegen. »Wer immer das gemacht hat, ist ein Künstler. Wenn wir die Presse nicht allzu nah an die Madonna heranlassen, dann könnte das wahrhaftig funktionieren.«

Audrey, ein ausgedrucktes Hochglanzfoto von *La Moreneta* in den Händen, schob mich rigoros zur Seite. Auf Knien in den Wagen rutschend begutachtete sie die Replik.

»Was hält das Jesuskind denn in der linken Hand?«, fragte sie nach einer Weile kopfschüttelnd. »Es sollte ein Pinienzapfen sein, sieht aber aus wie ein halb abgelutschtes Eis am Stiel.«

»Nur winziger Fehler«, beschwichtigte Faycal. »Kann man nix sehen von die Ferne aus. Rest sein wunderbar.«

Audrey krabbelte aus dem Laderaum. »Wir dürfen niemanden nahe an den Schrein lassen, Arty. Wenn da ein Experte bei der Pressekonferenz dabei ist, dann sind wir im Arsch.«

»Das kriegen wir hin, Schatz.« Flores kaute nachdenklich auf ihrer Unterlippe. »Wir bedecken die Stelle und behaupten einfach, der Zapfen müsse leider restauriert werden.«

»Das klingt glaubwürdig«, fand Luisa. »Ich hätte eher Probleme damit, den Leuten zu erklären, warum bisher niemand über den Diebstahl der Kleinen Braunen berichtet hat, warum die Polizei erst jetzt damit um die Ecke kommt.«

»Die Behörden wollten halt eine landesweite Hysterie vermeiden«, meinte Audrey achselzuckend. »Ich denke, dass kommt nachvollziehbar rüber.«

»Wie auch immer, meine Damen. Wir hauen diesen Knoten morgen früh durch. Der Transport nach Girona ist doch hoffentlich mit im Angebot, Faycal?«

»Äh, nun ja …«

»Ich sage nur: Pinienzapfen.«

»Na gut, wann fahren?«

»Jetzt.« Ich sah auf meine Uhr. »Wenn wir uns sputen, bin ich spätestens um zehn wieder da. Alicia, informierst du bitte Robles, dass wir unterwegs sind?«

»Bon Dia.«

Horatio Robles hatte dunkle Ringe unter den Augen. Wahrscheinlich litt er unter extremem Schlafmangel. Noch kurz nach Mitternacht hatte er mir seine vorbereitete Rede zugemailt, mit der Bitte um Verbesserungsvorschläge.

»Ich freue mich, dass so kurzfristig und früh am Tage so viele Pressevertreter den Weg ins Präsidium gefunden haben.« Er räusperte sich. Ich sah deutlich, dass er hinter dem improvisierten Rednerpult in der Eingangshalle des Präsidiums auf und ab wippte. »Der Anlass ist einerseits durchaus dramatisch zu nennen, andererseits aber auch mehr als erfreulich.« Es waren alle möglichen Reporter lokaler Medien erschienen. Auch Radio Costa Brava war am Start. Und eine wasserstoffblonde Mitarbeiterin der *El Pais*, des auflagenstärksten Blatts Spaniens.

»Sieh mal, da ist ja unser Bürgermeister«, raunte mir Luisa ins Ohr. Anscheinend hatte Eulenbruder Carles irgendwie von der

Pressekonferenz Wind bekommen. Audrey hielt sich, unsichtbar hinter einem Vorhang, neben der Schwarzen Madonna im Hintergrund.

Robles ließ die Bombe Nummer eins platzen: »Am 3. Juli dieses Jahres wurde unsere Schutzheilige, *La Moreneta*, die geliebte und von allen Katalanen hochverehrte Schwarze Madonna, aus dem Kloster Montserrat gestohlen.« Augenblicklich erhob sich wildes Stimmengewirr. Unbeeindruckt, wie ein unerschütterlicher Fels in der Brandung, ließ Robles den Schwall an Fragen und Kommentaren über sich gehen. Gelassen wartete er, bis sich die erste Aufregung gelegt hatte. »Ich möchte Sie bitten, Ihre sicher berechtigten Fragen zurückzuhalten, bis ich den zweiten Teil meiner Ankündigung vorgetragen habe.«

Der Geräuschpegel sank, schließlich kehrte gespannte Stille ein.

»Wir, und damit meine ich das zuständige Dezernat, haben uns entschlossen, den Diebstahl zunächst geheim zu halten, um unsere Ermittlungen nicht zu gefährden. Dies war sinnvoll, da ein konkreter Verdacht bestand. Es wurden keine Hinweise aus der Bevölkerung benötigt, im Gegenteil, das hätte unsere Kräfte nur verzettelt.« Schon sprangen die ersten Reporter erzürnt auf. »Lassen Sie mich ausreden!« Tatsächlich brachte der Inspektor die aufgebrachte Meute zum Schweigen. »Der Erfolg hat uns recht gegeben.« Auf sein Zeichen hin ließ Audrey den Vorhang fallen. »Vorgestern ist es uns gelungen, unser Heiligtum zurück zu bekommen.

Andächtiges Schweigen. Einige Menschen bekreuzigten sich, andere standen mit weit geöffneten Augen und Mündern einfach nur starr da, dann klatschte mein *alcalde* langsam und bedächtig Beifall. Weitere Journalisten schlossen sich an. Wenig später gipfelte das Ganze in einem nicht enden wollenden Jubelsturm.

»*The show must go on*«, zitierte ich einen der letzten Titel, die Freddy Mercury vor seinem Tod eingesungen hatte. »Die Menschen sehen, was sie sehen wollen.« Luisa nahm meine Hand. »Das wird uns helfen, Kleines, da sieht niemand so genau hin. Zum Glück hat Horatio den Bereich hinter seinem Pult gut abgesperrt.«

Mit einer Engelsgeduld beantwortete er nun ein Stakkato an Fragen.

Ja, die Madonna sei leider leicht beschädigt worden.

Nein, nichts Gravierendes, nur eine Kleinigkeit.

Ja, die Restauration würde im Dalí-Museum in Figueras vorgenommen werden. Dort werde die Kleine Braune die nächsten Tage verbringen, ehe sie an ihren angestammten Platz in Montserrat zurückkehre.

Nein, keine Aussagen zu den Tätern.

Ja, die Ermittlungen liefen noch.

Nein, keine weiteren Angaben, auch nicht über Anzahl oder Geschlecht der Täter.

Natürlich würde die Presse nun auf dem Laufenden gehalten.

Die Motive für den Raub seien noch unklar.

Nach einigem Zögern: *Nein, der oder die Täter seien noch nicht gefasst.*

Ja, man verfolge eine vielversprechende Spur.

Ja, man werde die höchstmögliche Strafe anstreben.

Dank an alle Beteiligten.

»Ich bitte Sie nun von weiteren Fragen abzusehen. Wie gesagt, ab jetzt können Sie ein tägliches Update auf dem Revier abrufen. Wenn wir die Mitarbeit der Presse für nötig erachten, werden wir uns gern vertrauensvoll an die entsprechenden Stellen wenden. *Muchas gracias.*«

Abgang Robles. Perfekt inszeniert. Jede Menge Streifenpolizisten, die jetzt wie eine lebende Wand vor der Absperrung Aufstellung nahmen, hinderten die Pressegeier daran, die Madonna näher unter die Lupe zu nehmen.

»Arthur.« Carles Gonzales Garcia hatte uns erspäht.

»Na, Eulenbruder«, zog ich den Bürgermeister gut gelaunt auf. »Das ist ja nochmal gutgegangen.«

Er blickte sich um, dann sagte er leise: »Was soll der Scheiß?«

»Wie bitte?«

»Mit diesem Theater haben Sie womöglich die Presse getäuscht.«

»Ich verstehe nicht.« Mir brach der Schweiß aus allen Poren aus.

»Das ist eine ziemlich gute Fälschung, aber es ist definitiv nicht unsere geliebte Madonna! Einige Stellen glänzen, der Farbton stimmt nicht!« Garcia verzog weinerlich sein Gesicht. »Arthur, ich erwarte sofort eine einleuchtende Erklärung für diese Schmierenkomödie.«

Luisa und ich schoben den *alcalde* hinter das Rednerpult. Das Foyer des Präsidiums hatte sich inzwischen geleert.

»Es geht darum, die Täter aus der Reserve zu locken, Carles«, erklärte ich ruhig. »Wir hoffen darauf, dass sie versuchen werden, die Madonna aus dem Museum zu stehlen. Dann schlagen wir zu.«

»Soll das etwa heißen, die Polizei hat keine wirkliche Spur, weder von den Tätern, noch von *La Moreneta*?« Seine Stimme überschlug sich fast. »Ich fasse es nicht! Womöglich hatte der irre Prediger doch recht und der Untergang der ganzen *Emporda* steht bevor.«

»Reißen Sie sich zusammen, Carles. Es gibt Tatverdächtige, aber es ist wirklich kompliziert«, versuchte ich zu beschwichtigen. In verkürzter Form informierten Luisa und ich den *alcalde* über den Stand der Dinge. »Warum sind Sie als Bruder der Eulen nicht informiert?«

»Gute Frage«, gab er verärgert zurück. »Ich hoffe nur für uns alle, dass der Plan gelingt, aber wenn ich das richtig verstanden habe und Robles tatsächlich die schändlichen Käufer der Madonna fasst, dann wissen wir immer noch nicht, wo Jaime, beziehungsweise der verrückte Emmanuel sie versteckt hat.«

»Das ist leider richtig«, musste ich zugeben.

»Warum werden wir so gestraft?«, lamentierte er gestenreich. »Erst die vermaledeite Flut, die uns zu ruinieren droht, dann die bedrückende Sonnenfinsternis, die sich schwer auf unsere Gemüter gelegt hat, und nun auch noch der Verlust der Schwarzen Madonna. Ich werde unverzüglich in unsere Kirche eilen, für die Rückkehr unserer Schutzheiligen beten und eine Kerze anzünden.«

»Kann nicht schaden«, meinte Luisa trocken.

Ihm standen Tränen in den Augen. »Wir müssen sie zurück in die Berge bringen, Arthur.« Er nahm meine Hand und drückte sie ganz fest. »Bitte …«

Ich nickte mitfühlend. Seine katalanische Seele war tief verletzt.

Er ging und wurde durch Inspektor Robles ersetzt.

»Das haben Sie super gemacht«, lobte Luisa.

»Was ist mit Garcia?«, fragte er misstrauisch. »Er weiß Bescheid, oder?«

»Leider ja, das ließ sich nicht vermeiden, er hat die falsche Madonna entlarvt, aber den Rest der Pressebande haben wir, glaube ich, überzeugen können.« Wir sahen uns unsicher an. »Jetzt müssen wir hoffen und beten, dass unser Plan funktioniert.«

»Dann haben wir die Madonna aber immer noch nicht«, erinnerte er mich.

»Jetzt ist es zu spät für Zweifel, Horatio. Ist für den Transport alles organisiert?«

»Ist es.« Er lachte trocken. »Die Show geht weiter. Fahrzeugkolonne, Blaulicht, Straßensperren, Motorradfahrer vorn und hinten, zwei Einsatzwagen und ein gepanzerter Transporter mit der Statue in der Mitte.«

»Ich drücke Ihnen und Ihrer Mannschaft die Daumen, Horatio.« Irgendwie hatte ich ein schlechtes Gefühl. »Wenn ich noch irgendwie helfen kann …«

»Sie nicht. Aber vielleicht Señora Parker.«

»Oh.« Ich drehte mich um und sah, wie Audrey den Abtransport der Madonna überwachte. »Das muss sie selbst entscheiden. Ich erinnere daran, dass Audrey Literaturagentin ist und nicht etwa dem FBI angehört.«

»Ich weiß.« Er lächelte müde. »Aber sie ist eine außergewöhnliche Frau.«

Natürlich war meine Agentin einverstanden …

Durch die Urbanisation kurvte ein Wagen der *Policia Municipal.* Auf dem Dach des Fahrzeugs waren große Lautsprecher montiert. In diversen Sprachen wurden die Anwohner auf die drohende Brandgefahr hingewiesen. Kein offenes Feuer, Grillen verboten, keine Kippen unkontrolliert wegwerfen, das Verbrennen von Gartenabfällen galt ab heute als Todsünde. Mit Schaudern erinnerte ich mich an den schrecklichen Tod meines Schweizer Nachbarn Häberli im Vorjahr. Der Arme war im Garten seiner Casa verbrannt. Argwöhnisch sah ich in den strahlend blauen Himmel. Es musste einfach mal regnen.

»Mutter Sonne meint es verdammt gut mit uns.« Alicia kam mit noch nassen Haaren aus der Dusche auf die Terrasse. »Geht es dir gut, Arty? Du wirkst angespannt, dabei ist doch heute Morgen alles ganz gut gelaufen. Carles wird schon nichts ausplaudern, immerhin ist er ein Eulenbruder.« Sie legte ihre Hände in meinen Nacken.

»Ich werde das Gefühl nicht los, etwas übersehen zu haben«, gestand ich zwischen zwei langen Küssen.

»Was haben eigentlich Robles Nachforschungen im Hospital ergeben? Da ist ja die ganze Garde der Verdächtigen aufmarschiert.«

Ich holte zwei *San Miguel* aus dem Kühlschrank. Jede Bewegung war schweißtreibend. Wir lümmelten uns auf der Hollywood-Schaukel.

»Ziemlich tote Hose. Reyes hat einen Freund besucht, Bankier Brega mit Sohn die Ehefrau, beziehungsweise Mutter. Lediglich der Abt hat am Empfang gezielt nach Pater Emmanuel gefragt. Soler war in seinem Krankenzimmer. Aber anhand der Video-Aufzeichnung waren es gerade mal fünfzehn Minuten zwischen Ankunft und Abmarsch. Der Endzeitprediger lebte ergo noch, nachdem Reyes, Soler und die Bregas gegangen waren.«

»Bleibt also nur der Kapuzenmann«, resümierte Alicia.

»So sieht es aus.« Bei den Temperaturen musste man das Bier zügig trinken. Einundzwanzig Uhr und kein Lüftchen wehte über den Berg. »Ich glaube, dass die Nachtschwester, die an besagtem Abend am Empfang war, uns wichtige Details verschweigt.«

»So?«

Alicia stupste sich ein Kissen zurecht, lehnte ihren Kopf an das Kopfende der Schaukel und streckte sich lang aus. Ihre Füße landeten auf meinem Oberschenkel. Gedankenverloren massierte ich ihre schlanken Fesseln.

»Wie kommst du zu der Erkenntnis?«

»Belen Montez sagt aus, dass sie so gut wie nichts gesehen hat. Der Kapuzenmensch kam herein, hat sofort eine Waffe gezückt und verlangt, dass sie sich zur Wand dreht. Sie meint, die Stimme wäre total verstellt gewesen, aber die Anweisungen waren unmissverständlich. Er hat ihr wohl den Lauf der Pistole an den Hinterkopf gehalten und gedroht, sie zu erschießen, wenn sie die Polizei ruft oder Ärger macht.« Der Lautsprecherwagen drehte eine neue Runde. Diesmal waren die Warnungen in russischer Sprache. »Und nicht nur sie wurde bedroht, sondern auch ihr Mann und ihre beiden Kinder. Der Täter war anscheinend gut informiert.«

»Ganz schön ausgeklügelt«, seufzte Alicia. »Wenn es um die eigene Familie geht, wirkt so eine Drohung schwer.«

»Genau. Belen verheimlicht uns Informationen, die wahrscheinlich weiterhelfen würden, aber das Schweigen kann ich ihr nicht verdenken.« Joschi stolzierte über die Veranda und sprang auf meinen Schoß. Ein dampfender Brocken.

»Nee, Junge, das ist zu warm, du bist ja wie ein Heizkissen.« Ich schob den beleidigt maunzenden fetten Kater in Richtung Alicia, die sich seiner annahm.

»Gönnen wir uns noch eine *cerveza*?«, fragte sie schmunzelnd.

»*Si claro,* ich gehe schon.« Stöhnend raffte ich mich auf. Ein schwarzer BMW bog in den Wendehammer ein. »Auch das noch. Ich mag keinen unangemeldeten Besuch.« Ich schlurfte brummend zum Gartentor. Luzifer und seine Angebetete Amaia lagen dösend auf dem aufgeheizten Mäuerchen.

»*Buenas noches*, Señor Crawley.«

»Doktor Hernandez«, stellte ich, einigermaßen verblüfft, fest. »Zu so vorgerückter Stunde.« Ich beschloss, mich bedeckt zu halten. Immerhin hatte der Mann Luisa die Stimme und womöglich weitaus mehr gerettet. »Was kann ich denn für Sie tun?«

»Ich wollte mich eigentlich nur bei Luisa entschuldigen«, sagte er. »Ich war wohl ein wenig … *forsch* bei unserem abschließenden Gespräch.«

Ich überlegte, ob ich den Medizinmann hereinbitten sollte, entschied mich aber doch dagegen. »Luisa ist bei unseren Freunden im *Cactus* unten in Platja. Falls genug Gäste dort sind, wird sie eine Stunde lang auftreten.«

»Ah, ich verstehe. Tja, die Musik liegt ihr im Blut. Ein nettes Hobby.«

Ich fand sein Lächeln ziemlich aufgesetzt. »

Dann wünsche ich Ihnen noch einen schönen Abend. Sie haben es ja recht hübsch hier oben auf dem Berg.«

Recht hübsch? Was war das denn? Noch verkrampfter konnte man wohl kaum ausdrücken, dass er meine Casa für eine bessere Bruchbude hielt. Hernandez wanderte in meinem internen Ranking weiter nach unten.

Luzifer erhob sich gähnend. Gemeinsam trollte sich das Paar Richtung Fressnäpfe. Der Arzt nickte kurz und öffnete die Wagentür.

»Doktor …« Er sah mich fragend an. »Ich denke meine Tochter hat ihren Standpunkt Ihnen gegenüber ziemlich deutlich gemacht.«

»Nun, ich sehe, Sie füllen Ihre Rolle als besorgter Adoptivvater mit Hingabe aus, aber … was meine privaten Ambitionen angeht, die dürften Sie kaum interessieren.«

Okay, dieses Lächeln war herablassend kühl. Schon glitt er in seine Luxuskarosse und entschwand, wahrscheinlich in Richtung *Cactus.* Ich nahm mein Handy und wählte Luisas Nummer.

»*Padre,* oh *padre.*« Luisa war offensichtlich bester Stimmung. »Ich lege gleich los, sind fast zwanzig Leute da. Wollt ihr beide nicht doch noch runterkommen?«

»Ich denke nicht, Kleines. Ich wollte dich nur vorwarnen. Hernandez war gerade hier. Er will sich anscheinend bei dir entschuldigen für sein aufdringliches Benehmen. Leider ist mir rausgerutscht, wo du gerade bist.«

»Ernesto …?« Ich konnte förmlich sehen, wie sich Stirn und Augen zusammenzogen. »Der fehlt mir echt nicht.«

»Ich komme lieber doch runter.«

»Nee, lass mal, ich bin ja schon ein großes Mädchen, und Sergio und Paco werden dem Kerl schon die Leviten lesen, falls er unangenehm werden sollte.«

»Vergiss Esteva nicht, die hat meines Wissens den schwarzen Gürtel.«

»Okay, dann ist doch alles gut, Arty. Ich schaue nach dem Auftritt, ob bei euch noch Licht brennt, dann komme ich noch auf ein Glas Wein rauf.«

»Gut, pass auf dich auf«, sagte ich, leidlich beruhigt. »Ich bleibe auf jeden Fall auf.«

»Du?«

»Ja, Luisa?«

»Ich bin so froh, dass es dich gibt.« Ein gehauchter Kuss.

Das Leben kann schon ganz schön toll sein.

»Wer war das?« Alicia nahm die zweite, herrlich beschlagene Bierflasche entgegen. Joschi hatte sich dreist auf meinem Platz breitgemacht.

»Unser Wunderdoktor.« Sie hob fragend eine Augenbraue. »Wollte wohl bei Luisa Schönwetter machen. Bei unserer Hohen Mutter, ich traue ihm nicht. Er ist sicher ein brillanter Arzt, aber menschlich … Er ist wahrscheinlich keine Zurückweisungen gewohnt.«

Das Handy läutete. Noch ehe Freddy *We will rock you* intonieren konnte, hatte ich den Anruf angenommen. »Ja, Schatz?«

»Arty, ich fühle mich geschmeichelt, aber ich bin vergeben. Du hattest deine Chance.« Audrey kicherte gutmütig. Ich hatte gar nicht auf das Display geschaut. »Du bist mein Trauzeuge, schon vergessen? Da läuft nichts mehr zwischen uns.«

»Audrey, Liebes, alles okay?«

»So weit, so gut. Die Madonna ist mit großem Tamtam angekommen. Die Presse war natürlich geballt vor Ort. Die Statue ist in einem Raum untergebracht, in dem normalerweise alles Mögliche restauriert wird. Der Zugang ist nur durch den Innenhof möglich. Robles hat drei Leute gut getarnt am Start. Natürlich ist er selbst auch da.«

»Habe ich mir schon gedacht.«

»Du musst mal mit ihm reden, Arty, der Gute ist eine wandelnde Leiche. Den kannst du zum Röntgen gegen eine Lampe halten, so dünn ist der.«

»Der Mann ist starrköpfiger als Contess Marun in meinen *Chroniken*«, gab ich zu bedenken. »Aber gut, ich werde es versuchen. Was ist mit dir? Kommst du heim?«

»Flores kommt mich gleich abholen. Wir gehen in einen Club.«

»Was wollt ihr denn da? Guten Wein, kaltes Bier und einen formidablen Whiskey bekommt ihr auch hier.«

»Tanzen, Arty, wir wollen tanzen gehen. Hast du einen deiner Leitsprüche vergessen? Was sagt Irina zu Jack, wenn der Rest der Welt sich gegen sie verschworen hat, wenn jede Hoffnung schwindet?«

Ich musste unwillkürlich lächeln. »Tanzen ist leben.«

»Ganz recht, Arty. *Danza kuduru* so heißt es doch in der *Canonista*, der alten Sprache Anbanus.« Noch ein hingehauchter Kuss. Oh Mann, ich war wirklich gesegnet. »Ich melde mich, wenn es was Neues gibt. Gib Alicia einen dicken Kuss von mir.«

Der nächste Morgen war von leidlicher Hektik geprägt. Alicia und ich hatten total verpennt. Luisa war noch kurz vor Mitternacht eingetrudelt, und natürlich war nicht daran zu denken, sofort ins Bett zu gehen. Doktor Hernandez war nur kurz im *Cactus* aufgetaucht, hatte ein Glas Rotwein bestellt, an dem er nur einmal genippt hatte, und war wieder entschwunden. Letztendlich war es zum Schlafen auch viel zu warm. Die Luft hätte man mit einer Machete teilen können. Also gönnten wir uns noch eine gemeinschaftliche Runde im Pool.

»Kein Frühstück«, maulte ich verdrossen. Da mein Mehari abgefackelt worden war und ich mich noch immer nicht um einen Ersatz gekümmert hatte, blieb uns nur Alicias Clio, in dessen Innenraum man sich wie in einer Sauna vorkam. »Die Welt geht den Bach runter.«

»Du bekommst gleich ein frisches Croissant«, versprach Alicia, erschreckend fit und gut gelaunt.

»Ich fahre mal zu Jesus Barrios Autohandel nach Sant Antoni, vielleicht hat der einen brauchbaren offenen Untersatz für uns.«

»Tu das, Brummbär.«

Halb zehn in Platja. Normalerweise würden im August jede Menge Touris die Cafés füllen, aber bis auf wenige mürrisch dreinblickende Hundebesitzer war der Ort wie leergefegt.

»Sobald die Nummer mit der Madonna durch ist, müssen wir uns was einfallen lassen. Das Sardana-Festival nächsten Monat wird uns nicht rausreißen«, prophezeite ich düster. »Wir brauchen irgendeine Attraktion. Wir müssen die Menschen zurückholen.«

Alicia nickte resignierend. Ich setzte sie vor der Bäckerei ab und düste nach Sant Antoni.

Jesus war begeistert, mich als Kunden begrüßen zu dürfen. Die bunten Girlanden mit den Fähnchen und Wimpeln hingen schlaff über seinem ausgewachsenen Fuhrpark.

»Wir brauchen was Offenes«, verkündete ich schwitzend.

»Da bist du nicht der Einzige«, sagte der agile Mittfünfziger. Auf seinem T-Shirt das Cover des Pink-Floyd-Albums *Dark Side Of The Moon*. Der Mann hatte Geschmack. »Da habe ich genau drei Modelle zur Auswahl. Ich hoffe, du hast genug Bücher verkauft.« Jesus deutete auf ein schickes Mazda-Cabrio. »Das Teil hat Klasse, *el escribar.*«

Ich sah auf das unter dem Scheibenwischer klemmende Preisschild mit den Angaben über die Ausstattung des Wagens.

»Sag mal, ist das nicht eine Null zu viel?«, fragte ich entsetzt. »Ich wollte keine Anteile deines Geschäfts erwerben. Zweiunddreißigtausend Euro? Die Karre ist doch schon vier Jahre alt. Und was soll denn das für eine Farbe sein?«

»Angebot und Nachfrage. Das Auto befindet sich in einem Top-Zustand. Schlammfarbe ist übrigens sehr angesagt.« Er legte mir vertraulich eine Hand auf die Schulter. »Für dreißig Scheine gehört er dir.«

Ich winkte ab. »Was hast du noch am Start?« Wir gingen in die nächste Reihe. Ein schreiend grünes Opel Astra Cabrio. »Lieber Himmel, da braucht man ja eine Sonnenbrille und eine Flasche Brandy im Handschuhfach.«

»Hundertsechzig PS, Arthur, eine Rakete. Damit kannst du die Küstenstraße runterballern wie kein zweiter.«

»Wer will denn das?« Ich schüttelte den Kopf. »Da genießt man die Fahrt und rast nicht. Ist bei den vielen Serpentinen auch viel zu gefährlich.«

»Ich könnte einen Sonderpreis errechnen. Erstklassige Soundanlage.«

»Nee, lass mal, Jesus. Das Ding passt nicht zu Alicia und mir.«

»Tja, dann bleibt nur noch eine Option.« Er deutete auf seine Werkstatt. »Ist noch nicht ganz fertig.«

Mit vereinten Kräften öffneten wir die schwere Eisentür. Ich war sofort hin und weg. Eine Charleston-Ente in schwarz und dunkelrot.

»Braucht noch einen neuen Auspuff, sonst ist aber alles in Ordnung.«

»Wieviel?« Ich konnte die Augen gar nicht von dem Schmuckstück abwenden.

»Nun ja, sie ist eine Schönheit, nicht wahr?«

»Sie?«

»Ich habe sie Francoise getauft.« Er lächelte versonnen. »War meine erste Liebe, vor gefühlt hundert Jahren.«

»Francoise?« Ich zuckte mit den Achseln. »Herrje, warum auch nicht. Ich mache dir einen Vorschlag, alter Gauner. Die Ente behält den Namen und du machst mir einen guten Preis.«

»Sechstausend.«

»Dann heißt sie Gunhilde.«

»Himmel, nein.« Er machte ein entsetztes Gesicht.

»Fünftausend für Francoise.«

»Du ruinierst mich.« Sein Grinsen verriet mir, dass ich immer noch zu viel zahlen würde. Wir schlugen ein. »Morgen Abend ist sie startklar.«

Jetzt allerbester Laune fuhr ich nach Figueras. Da ich nichts gehört hatte, ging ich davon aus, dass die Nacht im Museum ruhig verlaufen war.

~

»*Ave Caesar, morituri te salutant.*« Ich sah Inspektor Robles tadelnd an. »Das wäre ein geeigneter Begrüßungsspruch, mein lieber Horatio. Die Todgeweihten grüßen dich. Sie sehen wirklich furchtbar aus.«

»So schlimm wird es wohl nicht sein«, gab er gähnend zurück. Bartstoppeln, dicke Augenränder, selbst der sonst tadellose Seitenscheitel war in Mitleidenschaft gezogen, sogar die Krawatte saß schief.

»Schlimmer, aber Sie sind ja schon volljährig, was soll ich also rummeckern. Kommen Sie, gegenüber ist ein Café, ich lade Sie ein.«

Draußen angekommen zog er tatsächlich seine Anzugjacke aus. Dabei dachte ich immer, die sei ein fester Bestandteil seines

Körpers. Ich bestellte zwei *Café Cortado*, einen echten Wachmacher unter den hier üblichen Kaffeekreationen. Robles verzichtete auf einen Schuss Milch.

»Die Nacht war ruhig, nichts ist passiert«, berichtete der Inspektor schwer atmend. »Wissen Sie, ich trinke eigentlich gar keinen Kaffee.«

»Ein Katalane, der keinen Kaffee trinkt? Sie sind mir vielleicht einer. Womöglich trinken Sie auch keinen Brandy«, versuchte ich zu scherzen.

Ohne darauf einzugehen, fuhr er fort: »Die vermeintliche Restauration der Madonna ist für heute angesagt und der Rücktransport nach Montserrat bereits für morgen. Also haben die Verbrecher nur noch diese Nacht, wenn sie im Museum zuschlagen wollen.«

Er trank seinen Becher in einem Zug leer, verdrehte die Augen und schüttelte sich anschließend.

»Man sollte diesen Kaffee in kleinen Schlucken genießen, Horatio.«

»Das hätten Sie auch eher sagen können.« Plötzlich lächelte er. »Was für ein irrer Fall, ausgerechnet am Ende meiner Karriere, da hätte ich mir etwas Ruhigeres gewünscht. Einen simplen Mord vielleicht, ein Eifersuchtsdrama mit Todesfolge. Alles leicht zu durchschauen, ein geständiger Täter. Haken dran, Akte zu.«

»Langweilig«, kommentierte ich.

»Ach nein, aber rumjammern, wenn man selber im Fokus steht. Sie sind ein merkwürdiger Mensch, Señor Crawley, aber Sie sind auch ein unfassbarer Glückspilz.«

Ich sah ihn fragend an.

»Señora Nuñez … was für eine wunderbare Frau.« Da war wieder sein sezierender, immer noch argwöhnischer Blick. »Ihr Ziehkind Luisa, ihre Agentin Miss Parker. Sie sind wahrlich von

Schönheit, Kreativität und Intelligenz umgeben. Dazu Ihre vielen Freunde, alles respektable und liebenswerte Menschen. Beneidenswert, wirklich.«

»Donnerwetter, vielen Dank, ich werde das Kompliment weitergeben«, versprach ich verblüfft. »Sie könnten übrigens dazugehören, Horatio.«

Er lächelte schwermütig. »Da steht ein, zumindest für mich, noch immer ungeklärter Mordfall zwischen uns, Arthur.« Er winkte den Kellner herbei und bestellte zwei *Café con leche,* Milchkaffee, die deutlich bekömmlichere Variante. »Aber wer weiß … vielleicht werden Sie mir irgendwann die Wahrheit anvertrauen. Na schön, ich würde den Stand der Dinge gern einmal zusammenfassen.« Er rieb sich die müden Augen. »Was ist passiert, und wo genau stehen wir an diesem heißen Dienstagmorgen? Korrigieren oder ergänzen Sie mich, wenn ich falsch liege. Zwei Klöster geraten in erhebliche finanzielle Schieflage. Der Abt von Montserrat und die Kuratorin von San Juan de la Pena entwickeln einen vollkommen idiotischen Plan, um ihre Heiligen Stätten zu sanieren.«

»Sie offerieren die Schwarze Madonna im sogenannten Darknet als Leihobjekt für einen Monat. Auf so eine beknackte Idee muss man erst mal kommen«, fuhr ich fort. »Es ist eine Auktion. Für dreizehn Millionen wird die Statue ersteigert. Der Abt und die Kuratorin haben fröhlich die Kohle eingesackt, werden aber sicher nicht lange Spaß damit haben. Unglaublich, die Story, aber wohl wahr.«

»Von einem anonymen Bieter, der laut Erkenntnis der Bruderschaft der Eulen wahrscheinlich aus Calonge oder der näheren Umgebung kommt. Diese Vermutung basiert auf den Aussagen von Bruder Raul, der im Kloster Montserrat von den Machenschaften Wind bekommen hat. Der Abt beauftragt ausgerechnet

Bruder Jaime mit der Auslieferung der Madonna an den Höchstbietenden. Jaime ist ein Adept der Bruderschaft, der er gerne als fünfter Bewahrer beitreten möchte, aber das weiß Soler natürlich nicht. Jaime ist im Grunde dem Abt treu ergeben, bekommt aber Gewissensbisse und weiht leider den irren Pater Emmanuel ein, den er noch aus seiner Jugend kennt. Er liefert *La Moreneta* nicht aus, sondern gibt sie in die Obhut des Endzeitpredigers. Zusammen mit den Eulenbrüdern Malachias und Jorge bezieht Jaime Quartier in der Mas Cabanes, direkt gegenüber Ihrer Casa. Von dort aus plant die Bruderschaft, die Madonna zurückzuholen. Unglücklicherweise offenbart sich Jaime nicht seinen Ordensbrüdern.«

»Womit das Unheil Fahrt aufnimmt, denn Emmanuel denkt gar nicht daran, die Madonna wegzugeben, sondern versteckt sie, wo auch immer.« Ich breitete hilflos die Arme aus. »Der Käufer wiederum muss die Eulenbrüder beobachtet haben – und eben auch den rührigen Nachbarn, der sich mit ihnen trifft. Ein wahrhaftig beschissener Zufall. Hätte Malachias irgendwo anders eine Casa gemietet, wäre ich vollkommen aus dem Schneider. So vermutet der geprellte Bieter, dass ich womöglich weiß, wo sich die Madonna befindet, vielleicht denkt er sogar, ich beanspruche sie für mich.«

»Wie das Schicksal manchmal doch merkwürdige Pfade einschlägt, nicht wahr?«, orakelte Robles süffisant. »Aber machen wir weiter. Zunächst schnappen sich die Täter Jorge. Sie foltern ihn, aber selbst, wenn er eingeknickt wäre, hätte er nichts verraten können, da er ja nicht weiß, wo die Statue ist.«

»Zur Strafe landet er gemeuchelt in meinem Pool.«

»Eine Warnung und ein Statement zugleich.« Robles war plötzlich wieder erschreckend wach. »Als nächstes ist Jaime dran. Diesmal eine noch sehr deutlichere Mahnung. Gefoltert und ans Kreuz genagelt, aber wieder ohne Ergebnis, denn auch er weiß nichts über den aktuellen Standort der Madonna. Diese Information hat zu diesem Zeitpunkt nur Pater Emmanuel. Sie, mein werter Arthur, bekommen gleich auch noch einen Dolchstoß in Form des Zettels, den man dem armen Jaime umgehängt hat, auf dem man Sie als Verräter bezeichnet.«

»Ich frage mich, ob Jaime den Namen Emmanuel an seine Peiniger preisgegeben hat«, grübelte ich. »Oder die Namen der zwei verbliebenen Eulenbrüder, *alcalde* Garcia und Bruder Raul.«

»Das ist unerheblich«, wehrte Robles ab. »Ich bestelle jetzt Rühreier mit einer extra Portion Serano-Schinken.«

»Bin dabei«, verkündete ich fröhlich. »Wieso unerheblich?«

»Weil am vorläufigen Ende der Mordfälle eben Pater Emmanuel steht. Das heißt, der oder die Täter sind dem verflixten Prediger auf die Schliche gekommen. Der Kapuzenmensch im Hospital, Arthur, das gleiche Muster: Folter, um den Standort der Madonna zu erfahren, Mord, nachdem nichts mehr aus dem Delinquenten herauszuholen ist. Wir müssen hoffen, dass Emmanuel den Standort nicht verraten hat.«

»Das will mir nicht so recht in den Kopf. Was halten Sie von einem Gläschen gut gekühlten *Verdejo*?« Ich wartete keine Antwort ab, sondern orderte einfach den fruchtigen Weißwein. »Wie gelangt die Info über Emmanuel an die Madonnenjäger?«

»Gute Frage. Womöglich eine undichte Stelle im Revier. Da hat die Geschichte des Priesters natürlich schnell die Runde gemacht. Ich kann das nicht ausschließen. Beamte im mittleren Dienst sind nicht gerade auf Rosen gebettet.«

»Zweifelsohne ein Dilemma.« Wir stießen an. Zu dem vollmundigen Schinken und dem köstlich gewürzten Rührei passte der Wein vorzüglich. Vergnügt beobachtete ich den drahtigen Polizisten, der seine Portion sichtlich genoss. »Ich wollte Sie schon immer mal was fragen, Inspektor, Sie müssen aber nicht antworten.«

»Nur zu.«

»Sind Sie eigentlich Single?«

Robles sah mich durchdringend an, schaufelte eine weitere Lage Ei und Schinken in seinen Mund und kaute konzentriert. Er schien zu überlegen, wieviel von seinem privaten Leben er preiszugeben gewillt war.

»Ich war verheiratet. Conzuela.« Ein Schluck *Verdejo*. »Eine Mexikanerin – wild, laut, voller unbändiger Energie, mit keinem Lasso der Welt einzufangen.« Tiefe Trauer machte sich auf seinem Gesicht breit. Es tat mir schon leid, gefragt zu haben. »Sie starb mit sechsundvierzig Jahren. Es ging schnell, viel zu schnell. Von der Diagnose bis zum Ende war es nicht einmal ein halbes Jahr.« Robles Augen waren feucht, glasig, ein wenig der Welt entrückt. »Sie war die Liebe meines Lebens.« Er trank sein Glas in einem Zug leer. »Ich habe nie wieder eine andere Frau begehrt.« Er stand auf und zog seine Jacke wieder an. »Und ich weiß wirklich nicht, warum ich ausgerechnet Ihnen das jetzt erzähle.«

»Tief in Ihrem Inneren ahnen Sie vielleicht, dass ich doch kein ganz so übler Bursche bin«, entgegnete ich bewegt.

»Tja, wer weiß.« Gedankenverloren glättete er seine Serviette.

»Haben Sie Kinder?«

»Das war uns nicht vergönnt.«

»Man sollte niemals nie sagen, Horatio. Ich hatte mich auch schon wunderbar auf mein Einsiedlerdasein eingerichtet, aber dann stand Luisa vor meiner Tür. Hinzu kommt, dass ich, seit ich hier lebe, Baguettes und Wein im *Pa y Vi* kaufe. Diese fantastische Bäckerin hat mein Herz bewegt.«

»Nun, das ist schön für Sie, und ich beneide Sie gewiss. Wie praktisch auch, dass die Stelle an Alicia Nuñez' Seite durch den plötzlichen Tod ihres Ehemannes Victor frei wurde.« Robles malte mit seiner Gabel verschnörkelte Runen in die Luft. »Aber jetzt geht es darum, diesen verzwickten Fall zu lösen, anschließend werde ich mir irgendwann Gedanken über meinen Ruhestand machen.«

»Meinen Sie, heute Nacht wird etwas passieren?«

»Falls nicht, sind wir aufgeflogen, anders kann man das nicht interpretieren, also ja, heute Nacht schnappt unsere Falle zu.«

»Ihr Wort in den Gehörgang aller Götter Anbanus«, seufzte ich.

»Ach, hören Sie schon auf mit Ihren verdammten *Chroniken*. Wann kommt endlich der vierte Band in spanischer Sprache heraus?« Robles grinste geradezu lausbübisch. Der Mann hatte wirklich ungeahnte Facetten anzubieten.

»Müsste nächsten Monat so weit sein.«

»Will ich auch stark hoffen, und wehe … ich sage nur *wehe*, Arthur Crawley, wehe Ihnen, wenn Jack nicht seine Frau Irina und seine Tochter Meren wiederfindet.«

Auweia, das scheint ja der Wunsch vieler Leser zu sein, dachte ich, unverbindlich lächelnd. *Ob man das spanische Manuskript noch schnell ändern kann?*

Am anderen Ufer der Nacht

»Adrian ist jetzt in Neuseeland.« Luisa kraulte den hingebungsvoll dahingestreckten Kater Karlo. »Sie versuchen, einen Zusammenhang zwischen den enorm angewachsenen Populationen der roten Quallen und der Erwärmung der Meere nachzuweisen.« Wir saßen dösend im Schatten meiner großen Palme, die Füße auf die Mauer gelegt, den Blick auf die Bucht gerichtet. »Das hilft womöglich bei der nächsten Weltklimakonferenz.«

»Du hörst dich ein wenig traurig an«, stellte ich fest. »Hast du noch Kontakt zu ihm? Das wusste ich gar nicht.«

»Sporadisch, oft ist er gar nicht zu erreichen, außerdem passt das mit der Zeitverschiebung meist nicht. Der turnt halt am anderen Ende der Welt herum.«

»Du magst ihn, oder?«

Luisa lächelte sanft. »Von allen Kandidaten war er jedenfalls die Nummer eins.« Karlos Pfote tätschelte ihren Arm. Weitermachen, hieß das. »Ich mag ihn, das stimmt schon, aber ich mochte ihn nicht genug, um ernsthaft zu erwägen, ihn zu begleiten. Das ist immerhin auch ein Statement, oder?«

»Sehe ich auch so.« Natürlich war ich glücklich, dass sie sich so entschieden hatte. »Du weißt, es hätte mir das Herz gebrochen, dich nicht mehr an meiner Seite zu wissen, aber natürlich hätte ich dich in jeder Hinsicht unterstützt, wenn du dich ihm angeschlossen hättest.«

»Und dafür liebe ich dich.« Trotz der erbarmungslosen Nachmittagssonne umarmten wir uns kurz. »Wie werden wir das neue Auto denn einweihen? Was sagt Alicia überhaupt zu der Ente?«

»Sie meinte nur, so ein Untersatz wäre genau das Richtige für mich. Alt, aber gediegen. Was eine erste Spritztour angeht, mach einen Vorschlag, ich bin dabei.«

Sie setzte den maulenden Kater auf den gefliesten Boden. Arschwackelnd verzog sich das beleidigte Katzentier. Nur eine Viertelstunde Kraulen, aus seiner Sicht entschieden zu wenig.

»Erst mal abwarten, was heute noch so alles passiert. Ich habe kein gutes Gefühl, Arty. Da ist so eine Art düstere Vorahnung, was die Nummer mit der falschen Madonna betrifft. Wird Audrey in Figueras sein?«

»Na klar, das wird sie sich nicht nehmen lassen. Robles wollte sie sogar gern dabeihaben.« Schon hatte Luisa mich infiziert.

»Ich ruf sie gleich mal an.« Noch ehe ich die Chance hatte, legte Freddy mit *We Will Rock You* los. Ich nahm das Gespräch an und schaltete den Lautsprecher ein. Malachias.

»Ich habe es gerade erst aus den Lokalnachrichten erfahren. Dem Himmel sein Dank, die Madonna ist gerettet und damit die ganze *Emporda.*« Tja, leider nicht auf dem aktuellen Stand der Dinge. »Bruder Raul, Bruder Carles und ich werden unverzüglich nach Figueras fahren. Wir werden den morgigen Transport in die Heimat natürlich überwachen.«

Und da bahnte sich auch schon das nächste Desaster an. Der wackere Eulenbruder ging natürlich davon aus, dass die echte Madonna im Dalí-Museum einer kleineren Restauration entgegensah. Offensichtlich hatte der *alcalde* seine Mitstreiter noch nicht auf den neuesten Stand gebracht.

»Sie müssen mir in allen Einzelheiten berichten, wie es gelungen ist, *La Moreneta* zu befreien.« Malachias war regelrecht aus dem Häuschen. »Ich kann Ihnen gar nicht sagen, wie glücklich ich bin.«

»Kann ich mir vorstellen.« Ich kam mir ziemlich schäbig vor, schließlich hatten wir keine Ahnung, wo der vermaledeite Emmanuel die Madonna versteckt hatte. »Ja, ähm, vielleicht kommen Sie vorher mal zu mir rauf.«

»Keine Zeit, Raul holt mich gleich ab. Womöglich sehen wir uns in Figueras, Señor Crawley. *Hasta luego.*«

Aufgelegt.

»Scheiße, das könnte den Bach runtergehen«, stöhnte ich betroffen. »Jetzt funken die Eulenbrüder auch noch dazwischen. Die Täter kennen doch zumindest Malachias. Wenn es ganz übel läuft, dann verschrecken unsere selbsternannten Madonnenwächter die Verbrecher.«

»Du sprichst in der Mehrzahl, Arty«, stellte Luisa nüchtern fest.

»Na klar. Versuch mal, alleine jemanden ans Kreuz zu nageln, das Ding zum Friedhof zu transportieren und dort aufzustellen. Ich vermute schon, dass es wahrscheinlich nur einen Bieter gibt, der die Madonna für sich allein beansprucht, aber der muss Helfer haben. Leute, die die Drecksarbeit erledigen. So eine Art Söldner.«

»Hoffentlich hat Robles genug Personal vor Ort«, sinnierte Luisa. »Du erwartest also den Kapuzenmenschen plus X.«

Ich nickte.

»Das hört sich alles nicht gut an.« Sie sprang auf. »Na los, Arty!« Ich sah sie verblüfft an. »Wir sammeln Alicia und Flores ein und fahren unverzüglich ins Museum.«

»Aber …«

»Kein aber. Wir können doch Audrey nicht allein lassen.« Ihr ernster Gesichtsausdruck ließ keinen Widerspruch zu. »Wenn's ans Eingemachte geht, muss die Familie zusammenhalten.«

»Das könnte gefährlich werden, Kleines.«

»Ach, *padre*, das ganze Leben ist gefährlich, oder?« Ihre Augen blitzten schelmisch auf. »Überleg mal, was wir in der kurzen Zeit, die wir zusammen sind, schon alles erlebt haben.«

»Auch wieder wahr«, gab ich grinsend zurück. »Dann mal los, tapfere Amazone. Schnappen wir uns die Bande.«

»Heißt das etwa … wir haben die Kleine Braune gar nicht zurück?« Pures Entsetzen in der Stimme von Malachias. »Carles hat uns berichtet. Ich mag es kaum glauben. Arthur, ich bin … also wirklich, ich bin selten sprachlos …«

Glücklicherweise war es Alicia und mir gelungen, die Delegation der Eulenbrüder schon auf dem Parkplatz außerhalb der Museumsanlage abzufangen. Luisa und Flores waren bereits auf dem Weg zu Audrey. Die beiden Mönche starrten uns wütend und enttäuscht zugleich an. Ich versuchte wort- und gestenreich den Plan zu erläutern.

»Das geht zu weit!«, donnerte Malachias. »Mit unserer Schutzheiligen macht man keine Experimente. Das ist ein übler Frevel.«

»Es ist unsere vorerst letzte Chance«, argumentierte ich sachlich. »Die Polizei steht übrigens voll hinter der Aktion.«

»Was nützt es uns denn schon, wenn die tatsächlich diese Verbrecher dingfest machen?«, wütete er weiter. »Dann haben wir die Madonna immer noch nicht zurück, wenn ich Sie richtig verstanden habe.«

»Nein, aber wir haben diejenigen in Gewahrsam, die drei Menschen umgebracht haben«, erwiderte ich, jetzt auch langsam ungehalten.

»Das wird uns nicht retten!«

»Malachias … Bruder«, schaltete sich Carles ein. »Wir müssen versuchen, die Ruhe und die Übersicht zu behalten. Arthur, vorausgesetzt, dieser Plan gelingt – wie wird es weitergehen? Wie finden wir *La Moreneta*?«

»Das weiß ich auch noch nicht. Wir müssen uns zusammensetzen und gemeinsam überlegen, wo Emmanuel sie versteckt haben könnte. Ich hoffe, dass irgendjemand den genialen Geistesblitz hat, aber jetzt heißt es, einen Schritt nach dem anderen zu tun.« Ich versuchte, so etwas wie Optimismus zu verbreiten.

»Wir sind alle verloren«, lamentierte Bruder Raul. »Für immer verdammt. Wir haben versagt, wir haben *La Moreneta* nicht ausreichend beschützt.«

»Verloren haben wir nur, wenn wir in Selbstmitleid versinken«, wies Alicia ihn zurecht. »Also, reißen Sie sich zusammen!«

Bravo, dachte ich stolz. Sichtlich beeindruckt sahen Raul und Malachias auf die Spitzen ihrer klobigen Schuhe.

Ein dunkelgrauer Seat Ateca erreichte den gut gefüllten Parkplatz, parkte keine fünf Meter von unserer Gruppe entfernt.

»Der unselige Abt und diese Frau aus dem Kloster im Norden«, stöhnte Raul. »Das sind auch Verbrecher. Warum laufen die immer noch frei rum?«

»Wissen die eigentlich Bescheid?«, fragte mich Bürgermeister Garcia leise.

»Nein, das war uns zu unsicher. Wir trauen beiden nicht so recht über den Weg. Wer sich so einen Schwachsinn wie diese Auktion ausdenkt, den muss man nicht einweihen«, raunte ich zurück.

Schon hatte uns der hagere Abt erspäht. Die Kuratorin des Partnerklosters im Schlepptau, steuerte er auf uns zu.

»Pater Raul, Señor Crawley … was tun Sie beide denn hier? Und wer sind die anderen Herrschaften?« Misstrauisch musterte er besonders Malachias, den er offensichtlich nicht zu kennen schien. Alejandra Osorio hielt sich im Hintergrund. Sie trug heute keine High Heels, sondern flache, zitronengelbe Espadrilles, dazu hautenge hellgrüne Shorts und eine weiße Bluse. Eine voluminöse Sonnenbrille bedeckte die obere Gesichtshälfte, und ein ausladender weißer Hut schützte ihre blond gefärbten Haare.

»Dasselbe könnte ich Sie auch fragen, verehrter Abt«, gab ich unbeeindruckt zurück.

»Nun, wir wollen sicherstellen, dass unsere Schutzheilige sicher an ihren angestammten Platz zurückkehrt.« Dieser oberlehrerhafte Ton wollte mir ganz und gar nicht gefallen. Immerhin waren er und die Kuratorin Auslöser des ganzen Schlamassels.

»Na, das scheint ja eine richtige Prozession zu werden. Es wird die Gläubigen sicher freuen zu hören, wie es überhaupt dazu kommen konnte, dass die Schwarze Madonna einen Ausflug in die große weite Welt unternommen hat.«

Solers Gesichtsfarbe veränderte sich augenblicklich. »Sie werden doch wohl die armen Menschen nicht verunsichern. Schließlich haben wir diesen … *waghalsigen* Schritt nur in die Tat umgesetzt, um den Fortbestand unserer Klöster zu sichern.«

»Lass gut sein, Gabriel.« Alejandra Osorio legte beruhigend eine Hand auf seinen Arm. »Señor Crawley ist ein intelligenter Mann, der sicher den Ernst der Lage einzuschätzen weiß, nicht wahr?« Ein charmantes Lächeln. Oh ja, diese Frau wusste mit Menschen, insbesondere Männern, umzugehen. »Und Sie drei …« Die Kuratorin deutete mit einem Kopfnicken auf den überlebenden Rest der Bruderschaft. »… sind wahrscheinlich die tapferen Ritter der Eulen.«

Bruder Raul sank förmlich in sich zusammen. Soler machte große Augen. Offensichtlich war ihm auch Rauls Mitgliedschaft bislang verborgen geblieben. Ich fragte mich, was dieser verpeilte Kirchenmann überhaupt mitbekam.

»Ganz recht, Señora«, bestätigte mein Bürgermeister stolz. »Sie werden sicher verstehen, dass wir Ihre Machenschaften zutiefst verurteilen. Wie kann man nur die Kleine Braune einfach verhökern? Sie sollten sich schämen!«

Wieder ein lautloses *Bravo* meinerseits. Tja, den kleinen Garcia durfte man nicht unterschätzen. Allerdings schien seine Einlassung wenig Wirkung zu zeigen.

»Leider haben Sie keine Ahnung, guter Mann.« Osorio sprach wie zu einem unwissenden Kind. »Nicht von den Belangen eines so gewaltigen Wirtschaftsbetriebes, wie es Klöster unserer Größenordnung darstellen. Und wie sehr uns die Amtskirche und auch die Regierung in Madrid allein lassen.«

»Mir kommen gleich die Tränen«, stellte er trocken fest.

»Nun ist die Sache ja ausgestanden«, beeilte sich der Abt von Montserrat einzuwerfen. »Wir bringen die Madonna zurück, niemand ist zu Schaden gekommen, und die Bevölkerung bleibt beruhigt.«

Warte nur, bis du einen Blick auf die falsche Madonna geworfen hast, du scheinheiliger Heiliger, dachte ich verärgert.

»Haben Sie die drei Ermordeten vergessen?«, zischte Alicia empört. »Sie glauben wohl, den goldenen Hahn erlegt zu haben. Sie haben das Geld kassiert, welches selbstverständlich beschlagnahmt wird, und bekommen jetzt die Madonna zurück. Denken Sie nicht, dass der geprellte Käufer sein Geld wiederhaben möchte? Mit dieser dummen Aktion haben Sie gar nichts erreicht. Was sind Sie eigentlich für eine Art Geistlicher?«

Er verzog mürrisch das Gesicht. Ihre Worte schienen ihn getroffen zu haben.

»Wir wollen das Geld Bedürftigen zukommen lassen und die Haushalte unserer Klöster sanieren.«

Ein schlechtes Gewissen sah meiner Meinung nach anders aus. Ich funkelte ihn böse an. »Sie können die Madonna jetzt nicht in Augenschein nehmen. Wie bereits in der Presse berichtet, wird der Pinienzapfen restauriert. Die Polizei überwacht das Ganze. Fahren Sie besser zurück ins Gebirge und warten Sie in Ruhe ab, bis die Kleine Braune morgen dort ankommt.«

»Das ist … ungeheuerlich!«

»In der Tat, Ihre Ignoranz und Dreistigkeit ist kaum zu toppen«, schoss ich zurück.

»Komm, Arty, gehen wir zu unseren Mädels.« Alicia nahm meine Hand, und wir marschierten zügig zum Museum zurück.

Obwohl es bereits auf achtzehn Uhr zuging, befand sich noch immer eine ansehnliche Schlange vor dem Eingang. Wahrscheinlich hofften viele Besucher einen Blick auf die so schmählich entführte Schwarze Madonna erhaschen zu können. Der letzte Einlass in das Museum war in den Sommermonaten eigentlich um siebzehn Uhr vorgesehen, trotzdem wurden fleißig weiter Eintrittskarten verkauft. Verwundert runzelte ich die Stirn. Aus einem Seiteneingang für Bedienstete kamen uns Flores und Luisa entgegen.

»Wieso ist die Hütte noch nicht zu?«, fragte ich.

»Der Museumsdirektor wittert das dicke Geschäft«, erklärte die Veterinärin achselzuckend. »Er will heute bis zwanzig Uhr Leute reinlassen.«

»Das ist ja totaler Unsinn. Bei der Masse an Menschen kann Robles mit seinen paar Leuten kaum den Überblick behalten«, schimpfte ich. »Wo steckt denn Audrey?«

»Natürlich im Restaurationsraum, zusammen mit dem Inspektor und der Madonna.« Luisa lachte fröhlich. »Was für ein Trio.«

»Das gefällt mir absolut nicht.« Meine innere Stressampel sprang auf Rot.

Dalís weiße Eier auf den Türmen und der Balustrade des Museums leuchteten im Licht der tiefstehenden Sonne. Wir schlüpften durch den Nebeneingang ins Innere der Anlage. Den Weg durch den vollgestopften Innenhof mit dem schwarzen Cadillac und der Skulptur mit dem voluminösen Hintern darauf mussten wir uns regelrecht erkämpfen. An der Stirnwand prangte das überdimensionale Portrait eines kahlköpfigen Mannes, dessen nach unten geneigter Kopf Risse in der Schädeldecke aufwies und in dessen Brustkorb sich ein Tor in eine andere Welt öffnete. Endlich erreichten wir den abgesperrten Bereich, der von zwei Beamten der *Policia Municipal* bewacht wurde.

Inspektor Robles winkte uns durch die Absperrung.

»Was soll das hier werden, eine Art Familientreffen?«, blaffte er mich nervös an. Der Mann stand unter enormen Druck. »Kommen jetzt auch noch Ihre Freunde aus dem *Samal,* dem *Cactus* und dem *Friends*?«

»Brauchen wir denn Verstärkung?«, fragte Alicia, süß lächelnd.

»Lieber Himmel, Sie sind ja inzwischen genauso nervtötend wie Ihr Angebeteter«, brummte Robles. »Ich hatte um Miss Parker gebeten und nicht um den ganzen Crawley-Clan.«

»Crawley-Clan, also echt, das finde ich gut. Danke dafür, *Commissario*!«, lobte Luisa ihn überschwänglich.

Ich erklärte Robles die Problematik mit den Eulenbrüdern, die hoffentlich freiwillig das Feld räumen würden, und dem Abt nebst forscher Kuratorin, die unbedingt von der falschen Madonna ferngehalten werden mussten. Der Inspektor erwies sich als einsichtig und wies seine Beamten an, niemanden, aber auch wirklich niemanden, in die Abteilung Restauration und Lager einzulassen. Allerdings bestand er auch darauf, dass nur Audrey und Flores im Museum bleiben durften. Schließlich könne er unmöglich für die Sicherheit von drei weiteren Zivilisten garantieren. Alle Argumente halfen nicht. Alicia, Luisa und ich quartierten uns in einer Bodega gegenüber des Haupteingangs ein.

Nun hieß es, in Ruhe abzuwarten.

Keine meiner hervorstechenden Eigenschaften.

Zwanzig Uhr.

Endlich wurden die Kassenhäuschen geschlossen. Allerdings waren geschätzt noch zweihundert Menschen innerhalb der hohen Mauern. Kaum hatte sich der Vorplatz geleert, tauchte eine gut zwanzigköpfige Gruppe junger Leute auf, alle in dunkle T-Shirts, Hosen und Röcke gekleidet. Die männlichen Wesen hielten Poster in die Höhe, auf denen *La Moreneta* abgebildet war. Aus einem Ghettoblaster, der auf einer Parkbank aufgestellt wurde, wummerten kräftige Basslinien. Den Song konnte ich natürlich sofort identifizieren.

»Halleluja, das ist ja mal ’n Ding – *Lost In Your Love* vom guten alten John Paul Young.« Ich war regelrecht begeistert. »Mensch, die Nummer hat aber jemand kräftig aufgepeppt. Satter Sound.«

Schon verwandelte sich der Vorplatz des Museums in eine Siebziger-Jahre-Diskothek. Einige Schaulustige zögerten nicht lange und schlossen sich der Tanzparty an. Handys wurden gezückt, Fotos geschossen und geteilt.

»Das wird ein richtiger Flashmob«, vermutete Luisa.

»Was soll das denn sein?«, fragte Alicia irritiert.

»Eine spontane Aktion. Irgendjemand fängt an zu tanzen, und immer mehr Leute machen einfach mit. Ich habe das mal in London erlebt. Nach ein paar Minuten wurde das zu einer gigantischen Party. Die Info, wo so etwas stattfindet, verbreitet sich rasend schnell im Netz.« Luisa entsperrte ihr Smartphone. »Wow, auf der Seite von Radio Costa Brava wurde das Event groß angekündigt. Dancefloor zu Ehren der Rettung von *La Moreneta*, Datum von heute, zwanzig Uhr am Dalí-Museum.«

»Da kommt schon der nächste Schwung«, staunte ich. »Alle Altersgruppen am Start. Das kann ja was werden.«

Inzwischen hatte sich die tanzende Menge verdreifacht. Immer mehr Bilder der Schwarzen Madonna wurden in den immer noch sonnengefluteten Himmel gereckt, derweil *Murder On The Dancefloor* von Sophie Ellis Bextor aus den Lautsprechern dröhnte. Ein Ende des Zustroms war nicht abzusehen.

»So sehr mir als altem Disco-Fan das gefällt, ich fürchte, da steckt eine weniger schöne Absicht dahinter.« Durch das laute und bunte Treiben konnte ich den hoffentlich inzwischen geschlossenen Eingang des Museums nicht mehr sehen. »Das ist ein bewusst inszeniertes Chaos.«

»Du meinst, die Täter werden den Trubel nutzen, um die Madonna in ihren Besitz zu bringen?«, folgte Alicia meinem Gedankengang.

»So würde ich es jedenfalls machen. Sieh nur, da kommen immer mehr Menschen.« Mein Handy verkündete, es wäre jetzt an der Zeit zu rocken. »Audrey, was ist los?«

»Die Hölle, Arty.« Sie schien mehr als angespannt zu sein. »Auf der anderen Seite des Museums, an die unsere Halle grenzt, hat sich eine Mörderparty entwickelt. Man versteht sein eigenes Wort nicht mehr, obwohl die Fenster geschlossen sind.«

»Hier am Eingang ebenfalls.«

»Du weißt, was das bedeutet, oder?« Im Hintergrund hörte ich Robles fluchen. »Wir werden über kurz oder lang Besuch bekommen.«

»Ist zu befürchten.« Mir strömte der Schweiß aus allen Poren.

»Robles' Truppe ist weg.«

»Was?«

»Jedenfalls sehe ich die drei nicht mehr.«

»Wahrscheinlich tanzen die draußen«, spottete Flores. »Der Inspektor ist jedenfalls fuchsteufelswild. Ich glaube, er versucht, Verstärkung anzufordern.«

»Sie werden es nicht durch den Haupteingang versuchen, Arty«, analysierte Audrey die Lage nüchtern. »Der einfachere Weg wäre durch den hinteren Personaleingang. Dann liegt nur ein Flur vor dem Zugang zur Restaurationshalle.«

»Verdammt, Audrey. Du bist bewaffnet, oder?«

»Ich will Flores hier raus haben, das war eine Scheißhausidee, sie hier zu lassen.«

»Ich werde dich nicht allein lassen«, hörte ich Flores' Stimme im Hintergrund. Audrey seufzte laut.

»Wir gehen jetzt zur Rückseite des Museums«, beschloss ich.

»Lass den Scheiß, Arty. Wie wollt ihr denn helfen? Willst du diese Verbrecher vielleicht totquatschen?« Audrey atmete tief durch. »Wir kriegen das schon hin. Immerhin haben wir ja noch unseren katalanischen 007 an Bord.«

Aus den Boxen dröhnte jetzt Enrique Iglesias, eine Club-Version von *Bailamos,* seinem ersten englischsprachigen Hit. Ausgelassene Lebensfreude auf der Plaza. Ich zahlte und sah Alicia und Luisa an. Sie nickten nur, und mehr tanzend als laufend schoben wir uns durch den fröhlichen Flashmob. Schwer atmend und ordentlich verschwitzt, zumindest ich, liefen wir um den östlichen Turm des Museums.

»Oh Mann, das sind ja noch viel mehr als vorn«, stellte Luisa kopfschüttelnd fest. Die Sonne war bereits hinter den Mauern versunken. Der Parkplatz und das angrenzende Gelände wurden in ein zwielichtiges Blau getaucht.

»Da ist ja tatsächlich eine kleine Bühne.« Alicia deutete auf ein Podest, auf dem zwei erschreckend gut gebaute junge Männer ihren unbekleideten Oberkörper präsentierten und die Menge zum Hüpfen und Mitbrüllen animierten.

»Die sind gekauft, das ist doch keine spontane Aktion!«, brüllte ich gegen den Lärm an. Irgendein schrecklicher aggressiver Rap. Das tat den Ohren eines alten Rockers furchtbar weh. Hier gab es ein ausnahmslos jugendliches Publikum, dem der Krach zu gefallen schien.

»Wo ist der Eingang?« wollte Luisa wissen.

»Keine Ahnung.« Ich nahm Alicias Hand. »Arbeiten wir uns an der Mauer entlang vor, dann werden wir ihn schon finden.«

Weinflaschen wurden herumgereicht, ganze Kartons standen aufgestapelt an der Mauer. Das Ganze schien von langer Hand geplant. Schritt für Schritt kamen wir langsam voran. Wo, zum Teufel, steckte die *Policia Municipal*?

»Ich sehe die Tür!«, rief Luisa aufgeregt. »Noch drei Meter!«

Ein Teenager, offensichtlich stark angeheitert, fiel mir um den Hals.

»Komm, Opi, nimm einen Schluck«, lallte das Mädchen grinsend. »Is genuch für alle da. Alles für lau. Komm, lassen wir's krachen, Alter.«

»Finger weg, dumme Göre.« Alicia schob meine Verehrerin rigoros beiseite, die ihr die Zunge herausstreckte und den Stinkefinger zeigte, dann aber bereits ein neues, deutlich jüngeres Opfer gefunden hatte.

Zur Krönung wurden nun auch noch Feuerwerkskörper abgefeuert. Böller, die Pistolenschüssen glichen, Raketen, auf einem Feuerschweif reitend, bunte Sterne regneten vom Himmel.

Luisa hatte inzwischen den Hintereingang erreicht. Wir sahen uns betroffen an. Die Tür stand einen Spaltbreit auf. Die Organisatoren hatten an alles gedacht. In diesem Tohuwabohu fielen ein paar Türknacker nicht auf.

»Das Schloss wurde aufgebrochen«, stellte ich fest. Die ausgelassen feiernde Menge hatte die geöffnete Pforte ins Museum zum Glück noch nicht entdeckt. Der Lärm war wirklich unbeschreiblich. Ich schob Alicia und Luisa durch die Tür und zog sie, so gut es ging, von innen zu.

»Womit wollen wir uns verteidigen?«, fragte Alicia flüsternd. »Arty, wir sind nicht wie die Kriegerinnen in deinen *Chroniken*.«

»Ich weiß«, gab ich beklommen zu. Durch die hohen Fenster fiel flackernd das Licht der explodierenden Feuerwerkskörper. Ich kam mir vor wie in einer Disco der siebziger Jahre. Luisa packte einen mannshohen, mit bunten Girlanden umwickelten Stab, der auf einem Sockel stand. »Kleines, das, ähm … könnte ein Kunstwerk des großen Meisters Dalí sein.«

»Jetzt ist es jedenfalls eine Waffe.«

Alicia kicherte leise. »Sieh mal, Arty.« Sie deutete auf eine halb offenstehende Vitrine, die in diesem Moment kurz grün angestrahlt wurde. »Da sind Messer, Schraubenzieher und Spachtel.«

»Wahrscheinlich hat er damit seine Skulpturen bearbeitet«, vermutete ich.

Alicia nahm ein Messer mit einer halbkreisförmigen Klinge, das mich an Miraculix, den Druiden aus den Asterix-Comics, erinnerte. Nur würde es hier und heute kaum darum gehen, Misteln für einen Zaubertrank zu schneiden.

»Na los, Oberster Bewahrer der Inseln. Greif dir ein Schwert!«

»Leute, das ist kein Spiel.« Trotz aller Bedenken nahm ich eine Rohrzange. Im selben Moment krachte es mehrfach laut durch den Flur. Diesmal allerdings kamen die Geräusche aus dem Inneren des Museums.

Wir sahen uns zweifelnd an. Hohe Mutter … was tun?

Draußen lief *Hey Brother* von Avicii.

»Na gut, ihr bleibt hier, ich erkunde die Lage«, schlug ich vor.

»Kannst du vergessen, *padre.*« Luisa schüttelte entschieden den Kopf. Wild entschlossen ging sie voran. Der Durchgang zur großen Restaurationshalle war keine zehn Meter entfernt. Ich glaubte Stimmen zu hören, konnte mich aber auch täuschen. Vielleicht waren das doch Wortfetzen von außen.

Der Zugang war durch eine hohe Flügeltür versperrt. Jetzt war eine Stimme deutlich zu hören. Luisa schob die linke Seite der Tür einen Spalt auf. Wie ein Knäuel hingen wir aufeinander und spähten in den spärlich ausgeleuchteten Raum. Was ich sah, ließ mir das Blut in den Adern gefrieren. Audrey, Flores und Inspektor Robles knieten, die Hände hinter dem Kopf verschränkt, vor dem Sockel, auf dem die Madonna stand. Davor fünf Personen, Gewehre, womöglich sogar Maschinenpistolen, im Anschlag.

»Du da!«

Ein Stimmenverzerrer! Die Verbrecher hatten aber auch an alles gedacht.

Ein Gewehrlauf deutete unmissverständlich auf meine Agentin, die ein verkniffen aggressives Gesicht machte, aber der Situation ohnmächtig gegenüberstand. Immerhin schienen sie und auch Robles unverletzt zu sein.

»Runter mit dem Tuch!«, verlangte die Roboterstimme.

Audrey stand langsam auf. Einer der Angreifer drehte den Kopf in Richtung Tür. Masken! Gelbe Masken! Hastig zuckten wir zurück.

»Was sollen wir tun?«, zischte Luisa.

»Gar nichts, die haben Gewehre«, erwiderte ich ebenso leise. »Wir müssen auf unsere Chance warten.«

»Wird's bald, wir haben nicht die ganze Nacht Zeit.« Die blecherne Automatenstimme klang furchtbar emotionslos, kalt, jederzeit bereit, die Forderung mit Gewalt durchzusetzen. Ich dachte an unsere Katzen. *Wer wird sie versorgen, wenn das hier schiefgeht?* Schon irre, wie der menschliche Verstand in Stresssituationen arbeitet.

Mit einem Ruck fiel die abdeckende Plane von der Replik.

»Wieder auf die Knie!«, kommandierte der Anführer.

»Damit werden Sie niemals durchkommen«, sagte Robles düster.

»Das lassen Sie mal meine Sorge sein.« Ein metallenes Lachen. Ich umfasste meine Rohrzange fester. Auf dem Partygelände hatten AC/DC das Regime übernommen. *Thunderstruck*. Geniales Stück. Die Menge brüllte euphorisiert mit. Krachende Gitarrenriffs.

Während seine vier Mitstreiter weiter Audrey und Robles fixierten, nahm der Anführer die Schwarze Madonna in Augenschein. Wo, zum Kuckuck, steckten Robles' Leute? Die konnten doch nicht alle gekauft sein, oder …? Die behandschuhten Finger des Eindringlings strichen über die Statue.

Ein verstörendes, verzerrtes Röcheln.

»Das ist eine Fälschung!« Die Worte waren regelrecht gebrüllt, kaum zu verstehen. Ein lautes Ratschen. Die Waffe wurde entsichert, der Lauf richtete sich an Robles' Schläfe. *Der arme Horatio, so kurz vor der Pension …* »Wo ist die echte Madonna?«

»Das wüssten wir selbst gern«, gab Robles ungerührt zurück.

»Das alles ist eine Falle«, stellte der Anführer fest. Da schwang tatsächlich eine grenzenlose Enttäuschung durch die elektronische Verzerrung. »Nichts als eine stümperhaft angelegte Falle.« Wieder ein schauriges Lachen.

»Lassen Sie uns doch wie vernünftige Menschen verhandeln«, schlug der Inspektor vor. »Ich sorge dafür, dass Sie Ihre Millionen zurückbekommen, und wir kümmern uns um *La Moreneta.*«

»Ach ja, und Sie lassen uns so einfach davonkommen, oder wie?« Ein angestrengtes Atmen, fast wie bei Darth Vader. »Was ist denn mit den Kollateralschäden? Die kehren wir unter den Teppich? Das glauben Sie doch selber nicht!«

»Jetzt wird es heikel«, stöhnte Luisa halblaut. »Wenn die durchdrehen …«

»Sie haben recht.« Robles' Körper straffte sich. »Ich vergaß für einen Moment die drei Morde.«

»Wollen Sie da noch den Mord an einem Polizisten und einer Bundesagentin hinzufügen?« Audrey lächelte kalt. »Das wird Sie mehr als Ihren Kopf kosten.«

Wie konnte man nur so kaltblütig daherkommen? Bundesagentin? Du liebe Güte, diese Frau war der nackte Wahnsinn.

»Wir müssen was tun, Arty.« Ich spürte Alicias Herz in meinem Rücken beben. »Das ist doch unsere Audrey.«

»Fesseln und knebeln«, röhrte es blechern durch die Maske. Zwei seiner Kumpane zurrten Plastikschellen um Hände und Füße. Das war zumindest ein halbwegs gutes Zeichen. Wenn diese Verbrecher die Absicht gehabt hätten, ihre Opfer zu erschießen, hätten sie sich diese Umstände ersparen können.

Dann aber riss der Anführer seine Waffe hoch und feuerte wie von Sinnen. Luisa presste eine Hand auf ihren Mund. Eine Salve nach der anderen zerfetzte die falsche Madonna. Schwer atmend senkte der Mann seine Waffe. Einen Moment schien er unschlüssig zu sein, verharrte regungslos, dann wandte er sich ruckartig an seine Spießgesellen.

»Rückzug!«

»Weg, wir müssen weg!«, zischte ich und zog meine beiden Frauen von der Tür fort. So wenig Geräusche wie möglich verursachend, rannten wir über den Flur zur hinteren Tür, lehnten diese wieder an und mischten uns ins Getümmel.

»Halten wir den Ausgang im Auge«, schlug Luisa vor. »Mich kennt niemand, ich tanze mich in die Nähe. Ihr bleibt hier, Arty. Du bist bekannt wie ein bunter Hund. Vielleicht nehmen die hier draußen die Masken ab.«

»Sei vorsichtig, Schatz«, gab ich ihr mit auf den Weg.

Call On Me – irgendein endlos dämlicher Technosong.

Alicia lehnt sich schwer an mich. Ich nahm sie fest in meine Arme. »Was für ein Albtraum, Arty.«

»Wird nicht langweilig mit mir«, wagte ich einen kleinen Scherz.

»Ich hoffe, diese Verbrecher tun Audrey und Flores nichts an.«

»Ich denke nicht, das wäre wohl längst passiert.« Ich küsste ihre heiße Stirn. »Jetzt haben wir eine durchlöcherte falsche Madonna.«

»Halleluja.«

»Hoffentlich kann Luisa jemanden erkennen.« Da lag wenig Vertrauen in meiner Stimme, aber man weiß ja nie. Vielleicht waren die Typen dumm genug.

»Wir hatten keine Chance.« Audrey schmiss wütend die durchgeschnittenen Plastikbänder auf den Boden. »Und warum?« Sie massierte ihre Handgelenke und sah den in sich zusammengefallenen Inspektor Robles funkelnd an. »Weil die Damen und Herren der *Policia Municipal* ihre Posten verlassen haben. Niemand hat uns vorgewarnt. Die Tür zur Restaurationskammer flog auf, und schon sehen wir in fünf Gewehrmündungen. Wie in einem schlechten Film.«

»Meine Leute waren durch die beiden … *Partys* abgelenkt. Sie haben versucht, die Veranstaltung aufzulösen«, verteidigte der Inspektor seine Truppe, allerdings ohne wirklich überzeugt zu sein. »Es ist nicht gut gelaufen.«

»Die Untertreibung des Jahres«, meinte Audrey ironisch.

Erst weit nach Mitternacht hatte sich die Festivität aufgelöst.

»Es war nicht vollkommen vergebens.« Robles straffte sich.

»So? Und wem verdanken wir die spärlichen Informationen?« Sie stand immer noch mächtig unter Strom. Lediglich Flores verhinderte Schlimmeres. Mild lächelnd legte sie einen Arm um Audreys Schultern und ließ deren Stresspegel ein wenig sinken. »Luisa und mir.«

Tatsächlich war es Audrey noch gelungen, unbemerkt ihr Handy zu entsperren und die Audioaufnahme zu aktivieren. So war zumindest die Stimme des Anführers gespeichert. Luisa hingegen hatte eine Videoaufnahme der fünf maskierten Gestalten beisteuern können, die leider nicht ihre Tarnung aufgegeben hatten, und, das war wahrscheinlich der wichtigste Hinweis, ihr war eine Aufnahme des Fluchtwagens gelungen. Ein dunkelgrauer Citroen Berlingo, Nummernschild leider unleserlich, da es wohl absichtlich mit Dreck beschmiert war.

Eine Kirchturmuhr schlug zweimal. Schlagartig überfiel mich bleierne Müdigkeit. In den Gesichtern meiner Mitstreiter konnte ich sehr deutlich ablesen, dass es ihnen ebenso ging. »Wir brauchen eine Pause, Horatio. Wir müssen alle mindestens für zehn Stunden schlafen, Sie insbesondere, mein Lieber.«

Der Inspektor sah mich blinzelnd an. »Die Madonna …«

»Ist im Arsch«, kommentierte Luisa trocken.

»Wir lassen den Transport nach Montserrat trotzdem stattfinden«, meldete sich Audrey gähnend zu Wort. »Lassen Sie den Job wirklich nur von Leuten erledigen, denen Sie hundertprozentig vertrauen können, Inspektor. Informieren Sie den Abt und diese aufgeblasene Tusse von Kuratorin. Wenn sie nicht in den Knast wollen, dann müssen sie einfach so tun, als wäre die gestohlene Madonna wieder an ihrem rechtmäßigen Platz.«

Robles nickte müde.

»Das Spiel ist noch nicht vorbei, Freunde.« Audrey nahm Flores' Hand. »Abmarsch.«

Ich erinnerte mich an einen ziemlich dämlichen Spruch. *Wir haben diese Schlacht verloren, aber nicht den Krieg.* In diesem Sinne sammelten wir unsere Truppen und zockelten zurück auf unseren Berg, wo Alicia und mich eine ziemlich aufgebrachte Katzenmeute erwartete, die ein lautstarkes Protestkonzert gab. Es gibt nichts Schlimmeres als hungernde Samtpfoten. Mit vereinten Kräften füllten wir die Fressnäpfe, dann sanken wir in einen komatösen Schlaf.

Die Wunder der Technik

Am nächsten Morgen fühlte ich mich wie nach einer durchzechten Nacht. Kopfschmerzen, wahrscheinlich zu wenig getrunken, ein durchschwitztes Kopfkissen und eine pelzige Zunge, die dringend gewässert werden wollte. Alicia war bereits auf den Beinen, anscheinend frisch geduscht und erschreckend fit. Weiße Shorts und eine frech geschnittene Bluse in Mint.

»Catalina macht den Laden auf, ich werde erst nach der Siesta runter nach Platja fahren. Vormittags ist sowieso nicht viel los.« Eine gute Nachricht. Alicia reichte mir einen Becher dampfenden Earl Grey, angesichts der bereits sehr ordentlichen Temperaturen gut gemeint, aber eher kontraproduktiv. Ein Blick auf das Thermometer verriet mir, dass bereits zweiunddreißig Grad ausgerufen wurden, und das um kurz nach zehn Uhr. Parallel zum Tee leerte ich eine halbe Flasche Mineralwasser. Ein Teil meiner Lebensgeister ging wieder online.

»Weißt du was, *mi corazon*?« Ich nahm Alicia bei der Hand und zog sie auf die Terrasse, die noch herrlich im Schatten lag. Ein sanfter Wind wehte vom Meer herauf. Diese Momente musste man genießen. »Das ist alles richtig beschissen gelaufen, aber …« Ich hob den rechten Zeigefinger. »Aber eigentlich sind wir jetzt raus aus der Madonnennummer, denke ich. Nun dürften diese gruseligen Maskenträger wohl endlich geschnallt haben, dass wir auch nicht wissen, wo sich das Heiligtum befindet. Ergo macht es auch keinen Sinn, uns nachzustellen oder zu bedrohen.« Der Gedankengang gefiel mir ausnehmend gut. »Wir können unsere Energie wieder wichtigen Dingen zuwenden.«

»Bist du sicher?« Also, Überzeugung klang anders. »Was steht denn auf deiner Agenda ganz oben?«

Ich erlaubte mir ein königliches Grinsen. »Na, Francoise natürlich. Sie ist fertig. Ich kann das Auto heute abholen. Wir könnten heute Abend eine Spritztour machen, vielleicht nach Ullastret zu geschmorten Schweinebacken oder nach Palamos, sehen, was die Fischer heute so an Land gezogen haben.«

»Du willst also den armen Inspektor Robles im Stich lassen?«, fragte sie mit zusammengekniffenen Augen. Warnstufe zwei, nicht gut. »Der Mann ist total fertig, Arthur. Hinzu kommt, dass er anscheinend von reichlich inkompetenten Leuten umgeben ist.« Oh je, Arthur, statt Arty. Das war kurz vor einem roten Alarm.

»Ich bin kein Polizist, Alicia. Hast du vergessen, dass der Mann uns immer noch für die Mörder deines Mannes hält?«

»Das sind zwei Paar Schuhe, Arty.«

Der Hohen Mutter sei Dank, ich bin wieder Arty.

»Ich finde trotzdem, jetzt, da wir die Chance haben, sollten wir uns aus der Sache heraushalten«, verteidigte ich lahm meine Position. »Ich muss endlich mit den *Chroniken* weitermachen, wir müssen uns etwas für unsere Freunde einfallen lassen, um mehr Menschen nach Platja zu locken, Luisa kann wohl bald ins Studio, und nicht zu vergessen, Audrey und Flores werden heiraten. Da gibt es eine Menge vorzubereiten.«

Wir setzten uns auf die gemütliche Schaukel. Eine Möwe hatte sich offensichtlich verirrt und wagte es, in unserem Pool zu plantschen. Joschi und Karlo patrouillierten bereits kampfbereit am Beckenrand.

»Drei Menschen wurden ermordet. Die Mörder laufen noch immer frei herum. *La Moreneta* ist verschwunden.« Alicias Gesicht nahm einen traurigen Ausdruck an. Das Verschwinden der Madonna schien sie tatsächlich mitzunehmen. »Sieh nur in den Himmel, Arty. Kein Wölkchen, und das schon gefühlt seit Wochen.«

»Na ja, es ist halt Hochsommer. Da ist das nicht so ungewöhnlich.«

»Es ist nicht richtig, ich spüre das. Ein Schleier legt sich über das Land. Du bist nicht hier aufgewachsen, du empfindest es womöglich nicht, aber in jeder Legende steckt ein Funken Wahrheit und Weisheit.«

Ich konnte ein dezentes Lachen nicht unterdrücken. »Aber in der Legende wird die *Emporda* überflutet. Damit ist wohl nicht zu rechnen.«

»Ein verheerendes Feuer kann man auch als eine Art Flut ansehen. Meinst du nicht auch? Ein Teil des Berges hat schon einmal gebrannt, 2003. Es war schrecklich. Die Wunden siehst du noch heute. Es gibt Pfeiler, die diese Welt zusammenhalten, Arty. Die Kleine Braune ist so ein Anker, ein Weltenpfeiler. Wenn man ihn zerstört, gerät unsere kleine Welt aus den Fugen. Nun schau mich nicht an wie ein Pubertierender, der zum ersten Mal einen blanken Busen sieht.«

»Ich wusste nicht, dass du eine Mystikerin bist, Liebes.« Die Sonne lugte um die Ecke. In zehn Minuten war der Schattenplatz dahin. »Eine neue, aber überaus spannende Seite, die es zu erkunden gilt.« Die Katzen veranstalteten jetzt zu dritt ein fauchendes Spektakel. Manita hatte sich zu den beiden Jungs dazugesellt. Sichtlich beeindruckt zog es die Möwe dann doch vor, einen Abflug zu machen. »Gibt es noch mehr dieser … *Pfeiler*?«

»Die *Sagrada Familia* in Barcelona ist einer.«

»Hm, obwohl da immer noch dran gewerkelt wird?« Die Katzen marschierten auf und wollten belohnt werden.

Das Handy sprang an. Ohne auf das Display zu schauen, wusste ich, wer mich zu sprechen wünschte. Déjà-vu.

»Inspektor. Ich hoffe, Sie haben gut geschlafen. Ich stelle Sie mal auf laut, Alicia sitzt neben mir, und sie ist wesentlich wacher als ich.«

»Ich habe das notwendige Quantum Schlaf genossen, danke der Nachfrage.« Robles räusperte sich. »Es gibt eine unerwartete Neuigkeit.«

»Ja?«

»Ich bin mir nicht sicher, ob ich Sie einweihen soll, andererseits weiß ich nicht, auf wen ich mich im Präsidium verlassen kann.«

Ich runzelte verwirrt die Stirn. Was sollte denn der Blödsinn?

»Sonst hätten Sie uns wohl kaum angerufen, Inspektor«, kam mir Alicia zu Hilfe. »Oder?«

»Das ist wahr, Señora Nuñez.« Er atmete tief durch. »Nun, heute Morgen tauchte bei mir im Büro unangemeldet ein weiterer Mönch auf, Bruder Bastian, ein Bote aus dem Kloster, in das man Pater Emmanuel abgeschoben hatte. «

»Ein Bote?« Meine Haut kribbelte vor Spannung. »Nur weiter, Horatio.«

»Emmanuel hatte seinem Ordensbruder aufgetragen, im Falle seines Ablebens mir in persona einen Brief zu übergeben.« Robles atmete tief durch. »Dieser Bastian hat aus der Zeitung von Emmanuels Tod erfahren und sich unverzüglich auf den Weg nach Girona gemacht, um sein Versprechen einzulösen.«

»Das ist ja ein Hammer! Was steht in dem Brief?«

»Zunächst geht Emmanuel davon aus, dass er ermordet worden ist. Weiterhin vertritt er seine Untergangsphilosophie, das heißt, er beschwört, in diesem Falle mich, die Madonna unter allen Umständen zurück nach Montserrat zu bringen, um Land und Leute vor der Verdammnis zu bewahren.«

»Das ist doch wohl nicht alles an Informationen«, hoffte ich inständig.

»Nein, ist es nicht, Arthur.« Plötzlich klang er müde, angeschlagen. Herrje, der Mann war halt auch nicht mehr der Jüngste. »Emmanuel hat in seinem Brandbrief verraten, wo er die Schwarze Madonna versteckt hat.«

»Oh Mann, unserer Hohen Mutter sei Dank«, seufzte Alicia erleichtert und aufgeregt zugleich. »Wo ist sie?«

»Ich werde Sie gerne persönlich über den Standort informieren, aber ich weiß wirklich nicht, ob dieses Telefon sicher ist.«

»Wir können uns in Figueras am Museum treffen. Der Transport ist für zwölf Uhr vorgesehen«, schlug ich vor.

»Meinetwegen. Ich wollte Sie nur vorab informieren, da Sie sich, insbesondere Señora Parker, ja an der Ermittlung beteiligt haben. Ich habe, schweren Herzens, den Abt von Montserrat darüber in Kenntnis gesetzt, dass wir jetzt hoffentlich wissen, wo wir *La Moreneta* finden können.«

»Ich traue dem Kerl nicht«, sagte ich. »Ich hoffe, Sie haben ihm nicht auch den Standort verraten.«

»Das habe ich natürlich nicht.« Das klang ziemlich beleidigt. »Ah, da ist ein weiterer Anruf. Wir sehen uns in Figueras, *hasta luego*.«

Alicia reichte mir eine eisgekühlte Cola Zero.

»Na bitte.« Ich drückte ihr einen verschwitzten Kuss auf die Lippen. »Manchmal lösen sich Probleme von allein. Du kannst aufatmen, *mi ángel*, die *Emporda* ist gerettet. Die Madonna wird in ihr Gebirge zurückkehren, alles wird gut.«

»Bis auf die frei herumlaufenden Mörder.«

»Ach, die wird Robles auch irgendwann zur Strecke bringen.« Ich war nicht gewillt, mir meine gute Laune verderben zu lassen. »Fahren wir ins Museum und treffen ihn dort. Ich bin so was von neugierig, wo der irre Prediger die Madonna versteckt hat. Ich ziehe mich mal schnell um.«

Ich hörte das untere Törchen quietschen. Das hieß Besuch aus der Casa unterhalb. Dem Stimmengewirr nach zu urteilen, waren wohl alle drei *chicas* im Anmarsch, gut möglich, da Flores die Praxis im Moment erst um siebzehn Uhr öffnete. Wenig später enterte geballte Frauenpower unsere Casa. Audrey trug ihren großen Laptop – auch eine Art von Heiligtum – unter dem Arm.

»*Hola*, ihr zwei«, grüßte Flores munter. »Wir haben aufregende Neuigkeiten.«

»Die haben wir auch, meine Damen. Und zwar welche, die nicht zu toppen sind«, behauptete ich.

»Das glaube ich nicht«, konterte Audrey sehr überzeugend. »Eine Flasche Glen Morangie, Arty?«

»Die Wette gilt.« Ich verabschiedete mich von einem ruhigen Vormittag. Francoise musste wohl warten. Schnurstracks ging es Richtung Arbeitszimmer. »Ein paar Infos wären echt hilfreich«, beschwerte ich mich. »Wir müssen nach Figueras, ein Treffen mit unserem Lieblingskriminalisten.«

»Du bekommst gleich mehr Input, als dir lieb ist«, versprach Audrey. Mit flinken Fingern schaltete sie ihren Computer frei. »Was ist denn eure große Neuigkeit?«

»Erst du, beziehungsweise ihr drei«, wehrte ich ab.

»Na schön. Ich hatte gestern die ganze Zeit, als uns die fünf Eindringlinge in Schach hielten, das Gefühl, dass etwas nicht stimmig war. Irgendetwas hat mich permanent irritiert, die Art und Weise, wie sich der Anführer verhalten hat, fand ich merkwürdig. Warum einen Stimmverzerrer benutzen?«

Ich zeigte auf wie ein Erstklässler, schnippte wie wild mit den Fingern.

»Ähm, damit man seine Stimme nicht erkennt, Frau Professorin.«

»Der wird nie erwachsen.« Luisa boxte mir kameradschaftlich in die Seite.

»Setzen und jetzt mal fünf Minuten den Mund halten, Crawley«, befahl Audrey schmunzelnd.

»Jawohl, Domina.« Ich setzte mich brav auf den neben meinem bequemen Bürosessel einzigen Stuhl im Raum. »Wir lauschen deinen Weisheiten.«

»Natürlich ist das Nichterkennen der eigenen Stimme das Hauptargument, aber man kann sicher auch ohne ein technisches Hilfsmittel die eigene Stimme so verfremden, dass man nicht erkannt wird. Aber gut, lassen wir das mal so stehen, denn das war es letztendlich nicht, was mir den Schlaf geraubt hat.« Audrey klickte ein Icon auf dem Startbildschirm an. Eine weiße Fläche öffnete sich, Menüleisten oben und am linken Bildrand, mit allerlei mir unbekannten Symbolen. »Erst als ich Luisas Video vom Gelände hinter dem Museum gefühlt hundertmal gesehen hatte, machte es *Klick* in meinem Kopf.«

Sie bewegte den Curser auf ein Symbol, das wie eine Filmrolle aussah. Doppelklick. Jede Menge Dateien in einer Auflistung. Audrey zog eine Datei in die Mitte der weißen Fläche. Start. Verblüfft sah ich mich die Treppe von der oberen Terrasse herunterlaufen, ein Tablett mit Weingläsern balancierend. Ein paar weitere Klicks. Der Cursor huschte blitzartig über verschiedene Symbole. Um mich herum bildete sich ein flimmernder Rahmen.

»Was soll das werden?«, fragte ich neugierig. Alle starten gebannt auf den Bildschirm. »Arthur Crawley Superstar?«

»Abwarten, Arty.« In der rechten oberen Ecke des Bildschirms erschien ein Balken, der sich langsam füllte. Dreißig Prozent, Tendenz steigend. Etwa alle zehn Sekunden wurde mein Körper eingefroren, ich leuchtete dann fluoreszierend auf, dann lief das Video weiter.

»So, gleich haben wir es«, verkündete Audrey. Für den Moment hatte ich Robles vergessen. Der Computer machte *Pling*. Der Videobildschirm verkleinerte sich, daneben öffnete sich ein neues Fenster. »Man schaue, lese und staune.«

Auswertung der Bewegungsmuster abgeschlossen.
Ergebnis (Wahrscheinlichkeiten):
Männlich (87 %)
Größe: 1,81 Meter (98 %)
Gewicht: ca. 92 KG (88 %)
Alter: 55 – 65 Jahre (72 %)

»Irre Software, oder?« Audrey sah mich herausfordernd an

»Das mit dem Gewicht ist aber ziemlich daneben«, kommentierte ich, zugegebenermaßen beeindruckt. »Da muss man das Tablett und die Gläser abziehen.« Alicia und Luisa kicherten im Hintergrund. »Mindestens fünf Kilo.«

»Lass mal gut sein, großer Meister.«

Audrey löschte meine Videodatei und zog eine weitere in den Analysebereich. *Enter*. Luisas Video. Auswertung gestartet. Die Rückseite des Museums. Wild tanzende Menschen. Ein wackeliges Bild. Die Tür öffnete sich. Nacheinander kamen die fünf Eindringlinge heraus. Schwarze Jeans, dunkelbraune Hoodies. Der Anführer als Letzter. Ein schwarzer Kapuzenpullover. Wieder wackelte das Bild enorm, wahrscheinlich wurde Luisa von Tanzwütigen angerempelt. Zoom auf den Anführer. Die Masken blieben aufgesetzt. Lachende Menschen, die die Verkleidung lustig fanden. Audrey klickte noch ein paarmal. Offensichtlich hatte sie den Anführer als zu analysierendes Objekt ausgewählt. Der flimmernde Rahmen erschien. Zwischendurch fiepte das Gerät ungehalten, immer dann, wenn

Luisa zu sehr wackelte oder die Person halb aus dem Blickfeld verschwand.

Ich fragte mich, was für Erkenntnisse von dieser Show zu erwarten waren. Mir war es eigentlich völlig egal, wie schwer oder wie groß der Typ war, aber vielleicht zauberte meine Agentin ja noch den weißen Hasen aus dem virtuellen Zylinder. Womöglich waren die Infos auch für meinen Freund Horatio von Nutzen.

»Da kommt nix«, nörgelte ich ungeduldig. »Hör mal, Audrey, wir müssen nach Figueras und unsere mega Neuigkeit …«

»Fertig!«, unterbrach sie mich rigoros. »Setz dich lieber hin.« Sie räumte den Chefsessel. Alicia nahm frech auf meinem Schoß Platz. Wie gut, dass es nicht heiß war in diesen Tagen …

Auswertung der Bewegungsmuster abgeschlossen.
Ergebnis (Wahrscheinlichkeiten):
Weiblich (71 %)
Größe: 1,74 Meter (96 %)
Gewicht: ca. 55 KG (78 %)
Alter: keine ausreichende Datenmenge

»Tada!«, jubilierte Luisa. »*Padre,* ich denke, die Flasche Single Malt zahlst du.«

»Eine Frau?« Ich konnte den Blick nicht vom Bildschirm abwenden. »Der Anführer dieser Bande ist … eine Frau?«

»Zu einundsiebzig Prozent«, bestätigte Audrey. »Und das war genau der Umstand, der mich gestört, beziehungsweise stutzig gemacht hat. Die Bewegungen, die Gestik, wie die Waffe gehalten wurde. Das passt hundertprozentig zu meinen Beobachtungen, Arty. Jetzt macht auch der Stimmverzerrer richtig Sinn.«

»Wahnsinn.« Ich war sprachlos. »Wie verlässlich ist denn das Programm?«

»Es ist verdammt gut. Frag mich bloß nicht, woher ich die Software habe. Das ist *top secret.* Als Nächstes nehme ich mir die Stimmproben der Chefin vor, aber dazu muss ich noch ein kleines, nicht ganz offiziell zugängliches Programm runterladen. Damit wäre dann jeglicher Zweifel ausgeräumt.«

»Ich habe mir längst abgewöhnt, solch delikate Kleinigkeiten zu hinterfragen, Audrey. Keine Bange.«

»Robles muss das so schnell wie möglich erfahren«, sagte Alicia.

»Du hast recht, aber wir sehen ihn ja gleich.« Ich sah auf meine Uhr. Viertel vor elf. »Wir müssen los. Was ist mit euch drei Hübschen, wollt ihr mit nach Figueras?«

»Immer langsam, großer Dichter. Was ist mit eurer großen Offenbarung?«, fragte Luisa. »Es geht immerhin um eine Pulle Glen Morangie.«

»Ach, das.« Ich versuchte einen möglichst beiläufigen Eindruck zu verbreiten. »Willst du es sagen, Schatz?«

»Kann ich machen.« Alicia strich ihre dunklen Locken zurück. »Ist nichts Besonderes. Wir wissen aber jetzt, wo Emmanuel die Madonna versteckt hat.«

So, jetzt war auch diese Bombe explodiert. Luisa, Flores und Audrey redeten gleichzeitig los.

»Ist ja 'n Ding!« (Flores)

»Mach keine Witze, hast du 'ne Eingebung gehabt?« (Luisa)

»Wo ist sie, Arty, wo … ist … sie?« (Audrey)

»Langsam!«, wiegelte ich ab und erklärte kurz, wie Inspektor Robles an diese bahnbrechenden Infos gekommen war.

»Alles gut und schön mit dem Brief.« Luisa war richtig zappelig. »Jetzt aber mal raus damit. Wo befindet sich *La Moreneta*?«

»Na ja, das erfahren wir gleich von Horatio«, musste ich zugeben. »Er wollte es uns am Handy nicht sagen. Er vertraut niemandem mehr in seiner Truppe.«

»Bingo, damit hast du nur den zweiten Platz erreicht«, resümierte Audrey.

»Ganz klar, Audrey gewinnt die Wette, *padre.*« Luisa schüttelte ihr theatralisch die Hand. »Gratuliere. Dann sieh mal zu, Arty, wo du den guten Stoff auftreiben kannst.«

»Ich gebe mich geschlagen, obwohl einundsiebzig Prozent …« Ich bemerkte mehrere strafende Blicke. »Aber die zweiundneunzig Kilo …«

»Wie gesagt«, Audrey lächelte diabolisch, »die Software ist mehr als gut.«

»Meldet euch mal, wenn ihr Näheres wisst«, sagte Flores gähnend. »Wir müssen ja nicht alle dort aufschlagen, das verwirrt den guten Robles nur.«

Im Kreisverkehr von Sant Antoni schielte ich sehnsüchtig in Richtung Ausfahrt, die zu Barrios Gebrauchtwagenhandel führte. Natürlich nahmen wir diese nicht, sondern gondelten durch den Ort, dann auf die Schnellstraße nach Figueras.

»Was ist los mit dir, Arty? Die Dinge scheinen sich zum Guten zu entwickeln, und du machst ein Gesicht, als hätte dich ein Skorpion gepiekt.« Alicia verfügte wirklich über eine ausgezeichnete Beobachtungsgabe. »Vielleicht können wir auf dem Rückweg deine Francoise abholen.«

»Ach, darum geht es mir gar nicht«, erwiderte ich kläglich.

»Was bedrückt dich dann?«

»Ich vertraue keinen Computern, die sind nur so schlau wie ihre Programmierer.«

»Du bist also skeptisch.«

»Es gibt sicher Männer, die sich … ähm, sagen wir mal … sehr feminin bewegen können. Ich kann mir gut vorstellen, dass die

Software das falsch interpretiert.« Ich musste scharf bremsen, weil sich ein fetter Kipplaster ohne Rücksicht auf Verluste einfach in den Verkehr einfädelte. »Verdammte Straßenfluse!«, schimpfte ich. »Schieb deinen Panzer von der Piste!«

»Du befürchtest, dass uns Audreys Maschine auf eine falsche Fährte lockt?«

»Wäre doch zumindest denkbar. Stell dir mal den jungen Brega in Frauenklamotten vor. Würde doch auch passen, oder? Bin gespannt, was Robles dazu sagen wird.«

»Und natürlich, wo die gebeutelte Schwarze Madonna abgeblieben ist«, ergänzte Alicia und lehnte den Kopf an meine Schulter. »Was für ein Sommer, was für ein Jahr. Die rote Flut, drei Tote, die gestohlene Heilige. Ich bin wirklich froh, wenn wieder etwas Ruhe einkehrt. Dann können Luisa und du endlich wieder in die Sardana-Schule und euren Kurs fortsetzen.«

Ich blies ernüchtert die Backen auf. *Nun ja, man freut sich halt nicht auf alles …*

Die Vorbereitungen für den Transport der Schutzheiligen waren fast abgeschlossen. Ein weißer Mercedes-Sprinter nahm die mannshohe Kiste auf. Eine sechsköpfige Motorrad-Eskorte stand bereit.

Zu meiner großen Freude entdeckte ich ein bekanntes Gesicht, Manuel Vasquez, den Chef der *Policia Municipal* aus Calonge.

Wir begrüßten uns freundschaftlich.

»Señora Nuñez, Señor Crawley, was treibt Sie beide denn in der Mittagshitze nach Figueras?« Die Schrankwand von einem Mann schüttelte uns herzlich die Hände, wobei er es nicht vermeiden konnte, sein Gesicht kurz schmerzhaft zu verziehen.

»Also, ähm, nun ja …«, druckste ich herum.

Er lachte herzlich, senkte aber seine Stimme. »Keine Bange, Inspektor Robles hat mich eingeweiht. Ich weiß, dass wir nur einen zerschossenen Haufen Müll bewachen. Vielen Dank übrigens für die Empfehlung.«

Alicia sah mich fragend an.

»Ach, nicht der Rede wert«, winkte ich ab. »Horatio fragte mich neulich tatsächlich, ob ich jemanden kennen würde, dem ich vertraue. Da habe ich Manuel ins Spiel gebracht. Wo steckt unser *Commissario* überhaupt?«

Jede Menge Pressevertreter wuselten um den Transporter herum, schossen Fotos und versuchten vergeblich, Interviews zu erhaschen. Vor dem Museum hatten sich einige Schaulustige eingefunden. Allerdings marschierten die meisten schnell wieder davon, denn es gab auf dem Vorplatz so gut wie keinen Schatten, und die Aktion versprach, vollkommen unspektakulär abzulaufen.

»Inspektor Robles bekam, während er mit Ihnen telefonierte, einen Anruf«, erklärte Vasquez. Daran erinnerte ich mich – er hatte zügig aufgelegt. »Ich habe von dem Gespräch nichts mitbekommen, aber er war danach sehr aufgewühlt. Er beauftragte mich damit, den Transport nach Montserrat und die Übergabe an den Abt zu überwachen, dann hat er sich in seinen Dienstwagen gesetzt und meinte, wenn es zeitlich passe, käme er nach.«

»Das gefällt mir schon wieder ganz und gar nicht«, antwortete ich betroffen. »Wir waren doch hier verabredet.«

»Gab es gar keinen Hinweis auf sein Ziel oder den Anrufer?«, fragte Alicia.

Vasquez machte eine entschuldigende Geste. »Ich bilde mir ein, zweimal das Wort *Kirche* gehört zu haben, das ist aber auch schon alles.«

»Kirche? Das bringt uns nicht weiter«, stellte ich nüchtern fest. »Hoffen wir mal, dass alles in Ordnung ist. Ist Horatio allein los?«

»Er hatte *Sergente* Manolo dabei, vor einer halben Stunde sind die beiden abgefahren. Ich muss jetzt los. Der Konvoi ist bereit. Ich fahre im Jeep vorweg, dann kommen drei Motorräder, in der Mitte der Transporter und hintendran nochmal drei Maschinen.« Er sah mich zweifelnd an. »Befürchten Sie Ärger, Señor Crawley?«

»Während der Fahrt nach Montserrat?« Ich schüttelte entschieden den Kopf. »Nein, die Verbrecher wissen doch inzwischen, dass da nur ein zerschossener Haufen Holz und Plastik transportiert wird. Was allerdings den Inspektor und seinen Mitstreiter angeht, bin ich mir nicht so sicher.« Ich lächelte Vasquez aufmunternd an. »Gutes Gelingen.«

»Manuel, nur noch eine Frage«, beeilte sich Alicia einzuwerfen. »Die Stimme, die Person die Inspektor Robles angerufen hat … konnten Sie vielleicht hören, ob sie männlich oder weiblich war?«

»Oh, da bin ich mir ziemlich sicher – es war eine Frauenstimme. Ist das wichtig?«

»Möglicherweise, vielleicht hat das aber auch gar nichts zu bedeuten. Ich halte Sie auf dem Laufenden.«

Wir verabschiedeten uns. Der Konvoi setzte sich in Bewegung. Ich zog Alicia in den spärlichen Schatten einer Pinie.

»Wie blöd, den Weg hätten wir uns sparen können«, brummte ich ungehalten. »Horatio hätte uns wenigstens anrufen können.« Ich sah mich ratlos um. Einige wenige Touris standen vor dem Kassenhäuschen. »Eine Frauenstimme. Horatio verschwindet Hals über Kopf. Eine Kirche, verdammt, was denn für eine Kirche? Davon gibt es ja auch kaum welche in Katalonien.« Ich zückte mein Handy. »Ich rufe mal unseren Ermittler an. Er soll vorsichtig sein.« Robles nahm das Gespräch nicht an. »Nichts, nur die Mailbox.«

»Sprich was drauf.«

»Ähm, okay. Also, Horatio, wenn Sie die Nachricht abhören, dann drehen Sie besser um. Wir vermuten, dass Sie in eine Falle gelockt werden sollen, weil Sie wissen, wo die Madonna ist. Crawley … Ende.« Alicia lächelte mild, wahrscheinlich, weil ich mich so unbeholfen ausgedrückt hatte. »Ich bin irgendwie überfordert. Was machen wir denn jetzt?«

»Wir holen jetzt deine Francoise, gondeln gemütlich nach Hause und warten auf neue Infos. Wenn sich gar nichts tut, darfst du mich heute Abend ausführen.«

»Das klingt nach einem Plan«, gestand ich zögerlich zu.

»Aber nach einem, der dir nur notgedrungen zusagt.«

»Ich bin nicht gut im Abwarten, das entspricht nicht meinem Naturell.«

»Allerdings nicht.« Ich bekam einen flüchtigen Kuss auf die Wange. »Na los, Großer, dann bin ich mal gespannt auf meine neue Konkurrenz. Führ mir deine Dame mal vor. Das bringt dich sicher auf andere Gedanken.«

Jesus Barrios machte ein riesiges Aufheben um die Ente. Er hatte das Auto unter einer schwarzen Samtdecke verborgen. Alicia und ich durften das gepflegte Tuch vorsichtig wegziehen. Offensichtlich hatte der rührige Autohändler den Citroen gewachst und poliert. Jedenfalls war ich hin und weg, auch meine Bäckerin nickte wohlwollend. Auf einen Kaufvertrag wollte Jesus gerne verzichten. Lieber die Taler bar auf die Hand. Ein Schelm, wer sich dabei etwas Zwielichtiges denkt …

Da Alicia unbedingt auch das neue Halbcabrio testen wollte, ließen wir ihren Clio einfach auf dem Gelände unseres Dealers stehen. Okay, die Sitzqualität war eine ganz andere als gewohnt.

Mein Mehári hatte durchgesessene, aber bretttharte Sitze, jetzt erwartete uns das genaue Gegenteil.

»Bei allen Heiligen, das ist ja wie eine hundert Jahre alte Couch!«, beschwerte sich Alicia kichernd. Sie versank förmlich auf dem Beifahrersitz.

»Cool, oder?« So leicht ließ ich mich nicht meiner Euphorie berauben. »Hör dir nur den Motor an.«

»Klingt rachitisch.«

»Reine Gewöhnungssache. Achtung, jetzt testen wir die Kurvenlage!« Im Kreisverkehr von Sant Antoni legte sich das Auto brav auf die Seite. Ein irres Gefühl. Alicia rutschte überrascht auf meinen Schoß. Die Sicherheitsgurte schienen mehr ein optischer Effekt zu sein.

»Achtung, wir biegen Richtung Calonge ab!« Rechtskurve. Gegenteiliger Effekt. Ich musste mich praktisch am Lenkrad festhalten. Geschafft! Wir lachten befreit auf. Der Fahrtwind spielte mit Alicias Haaren. »Jetzt reize ich die achtundzwanzig PS voll aus«, kündigte ich stolz an.

»Wow, ich liebe einen echten Draufgänger.« In diesen Momenten war der ganze Mist der letzten Wochen vergessen. »Ich werde dir eine Klorolle umhäkeln, natürlich in den Farben des FC Barcelona.«

»Untersteh dich!«

Na gut, der Anstieg rauf auf unseren Berg war eher beschaulich. Als wir endlich an der *Tres-Chicas-Casa* angelangt waren, winkte uns Luisa mit großen Augen zu. Ich bremste, und wir stiegen aus.

»Krasses Teil, Arty. Das schreit nach einer Jungfernfahrt. Ist nur die Frage, wie wir zu fünft da reinpassen, aber kommt erstmal rein, deine zauberhafte Agentin ist in Wirklichkeit eine echte Magierin. Wusstest du das eigentlich? Sie hat schon wieder aufregende Neuigkeiten.«

»Das wird mich hoffentlich nicht eine weitere Flasche Whiskey kosten.«

Im Haus war es erstaunlich kühl, allerdings hatten die Hausherrinnen auch alle Außenjalousien heruntergelassen. Flores war zu einem Notfall unterwegs. Der Hund einer Touristin hatte sich wohl überschätzt und sich mit einem freilaufenden Gegner angelegt, dabei ordentlich Prügel bezogen und einige Verletzungen davongetragen. Audreys Arbeitszimmer glich einem Hightech-Studio. Drei überdimensionale Bildschirme, ein riesiger Fernseher an der Wand, eine fantastische HiFi-Anlage, inklusive analogem Plattenspieler, die rechte Wand mit einem Regal voller Vinyl-Schallplatten zugestellt.

»*Hola*, ihr Süßen.« Sie trug einen Hauch von Bikini. »Also, wo steckt denn unsere Kleine Braune?«

»Wir wissen es immer noch nicht«, musste ich zerknirscht zugeben. »Robles war weg, ehe er es uns sagen konnte.« In Kurzform brachte ich sie und Luisa auf den neuesten Stand.

»Gar nicht gut«, meinte Audrey, plötzlich sehr ernst. »Während ihr unterwegs wart, habe ich meine Audioaufnahmen aus dem Museum bearbeiten und auswerten können.«

»Deinem Gesichtsausdruck entnehme ich, dass du etwas herausfinden konntest, was uns nicht begeistern wird.«

Sie nickte und tippte auf ihre Tastatur. Die roboterhafte, verzerrte Stimme des Anführers tönte aus den Lautsprechern.

Du da! – Runter mit dem Tuch. – Wird's bald, wir haben nicht die ganze Nacht Zeit.

»Ich kürze das Ganze mal ab. Ihr hört jetzt die Stimme nach Anwendung von diversen Filtern und Entzerrungsprogrammen«, erklärte Audrey.

Wieder auf die Knie! Mir stockte der Atem. *Das lassen Sie mal meine Sorge sein.*

»Das ist dann wohl der endgültige Beweis … eine Frauenstimme«, staunte Alicia. »Irre, was technisch heutzutage alles möglich ist.«

»Hört mal ganz genau hin«, verlangte Audrey. »Womöglich kommt euch die Stimme bekannt vor.«

Das ist eine Fälschung. – Das alles ist eine Falle. – Ach ja, und Sie lassen uns so einfach davonkommen. Audrey hatte die Passagen zusammengeschnitten. *Was ist denn mit den Kollateralschäden?*

»Scheiße, ich glaube, das ist die Stimme von Alejandra Osorio!«

»Tatsächlich, du hast recht«, stimme Alicia zu.

»Die Kandidaten haben die volle Punktzahl erreicht«, bestätigte Audrey. »Die verdammte Kuratorin vom Kloster was weiß ich, ich habe den Namen vergessen.«

»San Juan de la Pena«, ergänzte ich betroffen.

»Sag ich doch.«

»Audrey …« Ich sah sie hilflos an. »Robles hatte einen Anruf von einer weiblichen Stimme. Er war danach so aufgeregt, dass er sofort, wohin auch immer, losgedüst ist.«

»Das kann nur diese Femme Fatale gewesen sein«, meinte Luisa.

»Weil Horatio, unwissend und im guten Glauben, den Abt darüber informiert hat, dass er jetzt weiß, wo die Madonna ist«, führte ich den Gedankengang fort. »Der hatte natürlich nichts Besseres zu tun, als seine Kumpanin einzuweihen.«

»Der Kreis schließt sich«, meinte Luisa düster. »Sie hat Robles angerufen und ihn, unter welchen falschen Versprechungen auch immer, zu einem Treffen aufgefordert.«

»Zu irgendeiner Kirche.« Alicia lehnte sich an mich.

»Sie hat Helfer, mindestens vier«, stellte Audrey nüchtern fest.

»Sie werden den armen Endris umbringen und Horatio foltern, bis er preisgibt, wo die Madonna ist«, befürchtete ich.

»Davon kannst du ausgehen«, stimmte sie zu.

»Horatio wird es nicht verraten.«

»Ach, Arty.« Audrey lächelte mitfühlend. »Es gibt Methoden, die jeden Menschen dazu bringen, seine eigene Mutter zu verraten.«

»Was für eine beschissene Welt …« Ich sah sie hoffnungsvoll an. »Wir müssen herausfinden, welche Kirche gemeint ist und Horatio zu Hilfe eilen.«

»Ich kann nicht wirklich zaubern, Arty, das weißt du schon, oder?«

»Ich rufe Soler an. Womöglich kann uns der Trottel einen Tipp geben.«

»Tu das.« Sie zog skeptisch ihre Nase kraus. »Aber wer sagt denn, dass der feine Abt nicht mit von der Partie ist?«

»Das glaube ich nicht. Ein Mann Gottes würde so etwas niemals tun«, verteidigte Alicia ihn.

»Ein Mann Gottes sollte auch nicht die Schutzheilige Kataloniens im Internet feilbieten«, gab Audrey trocken zurück.

»Wie auch immer«, kürzte ich den Disput ab. »Wenn niemand eine bessere Idee hat …« Ich wählte die Nummer des Abts. Zu meiner großen Überraschung hatte ich ihn sofort am Apparat.

»Señor Crawley, ich hoffe Sie haben gute Nachrichten. Haben Sie *La Moreneta* gefunden?« Der Mann stand mächtig unter Strom, das konnte man selbst am Handy hören. »Machen Sie es bitte kurz, die falsche Madonna …« Ein tiefer Seufzer. »Ähm, Sie wissen ja … die Replik kommt gleich an. Ich habe alle Hände voll damit zu tun, dass niemand den Betrug bemerkt. Lieber Gott, das ist alles so schrecklich.«

»Hören Sie auf zu lamentieren, Sie haben sich den Mist doch selber eingebrockt«, schoss ich ungehalten zurück. »Ist die Kuratorin in der Nähe?«

»Alejandra?« Verwunderung in der Stimme. »Nein. Wieso?«

»Wir müssten sie dringend sprechen.« Ich beschloss, den Abt, der offensichtlich keine Ahnung hatte, nicht einzuweihen. »Also, wo steckt sie?«

»Was weiß ich? Sie hat mich mit dem ganzen Schlamassel allein gelassen.«

»Was genau soll das heißen?«, bohrte ich nach.

»Na, sie ist vor einer guten Stunde weggefahren.«

»Lassen Sie mich raten. Das war, nachdem Sie mit Inspektor Robles gesprochen hatten und die frohe Botschaft erhalten haben, dass Pater Emmanuel einen Brief mit dem Fundort der Heiligen hinterlassen hat.«

»Ich verstehe nicht, worauf Sie hinauswollen«, meckerte Soler.

»Sie hatten natürlich nichts Besseres zu tun, als die freudige Nachricht an Alejandra Osorio weiterzugeben.«

»Und wenn schon.« Langsam wurde er richtig wütend. »Ich lege jetzt auf, wenn Sie mir nicht plausibel erklären, was diese Fragerei bezwecken soll.«

Ich sah mich fragend in der Mädelsrunde um. Allgemeines Achselzucken.

»Also schön. Es besteht der Verdacht, dass die Kuratorin in Verbindung mit den Mordfällen steht.« Zumindest eine halbe Erklärung. »Wir müssen sie unbedingt finden.«

»Das ist … gelinde gesagt … Schwachsinn.« Der Abt schien zumindest beschwichtigt. »Ich kenne Alejandra seit mehr als zwanzig Jahren. Sie ist ein wunderbarer, großherziger Mensch. Sie mit einem Mord in Verbindung zu bringen, entbehrt jeglicher Vernunft.«

»Sie lieben sie, nicht wahr?«, schoss Luisa einen unverhofften Pfeil ab.

»Was?« Ein unnatürliches Lachen. »Natürlich nicht, was erlauben Sie sich! Ich lebe im Zölibat.«

»Wir verurteilen Sie nicht«, beruhigte Alicia ihn mit warmer, mitfühlender Stimme. »Ganz gewiss nicht. Sie brauchen sich auch gar nicht weiter zu ihrer Beziehung zu äußern, aber wir vermuten, dass sich Alejandra mit Inspektor Robles treffen will.«

»Selbst wenn es so wäre. Daran ist sicher nichts Verwerfliches. Sie will, genau wie ich, nur *La Moreneta* zurück in die Abtei holen.« Ich meinte, Unsicherheit in seinen Worten zu spüren.

»Wie dem auch sei, wir müssen Señora Osorio schnellstens finden,« insistierte ich. »Wenn Ihnen etwas an dieser Frau liegt, dann helfen sie uns. Haben Sie eine Idee, wo sie sich mit dem Kommissar treffen könnte? Ich vermute, dass sie den Treffpunkt vorgeschlagen hat.«

»Keine Ahnung, was weiß ich denn?«

»Bitte, denken Sie nach, Abt«, bat Alicia. »Wir wissen nur von einem Gesprächsfetzen, in dem das Wort *Kirche* mehrfach gefallen ist.«

»Vielleicht hat Alejandra für irgendeine Kirche eine Vorliebe, eine ganz besonders ins Herz geschlossen.« Audrey hatte die Gesprächsführung übernommen. »Kommen Sie, Gabriel, denken Sie nach. Springen Sie über Ihren Schatten. Es können Menschenleben in Gefahr sein.«

»Das ist wohl etwas weit hergeholt.«

»Sicher nicht. Es gibt bereits drei tote Geistliche. Lassen Sie Ihre Gespräche Revue passieren. Der kleinste Anhaltspunkt könnte entscheidend sein.«

»Also gut.« Ich hörte seine Kutte rascheln, stellte mir vor, wie er seinen knochigen Hintern auf einer Bank platzierte. »Geben Sie mir einen Moment, Miss Parker.«

»Natürlich.«

Ich sah auf die Uhr. Die Zeit lief uns davon. Nervös tigerte ich durch das Arbeitszimmer. In meinem Kopf herrschte Chaos. Gab es vielleicht einen Hinweis, den wir übersehen hatten? Luisa legte mir eine Hand auf die Schulter und stoppte meinen unsinnigen Rundlauf.

»Gabriel …?«, fragte Audrey vorsichtig.

»Ich weiß nicht, das ist wahrscheinlich nichts, aber wir waren einmal in der *Ermita de Sant Grau,* das war in der Vergangenheit eine Einsiedelei zu Ehren des Heiligen Gerhard, eher ein Heiliger aus der zweiten Liga, heute, glaube ich, der Stadtpatron von Budapest.«

»Eine Einsiedelei … das klingt vielversprechend«, bekräftigte Audrey. »Wo liegt die *Ermita*?«

»Wenn man die Panoramastraße von Sant Feliu nach Tossa de Mar fährt …«

»Kennen wir gut«, verkündete ich.

»Aha. Etwa auf halber Strecke führt eine schmale Straße, mehr ein Feldweg, hinauf zur Anlage. Man hat von dort oben einen fantastischen Blick auf das Küstengebirge und das Meer.« Soler räusperte sich. »Alejandra hat vor Jahren versucht, die Einsiedelei touristisch zu erschließen. Das Projekt ist allerdings gescheitert. Hat eine ordentliche Summe gekostet, die das Stammkloster weiter in finanzielle Schieflage gebracht hat. Das Terrain ist einfach zu abgelegen.«

»Ich erinnere mich an ein kaum lesbares Hinweisschild und auch an den winzigen Weg hinauf.« Mein Herz klopfte wie wild. Das musste es sein. Die Beschreibung passte einfach zu gut. »Leben Menschen dort oben?«

»Nein, es verirren sich höchsten ein paar Wanderer dorthin – bis auf den dreizehnten Oktober eines jeden Jahres. An diesem Tag findet eine Wallfahrt von Sant Feliu bis zur *Ermita* statt. Dort wird dann die Messe gelesen, und anschließend spielt eine *Cobla* auf. Sardana, wenn Sie verstehen, was ich meine.«

»Oh ja, ich weiß sehr wohl, was eine Sardana ist«, gab ich beleidigt zurück.

»Mehr kann ich Ihnen nicht sagen. Das hilft wahrscheinlich nicht weiter, aber eine andere Idee habe ich nicht.« Es gluckerte aus den Lautsprechern. Soler schien etwas zu trinken. »Was, um Himmels Willen, sollte Alejandra dort von Robles wollen? Wie sagen die Briten doch so treffend: Das ist Bullshit!«

»Trotzdem danken wir Ihnen.«

»Ach, lassen Sie mich doch einfach in Ruhe«, antwortete er resignierend. »Ich sehe die Kolonne mit Blaulicht den Berg herauffahren. Ich befürchte mal, wir hören noch voneinander. *Adios.*«

»Die *Ermita de Sant Grau*«, sinnierte ich. »Was sagt ihr?«

»Was Besseres haben wir nicht«, meinte Luisa. »Wie weit ist das von hier?«

»Wenn es gut läuft, etwa vierzig Minuten«, schätzte ich.

»Okay, worauf warten wir dann noch?« Sie war voller Tatendrang

»Wir nehmen auf keinen Fall die Ente!« Alicia ließ keinen Widerspruch zu. »So schön der Citroen auch sein mag, der verreckt uns womöglich, ist schließlich kein Geländewagen.«

»Leider wahr«, musste ich einsehen. »Und der Clio steht noch bei Jesus. Verdammter Mist.«

Audrey verschwand im Nachbarzimmer, telefonierte bereits mit Flores. Als sie zurückkehrte, war der Bikini passé, stattdessen trug sie ein beiges weites Khakihemd, knielange Shorts und Sneakers. »Wir düsen runter nach Platja, Flores wartet an der Praxis mit ihrem Jeep auf uns, dann geht es ab auf die Küstenstraße. Alles Weitere wird sich dann ergeben … oder auch nicht.«

»Bravo, das hast du mal wieder phänomenal hinbekommen«, lobte ich sie überschwänglich. »Was, äh, beult denn da unter deiner Bluse?« Eigentlich kannte ich die Antwort schon.

»Manche Kämpfe werden nicht mit Worten ausgefochten, Arty. Darf ich dich an die Schlacht der Amazonen des Südens gegen das übermächtige Kriegsschiff der Weißen Wächter erinnern?«

»Reine Fiktion.«

»Nun ja, hier auf der Erde aber nicht. Mir wäre lieber, ihr würdet hierbleiben. Ihr seid nicht gerade eine geschulte Task-Force.«

»Kannst du vergessen«, antworteten wir im Chor.

»Ja, das dachte ich mir. Dann los, ihr Helden.«

Der Schleier hebt sich

»Belen, ich brauche dringend die Handynummer Ihres Chefs.« Ich saß auf dem Beifahrersitz des Jeeps, Flores fuhr den Mitsubishi selbst. Luisa, Alicia und Audrey saßen reichlich zusammengequetscht auf der harten Rückbank. Gerade fuhren wir an der Promenade von Sant Feliu entlang. Noch ein Kreisverkehr, dann ging es hinauf zur Küstenstraße, die in Tossa de Mar endet.

»Manuel leitet doch die Eskorte, die unsere geliebte Mutter Gottes zurück nach Montserrat bringt«, antwortete die gemütliche Polizistin, die seit geraumer Zeit hauptsächlich Innendienst verrichtete. Zwei Wochen hatte sie im vergangenen Jahr mit dem Tode gerungen, nachdem Luisas Zuhälter sie angeschossen hatte. »Was für eine Sauerei.«

»Ich weiß, Belen, aber es ist wirklich dringend.«

»Ich habe den vierten Teil der *Chroniken* gestern angefangen. Ein bisschen anstrengend in englisch, aber ich wollte nicht mehr warten. Geht gut los, Arthur, ich bin gespannt, wie das mit Irina und Meren weitergeht. Jack wird seine Frau und seine Tochter doch hoffentlich finden.«

Schon wieder die gleiche Hoffnung … Auweia.

»Belen, bitte ... ich brauche dringend Manuels Nummer, außerdem werde ich nicht spoilern. Lass dich einfach überraschen. Du weißt, ich bin nicht der Fan von Frieden, Freude und Eierkuchen.«

»Ich sag's ja nur, Arthur. Eine Familie gehört nun mal zusammen.«

»Belen … bitte, es ist wahnsinnig dringend!«

»Sekunde …«

Endlich nannte sie mir die Nummer. Audrey tippte sie in ihr Smartphone. »Danke, Belen.«

»Na klar, Arthur. Aber was die *Chroniken* angeht …«

»Belen, ich kann dich kaum noch verstehen. Schlechter Empfang gerade. Ich lege jetzt auf.«

Parallel hatte Audrey *Capitán* Vasquez am Apparat. Eindringlich erklärte sie ihm den Stand der Dinge aus unserer Sicht.

»Hören Sie, Miss Parker.« Audrey hatte den Lautsprecher eingeschaltet. »Dass Sie fünf jetzt zu dieser Einsiedelei fahren, ist keine gute Idee. Wenn sich Ihr Verdacht bewahrheiten sollte, was ich kaum glauben kann, dann haben Sie es mit Profis zu tun. Haben Sie vergessen, dass bereits drei Menschen gefoltert und getötet wurden?«

»Wie schnell können Sie hier sein?«, fragte sie ungerührt.

»Das dauert eine Weile. Die Kiste mit der falschen Madonna wird gerade ausgeladen. Hier ist die Hölle los. Hundert Touristen und jede Menge Presse. Alle wollen die Kleine Braune sehen. Der Abt ist vollkommen überfordert. Selbst wenn wir jetzt losfahren, dauert es sicher zwei Stunden. Wir sind hundertvierzig Kilometer entfernt.«

»Manuel«, schaltete ich mich ein. »Können Sie nicht Verstärkung von der Wache zur Ermitage beordern?«

»In Calonge halten nur Belen und meine beiden Anwärter die Stellung. Die sind im ersten Ausbildungsjahr. Der Rest meiner Truppe ist hier vor Ort.«

»Verdammt.«

»Allerdings. Ich könnte versuchen, die *Guardia Civil* einzuschalten, aber wenn sich das Ganze als Irrtum herausstellt, habe ich eine mächtige Arschkarte gezogen. Dann kann ich die nächsten Jahre den Verkehr in Platja regeln. Wie sicher sind Sie denn, Arthur?«

»Na ja, es ist die einzige Spur, die wir haben«, musste ich zugeben.

»Gott im Himmel«, fluchte er. »Das klingt nicht gerade überzeugend, mein Lieber.«

»Robles meldet sich nicht, nur seine Mailbox.«

»Ich komme, so schnell es geht. Wir bleiben in Kontakt. Melden Sie sich, wenn Sie dort sind, und tun Sie nichts Unüberlegtes, verstanden?«

»Dafür werde ich sorgen«, versprach Audrey, die mich durchdringend ansah.

Links der kurvenreichen Straße leuchtete das Mittelmeer in allen erdenklichen Blau- und Grüntönen. Weiße Segel, eine Flottille Stand-Up-Paddler, in der Ferne die Silhouette eines Kreuzfahrtschiffes.

Halb drei.

Die Sonne brezelte unbarmherzig von einem wolkenfreien Himmel. Wir fuhren natürlich offen. Ein Käppi oder ein Hut wären von Vorteil gewesen. *Was machen wir eigentlich hier?,* fragte ich mich. *Der Scheiß geht uns doch gar nichts mehr an.* Aber das war nur die halbe Wahrheit. Drei Männer wurden ermordet. Ich sah, wie sehr die Menschen an ihrer Schutzheiligen hingen. Der Anker, der Magnet, der Katalonien zusammenhielt, durfte nicht verlorengehen. Wir konnten doch nicht einfach wegsehen. Das hatte ich nie gekonnt und oft genug dafür Prügel einstecken müssen. Doch ich war hier, lebte auf meinem Berg, mit der liebenswertesten Frau der Welt, mit meiner Adoptivtochter und den besten Freunden, die man sich wünschen konnte.

Ich sah mich um. Alicia lächelte mich an, Luisa sah versonnen hinaus aufs Meer, Audrey … kontrollierte das Magazin ihrer Pistole.

»Da ist es!«, rief Flores aufgeregt. »Da ist das Hinweisschild und der Abzweig hinauf zur Kirche.« Sie hielt an. Wir stiegen aus.

Ermita de Sant Grau. Die Buchstaben verblasst und zerkratzt. Die Zufahrt dicht bewachsen, kaum zu erkennen. Audrey suchte nach Spuren.

»Hier sind abgeknickte Äste.« Sie ging ein paar Schritte den Weg hinauf. »Da noch mehr, auch Reifenspuren.«

»Worauf warten wir dann noch?«, fragte ich nervös. »Wer weiß, was da oben in der Kirche abgeht.«

»Langsam, Cowboy. Genau das wissen wir eben nicht. Wir haben keine Ahnung, wie viele Gangster da oben sind, oder ob es eine Wache gibt, die den Weg beobachtet. Unwissenheit führt unweigerlich zum Tod, Arty.«

»Aber …«

»Wir können nicht einfach mit dem Jeep hinauffahren. Wenn wir frühzeitig entdeckt werden, haben wir schon verloren.« Sie verzog augenzwinkernd ihr Gesicht. »Ich möchte gern die Fortsetzungen der *Chroniken* noch lesen, Arty. Dazu musst du schon am Leben bleiben. Oder wir brauchen einen Ghostwriter.«

»Oh Mann«, stöhnte ich. »Was ist also der Plan?«

»Flores und ich sondieren die Lage. Wir gehen zu Fuß hinauf und versuchen, uns in der Nähe der Kirche versteckt zu halten. Mal sehen, wie der Baumbestand dort oben ist.«

»Du schiebst uns aufs Abstellgleis? Wozu sind wir dann überhaupt mitgekommen?«

Sie positionierte sich direkt vor mir, legte beide Hände um meinen Hals und zog meinen Kopf zu sich heran, bis sich unsere Stirnpartien berührten.

»Arty, du weißt, ich liebe dich, aber du, und auch Alicia und Luisa, würdet uns nur behindern. Womit willst du denn kämpfen, *el escribar?* Mit Worten?«

»Worte können eine scharfe Klinge sein.«

»Sicher, aber nicht hier und nicht heute.«

»Flores hat auch keine Waffe«, maulte ich.

»Da irrst du dich, Arthur.« Flores hob schmunzelnd die hintere Sitzbank an. Zum Vorschein kamen ein stattlicher Rundbogen und ein Köcher voller Pfeile. »Zweiter Platz der Katalanischen Meisterschaften 2018. Ich hätte gewonnen, wenn mich beim letzten Schuss nicht eine Wespe behindert hätte.«

»Wow, der helle Wahnsinn!«, kommentierte Luisa beeindruckt. »Das will ich auch lernen. Dann sind wir wie die Amazonen in den *Chroniken*. Ihr seid wirklich füreinander geschaffen, ihr zwei.«

»Ich will gern deine Lehrerin sein, Luisa«, versprach die Tierärztin.

»Was ist mit mir?«, fragte Alicia, deren Augen ebenfalls verdächtig leuchteten.

»Du bist natürlich auch herzlich eingeladen«, bestätigte Flores lachend.

»Super«, ätzte ich scherzhaft. »Der Einzige, der nicht wehrhaft sein wird, bin dann wohl ich.«

»Du bekommst eine Steinschleuder«, meinte Audrey grinsend. »Oder 'ne Armbrust. Aber erst, nachdem du deine Sardana-Prüfung ablegt hast.« Ich bekam einen Kuss auf die Stirn. »Bitte, Arty, bleibt hier und wartet auf eine Nachricht von uns. Sind eure Handys geladen?«

»Jawohl, Sir.« Ich salutierte. Sah wahrscheinlich ziemlich dämlich aus.

»Gut. Dann los, Schatz.«

Flores hatte Bogen und Köcher angelegt. Die beiden Frauen verschwanden schon bald hinter der nächsten Abbiegung. Ich versuchte zum x-ten Mal, Robles zu erreichen. Vergeblich.

»Schon wieder warten«, brummte ich.

»Das ist nun mal das Vernünftigste«, beschwichtigte Alicia.

»Wenn wir vernünftig wären, dann lägen wir jetzt auf einer Liege am Pool.«

»Auch wieder wahr«, meinte Luisa, die wohl auch gerne den Berg hinaufgestiegen wäre.

Alicia seufzte. »Hoffentlich kommt Vasquez schnell hierher.«

Ich parkte den Jeep in einer kleinen Einbuchtung. Mit Wasserflaschen bewaffnet, verzogen wir uns in den Schatten einiger durstig aussehenden Pinien. Ein Golf-Cabrio fuhr vorbei. Vier junge Leute, laute Musik, Green Day, *American Idiot.* Echt cooler Song. Vielleicht nicht gerade der passende Sound für eine so wunderbare Umgebung.

»Womöglich sind wir ja auf dem vollkommen falschen Dampfer«, murmelte ich.

»Darauf würde ich nicht pokern.« Luisa sah sehnsüchtig auf ihr Handy. »Was mag da oben jetzt abgehen, Arty?«

Verdrossen nahm ich einen Schluck Wasser. Die Minuten krochen träge dahin. *Was ist los, Audrey, verdammt, warum meldest du dich nicht?*

~

Eine Viertelstunde später geschahen mehrere Dinge gleichzeitig. Mein Handy meldete sich. Eine atemlose Audrey.

»Vorsicht da unten!« Ein Knall. Ein Schuss? »Wir sind zu spät!« Zwei weitere Schüsse. »Verdammt …!«

Herrje, was sollte das nun wieder bedeuten?

Laute Motorengeräusche.

»Da kommt ein Wagen den Berg runter!«, schrie Luisa. »Arty, sofort runter von der Straße!«

Leicht überfordert sah ich den schmalen Weg hinauf. Tatsächlich, da schoss ein Fahrzeug schlingernd abwärts. Ich fühlte mich wie gelähmt, unfähig einen Schritt zu machen. Eigentlich hatte ich nur die Straße überqueren und einen Moment die Aussicht genießen wollen. Luisa packte mich an der Schulter, riss mich zur Seite. Wir landeten jenseits der Leitplanken. Ich sah nur noch Sterne. Das Auto raste an uns vorbei. Augenblicklich rebellierte mein linkes Schienbein, das gegen das Metall geknallt war.

Ein dunkelgrauer Citroen Berlingo, genau der Wagen, der auch am Dalí-Museum als Fluchtwagen gedient hatte, bretterte in Richtung Sant Feliu davon.

Alicia, noch auf der anderen Seite der Straße unter den Pinien verborgen, rannte auf uns zu, sprang elegant über die Absperrung und kauerte dann neben mir.

»Bist du lebensmüde, Arty?«

»Danke auch, mir geht's beschissen«, gab ich verbissen zurück.

»Lass mal sehen.« Ich drehte mich auf den Rücken. Sie begutachtete mein Bein. Da ich nur Shorts trug, war das Malheur gut sichtbar. »Auweia, das wird bunt werden.«

Jetzt fiepte Luisas Telefon. Sie hielt das Gerät ans Ohr.

»Audrey, was ist los? … Alles klar, wir sind unterwegs.« Sie sah mich zweifelnd an. »Wir sollen mit dem Jeep raufkommen. Endris ist verletzt.«

»Was ist mit Horatio?«, fragte ich mit zusammengebissenen Zähnen.

»Dazu hat sie nichts gesagt. Du bleibst besser hier, Arty. Ich fahre rauf und sehe, wie die Lage ist.«

»Erstmal raus aus der Sonne«, kommandierte Alicia. »Na los, Luisa, ich kümmere mich schon um den Veteranen.« Die beiden halfen mir hoch. Auftreten mit dem linken Bein war nur bedingt möglich.

»Ich werde sehr lange keine Sardana tanzen können«, stöhnte ich theatralisch. Gestützt auf zwei starke Schultern humpelte ich zurück in den Schatten der Bäume. »Hoffentlich ist nichts gebrochen.«

Luisa schwang sich in Flores' Jeep. Mit heulendem Motor und durchdrehenden Reifen machte sie sich auf den Weg hinauf zur *Ermita*. Alicia tränkte ein Papiertuch mit Mineralwasser und legte es auf mein angeschwollenes Schienbein, das in einem fröhlichen Rhythmus pochte.

»Ich habe keinen Bock mehr auf diesen Scheiß«, verkündete ich lauthals, hauptsächlich verärgert ob meines eigenen Ungeschicks, nicht vernünftig über die Leitplanke gesprungen zu sein. »Ich wünsche mir die Ruhe und Gelassenheit zurück. Wir wollten doch den *Cami de Ronda* laufen, du und ich, uns treiben lassen, das Leben genießen. Das können wir wohl erst mal vergessen. Verfluchte Madonna.«

»Arty, nicht, das ist nicht fair. Lass unsere Schutzheilige aus dem Spiel.«

»Entschuldige«, wiegelte ich ab. »Manchmal muss man einfach fluchen.«

Schon hörte ich den Jeep heranrauschen. Flores fuhr jetzt, brachte ihn direkt vor uns zum Stehen. Auf der Rückbank presste ein zerzauster *Sergente* Manolo eine dicke Mullbinde auf seinen rechten Oberarm.

»Ist nur ein Streifschuss«, erklärte die Tierärztin. »Das kann ich behandeln.«

»Wo ist Robles?«, wollte ich wissen.

»Die haben uns total überrumpelt, Señor Crawley«, beteuerte Manolo. »Wir waren kaum vor der Kirche angekommen, da schoss ein Scharfschütze aus dem Hinterhalt alle Reifen platt. Ich wollte meine Waffe ziehen, bekam aber sofort den Treffer am Arm. Dann kamen diese furchtbare Frau und noch zwei schwer bewaffnete Typen aus der Kirche. Wir mussten uns ergeben.«

»Ja, dumm gelaufen, aber nochmal … wo ist ihr Boss, Endris?« Mit Alicias Hilfe wuchtete ich mich hoch.

»Den haben die mitgenommen, die Frau und die zwei Schläger. Wir sollten eigentlich in die Kirche gehen, aber dann kamen schon Miss Parker und Señorita Rubio.« Bei der Nennung des zweiten Namens leuchteten die Augen des Sergenten auf.

»Ich habe einen von den Kerlen erwischt«, sagte Flores. »Ein feiner Schuss, direkt in den Oberschenkel. Der Bursche wird ein Hospital aufsuchen müssen. Wenn er den Pfeil einfach herauszieht, wird er verbluten.«

»Als wir oben ankamen und sie uns gesehen haben, stopften sie Robles in den Wagen«, fuhr Audrey fort. »Wir mussten erst in Deckung bleiben, die haben wirklich eine ausgezeichnete Ausrüstung. Präzisionsgewehre, umschaltbar auf Schnellfeuermodus. Die haben uns ganz schön eingeheizt. Immerhin hat Flores noch einen schönen Treffer gelandet. Nachdem sie losgefahren sind, habe ich noch ein paar Kugeln abgefeuert, leider ohne Erfolg.«

»Ich wünschte, du würdest deine Begeisterung für Schusswaffen zügeln«, brummte ich, schwer atmend. Die Hitze legte sich, selbst in den luftigen Höhen über dem Meer, wie ein erdrückender Schleier auf Körper und Geist. »Wo wollen die hin?«

»Keine Ahnung«, musste Audrey zugeben.

»Mist.« Ich wandte mich an Robles' Untergebenen. »Endris, Sie waren doch mit dem Inspektor unterwegs. Hat Horatio Ihnen wenigstens gesagt, wo die Madonna zu finden ist?«

»Leider nein, der Inspektor hat nur ein paar merkwürdige Andeutungen gemacht. Von wegen, darauf hätten wir auch selber kommen können.«

»Was soll denn das wieder heißen?«

»Ich weiß nicht. Er meinte nur kopfschüttelnd, dass wir einen naheliegenden Ort total übersehen hätten.«

»Das ist kryptischer Quark«, schimpfte ich. Warum, zum Kuckuck, hatte Robles aus dem Brief und dem Standort der Heiligen ein so unsinniges Geheimnis gemacht? Jetzt musste er den Mist ausbaden, denn sicher waren Alejandra Osorio und ihre Schergen jetzt auf dem Weg dorthin. Falls Horatio den Aufenthaltsort bereits preisgegeben hatte. Falls nicht, war es wohl nur eine Frage der Zeit. »Ich informiere Vasquez.«

»Wir sollten jetzt aufbrechen«, forderte Flores. »Ich will nicht, dass sich die Wunde entzündet. Wir müssen nicht in ein Krankenhaus, aber so schnell es geht in meine Praxis. Was für läufige Hündinnen und verletzte Katzen gut ist, wird auch bei unserem tapferen *Sergente* seine Wirkung nicht verfehlen.«

»Vielen Dank, Señorita. Ich begebe mich gern in Ihre erfahrenen Hände.« Manolo konnte den Blick gar nicht von der Tierärztin abwenden, die mit Köcher und Bogen ausgestattet allerdings ein hinreißendes Bild abgab. Genauso würde ich mir eine der Amazonen aus dem Süden meiner fiktiven Welt vorstellen. Unbeugsam, kampfeslustig und unglaublich sexy. Audrey schmunzelte. Das würde ein schlimmes Erwachen für den guten Endris werden.

»Das wird eng in der Karre«, befürchtete Luisa. »Wir sind jetzt zu sechst.«

»Mit zwei Schwerverletzten«, ergänzte ich. »Das wollen wir mal nicht vergessen.« Alicias Tuch war bereits ausgetrocknet. Ich sehnte mich nach meiner Liege, einem kühlen Bier und dem mitfühlenden Maunzen meiner Katzen.

»Ein geprelltes Schienbein und ein leichter Streifschuss.« Audrey und Flores grinsten sich vertraut an. »Was meinst du, werden beide durchkommen?«, fragte meine Agentin ironisch.

»Die Chancen stehen fifty-fifty«, schätzte die Tierärztin ernst. »Eine Gratwanderung zwischen Leben und Tod. Kommt drauf an, wie tapfer unsere beiden Helden sind. Arty, du kommst auf die Ablagefläche.«

»Die ist winzig!«, beschwerte ich mich. »Außerdem kann man sich nicht anschnallen.«

»Du kannst die Beine hinten raushängen lassen.« Widerstand zwecklos. Ich würde unsagbare Schmerzen ertragen müssen.

»Ich komme zu dir und beschütze dich«, versprach Alicia schmunzelnd. »Wir wollen doch nicht, dass unser Lieblingsautor noch weiteren Schaden nimmt.«

Irgendwie kam ich mir reichlich veräppelt vor.

Flores chauffierte den total überladenen Jeep vorsichtig die Küstenstraße entlang. Schon bald bildete sich hinter uns eine immer länger werdende Kolonne an Fahrzeugen, die wegen der kurvenreichen Strecke keine Chance hatten, uns zu überholen. Am nächsten Foto-Point scherte Flores aus, damit sich der Stau auflösen konnte. Wir stiegen alle kurz aus. Die Aussicht war wirklich atemberaubend. Schroffe Felsen, winzige Buchten, die nur per Schiff zu erreichen waren, kreischende Möwen, träge in der Dünung ankernde Jachten.

Wieder mein Telefon. Ich beschloss erneut, mir einen ruhigeren Song hochzuladen. Vielleicht was von Katie Melua. Nach *We Will Rock You* war mir gerade nicht. Die im Display erscheinende Nummer sagte mir nichts. Ich nahm das Gespräch trotzdem an.

»Señor Crawley.«

»*Capitán* Vasquez. Was ist das für ein furchtbarer Krach?«

»Ich sitze auf einem Motorrad und fahre gerade die Stichstraße hinunter zur Promenade von Sant Feliu. Der Empfang ist durch das Helmtelefon mäßig.«

»Liebe Güte, Sie müssen ja geflogen sein«, stellte ich verblüfft fest. »Kommen Sie nicht mehr rauf zur *Ermita*. Die Verbrecher haben Robles in ihrer Gewalt und sind auf der Flucht.«

»Wie konnte das passieren?«

»Eine unschöne Geschichte«, kürzte ich ab. »Fakt ist, dass die Bande in einem dunkelgrauen Citroen Berlingo unterwegs ist, ähm, na ja, und eigentlich verfolgt sie auch niemand. Wir sind auf dem letzten Stück der Küstenstraße und ebenfalls auf dem Weg nach Sant Feliu. *Sergente* Manolo und ich sind übrigens schwer verletzt. Ich bin kurz davor das Bewusstsein zu verlieren.«

»Halb so wild.« Audrey nahm mir das Smartphone aus der Hand. »Die Herren werden überleben.«

»Moment bitte, Miss Parker. Ich stelle die Maschine an der Promenade ab.«

»Okay.«

»Verflucht noch eins … ein dunkler Berlingo? Ich sehe so einen Wagen.« Schon erklang wieder das Röhren des Motorrads. »Hier ist jede Menge Verkehr, die kommen nicht schnell voran. Ich hänge mich dran!«

»Manuel, passen Sie bloß auf«, warnte ich. »Die sind gut bewaffnet. Schnellfeuerwaffen, Präzisionsgewehre, allerdings haben die auch einen Verletzten an Bord. Wie auch immer – Sie brauchen unbedingt Verstärkung.«

»Wir bleiben in Kontakt!«

Aufgelegt.

»Er sollte nicht versuchen, das im Alleingang zu erledigen«, sagte Audrey. »Aber dass er an der Saubande dranbleiben kann, ist natürlich ein großartiger Zufall.«

»Alle Mann zurück in die Kiste«, kommandierte Flores.

Eine halbe Stunde später erreichten wir ihre Praxis. Vier Uhr. Es kam mir vor, als wären wir schon Tage unterwegs. Neben meinem lädierten Schienbein tat mir jetzt auch noch der Hintern weh. Die Ladefläche eines Jeeps ist eben kein geeigneter Platz, um eine längere Strecke zu fahren.

Flores verarztete den selig lächelnden Endris Manolo, ich bekam nur ein Kühlpack in die Hand gedrückt. Flores und Audrey blieben in Platja. Vor der Veterinärklinik hatte sich eine ansehnliche Schlange gebildet. Allerdings bekam ich den Auftrag, mich sofort zu melden, wenn es Neuigkeiten gab.

Luisa hatte die Ehre, Francoise den Berg hinaufzufahren. Immer wieder schielte ich auf mein Handy, aber Vasquez meldete sich nicht.

Joschi, Karlo, Manita und Trine schimpften im Chor. Kein Mittagssnack für verwöhnte Katzen. Nur Luzifer und Amaia, das frisch verliebte Pärchen, war nicht aufmarschiert. Alicia versorgte die Bande, während ich mich auf die Treppe des Pools setzte und die Beine in das göttlich kühle Nass hielt. Luisa versorgte mich mit einem *San Miguel* und einem großen Strohhut. Wenig später saßen wir alle drei bis zum Hals im Wasser. Mein Handy lag griffbereit auf dem Beckenrand.

»Ich bin wirklich froh, wenn die Sache bald ausgestanden ist«, seufzte Alicia. »Ich muss gleich runter, den Laden von Catalina übernehmen.«

»Mach doch einfach zu«, schlug ich müde vor. »Lohnt sich doch sowieso nicht.«

»Kommt nicht infrage. Wehret den Anfängen, Arty. Wir werden uns nicht hängen lassen, das gilt auch für alle unsere Freunde. Denk doch nur an den armen Inspektor. Ich möchte nicht wissen, was er jetzt erleiden muss.«

»Hast ja recht.« Ich setzte den Hut ab und tauchte kurz unter. »Langsam sollten wir auch anfangen, uns um Audreys und Flores' Hochzeit zu kümmern«, schnitt ich ein neutrales Thema an. »Haben die beiden eigentlich mal geäußert, ob sie auch kirchlich heiraten wollen, und falls ja, welche Location?«, fragte ich Luisa.

»Audrey ist eine kirchliche Zeremonie nicht wichtig, hat aber zugestimmt, es dennoch zu tun, natürlich, weil Flores ganz wild darauf ist. Du weißt schon, weißes Kleid und so.« Luisa blinzelte schläfrig in die Nachmittagssonne. »Wenn ich das richtig verstanden habe, ist die kleine Kirche oben in Pals angedacht.«

»Oh, wie schön«, freute sich Alicia. »Da heiraten viele Paare. Ist aber auch einmalig dort oben auf dem Hügel. Romantischer geht es wirklich nicht.«

Ich setzte meinen Hut wieder auf. Sommer und Sonne sind ja ganz schön, aber in diesem Jahr war es wirklich des Guten zu viel. Selbst das Wasser im Pool bot nur kurzzeitig Erfrischung.

»Mir geht nicht aus dem Sinn, was Horatio gegenüber Endris geäußert hat«, murmelte ich zwischen zwei Schlucken *cerveza*.

»Du meinst, dass wir einen naheliegenden Ort einfach übersehen hätten«, überlegte Luisa. »Tja, aber bei welcher Gelegenheit? Hast du eine Idee?«

»Leider nicht, aber mir ist, als müsste ich nur einen Schalter umlegen, als müsste es in meinem Kopf nur einmal Klack machen, und eine unsichtbare Hand lüftet den Schleier und flutet mich mit der Lösung.«

»Sehr bildlich gesprochen. Bravo, *el escribar*«, lobte Luisa spöttisch. »Dann lass es in deinem Schädel mal krachen.«

»Man kann nichts erzwingen.« Ich tauchte erneut unter. Danach schleppten wir uns in den Schatten meiner Palmen. »Bei Mutter Sonne, ich bin zu faul, um mir eine Badehose anzuziehen.«

Das Handy meldete sich. Aufgeregt nahm ich das Gespräch an. Zu meiner großen Enttäuschung meldete sich aber nicht *Capitán* Vasquez.

»Carles. Ein Anruf mitten in der Siesta«, tadelte ich. »Was ist los?«

»Bruder Malachias und Bruder Raul sind bei mir.« Als wenn das seinen Anruf erklären würde.

»Wie schön, die drei verbliebenen Eulenbrüder vereint.«

»Ebenso *Sergente* Manolo.« Ich zog es vor zu schweigen. »Inspektor Robles kennt also den Aufenthaltsort der Schwarzen Madonna.«

»Carles … erfahre ich womöglich etwas Neues?«

»Und er ist entführt worden, womöglich auf dem Weg zu *La Moreneta.*« Ich begnügte mich mit einem ungeduldigen Brummen. »Falls Manolo recht behält, werden sie den Inspektor töten, wenn sie die Madonna in ihrem Besitz haben. Dann verschwindet sie für immer.« Garcias Stimme hatte jetzt einen weinerlichen Klang angenommen. Ich schwieg weiterhin. »Arthur … sind Sie noch da?«

»Das bin ich, aber ich höre noch immer keine Neuigkeiten.«

»Wir sind verzweifelt, Arthur, wir alle. Wir können doch auf Dauer nicht mit einer Lüge leben. Denken Sie nur an all die Pilger, die nach Montserrat kommen, um von der Heiligen Hilfe zu erflehen.« Luisa verdrehte die Augen. Was, bei allen Göttern, erwartete der *alcalde* denn von mir?

»Wir können nur auf *Capitán* Vasquez hoffen«, erinnerte ich ihn. »Er verfolgt die Verbrecher, und er wird sicher Verstärkung herbeibeordern.«

»Hat er sich gemeldet?« Manolos Stimme. Wieso war der eigentlich zum Bürgermeister gerannt?

»Nein, leider nicht.«

»Wir stehen Gewehr bei Fuß, Arthur«, versprach Carles Garcia. »Ich werde Himmel und Hölle in Bewegung setzen, damit wir die Madonna unversehrt zurückbekommen.« Trine hüpfte auf meinen Schoß. »Endris sagt, Vasquez würde sich wohl bei Ihnen melden. Bitte sagen Sie sofort Bescheid. Unsere Einsatztruppe, die den Transport nach Montserrat begleitet hat, wird jeden Moment hier eintreffen. Ich halte unsere Leute in Alarmbereitschaft.«

»Das werde ich, Carles, versprochen.«

»Noch eine Frage«, Alicia nahm mein Handy, »Alicia Nuñez hier. Pater Emmanuel war ja der Pfarrer unserer Gemeinde in Calonge.«

»Das ist richtig, Señora«, bestätigte Garcia.

»Nun herrscht doch in der katholischen Kirche bisweilen ein gehöriger Mangel an Priestern.«

»Entschuldigung, aber ich verstehe nicht, worauf Sie hinauswollen«, beschwerte er sich, leicht ungeduldig. Damit sprach er mir allerdings aus der Seele.

»Hat Pater Emmanuel außer der Gemeinde noch eine andere Pfarrei betreut?« Ich hob, langsam verstehend, die Augenbrauen. Welch geniale Idee meiner Bäckerin.

»Soweit ich weiß, war er eine Zeit lang auch Seelsorger in der Partnergemeinde in Pals. Warum?«

Bingo!

»Ach, nur Interesse halber«, meinte Alicia leichthin. Sie legte auf und sah Luisa und mich abwechselnd an. »Denkt ihr, was ich denke?«

»Ich ziehe mich schnell um«, stöhnte ich.

»Aber deine schwere Verletzung, Arty …«

»Wird schon gehen. Es geht ja immerhin um unsere Schutzheilige.«

»Ich rufe Audrey an«, sagte Luisa. »Jetzt geht's ans Eingemachte, oder?«

»Allerdings. *The Final Countdown!*«

Mein Schienbein spielte gut mit. Eigentlich schmerzte es kaum noch. Das würde womöglich erst wieder vor der nächsten Sardana-Stunde schlimmer werden.

In den Gassen von Pals

»Verflixt, da geht keiner dran«, beschwerte sich Luisa.

»Versuch's mal in der Praxis, da war doch ordentlich was los, bevor wir abgefahren sind«, schlug ich vor. »Mist, wir müssen auf jeden Fall erst mal tanken. Mit den paar Tropfen Benzin kommen wir nicht nach Pals. Verdammt, Alicia, wie bist du auf die Idee mit der zweiten Pfarrei gekommen?«

»Eine Erleuchtung, Arty. Wahrscheinlich hat mir *La Moreneta* höchstselbst den Gedanken geschickt. Sie will gefunden werden, sie will zurück nach Hause.«

»Pals passt zu Robles Andeutungen. *Einen naheliegenden Ort haben wir übersehen.* Wie dumm sind wir eigentlich? Emmanuel kannte die Örtlichkeit, er wusste, wie die Nachbildung in Sant Pere aussieht, ob die Größe in etwa stimmt, und er hatte wahrscheinlich Zugang zur Kirche.« Ich rammte den dritten Gang in das schwergängige Getriebe. »Dort steht doch auch eine Replik der Madonna, aber Pals stand nicht auf unserer Liste! Warum nicht? Weil wir schon so oft dort waren? Ich fasse es nicht.«

»Vielleicht liegen wir ja auch falsch«, gab Alicia zu bedenken.

Ich kurvte mit quietschenden Reifen auf das Gelände der Tankstelle, sprang aus dem Wagen und öffnete den Tankstutzen.

»Sieh an, unser Halbtoter ist doch ziemlich beweglich«, stellte Alicia fest. »Eine Art Wunderheilung. Das muss auch mit unserer Schutzheiligen zu tun haben.«

»Ja, hallo, Mercedes? Nein, ich brauche keinen Termin für eine unserer Katzen, ja, ich bin es, Luisa.« Ein halblautes Schnattern. »Flores hat die Praxis vorzeitig geschlossen, nachdem sie alle Kunden, beziehungsweise deren Tiere, versorgt hatte«, übersetzte sie. »Ja, das habe ich verstanden, Mercedes, aber wo stecken die beiden? Wir müssen sie dringend sprechen.« Luisa runzelte die Stirn, hörte aufmerksam zu. »Ach du Scheiße … ja, danke, nein, alles gut, du brauchst dir keine Sorgen machen.«

»Was ist denn, Kleines?«, rief ich, klopfte dabei den Zapfhahn am Einfüllstutzen ab.

»Flores und Audrey haben beschlossen, den angebrochenen Abend zu nutzen, um sich die Kirche anzusehen, in der sie bald heiraten werden.«

»Das heißt also …«

»Sie sind, genau wie wir, auf dem Weg nach Pals.«

»Aber warum gehen sie nicht ans Telefon?«, wunderte ich mich.

»Wenn sie die Straße durch die Berge nehmen, dann haben sie dort keinen Empfang«, vermutete Alicia.

»Oh Mann, sie haben keine Ahnung, was sie dort erwarten könnte.« Schlimmste Szenarien entfalteten sich in meinem Kopf. Ich flitzte ins klimatisierte Kassenhäuschen und warf einfach einen Hundert-Euroschein auf die Theke.

»Das ist aber viel zu viel, Señor Crawley«, rief mir die Tankwartin hinterher. »Sie haben gerade mal für knapp dreißig getankt.«

»Rest ist für Sie, Arantxa. Wenn Sie uns was Gutes tun wollen, dann sprechen Sie ein Gebet für uns.«

»*Madre mia*, diese Schriftsteller sind schon ein komisches Völkchen.«

Schon saß ich hinter dem Steuer und ließ den Motor an. »So einfach wird es für Osorio und ihre beiden Söldner nicht sein. Es ist helllichter Tag, und um diese Uhrzeit werden noch jede Menge Touris durch die Altstadt schlurfen.«

»Du vergisst, dass wir einen erschreckenden Schwund an Gästen hinnehmen müssen«, erinnerte mich Alicia. »Ich glaube nicht, dass allzu viel los sein wird.«

»Warum meldet sich Vasquez nicht?« Ich musste mich nun entscheiden. Den längeren Weg durch Calonge und dann durch die Ausläufer der Berge oder durch Sant Antoni quälen, um dann über die Schnellstraße zügig voranzukommen. »Da stimmt doch was nicht.«

»Wie fahren wir?«, wollte Luisa wissen. Wir rasten mit gut sechzig Stundenkilometern auf den kleinen Kreisverkehr zu.

»Alicia entscheidet. Sie hat heute die göttlichen Eingebungen.«

Die Chefin des *Pa y Vi* zögerte keine Sekunde. »Lieber den längeren, aber sichereren Weg durch die Berge. Vielleicht treffen wir ja sogar auf Flores und Audrey.«

»Alles klar.« Ich sah verstohlen auf den Temperaturanzeiger des Motors. Die Nadel näherte sich dem roten Bereich. *Komm schon, Francoise, lass uns nicht im Stich!*

Fast achtzehn Uhr, als wir endlich in Pals ankamen.

Ich parkte auf dem großen Platz am Fuße des Ortes. Normalerweise standen hier jede Menge Busse, die Touris abluden, um sich den historischen Kern des Hügeldorfes anzusehen. Heute allerdings war der Parkplatz leer. In den Parktaschen verloren sich fünf PKW.

»Da, unter den Pinien, das ist das Motorrad von *Capitán* Vasquez.«

»Fragt sich nur, wo der Berlingo geblieben ist«, bemerkte ich düster. Ein wenig wunderte ich mich schon, dass der sonst so standhafte Inspektor den Standort der Madonna anscheinend ohne großen Widerstand preisgegeben hatte, aber wer wusste denn, welche perfiden Druckmittel diese Verbrecher angewandt hatten.

Malerische mittelalterliche Gassen leiten die Besucher durch das gotische Viertel bis hinauf auf das Plateau, auf dem die Iglesia Sant Pere de Pals thront, eine kleine Kirche, die erstmals 994 n. Chr. urkundlich erwähnt wird.

Eine kleine katalanische Gruppe älterer Herrschaften kam laut schnatternd die Treppe herunter. Ein paar einheimische Besucher gab es dann doch.

»Man kann über eine Nebenstraße mit dem Auto bis hinauf zur Kirche fahren«, erklärte Alicia. »Das ist eigentlich nur den Dorfbewohnern und Hochzeitsgesellschaften erlaubt, allerdings kontrolliert das auch niemand.«

»Klar, das macht Sinn«, stimmte ich zu. »Schließlich wollen sie die Statue stehlen. Die können sie wohl kaum ungesehen durch das Dorf transportieren.«

»In einer Kiste – warum nicht?«, gab Luisa zu bedenken.

»Viel zu auffällig. Aber wie dem auch sei – machen wir uns an den Aufstieg.«

»Wo steckt nur Vasquez?«, fragte Alicia. »Warum hat er sich nicht gemeldet oder Verstärkung herbeigeordert?«

»Vielleicht hat er das ja«, hoffte ich. »Ich hoffe, er hatte Empfang.«

Wir nahmen die Treppe, die vom Parkplatz aus zum Marktplatz führte. Vorbei an zwei geschlossenen Souvenirläden. Der

Keramikladen war auf, genauso wie der Stand mit katalanischen Wurstspezialitäten. Links und rechts daneben zwei fröhlich lächelnde Schweineköpfe, lieblos an die Hauswand genagelt.

»Liebe Güte, da wird man ja zum Vegetarier«, murmelte Luisa stirnrunzelnd. »Nein danke, ich möchte nicht probieren.«

Aus dem Schmuck- und Klamottenladen dröhnte Technomusik.

»Psst!«

Verdutzt sah ich in den bunt ausgeleuchteten Verkaufsraum.

»*Capitán …*«

»Na los, kommen Sie schon herein.« Vasquez winkte uns in die geschmackvoll eingerichtete Boutique.

»Bei unserer Hohen Mutter, warum melden Sie sich denn nicht?«, fuhr ich den Polizisten harsch an.

»Der verdammte Akku ist leer. Wenn ich angehalten hätte, wäre mir die Bande entwischt.« Er breitete resignierend die Arme aus. »Ich habe inzwischen Endris angewiesen, mit zwei weiteren Kollegen herzukommen, ohne großes Aufsehen natürlich, wir wollen die Herrschaften ja nicht aufschrecken.«

»Wo sind die denn?«, fragte Luisa forsch. »Oben an der Kirche, oder?«

»Keineswegs. Der Berlingo ist durch eine enge Gasse bis zu einem eingezäunten Grundstück gefahren. Eine verdammt noble Villa, mit großem Vorhof, Garten und Springbrunnen, schier unbezahlbar für Normalsterbliche wie uns. Sie mussten nicht einmal das Tor aufschließen, das ging elektronisch.«

»Irre«, kommentierte Luisa. »Wem gehört denn der Nobelschuppen?«

»Das weiß ich noch nicht, werden wir aber sicher herausbekommen. Ich vermute mal, dass die Osorio warten will, bis es dunkel ist, beziehungsweise die Kirche abgeschlossen wird. Das macht ein Gemeindemitglied, glaube ich.«

»Wann wird das sein?«, hakte Luisa nach.

»In den Sommermonaten erst gegen zwanzig Uhr.«

So ein Mist. Schon wieder warten. »Wie ist der Plan, *Capitán* Vasquez?«, fragte ich zappelig.

Ich musste zugeben, dass mir das Wohlergehen von Horatio Robles wirklich am Herzen lag, obwohl er uns im letzten Jahr so zugesetzt hatte.

»Ich warte auf meine Leute, dann werden wir die Villa auskundschaften und die Verbrecher hoffentlich überrumpeln.«

»Sind Sie sicher, dass die Kuratorin nicht gemerkt hat, wie Sie ihr gefolgt sind?«

»Ich bin kein Anfänger, Señor Crawley«, gab er leicht gekränkt zurück. »Ich habe immer ordentlichen Abstand gehalten.«

»Auf einem unübersehbaren Polizeimotorrad und in voller Uniform. Perfekte Tarnung.«

»Sei keine Unke, Arty«, schimpfte Alicia. »Wir müssen es nehmen, wie es kommt. Oh, sieh nur, diese Ohrringe sind fantastisch.« Ist schon irre, wie Frauen ticken. Selbst in dieser prekären Lage hatte Alicia ein Auge für Schmuck.

»Dazu gibt es auch eine passende Halskette und einen Armreif«, soufflierte die sofort herbeigeeilte junge Verkäuferin geschäftstüchtig.

»Probier sie doch mal aus«, schlug ich vor. »Zeit haben wir ja mal wieder im Überfluss.« Ein Paar große braune Augen funkelten mich überrascht an. »Na los, wir müssen doch eh auf die Kavallerie warten.« Die blonde Dame wuselte geschäftig die Ohrringe aus der Schatulle. Eine etwas größere goldene Kugel, von der drei Fäden herabhingen, an deren Ende wiederum winzige Sterne angebracht waren. Wirklich hübsch und außergewöhnlich, musste ich zugeben.

»Sagen Sie …«

»Carina.« Die Verkäuferin lächelte mich warmherzig an. »Sie sind dieser Autor, der in Calonge wohnt, oder? Ich habe mal ein Foto von Ihnen in der Zeitung gesehen. Leider muss ich gestehen, dass ich in meinem Leben noch keine drei Bücher gelesen habe. Ist nicht so mein Ding.«

»Ähm, ja, Carina … das Lesen an sich ist zwar kein so großes Mysterium, wie viele denken, aber halt nicht jedermanns Sache. Sie wissen nicht zufällig, wem die Finca mit dem unverschämt großen Grundstück zwei Straßen weiter gehört?«

»Ach, das weiß doch hier jeder. Den Megaschuppen hat vor drei Jahren der alte Brega gekauft. Locker für eine siebenstellige Summe. Übrigens gegen den Willen unseres *alcalde* und des Gemeinderats.«

»Warum das?«, wunderte ich mich.

»Dieser Brega ist ein Großkotz, kein Sinn für Traditionen und außerdem kein Katalane.«

»Na ja, der Besitzer hätte ja nicht verkaufen müssen.«

»Eine Frage der Kohle. Der Typ ist doch Bankier, der weiß nicht, wohin mit dem Schotter. Außerdem geht der Kerl über Leichen, so sagt man jedenfalls … Die Ohrringe stehen Ihnen ausgezeichnet, Señora.«

»Finde ich auch«, stimmte ich zu. »Gekauft.«

»Ich habe noch gar nicht gefragt, was sie kosten«, bremste Alicia.

»Da werden wir uns sicher einig, oder?« Jetzt blinzelte ich Carina gewinnend an. Sie nickte lächelnd. »Was wissen Sie denn noch über Brega und seinen Palast?«

»Kaum hatte er das Grundstück in Besitz genommen, hat der Sack es in eine Art Festung verwandelt. Hohe Zäune, eisernes Tor, alles abgeschottet. Neuerdings zeigt er sich kaum noch in der Öffentlichkeit. Vorher konnte man auf den Hof, den mittelalterlichen Brunnen besichtigen. Echt, das passt gar nicht in unser Dorf, wo doch sonst alles offen ist.«

»Allerdings.« Meine Gehirnzellen rotierten.

»Mein unverschämter Verehrer, Arty?«, half Luisa nach. »Tomas Brega, Bregas feines Söhnchen. Das war der, den du gerne verprügelt hättest.«

»Oh ja, verdammt, ich werde alt.« Ich erinnerte mich an das unverschämte Auftreten des schnöseligen Burschen. Arroganz pur. »Alejandra Osorio und ihre Söldner finden also Unterschlupf in der Villa des Bankiers.«

»Das ist komisch, oder?«, meinte jetzt auch Vasquez. »Ich habe den Kerl vor zwei Jahren mal kennengelernt. Sein feiner Sohn ist unten in Sant Antoni mit knapp hundert Stundenkilometern erwischt worden, kurz vor dem Kreisverkehr, das muss man sich mal vorstellen.«

»Klasse, Lappen weg, oder?«, freute sich Luisa.

»Und ob, allerdings wollte sich Papa Brega damit nicht abfinden. Er hat mir glatt einen Fünfhundert-Euro-Schein ins Hemd stopfen wollen.«

»So ein Arsch. Der meint wohl, für Geld kann man sich alles kaufen.«

»Leider bei vielen Menschen eine gängige Vorstellung«, seufzte Vasquez. »Ich habe ihm eine Anzeige wegen Beamtenbestechung angedroht, da hat er sich wutschnaubend vom Acker gemacht.« Sein wieder geladenes Handy bimmelte. »Ja, gut, Endris, wen hast du dabei? Alfonso und Alma, sehr gut, auf die ist Verlass.« Er sah uns zufrieden nickend an. »Sie sind in fünf Minuten hier.«

Ich wünschte im Geheimen, Audrey wäre hier, dann wäre ich wesentlich beruhigter gewesen. Ich dachte an den dreisten Überfall von Steve Ford im letzten Jahr, der einfach das Polizeirevier schachmatt gesetzt hatte und dann auch noch unbehelligt fliehen konnte.

»Ist das nicht ein bisschen knapp?«, befürchtete Alicia. »Nur vier Personen. Wer weiß, wie viele potentielle Verbündete sich noch in der Villa aufhalten.«

»Von meinen erfahrenen Leuten sind zwei im Urlaub, einer krank und eine Kollegin auf einer Fortbildung in Barcelona. Der Ersatz besteht aus Frischlingen, blutjunges Gemüse. Das will ich nicht riskieren.«

»Ich kann meine Agentin anrufen«, bot ich an. »Was ist mit der Guardia Civil?«

Vasquez schüttelte energisch den Kopf. »Nein, die schießen mir zu schnell, wir werden das allein hinbekommen. Sie drei …« Er sah uns durchdringend an. »Sie bleiben am besten hier, oder noch besser, Sie fahren rauf auf Ihren Berg.«

»Das können Sie vergessen«, sagten Luisa und ich zeitgleich.

»Dachte ich mir schon. Dann bleibt es bei Variante eins.«

Sergente Manolo traf mit der Verstärkung ein. Langsam wurde es eng in der kleinen Boutique. Alfonso Goya, ein hoch gewachsener Bilderbuchathlet mit einem modernen Kurzhaarschnitt, und Alma Cruz, einen Kopf kleiner, aber nicht minder fit aussehend. Der pechschwarze Zopf der Polizistin fiel lang über die linke Schulter. Ich schätzte beide auf Mitte zwanzig. Vasquez instruierte seine Truppe, derweil ich skeptisch die Armierung der Polizisten begutachtete.

»*Capitán*, Sie haben doch Audreys Einschätzung gehört, und Sie, Endris, haben es ja am eigenen Leib erfahren müssen. Die sind skrupellos und haben Schnellfeuerwaffen.« Die beiden jungen Beamten zuckten sichtlich zusammen. »Macht es nicht doch Sinn, weitere Verstärkung anzufordern?«

Vasquez lächelte verbissen. »Wir müssen das alleine schaffen, das ist Horatios beste Chance.«

Mein Handy klingelte.

»Audrey. Wo steckst du? Wir sind in Pals.« Ich musste eine gehörige Standpauke ertragen, dabei war *sie* ja nicht erreichbar gewesen. »Ja, tut mir leid, wir sind auch durch die Berge gefahren, da ist kein Empfang … Ja, sicher, wir hätten schon eher Bescheid sagen können … Ja, wir werden uns nicht einmischen, die *Policia Municipal* ist doch hier.« So aufgeregt hatte ich meine Agentin lange nicht mehr erlebt. »Okay, dann bis gleich.« Ich hielt meine Hand über das Mikro und übersetzte: »Flores und Audrey sind gerade durch Sant Antoni durch. Sie werden in einer knappen Viertelstunde hier sein. Was? Was denn für Informationen?« Ich hörte aufmerksam zu. »Das sind aber nur unbestätigte Gerüchte, oder? Okay, bis gleich.«

»Was gibt es denn?«, fragte Luisa.

»Sie haben Alejandra Osorio nochmal unter die Lupe genommen, das heißt, ausgiebig im Internet und wer weiß wo noch recherchiert. Sie hatten die Dame zwar schon einmal durchleuchtet, sind diesmal aber weiter in die Vergangenheit zurückgegangen und haben Erstaunliches herausgefunden.«

»Und? Lass uns nicht dumm sterben, Arty.«

»Sie haben jede Menge Presseberichte gefunden, auch ziemlich eindeutige Fotos, auf denen die Kuratorin, in Glanz und Glamour, an der Seite von Arturo Brega zu sehen ist.«

»Donnerwetter, und wir dachten, sie hätte ein Verhältnis mit unserem Abt aus Montserrat«, staunte Alicia.

»Das eine schließt das andere ja nicht aus. Aber das ist noch nicht alles. Es kursieren Gerüchte, dass der Bankier an einer unheilbaren Krankheit leidet. Das wird zwar von seinem Pressesprecher und ihm selbst heftig dementiert, aber sein Rückzug aus der Öffentlichkeit befeuert diese Annahmen natürlich.«

»Wie soll uns das weiterhelfen?«, fragte Alma achselzuckend.

»Ist es nicht so, dass jährlich hunderte, wenn nicht gar tausende kranke Menschen nach Montserrat pilgern, weil sie sich Heilung durch die Schwarze Madonna erhoffen? Ein Wunder?« Ich sah Alicia an.

»Das ist wahr. Tatsächlich werden diverse Wunderheilungen beschrieben, die sind allerdings schon einige hundert Jahre her«, gab sie nachdenklich zu. »Du meinst also, die Osorio ist immer noch mit Brega zusammen …« Langsam fügten sich weitere Puzzleteile in das Gesamtbild ein. »Wenn er wirklich todkrank ist, dann wird er dazu neigen, auch den dünnsten Strohhalm zu ergreifen, aber Brega ist doch ein intelligenter Mensch.«

»Die Kuratorin kennt sich natürlich aus. Sie weiß, dass Wunder heutzutage eher selten sind, aber dennoch will sie nichts unversucht lassen«, griff ich Alicias Gedankengang auf. »Womöglich schmiedeten sie gemeinsam den Plan, die Madonna zu entführen. Brega hat Geld und Macht. Einfach nach Montserrat zu fahren und vor *La Moreneta* zu beten, reicht ihm nicht. Er will sie ganz für sich. Er will den Tod austricksen, er will leben.«

»Was für ein Schwachsinn«, brummte Vasquez, »der bisher drei Menschen das Leben gekostet hat. Den Tod betrügt man nicht, und außerdem würde unsere Schutzheilige niemals einem Mörder helfen.«

»Wer mit dem Rücken am Abgrund steht, der verliert jegliche moralischen Wertvorstellungen. Falls dieser Bankier jemals welche besessen hat.« Ich atmete tief durch. »Osorio macht sich also an den Abt heran. Wahrscheinlich weiß sie von der prekären finanziellen Lage seines Klosters. Sie offeriert ihm den verwegenen Rettungsplan. Benebelt von der Femme Fatale und den Sorgen um sein Kloster, stimmt Soler zu. So kommt der unsägliche Stein also ins Rollen.«

»Das ist gelinde gesagt Wahnsinn«, resümierte Luisa. »Aber logisch.«

»Sie ersteigern die Madonna, bis dahin geht der Plan auf, aber dann läuft alles aus dem Ruder. Eulenbruder Jaime, der die Statue überbringen soll, bekommt kalte Füße. Er erinnert sich an seinen alten Kumpel Emmanuel und übergibt sie ihm, gleichzeitig informiert er den Rest der Bruderschaft. Emmanuel und *La Moreneta* verschwinden zunächst von der Bildfläche. Der einzige Anhaltspunkt für die Eulen ist Calonge, das eruiert Raul aus dem abgefangenen Email-Verkehr zwischen dem Abt und dem anonymen Bieter. Womöglich auf Emmanuels Drängen hin wird er die kryptische Botschaft hinterlassen haben, das ominöse Rätsel, um möglichst viel Verwirrung zu stiften. Brega und Osorio vermuten das Gleiche. Sie wissen natürlich auch von der Bruderschaft, die es sich auf ihre Fahne geschrieben hat, die Madonna zu beschützen. Malachias, Jorge und Jaime suchen eine möglichst unauffällige Bleibe in der Nähe von Calonge.« Ich schüttelte resignierend den Kopf. »Schon waren wir im Spiel. Brega und die Osorio vermuten, dass die Eulenbruderschaft meine Hilfe in Anspruch genommen hat. Sie engagieren ein paar Söldner, die die Drecksarbeit übernehmen.«

»Der böse englische Autor will sich die Madonna unter den Nagel reißen«, Vasquez lächelte säuerlich. »Wirklich eine Verkettung unglücklicher Umstände, Arthur.«

»So könnte man das sehen, Manuel.«

»Oder man sah in dir tatsächlich einen Eulenbruder«, beteiligte sich Luisa. »Das Gerücht gab es doch mal, außerdem bist du ein dicker Kumpel unseres Bürgermeisters, der zum Orden gehört. Der Verdacht war also durchaus naheliegend.«

»Ja, wie auch immer. Jetzt stecken wir gemeinsam in diesem Haufen dampfender Kacke.« Alicia lehnte sich an mich. »Die

Ohrringe sind wirklich wunderschön, *mi ángel.*« Ich sah auf meine Armbanduhr. Halb sieben durch.

»Was haltet ihr davon, wenn Carina und ich mal die paar Meter zur Iglesia raufgehen und die Lage peilen?«, schlug Luisa vor. »Zwei Freundinnen, die sich die Kirche ansehen. Das ist nicht verdächtig. Vorausgesetzt, du bist dabei, Carina.«

Offensichtlich fand sie die pfiffige Boutique-Besitzerin sympathisch.

»Klar, kein Problem. Ich helfe gern, ist ja sowieso nichts los hier. So als Undercover-Agent loszulegen, hat was.«

»Ob das eine gute Idee ist? Wenn die unsere Casa observiert haben, dann haben sie dich wahrscheinlich auch auf dem Schirm«, wandte ich ein.

»Glaube ich nicht. Komm schon, Arty. Wir sollten langsam in die Offensive gehen.«

»Ich könnte auch noch mitgehen«, meinte Alma Cruz. »Nur zur Sicherheit. Einen Profi dabei zu haben, kann sicher nicht schaden.«

»In Uniform wohl kaum«, gab ihr Chef zu bedenken.

»Nee, schon klar, aber ich habe da hinten schicke schwarze Shorts und ein noch schickeres gelbes Shirt entdeckt.« Die drei jungen Frauen grinsten sich verschwörerisch an. Tja, da hat man kaum eine Chance. So sah es wohl auch Manuel Vasquez, der zähneknirschend zustimmte. »Super, ich ziehe mich mal schnell um.« Schon verschwand die Polizistin in der einzigen Umkleidekabine.

Audrey und Flores stürmten, reichlich erhitzt, in den Laden.

»So, wie ist der Plan?«, fragte meine Agentin. »Wir haben übrigens einen mittelalterlichen Typen gesehen, eine Arzttasche in der Hand, der ziemlich hastig durch das Dorf eilte.«

»Klar, einen hat Flores ja mit Pfeil und Bogen erwischt«, stellte Luisa fest.

»*Capitán*, wie wollen Sie vorgehen?« Audrey schien keine Zeit verschwenden zu wollen. Eine geborene Tribunin, gewohnt Befehle zu erteilen, im Hauptberuf allerdings Sklavenhalterin.

»Wir versuchen, die Bande zu überraschen. Ich gehe davon aus, dass sie nichts von unserer Anwesenheit wissen«, erklärte Vasquez.

»Kein guter Plan. Eine Burg stürmen ist immer Mist, Überraschungseffekt hin oder her. Die Verteidiger sind immer im Vorteil. Wir wissen doch gar nicht, wie viele Söldner sich in Bregas Villa verschanzen. Das könnte verdammt übel ausgehen.«

»Auch wieder wahr, große Heerführerin«, beschied Luisa.

»Wie sollten wir denn Ihrer Meinung nach vorgehen, Señora?«, fragte Vasquez stirnrunzelnd.

Alma Cruz kam in neuem Outfit aus der Umkleidekabine. Flores pfiff anerkennend. Die Polizistin sah wirklich umwerfend sexy aus.

»Wir sollten den Spieß umkehren«, schlug Audrey vor.

»Carina, Alma und ich können die Vorhut machen, sozusagen die Kundschafterinnen«, erklärte Luisa aufgedreht. »Wir checken die Lage in der Kirche und berichten dann.«

»Gute Idee«, stimmte Audrey zu. »*Capitán*?«

»Meinetwegen, gegen diese geballte Frauenpower ist eh kein Kraut gewachsen«, brummte Vasquez.

»Wenn dort oben noch alles ruhig ist, wovon ich ausgehe, richten wir uns in San Pere ein. Wenn ich mich recht erinnere, verfügt die Kirche über zwei dunkle Seitenschiffe, in denen wir uns prächtig verstecken können.«

»In einer Nische steht aber die Madonna«, gab Flores zu bedenken. »Da brennen immer Kerzen.«

»Kein Problem, wir nehmen das kleine Refugium dahinter. Dort befinden sich nur ein kleiner Altar und eine Bank für kniende Betende. Die Ecke ist vom Haupteingang nicht einsehbar.«

»Sie kennen sich aber verdammt gut aus«, staunte der junge Polizist.

Flores lachte. »Na ja, wir werden in drei Wochen dort heiraten. »Wir waren schon ein paarmal hier, um uns alles genau anzusehen und zu planen.« Sie warf Audrey einen verliebten Blick zu. »Schade, dass die Madonna dann schon wieder in Montserrat ist. Das wäre ja ein Ding …«

»Ach, also … Sie beide … werden heiraten?«, stammelte Alfonso, der wohl gerade mit der Enttäuschung leben musste, beide Kandidatinnen von seiner Wunschliste streichen zu müssen.

»Klapp den Kiefer wieder hoch, Fonsi«, kicherte Alma. »Und Sie auch, *Sergente* Manolo. Auch für euch beide wartet irgendwo da draußen die ganz große Liebe.«

»Womit wir wieder beim Thema wären«, warf Vasquez ein wenig genervt ein. »Ihr Plan basiert auf der Annahme, dass die Verbrecher nach Schließung der Kirche die Madonna abholen wollen.«

»Tja, was denn sonst?« Audrey zuckte mit den Schultern. »Sant Pere wird abgeschlossen sein. Es ist dunkel, nur ein wenig restliches Tageslicht, das durch die Kirchenfenster fällt, und ein paar flackernde Kerzen. Sie können unmöglich damit rechnen, dass wir uns in der Kirche versteckt haben. In diesem Moment haben wir alle Trümpfe in der Hand, *Capitán*. Sobald sie drin sind und sich an die Verpackung der Madonna machen, schlagen wir zu und verhaften sie. Es muss schnell gehen, klar, aber ich denke, wir können das schaffen.«

Vasquez sah skeptisch in die Runde. »Wir sind nur zu viert.«

»Aber nicht doch.« Audrey deutete auf ihre und Flores' Waffen. Die Tierärztin hatte den Bogen gegen eine Schusswaffe getauscht. Wie wäre es, wenn Sie uns schnell zu Hilfssheriffs ernennen, *Capitán*? Dann sind wir zu sechst.«

»Sie sind ja vollkommen verrückt«, meinte er kopfschüttelnd.

»Das sind meine Mädels«, verkündete ich stolz. »Unbeugsam wie die Amazonen des Südens, kampferprobt und treu bis in den Tod. Ein besseres Team werden Sie nicht bekommen, Manuel.«

»Lieber Himmel, verschonen Sie mich mit Ihren *Chroniken*«, stöhnte der Polizeichef von Calonge.

»Wir können jede Hilfe gebrauchen«, bemerkte Endris kleinlaut.

»Bei unserer Schutzheiligen, ich beuge mich der Mehrheit, aber Freunde … wenn das schiefgeht …«

»Keine Bange«, beruhigte ihn Audrey. »Wir sind schon große Mädels. Lassen Sie uns diese unleidige Geschichte zu einem guten Ende bringen. Es gibt noch so viele andere Dinge zu erledigen.«

»Leute, das ist doch kein Spiel«, klagte Vasquez händeringend. »Wir müssen dringend mit dem Küster sprechen. Den werden wir wohl einweihen müssen.«

»Das übernehme ich, *Capitán*«, erbot sich Endris. »Marti Carreras ist ein ehemaliger Zollbeamter, der sich im Ruhestand ein paar Euro dazuverdient. Ich kenne ihn durch meinen Vater. Die haben früher zusammen Pelota gespielt.«

»Sehr gut, dann Abmarsch, Endris.«

»Wir sollten jetzt auch los«, meinte Luisa. Alma Cruz, Carina und sie machten sich auf den kurzen Weg hinauf zur Iglesia.

Kurz vor neunzehn Uhr. Noch eine Stunde bis zur Schließung der Kirche.

Die Macht der Kleinen Braunen

»Mir kommt es vor, als würde sie direkt in mein Herz sehen, obwohl ihr Blick in die Ferne gerichtet ist«, hauchte Alma. Luisa, Carina und die Polizistin knieten andächtig vor *La Moreneta.* »Spürt ihr das nicht auch?«

»Sie ist etwas Besonderes«, stimmte Carina mit belegter Stimme zu. »Aber das Kind auf ihrem Schoß … Es wirkt … so alt, fast erwachsen. Das war mir bislang nicht bewusst.«

»Ist ein wenig verstörend«, stimmte Luisa zu. »Trotzdem wunderschön.«

Kurz vor der offiziellen Schließung war die Kirche verwaist. Spärliches Licht fiel durch die bunt ornamentierten schmalen Kirchenfenster. Wegen der exponierten Lage auf dem Hügel hatten die Baumeister nur wenige Fenster eingebaut, um den Innenraum im Sommer vor der Hitze zu schützen.

Luisa erhob sich, um das zweite Seitenschiff zu inspizieren, an dessen Außenwand eine Jesusstatue am Kreuz angebracht war, davor zwei kleine Bänke. Zufrieden stellte sie fest, dass der Platz für sechs Personen ausreichen würde. Gerade, als sie zu ihren Begleiterinnen zurückkehren wollte, hörte sie, wie ein Flügel der Kirchentür geöffnet wurde. Einem Instinkt folgend verharrte sie in der Nische. Die Schritte näherten sich der Schwarzen Madonna.

»Die Kirche schließt gleich.« Eine junge Stimme, die Luisa bekannt vorkam. »Vielleicht sollten Sie gehen.«

»Aber warum denn?«, fragte Alma freundlich zurück.

»Sie sind gekleidet wie zwei Prostituierte.« Überheblich, spöttisch. »Wohl kaum angemessen gegenüber einer Heiligen.«

Tomas Brega! Luisa zuckte vor Schreck zusammen. *Was will der denn hier?*

»Das kannst du getrost uns überlassen, verklemmtes Bürschchen«, erwiderte Carina selbstbewusst. »Außerdem ist das hier ja nur eine Nachbildung.«

»Aber selbst, wenn es die echte Madonna wäre …«, ergänzte Alma trocken und ließ ihre Worte einen Moment wirken. »würde die Heilige erkennen, dass wir gute Menschen sind.«

Der junge Brega lachte tonlos. »Ist das so?« Einen Augenblick herrschte Stille. »Wie dem auch sei. Sie sollten eine Stätte unseres Herrn in angemessener Kleidung betreten. Der Zorn Gottes und seiner Jünger kann sehr schnell über uneinsichtige Menschen hereinbrechen.«

»Ach ja?« Die Boutiquebesitzerin lachte hell auf. »Und du bist so ein Streiter des Herrn? Kaum zu glauben.«

Verdammt, Carina, provozier ihn nicht, dachte Luisa alarmiert.

Ehe die Situation eskalieren konnte, öffnete sich ein weiteres Mal die Pforte.

»Werte Besucher von Sant Pere.« Eine dunkle, warme Stimme. »Ich muss Sie bitten, jetzt den Ort der Anbetung zu verlassen. Ich muss die Kirche heute leider ein wenig vor der üblichen Zeit schließen, da ich nach Girona fahren muss.«

»Das ist schon in Ordnung, Marti«, sagte Carina. »Gibst du meiner Freundin und mir nur noch eine Minute? Wir haben unser Gebet noch nicht beenden können, da uns dieser Krieger Gottes gestört hat.«

Luisa musste ein Kichern unterdrücken.

»Natürlich, Señora.«

Nun mach dich schon vom Acker!

Schnelle Schritte. Ein unterdrückter Fluch. Luisa äugte vorsichtig um die Ecke. Tomas Brega verließ Sant Pere, dicht gefolgt von Marti Carreras.

»Puh, das war knapp«, stöhnte Luisa. »Ich vermute mal, Tomas war das Erkundungskommando der Gegenseite. Wenn er mich gesehen hätte, wäre er sicher alarmiert gewesen.«

»Uns zwei Nutten kannte er offensichtlich nicht«, meinte Alma belustigt.

»Selbst schuld, was takelt ihr zwei euch auch so sexy auf«, schalt Luisa grinsend. »Schau mal ums Eck, Alma. Ich würde dem Saftsack ungern über den Weg laufen.«

Die Polizistin verschwand kurz nach draußen, steckte dann den Kopf wieder in die Kirche und rief: »Alles klar, die Luft ist rein.«

»Arty, bitte, bleib doch einfach mal eine Minute sitzen«, bat Alicia.

»Die sind schon ganz schön lange weg«, maulte ich nervös.

»Sie sind zu dritt, die haben das im Griff.«

Wenig beruhigt setzte ich mich auf einen Stuhl hinter der Theke. Audrey und Flores schwatzten munter über die Deko, die sie sich in der Kirche vorstellten. Die Feier hinterher würde natürlich im *Samal* stattfinden. Um die Ausgestaltung des Restaurants und des Außenbereiches würden sich Javier und Catalina kümmern. Das alles kam mir so weit weg vor. *Einen Schritt nach dem anderen*, betete ich mir vor. *Das wird eine wundervolle Hochzeit, und wir werden alle gesund und munter am Start sein.*

Endris Manolo kam schwitzend zurück in die Boutique.

»Marti hat die Order bekommen, Sant Pere eine halbe Stunde eher als üblich dicht zu machen.«

»Mist!«, schimpfte Audrey. »Dann bleibt uns nicht mehr viel Zeit.«

»Von wem kommt die Order?«, wollte Vasquez wissen.

»Von Pfarrer Eusebio, der jetzt Pals mitbetreut. Einen eigenen Geistlichen hat Pals schon lange nicht mehr. Kein Wunder, bei den paar Anwohnern.«

Im selben Moment kam unser Vorauskommando wohlbehalten zurück. Ich atmete auf.

»Der junge Brega war da«, berichtete Luisa aufgewühlt. »Aber er hat mich nicht gesehen, nur die beiden heißen Geschosse hier.«

»Er hat, so wie ihr, die Lage erkundet«, vermutete Flores.

»Der Küster will die Kirche jetzt schon schließen«, sagte Alma. »Was machen wir denn jetzt?«

»Ich denke, Sie haben Carreras eingeweiht, Endris?«, wunderte ich mich.

»Das habe ich, aber er hat Angst, dass er seinen Job verliert. Wir haben fünf Minuten, mehr konnte ich nicht aushandeln.«

»Das gefällt mir alles überhaupt nicht«, wandte ich ein.

Capitán Vasquez sah mich durchdringend an. »Der Plan Ihrer Amazone ist der beste, den wir haben. Also … alle bereit? Das ist die letzte Chance, um auszusteigen.« Allgemeines Nicken. »Dann los. Endris?«

»Marti wartet schon auf uns. Wenn wir drin sind, schließt er die Kirche ab.«

Die drei Männer und die drei Amazonen machten sich auf den Weg.

»Also, was ist denn unsere Aufgabe?«, rief Luisa. »Ihr glaubt doch wohl nicht, dass Arty, Alicia und ich hier wie die Mäuse vor dem Käse in der Boutique sitzen und darauf warten, dass die Helden siegreich aus der Schlacht zurückkehren.«

»Auch das hatte ich befürchtet«, stöhnte Vasquez verdrießlich. »Diese ganze Operation gleicht immer mehr einem Laienspieltheater. Endris, Ihr Funkgerät.«

»*Capitán*?«

»Na los, her damit.« Irritiert überreichte der *Sergente* seinem Kommandeur das gewünschte Gerät. »Sie drei«, Vasquez deutete auf Luisa, Alicia und mich, »begeben sich unverzüglich in den Taubenturm gegenüber von Sant Pere. Von der oberen Etage aus haben Sie einen guten Überblick durch die ehemaligen Schießscharten. Sobald Brega mit seinen Konsorten auftaucht …«

»Rufen wir an«, versprach ich eifrig.

»Auf keinen Fall!«, donnerte Vasquez. »Viel zu laut! Wir müssen davon ausgehen, dass keine weiteren Personen dort sind, also könnte das Gespräch bemerkt werden.« Er hielt mir das handliche Funkgerät unter die Nase. »Für jede Person, die sie sehen, drücken sie einmal kurz auf den Rufknopf. Das ist geräuschlos. Wir wissen dann, wann es losgeht und mit wie vielen Feinden wir zu rechnen haben. Du liebe Güte, jetzt sage ich schon Feinde …«

»Alles klar.« Luisa nickte entschlossen. »Auf in die letzte Schlacht. Wir stellen uns den Weißen Wächtern, und wenn wir tapfer und treu zusammenstehen, dann werden wir sie ein für alle Mal besiegen.«

»Ihre Tochter kennt die *Chroniken* wohl auswendig«, meinte Vasquez.

»Genau wie ich«, bekannte Endris Manolo mit leicht rotem Kopf.

Carina verschloss die Tür, nachdem wir gegangen waren, nicht ohne uns das Versprechen abzunehmen, sofort zu ihr zurückzukehren, wenn … ja, wenn endlich alles vorbei war. Schließlich wollte Alicia noch nach dem Armreifen und der Halskette sehen.

Neunzehn Uhr vierzig. Marti Carreras verschwand in den Gassen Pals. Der Küster hatte die Kirche abgeschlossen, nachdem unsere Task-Force im Inneren verschwunden war.

»Ich hasse Tauben.« Luisa verzog angewidert ihr Gesicht. »Die scheißen überall hin und verbreiten Krankheiten.« Tatsächlich war der ganze Boden mit Taubenkot bedeckt. In den drei unteren Etagen gurrte es vernehmlich. Auf der Empore, auf der wir uns versteckt hatten, waren die Tiere schimpfend abgezogen. »Wozu diente der Turm überhaupt?«

»Wahrscheinlich hat man hier gefallene Jungfrauen eingekerkert«, vermutete ich. Alicia sah mich schmunzelnd an.

»Dann sind wir ja genau am richtigen Ort«, beschied Luisa trocken.

Wir sahen angestrengt durch die schmalen Schlitze, die in grauer Vorzeit als Schießscharten gedient hatte. Der Turm selbst war sicher gut zu verteidigen gewesen, allerdings besaß er auch keine Fluchtmöglichkeit.

»Nichts tut sich.« Ich sah zum wiederholten Male auf meine Uhr. »Worauf warten die denn?«

»Wie kommen Brega und seine Leute denn überhaupt in die Kirche?«, fragte Alicia nachdenklich.

»Das Schloss wird schon nicht so schwer zu knacken sein«, murmelte ich.

Alfonso Goya sah fröstelnd zu der leidenden Jesusfigur am Kreuz auf. Die drei Frauen, *Capitán* Vasquez und Endris Manolo hockten schweigend und hoch konzentriert auf den engen Bänken.

Audrey sah kopfschüttelnd auf ihr Handy. »Kein Empfang, nicht mal der Ansatz eines Balkens. Scheinen verdammt dicke Wände zu sein.«

»Oh ja, sonst würden Sie hier im Sommer eingehen wie eine Primel. Dreizehn Sonnenstunden oder mehr sind nicht zu verachten«, flüsterte Vasquez. »Deshalb die Funkgeräte, die funktionieren erstaunlicherweise, zumindest das einfache Signal kommt durch.«

Plötzlich erfüllte ein wabernder, durchdringender Ton das Kirchenschiff. Als hielte ein Musiker nur eine einzige Taste permanent gedrückt.

»Was ist das?«, stammelte Endris erschrocken. »Die Orgel?«

»Das ist die Madonna.« Alfonso bekreuzigte sich, vorsichtshalber mehrfach. »Sie leidet, sie will zurück in die Berge.«

»Seien sie still, Goya«, zischte Vasquez. »Sie machen uns noch alle verrückt mit ihrem Aberglauben.«

Audrey und Flores zogen ihre Waffen aus den Holstern.

Das schwer lastende Summen verstummte, dafür erklangen jetzt die Stimmen von Mönchen, die einen schwermütigen, seltsam unmelodischen Choral anstimmten.

»Das gefällt mir nicht. Ist ja total unheimlich.« Flores rückte noch enger an ihre zukünftige Braut heran. »Der Gesang muss von einem Band kommen.«

Das flackernde Halbdunkel verbreitete eine mystisch knisternde Stimmung.

»Wir sind nicht allein«, stellte Alma gefasst fest. »Jemand muss diesen verfluchten Gesang aktiviert haben.«

Das meiste Licht, das bisher durch ein rundes Fenster oberhalb des Altars eingefallen war, verblasste. Es wurde noch dunkler in Sant Pere.

»Wahrscheinlich nur eine Wolke, die sich vor die Sonne geschoben hat«, flüsterte Vasquez. »Kein Grund zur Panik.«

Der Gesang wurde lauter, fordernder. Die Orgel fiel wieder ein, aufwühlend, überhaupt nicht zum Gesang passend. Ein wahrhaft schreckliches Crescendo.

»Worauf haben wir uns nur eingelassen, Audrey?«, fragte Flores.

»Das werden wir gleich herausfinden. Diesem Phantom einer misslungenen Oper werden wir auf den Zahn fühlen.« Entschlossen entsicherte Audrey ihre Waffe. »Von so einem Hokuspokus werde ich mich nicht einschüchtern lassen.«

»Bravo, Miss Parker!«, jubelte Endris.

Hinter dem Altar, überdeckt durch die laute, endzeitliche Musik, schob sich, unbemerkt von den Anwesenden, eine Bodenplatte knirschend beiseite.

~

»Da kommt jemand den Pfad rauf!«, sagte Luisa halblaut. Sie hatte anscheinend die besten Augen. Jetzt sah ich es auch. Zwei Männer, die einen dritten vor sich herschoben.

»Das ist ja … Inspektor Robles«, erkannte Alicia aufgeregt.

Wahrhaftig, ein älterer grauhaariger und ein hünenhafter jüngerer Mann mit einem Pferdeschwanz liefen direkt hinter Horatio Robles, der einen müden, resignierten Eindruck machte. Mitten auf dem Kirchplatz, auf halbem Weg zwischen Sant Pere und unserem Versteck blieben sie stehen.

»Es ist an der Zeit, diese Charade zu beenden.« Die Stimme des älteren Mannes wehte dünn und brüchig über den verlassenen Platz. Die Tauben gurrten empört ob der neuerlichen Störung. »Wenn Ihnen etwas am Wohlergehen des Inspektors liegt, dann sollten Sie jetzt herauskommen. Wer immer sich dort im Turm verborgen haben mag. Wir haben unsere Augen und Ohren überall.« Erst jetzt erkannte ich die Waffe in der Hand des Söldners. »Wir sollten das Ganze nicht unnötig in die Länge ziehen. Ich würde sagen, drei Minuten sind eine durchaus angemessene Zeit.«

»Scheiße hoch zehn, was machen wir denn jetzt?« Luisa sah mich genauso hilflos fragend an wie Alicia.

»Das ist wahrscheinlich der alte Brega«, vermutete ich düster. »Der kennt keine Skrupel, drei Leichen hat er schon auf dem Gewissen, auch wenn er sie wahrscheinlich nicht selbst umgebracht hat.«

»Der arme Horatio«, flüsterte Alicia mitfühlend. »Wir können ihn doch nicht einfach im Stich lassen.«

»Nein, das können wir nicht. Ich gehe raus … allein. Die wissen ja nicht, wie viele Personen hier sind.«

»Kommt nicht in Frage.« Sie sah mich kämpferisch an. »Ich bleibe an deiner Seite. Die werden sich hüten, eine Frau zu erschießen.«

»Die erste Minute ist verstrichen«, ertönte es spöttisch über den Kirchplatz. »Bleiben noch zwei.«

»Eben. Deshalb komme ich auch mit«, sagte Luisa.

Ich schüttelte energisch den Kopf. »Du bist unsere Reserve, du musst Audrey und die andern mit dem Funkgerät informieren. Wir werden sicher nicht hier auf dem Präsentierteller bleiben. Sobald die uns weggebracht haben, klopfst du wie verrückt an die Kirchentür. Marti hat doch gesagt, dass man sie von innen immer öffnen kann. Dann informierst du Audrey und Vasquez und befreist uns.«

»Das ist beknackt, Arty. Die wollen doch die Madonna holen, ergo werden sie nicht verschwinden, sondern in die Kirche gehen.«

»Aber sie sind nur zu zweit, Luisa. Sie können nicht uns drei bewachen und gleichzeitig die Kleine Braune abholen. Sieh dir Brega doch nur an, der macht den Eindruck, als könnte er sich kaum auf den Beinen halten.«

»Wo steckt dann der Rest seiner Truppe? Wo ist die Osorio, wo der Rest der Söldner? Wir übersehen was, ganz sicher.«

»Was denn, Kleines?«

»Die letzten neunzig Sekunden.«

Robles bekam einen Stoß in den Rücken. Bregas Scherge zwang den Inspektor auf die Knie. Ich drückte Luisa fest an mich. Wir sahen einander in die Augen, nickten uns zu, dann nahm ich Alicias Hand, und wir stiegen die gewundene Treppe hinab. Mit erhobenen Händen gingen wir die wenigen Schritte auf Brega und Horatio Robles zu.

»Sieh an. Also hatte ich doch die ganze Zeit recht. Mister Crawley und seine neue Flamme. Natürlich stecken Sie mit drin.« Bregas Gesicht war ganz fleckig, sein Atem ging angestrengt, kurz und stoßartig. Offensichtlich machte ihm die noch ordentlich herabscheinende Abendsonne zu schaffen. »Sie mieser Schreiberling werden die Madonna niemals bekommen.«

»Was auch nie in meiner Absicht lag«, gab ich so ruhig wie möglich zurück.

»Lächerlich.« Er hustete langanhaltend. »Jeder Mensch hängt am Leben, und wenn man es verlängern kann, dann ist man bereit dafür zu kämpfen.«

»Ich schreibe zwar Fantasy-Romane, aber ich stehe mit beiden Beinen fest auf diesem Planeten. Wenn Sie wirklich glauben, dass allein die Nähe zu *La Moreneta* Sie retten kann, dann sind Sie noch viel dümmer, als ich es mir vorgestellt habe.«

»Vorsicht!«, zischte der Bankier. Sein Revolvermann schwenkte die Schnellfeuerwaffe in meine Richtung. »So ein Leben kann schneller vorbeisein, als man denkt.«

»Hören Sie, Señor Brega … Nun haben Sie doch, was Sie wollten«, mischte sich Alicia ein. Wahrscheinlich hatte sie Angst, ich könnte mich nicht beherrschen und Brega ließe mich einfach erschießen. »Was wollen Sie jetzt tun? Uns alle drei umbringen? Ich bin eine gläubige Frau, Señor, und ich bin sicher, dass unsere Schutzheilige sehr wohl in die Herzen der Menschen sehen kann.« Alicia nahm die Arme herunter und präsentierte ihm ihre offenen Handflächen. »Wie viel Schuld wollen Sie denn noch auf sich laden?«

»Sie verfügen bei Weitem nicht über den Horizont, um das Ausmaß dieses Wunders zu erkennen. Die Kraft der Madonna wird denjenigen zuteil, die würdig sind. Sie wird mir helfen, sie wird mich heilen, davon bin ich fest überzeugt. Und Sie«, Brega tippte dem knienden Horatio Robles auf die Schulter, »aufstehen und rüber zu dem Schmierfinken.«

Robles erhob sich stöhnend und stellte sich neben mich.

»Ich hatte keine Wahl«, bekannte er leise. »Ich habe eine Tochter …«

»Schon gut, Horatio. Teufel in Menschengestalt sind leider unberechenbar.« Erst jetzt konnte ich Artur Bregas ausgemergelte Gestalt vollständig in Augenschein nehmen. Sein einst maßgeschneiderter Anzug schlabberte um einen Körper, dessen Zeit auf Erden so gut wie abgelaufen schien.

»Weise Worte«, lachte Brega zynisch.

»Mögen ihre verdorbenen Knochen für alle Ewigkeit im Höllenfeuer schmoren«, sagte Alicia gefasst. Er wurde erneut von einem nicht enden wollenden Hustenanfall heimgesucht.

»Na los, Felipe«, krächzte er. »Worauf wartest du? Bringen wir unsere Gefangenen an ihren letzten Bestimmungsort.« Sein Scherge deutete mit seiner Waffe unmissverständlich auf die Kirchentür. »Die ganze Bande ein letztes Mal vereint. Das hat ja fast schon epische Dimensionen.« Bösartiges Lachen, abgelöst von einem erneuten krampfartigen Hustenanfall.

Audrey und Flores verließen die Deckung der winzigen Kapelle. Die Schwarze Madonna im Rücken, beobachteten sie die Eingangspforte, die Pistolen im Anschlag. Der Gesang der Mönche und das wilde Spiel der Orgel hielt unvermindert an und zerrte an den Nerven der sechs Aufrechten.

»Heilige Mutter Gottes, steh uns bei! Seht nur«, rief Alma Cruz, ein Frösteln in der Stimme. »Die Madonna … sie weint …!«

Augenblicklich wandten sich alle der Statue zu. Im flackernden Kerzenlicht war eindeutig zu sehen, dass aus den schwarzen Augen der Skulptur eine Flüssigkeit über die Wangen rann, und obwohl ihr Blick in die Ferne gerichtet war, hatten alle den Eindruck, als wolle *La Moreneta* ihre ganze Trauer sichtbar machen.

»Dafür gibt es sicher eine einleuchtende physikalische Erklärung, oder?«, fragte Audrey beklommen.

Endris Manolo faltete seine Hände und kniete auf der Bank vor dem Schrein nieder. »Sie ist traurig, sie braucht unsere Hilfe.«

Alma, ihr junger Partner und Flores taten es ihm gleich. Die Musik steigerte sich zu einem vernichtenden Crescendo, der Mönchsgesang endete mit einem finalen Aufschrei.

Dann …

Stille.

Plötzlich Schritte hinter den sechs Wächtern der Kleinen Braunen.

»Wie schön, die ganze Bagage einträchtig zusammen.«

Audrey wandte sich blitzartig um, aber es war zu spät. Alejandra Osorio, Tomas Brega und fünf weitere Bewaffnete waren – offensichtlich durch einen Geheimgang – unbemerkt in Sant Pere eingedrungen.

»Waffen auf den Boden. Sofort!«, kommandierte die Kuratorin befehlsgewohnt. »Das Spiel ist aus.«

Vasquez und Audrey analysierten die Lage, kamen aber zu dem Schluss, dass Gegenwehr sinnlos erschien. Enttäuscht legten sie ihre Waffen ab.

»Man hat uns verraten«, murmelte Audrey ernüchtert. »Wer war es, der Küster?«

»Marti? Oh nein, nicht doch.« Der junge Brega lächelte überheblich. »Der gute Pater der Gemeinde war es. Was die These meines verehrten Vaters bestätigt, dass letztendlich jeder Mensch entweder käuflich ist oder so unter Druck gesetzt werden kann, dass er bricht.«

»Bravo, bahnbrechende Erkenntnisse, Brega«, spottete Vasquez.

Tomas Brega machte einen Schritt nach vorn und richtete seine Pistole auf den Polizisten.

»Lass den Blödsinn, Tomas!«, fuhr Osorio ihn an. »Wir halten uns an den Plan.« Widerwillig trat er wieder zurück. »Alle in die zweite Kirchenbank. *Vamos!* Enrique, Carlos, fesselt die Herrschaften, und zwar ordentlich. Sie dürfen sich auf keinen Fall befreien können. Ihr kennt den Plan.«

Vasquez drehte sich halb zur Madonna um. In seiner linken Hand trug er das Funkgerät. Unbemerkt gelang es ihm, den Rufknopf siebenmal zu betätigen.

Bregas Söldner hielt uns in Schach, während der Bankier umständlich die Pforte öffnete. Ich musste mich zwingen, mich nicht umzudrehen und zum Taubenturm zu schauen.

»Rein mit euch!«

Hand in Hand schlurften Alicia und ich in das Halbdunkel des Kirchenschiffs. Als sich meine Augen an das Zwielicht gewöhnt hatten, konnte ich die verfahrene Situation gut überblicken. Audrey, Flores, Vasquez, Alma Cruz, Endris Manolo und Alfonso Goya hockten gefesselt in der zweiten Reihe der Kirchenbänke. Meine Agentin sah mich mit flammenden, aber letztendlich hilflosen Blicken an.

»Wie schön, da ist doch noch Platz für zwei weitere Kandidaten, oder, Liebste?« Brega steuerte auf die Kuratorin zu und gab ihr einen unverschämt langen Kuss auf den Mund.

»Widerlich!«, kommentierte Audrey böse. »Was finden Sie eigentlich an diesem greisen Irren?«

»Das würden Sie nie verstehen«, gab Alejandra Osorio überlegen zurück. »Wir sind eins, zwei verbundene Seelen auf der Reise in die Unsterblichkeit.«

»Na, dann herzlichen Glückwunsch. Sie werden ja bald eine lustige Witwe sein und können seine Kohle in Ruhe für die schönen Dinge des Lebens verjubeln.«

»Ganz sicher werden Sie und Ihre entzückende Partnerin vor uns das Zeitliche segnen, nicht wahr, *darling*?«, flötete die Kuratorin zuckersüß.

Derweil wurden auch Alicia und ich so verschnürt, dass wir gerade einmal mit dem Hintern wackeln konnten. Beine und Arme hatten keinen Spielraum.

»Was soll denn das heißen?«, stieß Felipe, Bregas jüngster Söldner, unsicher hervor. »Von Mord war keine Rede, es ging nur darum, die Statue abzuholen.«

»Na und? Kleine Planänderung. Wir können die Bande unmöglich einfach laufen lassen. Sie kennen unsere Identitäten, auch dein Gesicht, Bürschchen. Willst du es auf einem Fahndungsfoto in ganz Spanien sehen? Willst du mehr Geld, oder was?« Ein Windstoß fuhr durch das schüttere Haar des Bankiers, das er fahrig mit einer Hand zurückschob. »Sollst du haben. Ich lege noch zwei Tausender drauf.«

»Nein, das ist es nicht«, stammelte der Junge.

Ich schätzte ihn auf gerade zwanzig Jahre. Er war total daneben. Immer wieder ging sein Blick zur Schwarzen Madonna.

»Was dann?«, schrie Brega wütend.

»Vielleicht möchte er einfach nicht den Rest seines Lebens mit der Schuld leben, wehrlose Menschen ermordet zu haben«, sagte Alicia ruhig. »Der Raub einer Heiligen ist etwas anderes als ein kaltblütiger siebenfacher Mord.«

»Noch dazu an so wunderbaren Frauen«, ergänzte ich.

»Nein, Señor Brega. Das werde ich nicht tun, das geht zu weit.« Felipe schüttelte entschieden den Kopf. »Da mache ich nicht mit.«

»Dann gib mir die Waffe, du elendes Weichei«, forderte Brega. »Du sollst ja niemanden erschießen, Dummkopf. Wir transportieren die Madonna ab, und … nun ja, bei der Hitze kann leicht ein Brand entstehen, oder?« Er grinste diabolisch.

»Hilf uns, Felipe«, schaltete sich Robles ein. »Und ich werde dafür sorgen, dass du eine milde Strafe bekommst. Noch ist es nicht zu spät. Wirf dein Leben nicht weg, du bist noch so jung. Das alles hier ist falsch, das musst du doch erkennen.«

»Wenn Sie nicht sofort still sind, dann klebe ich Ihr vorlautes Plappermaul zu, verstanden!«, drohte Alejandra Osorio.

Unentschlossen wanderte Felipes Blick hin und her. Hilfesuchend sah er seine Mitstreiter an, die sich aber nur stoisch an ihren Waffen festhielten. Offensichtlich deutlich abgebrühtere Exemplare. Ich überlegte, welche Argumente noch greifen konnten.

Brega entriss dem zögernden Jungen die Waffe. Der Moment war ungenutzt verstrichen. Neben mir seufzte Robles enttäuscht auf.

»Sehen Sie?«, keuchte Brega kurzatmig. Unsere Blicke trafen sich zu einem sprühenden Duell. *Er ist wahnsinnig, ganz eindeutig. Warum lässt sich die Osorio auf so einen Menschen ein? Was verspricht sie sich davon?* »Das ist der Unterschied zwischen unendlich vielen Nullen und den wenigen Einsen auf dieser Welt. Im Zweifelsfall muss man auch bereit sein, für seine Überzeugungen zu töten.«

Alicia gelang es, ihren Kopf an meine Schulter zu lehnen. Da saßen wir nun, eng Seite an Seite, sehenden und stolzen Auges dem Untergang trotzend.

Die kurzläufige Schnellfeuerwaffe zitterte sichtlich in den Händen des Bankiers, dann reichte er sie an seine Partnerin weiter.

»Ein dreckiger feiger Mörder sind Sie, Señor Brega. Nicht mehr und nicht weniger. Einfach nur ein armer Irrer«, sagte Inspektor Robles erstaunlich gefasst. »*La Moreneta* wird Ihre verkommene Seele in die Hölle schicken. Niemals würde sie einem so skrupellosen Egoisten helfen, niemals.«

Esteban Bregas Miene verzerrte sich zu einer schiefen Fratze. »Das lassen Sie mal meine Sorge sein, Inspektor. Ich werde noch auf Ihrem Grab tanzen.«

»Spätestens dann wird sich die Hölle auftun.« Robles sah demonstrativ Richtung *La Moreneta*. »Sehen Sie, Brega, unsere Madonna beweint Ihre schrecklichen Taten.«

Erst jetzt schien der Bankier die Heilige wahrzunehmen. Wie gebannt hing sein Blick an der Statue, seine Hände zitterten, sein ganzer Körper bebte, dann lachte er, dünn, verkrampft, asthmatisch.

»Wie dumm Sie doch sind, wie unglaublich dumm. Das ist ein Zeichen …« Mit unsicheren Schritten wankte er auf die Madonna zu. Mit fliegenden Fingern öffnete er den gläsernen Schrein, der die Heilige vor Umwelteinflüssen und allzu eifrigen Verehrern schützen sollte. »Mein Zeichen, es ist mein Zeichen der Heiligen, es ist nur für mich. Alejandra …« Brega sah seine Partnerin an. »Gib mir deinen Flachmann, komm schon.«

»Du solltest jetzt keinen Alkohol trinken«, wehrte sie kopfschüttelnd ab.

»Dummerchen«, schalt er grinsend. Flammende Augen in tief liegenden Höhlen, die Gesichtshaut hektisch fleckig. »Her damit! Ich will deinen Fusel nicht trinken, ich brauche nur das Gefäß.«

»Na schön.« Zögernd öffnete Osorio ihren kleinen Rucksack und reichte dem Bankier einen silbernen Behälter. Brega riss ihn ihr aus der Hand. Verächtlich schüttete er den Brandy aus.

»Was für eine Verschwendung«, seufzte ich. »Der Mann ist wirklich irre.«

Brega ging zum Taufbecken und spülte das Gefäß mehrfach mit Wasser aus, dann wandte er sich der Madonna zu. Tropfen für Tropfen, Träne für Träne der Kleinen Braunen fing er in der Flasche auf. Sein Atem ging stoßweise, sein fanatischer Blick war auf das Gesicht der Schwarzen Madonna fixiert.

»Das ist es«, keuchte er ergriffen.

»Das ist *was*?«, fragte Audrey laut.

Sein Kopf ruckte zu uns herum.

»Das Elixier des ewigen Lebens, was denn sonst? Die Tränen *La Morenetas* sind der Schlüssel zum ewigen Leben.« Esteban Brega weinte vor Freude, sofort setzte er seine Bemühungen fort.

»Okay, wer bis jetzt noch an seinem Geisteszustand gezweifelt hat, dürfte nun endlich davon überzeugt sein, dass wir es mit einem unzurechnungsfähigen Geisteskranken zu tun haben«, meldete sich Vasquez zu Wort. »Ihr da«, wandte er sich an die Bewaffneten. »Beenden wir diese Farce, es ist noch nicht zu spät.«

Ich glaubte tatsächlich Unsicherheit und Zweifel bei den Söldnern zu spüren. Zu skurril und verstörend war Bregas Auftritt.

»Seien Sie still, *Commandante*, sonst muss ich Sie ruhigstellen«, verlangte Osorio scharf. »Und zwar dauerhaft.«

Ich dachte an Luisa. Sie war unsere letzte Hoffnung. Was würde sie tun? *Hoffentlich keinen übereilten Unsinn!*

»Es … hört auf. Sie weint nicht mehr.« Ein ungläubiger verzweifelter Ausruf unseres Peinigers. »Nein, nein, nein!« Hektisch versuchte er die letzten Tropfen einzufangen. Ich hoffte vergeblich auf einen Herzinfarkt.

»Na, so was.« Verdammt noch eins, ich konnte mich einfach nicht zurückhalten, aber vielleicht war das unsere Chance, Zwietracht zu säen. »Da bin ich aber mal gespannt, wie Sie die paar Tröpfchen ewigen Lebens verteilen werden, Esteban. Ich schätze mal, die Pfütze reicht maximal für eine Person.«

»Ich würde es schnell trinken, Señor Brega«, assistierte Audrey, »sonst nimmt sich jemand anderes das Zeug. Oder sind Sie ein Gentleman? Dann sollten Sie es an Ihre geliebte Alejandra weiterreichen. Na, wie sieht's aus, großer Matador?«

Luisa beobachtete den Vorplatz. Arthur und Alicia hatten sich ergeben. So weit, so gut. Jetzt erhob sich Inspektor Robles und stellte sich links neben ihren Adoptivvater. Immer noch hielt sie das Funkgerät fest umklammert. Plötzlich blinkte es rot auf.

»Was soll das denn?«, fluchte sie leise. »*Ich* sollte doch das Signal geben.« Mit großen Augen fixierte sie die winzige Leuchtdiode. »Drei, vier, fünf … sechs … sieben.«

Sie hielt die Luft an, schloss die Augen, dachte angestrengt nach. »Scheiße, Scheiße, Scheiße! Heißt das etwa, da sind sieben verdammte Verbrecher in der Kirche?« Für einen Moment setzte ihr Herz aus. »Aber ja, das ist es.« Verbissen sah sie auf den Kirchplatz. »Die ganze Zeit haben wir überlegt, was an der Nummer faul ist. Da muss es einen zweiten Eingang geben. Die haben meine Leute überrumpelt.« Verzweifelt sah sie sich um. *Ich bin auf mich allein gestellt. Was soll ich nur tun? Wie schlimm kann das denn noch werden?* Alles in ihr schrie um Hilfe, aber woher sollte diese kommen?

»Unserer Hohen Mutter sei Dank!« Der Söldner weigerte sich anscheinend irgendeinen Befehl Bregas auszuführen. »Na los doch, knall den Alten ab«, betete Luisa inbrünstig. Aber ihr

Wunsch wurde nicht zur Wirklichkeit. Stattdessen marschierte die kleine Gruppe zum Eingang der Kirche. Brega öffnete die Pforte. Die fünf Personen verschwanden im Inneren.

»Nein, nein, nein!« Sie rannte die Wendeltreppe hinab bis auf den jetzt verlassenen Vorhof Sant Peres. »Ich muss Hilfe holen. Aber wen?« Ihre Gedanken drehten sich im Kreis. Doch die übergeordnete Polizei kontaktieren, die *Guardia Civil?* Das würde viel zu lange dauern, kostbare Zeit würde vergehen, bis sie einem Uneingeweihten die Zusammenhänge erklärt hätte. Ratlos entsperrte Luisa ihr Handy. *Wen kann ich anrufen?*

»Mutter Sonne, bitte … Ihr Götter Anbanus, schenkt mir eine Erleuchtung.«

Ein letzter Sonnenstrahl traf ihr Gesicht, bevor sich die Sonne hinter die Dächer von Pals zurückzog. Sie schloss ihre Augen, spürte einen sanften Hauch, der ihre verschwitzte Haut streichelte.

Plötzlich lächelte sie. Wilde Entschlossenheit spiegelte sich auf ihrem Gesicht. Sie dachte an Arthur, ihren Adoptivvater, an Alicia, an all die Menschen, die sie im letzten Jahr liebgewonnen hatte, die ihr Leben verändert, neue Hoffnung in ihr verbreitet hatten, die ihr Leben lebenswert machten. Luisa dachte auch an die Katzen, an den verliebten Luzifer und die süße Amaia, die jetzt in ihrer Casa wohnten, an die bevorstehende Hochzeit von Audrey und Flores. Ein wenig über sich selbst verwundert, dachte sie auch an Adrian Velasquez, den Meeresbiologen, der jetzt auf allen sieben Meeren die rote Flut bekämpfte. Wäre er der Richtige gewesen?

Ich hätte es wohl mit ihm versucht …

Luisa schob diese Gedanken rigoros beiseite, wählte eine Nummer und rannte, so schnell sie konnte, hinunter ins Dorf.

»Und was ist eigentlich mit Ihrem Sohn, Señor Brega?«, goss ich weiter Benzin in das aufflammende Feuer. »Tomas ist jung, Ihr Fleisch und Blut.«

»Halten Sie Ihr Schandmaul!«, schrie er wütend.

»Wenn Sie schon Ihre geliebte Frau außen vorlassen, dann sollte doch Ihr Sohn eine Option sein, oder etwa nicht?«

»*Padre* …«

»Schweig, Tomas!« Esteban Brega musste sich mit der linken Hand am Sockel der Statue festhalten. In der rechten hielt er den Flachmann fest an seine Brust gepresst. Die sechs Söldner blickten unruhig von einem zum anderen.

»Gib mir die Flasche«, verlangte die Kuratorin. »Ich werde sie für dich verwahren.«

»Lügnerin, du willst es für dich«, klagte Brega verbissen.

»Ich liebe dich, Esteban. Wie kannst du nur …«

»Jeder will ewig leben, Alejandra. Das kannst du nicht leugnen.«

»Ich erkenne dich nicht wieder.« Sie machte einen Schritt auf ihn zu. »Wir wollten gemeinsam den Tod besiegen, oder nicht?«

Er lachte höhnisch. »Du willst es mir wegnehmen! Ich sehe doch die Gier in deinen Augen.«

Ich sah, wie Audrey verzweifelt an dem Klebeband ruckelte. Ohne Erfolg. Das verfluchte Zeug, perfekt mit der Kirchenbank verbunden, gab nicht nach.

Brega wich langsam in Richtung Ausgang zurück.

»Gib mir den Flachmann zurück«, wiederholte die Osorio kalt.

Für einen Moment fror die Szenerie ein, als hätte jemand bei einem Videorekorder die Pausentaste gedrückt. Ich atmete Alicias Geruch ein. Trotz der fatalen Situation war ich glücklich.

Verrückt, oder?

»Wir sollten uns den Armreifen auf jeden Fall ansehen«, flüsterte ich. »Und die Halskette.«

»Du bist auch ein bisschen irre, Arthur Crawley«, antwortete sie. Ich konnte es nicht sehen, aber ich wusste, dass sie lächelte. »Aber ich werde dich beim Wort nehmen.«

Die Play-Taste wurde gedrückt.

Esteban Brega führte den Flachmann an seine Lippen und trank den kläglichen Inhalt mit nur zwei Schlucken aus.

»Verdammtes egoistisches Dreckschwein«, stammelte Alejandra Osorio geschockt. »Ich hasse dich!«

Das Lied aller Lieder

»Und so offenbart sich die wahre Natur eines jeden Menschen«, bemerkte ich weise. »Traurig mitanzusehen.«

Osorio überwand die kurze Distanz zwischen sich und Esteban Brega. Wütend entriss sie ihm ihren silbernen Alkoholspender, legte den Kopf zurück und hielt das Gefäß über ihren weit geöffneten Mund.

»Erbärmlich«, murmelte Alma Cruz.

Osorio schüttelte den Behälter wieder und wieder, aber nicht ein einziger Tropfen landete auf ihrer ausgestreckten Zunge.

Der Bankier hatte inzwischen ein unnatürlich überirdisches Lächeln aufgesetzt. »Du wirst die nächste Ration bekommen, Liebes.«

»Was redest du, Idiot!«, fuhr sie ihren ach so geliebten Seelenverwandten an.

»Wir nehmen *La Moreneta* mit, und sie wird auch für dich weinen, mein Engel. Oh ja, das wird sie ganz gewiss. Ich weiß es.« Brega legte jetzt das Gehabe eines verklärten Geistlichen an den

Tag. »Und auch für dich, mein Sohn. Wir gründen eine Dynastie, wir werden wie Götter sein.«

»Heiliger Bimbam, jetzt kennt der Schwachsinn aber keine Grenze mehr«, spottete Audrey. »Was ist denn mit eurer Killertruppe? Bekommen die auch alle die Unsterblichkeit verliehen?«

»Nur wer sich als wahrhaft würdig erweist, wird erhoben werden.«

»Was für ein kranker Scheiß«, schnaufte sie. »Ich könnte kotzen.«

Alejandra Osorio verharrte einen Moment regungslos. Dann kehrte ihre Tatkraft vehement zurück. »Na schön.« Ihr Kiefer knirschte hörbar. »Wir ziehen unseren Plan durch. *Vamos!* Packt die Madonna in die Tücher. Vor dem Hintereingang steht eine sichere Stahlkiste. Und seid verdammt vorsichtig.«

Zwei der Männer legten ihre Waffen beiseite und breiteten eine dicke Matte vor dem Schrein der Madonna aus. Zögerlich standen sie vor der Heiligen, die weiterhin in eine unendliche Ferne blickte. Das von seiner Physiognomie her viel zu alte Jesuskind auf ihrem Schoß schien böse auf die Frevelnden herabzublicken. Jedenfalls bildete ich mir das ein.

»Worauf wartet ihr denn?«, murrte der Bankier. »Los doch, wir haben nicht die ganze Nacht Zeit.«

Zitternde Hände umfassten den Sockel, eine Hand legte sich auf den Rücken der Statue, zuckten, wie von einem Stromschlag getroffen, wieder zurück.

»Was ist los, verdammt?«, fragte Osorio.

»Es ist … es fühlt sich heiß an«, stammelte einer der Söldner.

»Nein«, fiel ihm Alicia ins Wort. Es fühlt sich *falsch* an, nicht wahr?«

»Patron, das …«

»Weg da!« Osorio legte ihre Waffe auf die Kirchenbank und schob den Zaudernden beiseite. Täuschte ich mich, oder zitterten auch ihre Hände? »Das ist lauwarm und nicht heiß. Kommt wahrscheinlich von den vielen Kerzen, außerdem hatten wir draußen den ganzen Tag dreißig Grad. Na los, packt an!«

»Das werdet ihr bereuen«, flüsterte Alma und betete leise. Ihr Partner schloss sich an, dann auch meine Bäckerin.

»Klappe halten!« Vorsichtig kippten sie die Madonna auf den Rücken und legten sie auf die dicke Matte. *La Moreneta* starrte jetzt an die Decke des Kirchenschiffs. »Boris, wo ist das Benzin?«

»Hinter dem Altar«, antwortete ein drahtiger Kerl in einer Tarnuniform.

»Sobald wir draußen sind, kannst du die Bänke damit überschütten.«

»Jawohl, Señora.«

Ein dumpfer Befehlsempfänger. Bei dem würden keine mahnenden Worte wirken. *Luisa, mein Augenstern, so langsam solltest du dir was einfallen lassen.* Ich versuchte Alicia einen Kuss zu geben, kam aber nur bis zum Ohr.

Esteban Brega kniete wahrhaftig im Seitenschiff auf einer Bank vor dem Gekreuzigten. Was für ein Hohn, angesichts des Mordplans, den er und seine Schergen auszuführen gedachten.

Die Schwarze Madonna war jetzt blind, eingewickelt in dicke Tücher, bereit für den Abtransport in Bregas Villa, wo sie wahrscheinlich in einem Keller, für immer für die Katalanen verloren, ihr Dasein fristen musste. Vergeblich, die Hoffnung auf ein Wunder. *Die gibt's einfach nicht,* stellte ich verbittert fest. Deshalb hatte ich in den *Chroniken* auch auf irgendwelche göttlichen Eingebungen und Taten verzichtet. Mein Anbanu war eine Welt, in der sich die Menschen ihre Zukunft erkämpfen mussten, keine Zauberer, die mit obskuren Stäben herumwedelten und scheinbar übermächtige Gegner in Würmer verwandelten.

»Du weißt, dass ich dich furchtbar liebe, Arty, nicht wahr?« Alicias Stimme war gefasst, ruhig und voller Wärme.

»Das weiß ich, *mi ángel.*« Immerhin konnten wir unsere Wangen aneinander reiben. Ein schwacher Trost. »Es gibt keinen Ort auf dieser Welt, an dem ich jetzt lieber wäre.«

»Na ja, der eine oder andere würde mir schon einfallen.«

Wir mussten unwillkürlich kichern.

»Was ist so lustig?«, fragte die Kuratorin bissig.

»Das würden Sie nicht verstehen«, gab Alicia seufzend zurück.

»Sie wollen uns nicht wirklich umbringen.« Inspektor Robles sah die Frau durchdringend an. »Es gibt da draußen genug Menschen, die über Ihre Machenschaften Bescheid wissen. Unser Tod würde Ihnen gar nichts nützen, außer einer noch drakonischeren Bestrafung.«

»Lächerlich, man wird uns nicht verdächtigen.«

»Haben Sie die Eulenbrüder vergessen, den Abt von Montserrat, den Sie so schmählich verarscht haben?« Er lachte kopfschüttelnd. »Ganz zu schweigen von dem Tatort, den Sie hinterlassen.«

»Ach, wirklich?«

»Aber sicher, lesen Sie denn keine Krimis, sehen Sie nicht fern? Man wird unsere Leichen finden, und man wird sehr leicht nachvollziehen können, dass wir gebunden waren.«

»Ein Kinderspiel für jede zweitklassige Spurensicherung«, ergänzte Audrey. »Ebenso wird man das Benzin nachweisen können.«

»Die überwiesenen Millionen werden das Kartenhaus zum Einsturz bringen«, fuhr Robles fort. »Unsere Experten arbeiten bereits daran. Sie und Ihr feiner greiser Lover haben nicht den Hauch einer Chance. Das ganze Land wird Sie jagen. Sollten Sie allerdings einer katalanischen Delegation in die Hände fallen, dann machen Sie besser vorab Ihr Testament.«

»Dann sind wir längst nicht mehr hier.«

»Aber Sie können Katalonien ja gar nicht verlassen.« Ich wunderte mich über Alicias Einwand.

»Ach nein?«

»Natürlich nicht. Außerhalb Kataloniens ist die Kleine Braune nur eine, nicht mal besonders hübsche, Statue. Nur in ihrer angestammten Heimat in den Bergen kann sie ihre Kraft entfalten. Sagen Sie bloß, das wussten Sie nicht?«

»Sie lügen! Das ist nicht wahr. Esteban, vielleicht sagst du auch mal was«, forderte die Kuratorin verunsichert.

»Alejandra … Ich denke, dass diese Frau recht hat. Wir werden ein gutes Versteck finden. Die Madonna muss hier in Katalonien bleiben.«

»Das ist nicht dein Ernst!«

»Es könnte aber stimmen. Wir wollen ihren Zauber nicht verlieren. Es ist in unser aller Interesse, Alejandra.«

»Oh Gott, Esteban. Langsam zweifle ich an deinem Verstand.«

»Jetzt erst?«, wagte ich einzuwerfen. »Erstaunlich.«

Einige Augenblicke lang schloss Alejandra Osorio die Augen, dann schien sie ihre Entschlossenheit zurückgewonnen zu haben, während Esteban Brega flüsternd ein Mariengebet sprach.

»Abmarsch!«, kommandierte sie. »Boris … das Benzin!«

Zwei der Männer schickten sich an, die Schwarze Madonna anzuheben, hielten dann aber plötzlich inne.

»Was ist denn jetzt schon wieder?«, fragte die Kuratorin ungehalten.

»Hören Sie das nicht?«, entgegnete der ältere der beiden.

»Ja, was denn, zum Kuckuck?«

Brega beendete abrupt sein Gebet. Steifen Schrittes kehrte er an die Seite seiner Komplizin zurück, legte seinen Kopf ein wenig schief und schloss verzückt seine Augen.

»Aber Liebling, so hör doch … wie wunderbar …«

Ganz schwach drangen Stimmen an mein Ohr. Ich hielt vor Überraschung die Luft an. Was war das denn? Das erhoffte Wunder? Dann konnte ich erste Worte verstehen.

Rosa d'abril, Morena de la serra,
(Rose im April, Kleine Braune der Berge,)
De Montserrat estel,
(Stern des Montserrat,)

Der Gesang wurde immer lauter. Es mussten eine ganze Menge Sängerinnen und Sänger sein, die sich draußen vor der Pforte von Sant Pere eingefunden hatten.

»Wer immer das auch sein mag, sie singen die *Virolai de Montserrat*«, murmelte Alicia. Ich spürte, dass sie den Tränen nahe war. »Das Loblied auf die Mutter Gottes. Dieses Lied singt seit Jahrzehnten der Knabenchor von Montserrat jeden Tag um dreizehn Uhr zu Ehren unserer Schutzheiligen.«

»Während der Unterdrückung durch Franco wurde dieses Lied zu einer Hymne der Freiheit und des Widerstands«, ergänzte Robles. »Es war verboten, sie außerhalb des Klosters zu singen, aber es wurde tausendfach getan.«

Il lumineu la catalana terra,
(Erleuchte das katalanische Land)
Guieu nos cap al Cel.
(und leite uns in den Himmel.)

Lauter und lauter wurden die Stimmen, dann öffnete sich die Pforte. Die erste Person, die hindurchtrat, schob auch die zweite Hälfte der Tür beiseite.

»Unsere Kleine, ich wusste es.« Mein Herz raste. Wie würden die Osorio und der greise Unternehmer reagieren? Die einzigen Waffen des Chors waren ihre Stimmen und ein paar Kerzen. Die Schergen jedenfalls wirkten vollkommen verunsichert. Immer mehr Menschen betraten, laut singend, den Kirchenraum, angeführt von Luisa und der tapfer lächelnden Carina.

Dels catalans sempre sereu Princesa,
(Für die Katalanen werdet Ihr stets Prinzessin,)
Dels espanyols Estrella d'Orient,
(für die Spanier der Stern des Orients sein,)

»Welcher Schwachkopf hat die Tür nicht abgeschlossen?«, schrie Osorio. »Schmeißt das Pack raus!« Aber die Bewaffneten rührten sich nicht. Im Gegenteil, sie senkten ihre Waffen, lauschten nur dem magischen Gesang. Jetzt standen schon gut zwanzig Menschen in der Kirche, und ein Ende des Stroms war nicht abzusehen. Außer Audrey und mir sangen jetzt auch alle in der Kirchenbank Gebundenen – und zwei der Söldner! Wie gern hätte ich mitgesungen, aber ich kannte den Text nicht.

Luisa und Carina machten einen Schritt nach vorn. Meine furchtlosen Amazonen. Hohe Mutter, was war ich stolz.

Sigue pels bons pilar fortalesa,
(Seid für die Guten eine Festung,)
Pels pecadors el port de salvament.
(für die Sünder der rettende Hafen.)

Luisas wundervolle Stimme war deutlich aus dem Chor herauszuhören.

Woher kennt das Kind denn den Text?, fragte ich mich.

Der vordere Bereich von Sant Pere war jetzt komplett ausgefüllt. Dicht gedrängt, Seite an Seite, standen die Menschen vor den Kirchenbänken, sahen staunend auf uns Gefangene. Einige entzündeten Kerzen, die sie wie Reliquien in den Händen hielten. Jung und alt, Frauen und Männer, keine Kinder. Sicher hatte Luisa darauf bestanden, Kinder außen vorzulassen.

Der Gesang wogte wie eine gewaltige Lawine durch den Kirchenraum, kraftvoll, anschwellend, um dann mit einem langanhaltenden Summen zu enden. Der Chor verstummte. Ich wünschte mir in diesem Moment, dass die *Virolai* niemals enden würde. Eine schwer auf den Gemütern lastende Stille machte sich breit. Auf der einen Seite die Anhänger der Schwarzen Madonna, die sich vermutlich aus den Bewohnern Pals rekrutieren, auf der anderen Seite die Diebe, Entführer und Mörder mit ihren Waffen, dazwischen wir, die Gefangenen, gefesselt in der zweiten Kirchenbank.

»Und was geschieht jetzt?« Horatio Robles. So gut es ging, drehte er seinen Kopf zu der Kuratorin und dem Bankier. »Wollen Sie diese unschuldigen gläubigen Menschen auch alle umbringen? Alejandra, ich spreche mit Ihnen. Kommen Sie endlich zur Vernunft.«

»Seien Sie doch still!«, kam die ratlose Replik. Ihre Augen irrlichterten rastlos von einem zum anderen.

»Vielleicht ein Massaker, wie es seinerzeit Francos Schwarze Garden unter den Katalanen veranstaltet haben?«

»Gebt die Madonna zurück!«, forderte ein grauhaariger Mann, die Arme ausgebreitet, unterdrückte Wut im Gesicht. »Gebt sie frei, damit wir sie in ihre Heimat zurückbringen können.« Zustimmendes Gemurmel begleitete seine Forderung.

»Gebt sie frei! Lasst die Kleine Braune gehen!«, forderten immer mehr Stimmen.

Alejandra Osorio nahm ihre Waffe wieder auf. Deutlich hörbares Klacken signalisierte, dass das Mordinstrument jetzt entsichert war. Der Lauf schwenkte von einem Ende der Menschenkette zum anderen.

»Wir werden jetzt die Gefangenen befreien«, verkündete Luisa selbstbewusst. In ihrer und Carinas Hand blitzen kleine Messer auf. Die jungen Frauen kamen auf uns zu. Für Sekunden setzte mein Herz aus. Wer sagte denn, dass die Kuratorin nicht schießen würde, vielleicht, um ein Exempel zu statuieren? Unschlüssig fuchtelte sie mit ihrer Waffe hin und her. Luisa ging in die Reihe hinter uns und zerschnitt die straff gezogene Folie, zuerst befreite sie die fixierten Oberkörper, dann die Hände. Sie reichte mir das Messer, so dass ich zuletzt die Fußfesseln lösen konnte. Ihre blauen Augen lachten mich fröhlich an.

»Du bist sowas von genial, Kleines«, flüsterte ich bewegt. »Das hast du wunderbar gemacht.«

»Ach, Quark, hör schon auf, *padre*«, wehrte sie bescheiden ab. »Wir sind Familie, oder? Wir gehören zusammen, für immer und ewig.«

»Wie hast du das nur so schnell hinbekommen?«

»Ich hatte die spontane Idee, die Menschen hier in Pals zu aktivieren, bin zu Carina in den Laden, und dann sind wir von Tür zu Tür gerannt und haben um Hilfe im Namen *La Morenetas* gebeten. Niemand, Arty, wirklich niemand hat nein gesagt. Wir waren wohl recht überzeugend. Die Menschen hier lieben und verehren die Schwarze Madonna.«

»Das ist großartig.« Luisa befreite jetzt auch Alicia. »Aber es ist noch nicht vorbei.« Immerhin schwebten wir noch immer in Todesgefahr. »Die haben nichts mehr zu verlieren.« Es fehlte womöglich nur ein Funke, und die Situation konnte völlig außer Kontrolle geraten.

»Boris, Felipe, nehmt die Statue!«, kommandierte Alejandra. Als keine Reaktion erfolgte, drehte sie sich kurz um. »Verfluchte Drecksbande!« Von allen unbemerkt, waren bereits drei der sechs Söldner durch den zweiten Zugang hinter dem Altar entflohen, die anderen drei traten unschlüssig einen Schritt zurück. »Wird's bald? Verdammt, Esteban, hilf mir!«

»Ich … weiß nicht weiter, Liebling«, gestand Brega. »Ich wünschte, wir wären weit, weit weg, nur du und ich und die Madonna.«

»Dein dämliches Gesäusel kannst du dir sparen. Spinner!«

Inzwischen waren alle Geiseln befreit. Wir erhoben uns und stellten uns zu den Einwohnern aus Pals. Eine geschlossene Wand, eine zu allem entschlossene Schicksalsgemeinschaft.

Horatio Robles trat einen Schritt vor.

»Esteban Brega, Alejandra Osorio, ich verhafte Sie beide wegen der Morde an den Padres Emmanuel, Jaime und Jorge, des Weiteren wegen Entführung, Raub und Cyberkriminalität.«

»Sind Sie bescheuert, blind oder einfach nur lebensmüde?«, schrie die Kuratorin. »Wir haben hier das Sagen, Sie aufgeblasener Hercule Poirot für Arme.« Sie feuerte einen Schuss in die Decke Sant Peres. Feiner Staub rieselte herab. Der Schuss hallte durch das Gewölbe der Kirche. »Nur einen weiteren Schritt nach vorn, und ich blase Ihnen Ihr vertrocknetes Gehirn weg.«

Mensch, Horatio, lass es, dachte ich erschrocken. *Wir sind doch schon so nah an einem Erfolg, da muss sich doch niemand mehr opfern!*

»Sie haben das Recht auf einen Anwalt und einen Arzt«, fuhr er ungerührt fort. »Sie werden so bald wie möglich dem Untersuchungsrichter vorgeführt.«

Alejandra Osorio lachte schrill.

»Das Gleiche gilt für euch drei.« Manuel Vasquez stellte sich neben Robles und deutete auf die bewaffneten Männer. »Legt die Waffen nieder und ergebt euch. Ich verspreche euch ein faires Verfahren und werde euer Verhalten dem Richter gegenüber würdigen, wenn ihr jetzt aufgebt. Wenn keiner von euch einen der Morde begangen hat, kann die Strafe mild ausfallen.«

»Das reicht jetzt!« Osorio versuchte, die Situation wieder unter Kontrolle zu bekommen. »Wollt ihr den Rest eurer Tage im Knast verbringen, ihr Trottel? Wir werden jetzt gehen. Wer versucht, uns aufzuhalten, wird es bitter bereuen. Na los, nehmt die Madonna, und dann nichts wie weg.«

»Niemand vergreift sich mehr an *La Moreneta!*«, donnerte eine Stimme aus dem hinteren Teil der Kirche. Hinter dem Altar tauchten, wie herbeigezaubert, drei Männer in Kutten auf, die Kapuzen weit ins Gesicht gezogen. Ein eiskalter Schauer rieselte meinen Rücken hinab. Durch die bunten Fenster in der Apsis fiel fahles Licht der Abenddämmerung, die die drei Mönche unwirklich erscheinen ließen. »Der Frevel endet jetzt und hier.« Die Stimme kam mir verdammt bekannt vor. Das war doch nicht etwa …

Die Söldner ließen ihre Waffen fallen und sanken auf die Knie.

»Es ist vorbei, Señor Brega, Señora Osorio.« Der mittlere der drei Mönche kam gemessenen Schrittes die drei Stufen von dem erhöhten Podest hinab.

»Bruder Malachias«, erkannte ich jetzt den Mann, gefolgt von Bruder Raul aus dem Kloster Montserrat und … meinem tapferen *alcalde* Carles Gonzales Garcia. Die drei verbliebenen Eulenbrüder!

»Ich habe verzweifelt überlegt, wen ich um Hilfe bitten könnte,« erklärte Luisa flüsternd. »Mir fiel nur die Bruderschaft ein. Da ich wusste, dass unser Bürgermeister dazu gehört, habe ich ihn kurzerhand angerufen.«

»Wahnsinn, ich sagte ja schon, du bist der Hammer.« *Und doch wird womöglich der Tag kommen, an dem sie deine heile Welt ver-*

lassen wird. Ein Gedanke, der mir jetzt schon einen bittersüßen Stich versetzte.

»Schatz, wir sollten uns jetzt einfach ergeben.« Esteban Brega legte eine Hand auf das Gewehr, das Alejandra noch immer in den Händen hielt, jetzt auf Bruder Malachias gerichtet.

»Du bist die größte Enttäuschung meines Lebens«, spie sie verbittert hervor. »Wie konnte ich mich nur in dich verlieben, dich sogar heiraten? Große Worte, große Versprechungen, ewiges Leben und ewige Liebe.« Tränen der Wut und Enttäuschung liefen über ihre Wangen. Fast tat sie mir leid … aber nur fast. »Wie dumm, wie verblendet.«

»Wir sind Seelenverwandte«, entgegnete Brega fröhlich. Er schien jeglichen Bezug zur Realität verloren zu haben.

»Klar, du Arsch hast ja bekommen was du wolltest.« Hektisch sah sie sich um. Gab es noch einen Ausweg? Noch hatte sie die Waffe. Ihr Blick richtete sich auf die verhüllte Statue. »Ihr lasst mich gehen oder ich schieße die verdammte Madonna in Stücke!« Energisch schüttelte sie Bregas Hände ab. Die Waffe schwenkte auf die Madonna. »Seid ihr taub? Wenn ihr eure Heilige unversehrt erhalten wollt, dann müsst ihr mich gehen lassen.«

Entsetzte Schreie und wütende Rufe hallten durch Sant Pere.

»Nein, das darfst du nicht!« Brega versuchte, ihr das Gewehr zu entreißen. Es sah aus, als würde er sie umarmen wollen oder zum Tanz auffordern.

Noch ehe Malachias, Robles oder Vasquez die zwei ringenden Menschen erreichen konnten, lösten sich ratternd mehrere Schüsse aus der Schnellfeuerwaffe. Für einige Sekunden war die Lage unübersichtlich. Die herbeigeeilten Eulenbrüder und die beiden Polzisten versperrten die Sicht auf das Verbrecherpaar.

Ein Schrei aus den tiefsten Abgründen einer gepeinigten Seele erfüllte das Kirchenschiff. Die Kerzen flackerten wild. Vasquez und Robles traten beiseite. Jetzt hatten wir freie Sicht.

Alejandra Osorio hatte ihre Waffe beiseite geschleudert. Sie kniete auf dem steinigen Boden, den mehrfach getroffenen Esteban Brega in ihren Armen.

»Sie hat auf ihn geschossen«, flüsterte Alicia geschockt.

»Ich glaube, er lebt noch«, sagte Audrey tonlos.

»Okay, lasst mich durch, ich bin Ärztin.« Flores lief zu dem heftig blutenden Brega. Hastig untersuchte sie die Wunden.

»Du dummer, dummer Scheißkerl«, weinte Alejandra. Zärtlich strich sie über die eingefallenen Wangen des Bankiers.

»Nicht doch …«, keuchte der schwer Verwundete. »Ich habe *La Morenetas* Tränen getrunken.« Ein Zittern ging durch seinen Körper. Sein Atmen war nurmehr ein verkrampftes Röcheln. Blut rann aus einem Mundwinkel.

Flores sah zu uns auf und schüttelte den Kopf. *Nichts zu machen.*

»Ich … kann gar nicht … sterben …«

Die Bewohner von Pals stimmten erneut die *Virolai* an, ganz sacht, ein summender Teppich, aus Dutzenden von Stimmen gewebt. Ein sphärischer Gesang, nicht von dieser Welt.

»Das ist mehr, als dieser Verbrecher verdient hat«, raunte Audrey.

Luisa und Alicia waren an meiner Seite. Wir hielten uns aneinander fest. Der Tod hielt Einzug in Sant Pere. Bruder Malachias sprach ein stummes Gebet.

»Aber … ich wollte doch … ewig …« Esteban Bregas Augen brachen.

»So viel zum Thema Unsterblichkeit«, kommentierte Audrey nüchtern.

Mein Bürgermeister befreite die Schwarze Madonna von der dicken Decke und richtete die Statue auf. Für einen Moment dachte ich wirklich, sie würde lächeln, *La Moreneta* würde wohlwollend auf ihre tapfere Gemeinde blicken …

Willenlos und gebrochen ließ sich Alejandra Osorio Handschellen anlegen, ebenso wie die drei eingekauften Schergen, nicht zu vergessen Tomas Brega, der wie versteinert dastand. Wahrhaftig, es war vorbei.

Ein älterer Mann, fast schon ein Greis, legte seinen Stock beiseite, setzte sich in eine der Bänke. Seine knotigen Hände klatschten Beifall. Wenig später jubelte das ganze Dorf.

Luisa und Carina wurden als Heldinnen gefeiert, Horatio Robles und Manuel Vasquez als mutige Ritter, und nicht zu vergessen die drei tapferen Brüder der Eule, die am Ende das Drama beendet hatten.

Die Kinder strömten aus den Häusern, glücklich, ihre Eltern unversehrt vorzufinden. Andächtig betrachteten sie erst die Schwarze Madonna, um sie dann in einem wilden Reigen zu umrunden.

Weinflaschen und Gläser wurden herumgereicht, Schultern geklopft. Man feierte sich selbst, die eigene Tapferkeit, die Hingabe zu *La Moreneta*, die den Bewohnern von Pals nie wieder so nah sein würde.

Alicia lehnte sich glücklich an meine Schulter. Wir saßen gemütlich auf dem Mäuerchen vor der Kirche, den Taubenturm im Rücken.

»Tja, so sind wir Katalanen. Kaum ist die Krise überstanden, starten wir erst mal eine Fiesta.«

Audrey und Flores gesellten sich zu uns und versorgten uns mit einem Gläschen Rotwein. Wir stießen an, erleichtert, das Chaos überstanden zu haben.

»Was meinst du, Alicia, können wir die Kleine Braune noch bis zu unserer Hochzeit hierbehalten?« Audrey schmunzelte. »Schon gut, war eine rhetorische Frage.«

Die *Policia Municipal* führt die Gefangenen ab. Lediglich Inspektor Robles war noch vor Ort. Er und die drei Eulenbrüder würden *La Moreneta* bewachen, bis der endgültige Abtransport nach Montserrat organisiert war.

Ich sah träge in den Abendhimmel. So viele Sterne, so viele neue Ideen, die sich explosionsartig in meinem Kopf ausbreiteten.

»Band fünf?«, fragte meine Agentin.

»Du kennst mich ziemlich gut«, erwiderte ich grinsend.

»Ist mein Job.«

Es wurde eine lange Nacht im Schatten von Sant Pere de Pals, aber hey, das Leben ist kurz genug, da sollte man keine spontane Fiesta meiden …

Was am Ende des Tages bleibt

Joschi und Manita beschwerten sich lauthals bei dem fetten Karlo, der sich mal wieder beide Schüsseln Nassfutter einverleibt hatte. Hochnäsig mit dem Hintern wackelnd trabte der Kater die Stufen zum Pool hinunter, um sich in einem schattigen Plätzchen von der Fressorgie auszuruhen.

Inspektor Robles und *Commandante* Vasquez waren die ersten Gäste. Alicia und ich hatten anlässlich unserer Rettung vor Mord und Totschlag zu einer lockeren Gartenparty geladen. Wenig später erschienen auch Alma Cruz und ihr Mitstreiter Alfonso Goya. Unser Bürgermeister ließ sich selbstverständlich hoheitlich chauffieren. Carina Volpe komplettierte unsere kleine Runde. Die anderen Eulenbrüder, Malachias und Raul, hatten abgesagt. Wahrscheinlich aus Angst vor zu viel Völlerei …

»Wir haben die drei Burschen, die sich frühzeitig verdünnisiert haben, ebenfalls in Gewahrsam«, berichtete Robles nicht ohne Stolz. »Die haben geredet wie ein Wasserfall, sogar die Osorio.«

»Schickes Hemd«, lobte Luisa. Tatsächlich trug der sonst unfassbar steife Inspektor ein schreiend buntes Hawaiihemd, allerdings weiterhin eine lange Hose und geschlossene braune Lederschuhe. Allein der Gedanke daran, dies tragen zu müssen, trieb mir Schweiß auf die Stirn.

»Vielen Dank, *Mistress* Luisa.« Heiliger Bimbam, Robles hatte einen Witz gemacht. Er schmunzelte vergnügt und wippte auf den Fußballen vor und zurück.

»Nur weiter so«, bekräftigte sie. »Vielleicht sind Sie ja doch ein Wesen aus Fleisch und Blut und kein Polizeiroboter. Ganz überzeugt haben Sie mich aber noch nicht.«

Alicia verteilte Gläser mit gut gekühltem Cava. Sie trug die Ohrringe aus Carinas Boutique und natürlich den passenden Armreif und die Halskette, die das Ensemble vervollständigte.

»Vielen Dank für die Einladung«, bedankte sich die junge Polizistin. Carina und Alma, neue Freunde, wie schön. Wir stießen an. »Super Musik, Señor Crawley. Kenn ich gar nicht, obwohl ich ein ziemlicher Musikfreak bin.«

»Arthur reicht vollkommen, Alma.«

»*Gracias*, vielleicht versuche ich doch mal Band Eins der *Chroniken*. Wer singt denn da für uns?«

»Das will ich gerne verraten. Die Gruppe heißt Middle Of The Road, ist aus den Siebzigern, das Stück heißt *Samson and Delilah.*«

»Wow, so alt und doch so cool.«

Audrey, die bereits bei ihrem dritten Glas angekommen war, hakte sich bei mir ein und lehnte ihren Kopf schwer an meine Schulter. »Ab morgen trete ich dir ganz furchtbar in den Hintern«, verkündete sie aufgekratzt. »Du musst deine Inspirationen schnell zu Papier bringen, ähm … oder eintippen, du weißt schon.« Ich bekam einen Kuss auf die Wange. »Nicht wahr, *el escribar?*«

»Wie Ihr befehlt, Domina.«

»Haben Sie herausbekommen, Manuel, wer letztlich die Morde begangen hat?«, fragte Audrey. »Waren es die sechs Burschen aus der Kirche?«

»Angeblich nicht.« Vasquez drehte sein Sektglas nachdenklich in seiner Hand. »Laut Aussage von Alejandra Osorio hatten sie und ihr feiner Bankier ein Brüderpaar aus Madrid angeheuert. Wissen Sie, man kann heutzutage einen Killer im Internet bestellen, wenn man sich auskennt, natürlich. Das könnte zumindest für die ersten beiden Morde stimmen. «

»Und das glauben Sie?«, wunderte sich Audrey.

»Sie hat uns die Namen der Brüder nennen können, die selbstverständlich gefälscht sind, aber auch die Kontaktadressen im Netz«, nahm Robles den Faden auf. »Die sechs Burschen hat das Pärchen hier vor Ort rekrutiert, geködert mit viel Geld und unter der Prämisse, nur eine besondere Statue abtransportieren zu müssen. Ich bin geneigt, ihr in diesem Punkt zu glauben. Die Kollegen in der Hauptstadt verfolgen die Spur natürlich weiter. Den Mord an Pater Emmanuel schiebt sie ihrem dahingeschiedenen Esteban Brega in die Schuhe.«

»Der war ja tatsächlich auf dem Video zu sehen«, erinnerte ich mich. »Aber da war ja noch dieser Kapuzenmensch, das könnte die Osorio gewesen sein.«

»Tja, wir werden sehen.« Lieber Himmel, Robles war an diesem Abend richtig gut drauf. »Darum kümmern sich jetzt die Profis aus der Hauptstadt. Für uns ist die Nummer durch. Die Madonna ist wieder wohlbehalten in Montserrat, der Abt seines Amtes enthoben und in Untersuchungshaft. Die Dinge nehmen ihren Lauf. Kann ich noch ein Gläschen *Cava* bekommen, Señora Nuñez?«

»Jetzt müssen wir nur noch sehen, dass wir wieder mehr Touris an Land ziehen«, stöhnte Carina. »Dass so viele Leute seit der roten Flut weggeblieben sind, merken wir Geschäftsleute in Pals ebenfalls schmerzlich. Vielleicht trifft es uns nicht so hart wie die Hotels, Bars und Restaurants in Platja D'Aro und Sant Antoni, aber es ist spürbar weniger los.«

»Wir haben ja einiges in der Pipeline. Das Sardana-Festival, ein großes Boule-Turnier, ein Bierfest über eine ganze Woche, freies Public Viewing für alle Barça-Spiele, Zwei-für-Eins-Wochen in den Hotels …«, zählte ich auf.

»Die unsere Stadtkasse ordentlich beuteln werden«, stöhnte unser Bürgermeister. »Allein können die Hotels den Ausfall nicht stemmen.«

»Das bringt jede Menge Wählerstimmen, Carles«, beruhigte ich ihn grinsend. »Die Kohle ist gut angelegt.«

»Es wird Zeit, dass du endlich besser katalanisch sprichst, damit du eine Lesereise in der Region machen kannst«, meinte Audrey. »Das ist dann auch Werbung für uns hier vor Ort.«

»Nicht zu vergessen den Sardana-Wettbewerb.« Meine geliebte Bäckerin stieß den glühenden Tanz-Dolch erneut in die halboffene Wunde. »Luna erwartet Luisa und dich am Montag zur nächsten Stunde.«

»Mir bleibt auch nichts erspart«, seufzte ich. »Hat das nicht Zeit? Immerhin heiraten Flores und Audrey in neun Tagen, da gibt es noch unfassbar viel zu organisieren. Außerdem spüre ich noch die Auswirkungen der schweren Schienbein-Verletzung. Das sind höllische Schmerzen.«

»Keine Ausreden, Maestro.«

Manchmal ist Widerstand zwecklos ...

Es wurde ein ausgelassener Abend, oder sagen wir gerechterweise: eine denkwürdige *Nacht,* geprägt von dem Gefühl der Erleichterung, dieses Abenteuer rund um die Schwarze Madonna unbeschadet überstanden zu haben. Flores erwies sich als Meisterin am Grill, Audrey glänzte mit Anekdoten aus ihrem bewegten Liebesleben, und ich steuerte ein paar Geschichten aus meiner Zeit als freischaffender Journalist bei.

Besinnlich wurde es, als Horatio Robles von seiner viel zu früh verstorbenen Frau erzählte, von den gemeinsamen Träumen, die durch ihre Krankheit gnadenlos zerstört worden waren. Er berichtete auch von seinem einzigen amourösen Fehltritt, der zu seiner Vaterschaft geführt hatte, die ihm die Kindesmutter jahrelang verheimlicht hatte. Heute lebte seine Tochter, Amalia, im weit entfernten Malaga, eine Rechtsanwältin, die zu ihrem Vater ein freundschaftliches Verhältnis pflegte.

Irgendwann, der Himmel über der Bucht war bereits übersät mit funkelnden Sternen, griff Luisa zu ihrer Gitarre.

»So, Freunde, ich habe mir ein paar alte Klassiker vorgenommen, natürlich inspiriert von einem uns nicht ganz unbekannten Musikliebhaber.« Sie schenkte mir ein bezauberndes Lächeln. »Ganz passend für diese Nacht, und vor dem Hintergrund des Erlebten in den letzten Tagen und Wochen, spiele ich als Erstes einen Song von Steve Harley.« Sie setzte sich auf den Rand des Pools und ließ ihre Beine im Wasser baumeln. Die gesamte Katzenbande platzierte sich auf dem Mäuerchen und sah erwartungsfroh hinunter auf die Partygesellschaft.

»Das Stück trägt den Titel *The Best Years Of Our Lives ...*«

Ja, dachte ich. *Genau das sind sie ... die besten Jahre unseres Lebens ...*

Personenregister

Adrian Velasquez	Meeresbiologe aus Barcelona
Alberto Dominguez	Gärtner
Alejandra Osorio	Kuratorin des Klosters San Juan de la Pena
Alfonso & Maria Madrugal	Wirtsleute im Término
Alfonso Goya	Polizist Calonge
Alicia Nunez	Besitzerin des Pan y Vi (Brot und Wein)
Alvaro Montez, Pablo, Pedro	Motorradgang
Alvaro Vasquez	Manager Tonstudio „No Compromise“
Ana Cruz	Polizistin Calonge
Andres Aguilar	Wirt des Cafés am Kirchplatz in Calonge
Andres Camacho	Rechtsanwalt aus Barcelona
Anna Maria Fuentes	Flüchtling aus Andalusien
Antonio Barras	Cafébesitzer in Begur
Aranxa Colina	Großhandel für Backwaren
Arios Guirrero	Kellner im Cactus
Arthur Crawley	Autor der Insel-Chroniken
Audrey Parker	Literaturagentin
Batista Coreos	Winzer
Belen Martinez	Beamtin der Policia Municipal in Calonge
Belen Montez	Krankenschwester im Hospital von Girona
Belinda Orsorio	Friseurmeister aus Platja
Bruder Bastian	Überbringer von Emmanuels Botschaft an Robles
Bruder Raul	Eulenbruder im Kloster Montserrat
Carina Volpe	Boutiquebesitzerin in Pals
Carles Gonzales Garcia	Bürgermeister von Calonge
Carmen Garrido	Sekretärin des Bürgermeisters in Calonge
Carmina Vasquez	Aushilfe im Pan y Vi
Catalina Esteban	Javiers Frau
Doktor Raul Espinoza	Hausarzt in Calonge
Endris Manolo	Sergente und Assistent von Robles
Enrique Verdasco	Juniorchef der Bodega Ramon
Ernesto Hernandez	Arzt im Hospital de Girona
Esteban Brega	Besitzer einer Privatbank
Esteva Montanes	Sergios Frau
Faycal	marokkanischer Händler in Platja
Flores Rubio	Veterinärin in Platja D´Aro

Gabriel Soler	Benediktinerabt im Koster Montserrat
Gerard Reyes	Bauunternehmer aus Calonge
Harold Jenkins	Manager bei HBO
Herbert Wegener	Besitzer/Verleger des Ambrosia-Verlages
Horatio Robles	Inspektor der Mordkommission aus Girona
Iker Manero	Staatsanwalt
Jaime Ortiz	Kellner in der Bodega Ramon
Javier Esteban	Patron des Restaurants „Samal“
Jesus Barrios	Gebrauchtwagenhändler in Sant Antoni
Jesus Fuentes	Immobilienmakler in Platja D´Aro
Juan Puyol	Direktor des Dali Museums in Figueres
Karim, Abdul Hamit	Besitzer eines Döner-Restaurants
Köbi und Gritli Häberli	Schweizer Nachbarn von Jonathan
Luisa Verbeek	Studentin aus Farington, Oxfordshire
Luna Moreno	Leiterin der Sardana-Schule in Girona
Malachias, Jorge & Jaime	Brüder vom Orden des Drachens
Manuel Ortega	Aushilfskellner im Cactus
Manuel Ortiz	Richter am Bezirksgericht Girona
Manuel Vasquez	Chef der Policia Municipal in Calonge
Mareike Jannike	Besitzerin der Bar „Friends“
Mareike Müller	Chefsekretärin des Ambrosia-Verlages
Maria Sineiro	Winzerin in Galizien, Albadalejo
Marisol Varga	Vermieterin von Zimmern in Calonge
Marti Carreras	Küster von Sant Pere in Pals
Mercedes Ruiz	Kellnerin in der Bodega Ramon
Miguel Vega	Besitzer der „Bar de Torre“
Pablo Morales	Zeuge der Anklage
Paco	Kellner im „Cactus“
Pater Emmanuel	Dorfpfarrer in Calonge
Pepita Garrido	Marktfrau aus Calonge
Ramon Guiterrez	Zweiter Kellner im Cactus
Rodrigo Alvarez	Makler in Sant Antoni
Sergio Montanes	Chef der „Cactus-Bar“
Sonia und Maria Mendi	Javiers Töchter
Steve Rochford	Luisas ehemaliger Freund
Sven de Boer	Kellner im Friends
Tomas Brega	26, ein Fan von Luisa
Victor Nunez	Alicias Mann
Xavi Beka	Auftrags-Krimineller